Die Lausitz entdecken

Unterwegs zwischen Spreewald und Zittauer Gebirge

Aufgezeichnet von
Kerstin und André
Micklitza

Trescher
Reihe Reisen

1. Auflage 2005

Trescher Verlag
Reinhardtstraße 9
10117 Berlin
www.trescherverlag.de
post@trescherverlag.de

ISBN 3-89794-058-2
Trescher Reihe Reisen
Herausgegeben von Sabine Fach und Bernd Schwenkros
Reihenentwurf: Robert Schumann
Redaktionelle Konzeption: Detlev von Oppeln
Satz und Bildbearbeitung: Bernd Chill
Lektorat: Hinnerk Dreppenstedt
Stadtpläne und Karten: Johann Maria Just

Alle Angaben in diesem Buch wurden sorgfältig recherchiert und überprüft, trotzdem kann für die Richtigkeit keine Gewähr übernommen werden. Hinweise und Informationen unserer Leserinnen und Leser nimmt der Verlag gerne entgegen. Bitte schreiben oder mailen Sie unter obiger Adresse.

Gedruckt auf chlorfrei gebleichtem Papier

Printed in Germany

ZGORZELEC

Vorwort

Die Lausitz ist eine sehr vielfältige Landschaft zwischen Spreewald und Zittauer Gebirge im Osten Deutschlands. Sie ist die Heimat der Sorben und Wenden, des kleinsten slawischen Volkes, deren Volkskunst und Brauchtum noch vielerorts gepflegt werden.

Lohnende Urlaubs- oder Ausflugsziele existieren in großer Auswahl auf kleinem Raum: Herrliche Wälder im Lausitzer Bergland, die Fließlandschaft des Spreewaldes, naturnahe Heide- und Teichgebiete, Pücklers Gartenkunstwerke, Seen aus einstigen Braunkohletagebauen, Kletterfelsen im Zittauer Gebirge, Schlösser, Kirchen, Freilichtmuseen, Schmalspurbahnen, das größte fahrbare Arbeitsgerät der Welt und sogar zwei Saurierzoos.

Prächtige Altstädte wie das tausendjährige Bautzen oder Görlitz mit dem ebenso schmeichelhaften wie zutreffenden Beinamen der ›schönsten Stadt Deutschlands‹ lohnen ebenso einen Besuch wie die Altstädte von Cottbus und Zittau. Viele kleinere und oft weniger bekannte Städte und Dörfer, Klöster und Schlösser haben ebenfalls einen großen Reichtum an Sehenswürdigkeiten aufzuweisen.

Diese Orte sind in reizvolle Landschaften gebettet, die zu großen Teilen zu Fuß, mit dem Fahrrad oder mit dem Paddelboot erkundet werden können. Den Besucher erwarten abwechslungsreiche Wander- und Radwege weitab vom Lärm und der Hektik des Alltags, darunter Teilstücke des Spreeradweges und des Oder-Neiße-Radweges, die inzwischen zu den beliebtesten in Deutschland zählen.

Viele Teile der Lausitz sind Auswärtigen noch unbekannt, mit Ausnahme des Spreewalds ist die Lausitz kein Ziel des Massentourismus. Dazu zählen gerade auch die Lausitzer Landschaften, die heute in Polen und Tschechien liegen.

In diesem Buch werden viele Orte und Landschaften vorgestellt, die touristisch frequentierten wie die abseits liegenden, die weithin bekannten wie die stillen Schönheiten. Die Reiseziele eignen sich vor allem für Tages- und Wochenendausflüge oder für den Kurzurlaub.

Hinweise zur Benutzung dieses Reiseführers

Heute wird die Lausitz zumeist nicht mehr als einheitlicher Landschaftsraum betrachtet, da sich das historische Gebiet über zwei Bundesländer – Brandenburg und Sachsen – sowie zu kleineren Teilen in zwei Nachbarstaaten – Polen und Tschechien – erstreckt. Deshalb wurde dieser Reiseführer in Hauptkapitel eingeteilt: Niederlausitz (in Brandenburg), Oberlausitz (in Sachsen) – außer die Region Ruhland, die heute zu Brandenburg gehört – Polnische Lausitz und historische

Gebiete im heutigen Böhmen, die ehemals zur Oberlausitz gehörten.Die konkrete Abgrenzung der einzelnen Gebiete, die zur Lausitz gehören, gestaltet sich mitunter schwierig, da die Grenzen wegen der häufigen Besitzwechsel fließend waren. Insbesondere zur West- und Nordausdehnung gibt es unterschiedliche Auffassungen.

Das Buch beschreibt die Region Lausitz von Nord nach Süd, vom Spreewald zum Zittauer Gebirge und überschreitet nachfolgend die Lausitzer Neiße. Zuerst werden Orte und Landschaften südlich des Zittauer Gebirges in Tschechien betrachtet, die im Mittelalter zur Lausitz zählten. Anschließend blicken wir nach Osten in heute polnische Gebiete der Lausitz.

Neben Stadtbeschreibungen, bei größeren Städten auch -rundgängen, sowie Ortsbeschreibungen sind auch viele Wanderrouten, Radtouren oder Wasserwanderstrecken aufgeführt, mit Kilometerangaben sowie Zeitbedarf. Herausragenden Sehenswürdigkeiten und Persönlichkeiten sowie regionalen Besonderheiten wurden spezielle Exkurse gewidmet.

Die Lausitz ist die Heimat der Sorben und Wenden. Im Reiseführer sind daher alle jene Orte zweisprachig genannt, die heute noch zu ihrer Heimat zählen. Allerdings hört man das sorbisch-wendische als Alltagssprache auch hier nur noch sehr selten.

Hinweise zu Touristeninformationen, Restaurants, Unterkünften sowie Veranstaltungstips befinden sich in den Informationskästen am Ende der jeweiligen Abschnitte. Die angegebenen Preise für Übernachtungen galten zur Zeit der Recherche (Sommer 2003 bis Herbst 2004). Die Erfahrung lehrt, daß sich diese ändern können; deshalb sollte man sie nur als Richtgröße betrachten.

Zeichenlegende

Allgemeine Informationen, Touristenbüros	Kulturelle Veranstaltungen, Feste
Anreise mit dem Pkw, Verkehrsverbindungen	Sport und Erholung allgemein
Unterkünfte	Bootsverleih, Kanufahrten
Campingplatz	Spaß- und Freizeitbäder
Restaurants und Cafés	Dampferfahrten
Museen, Ausstellungen und weitere Sehenswürdigkeiten	Wassersport

Lausitz, nach dem
Himmel greifen
möcht' ich mit der
Liebe Hand,
aus dem Sonnenlicht
dir Schleifen
weben und ein
Prachtgewand.

Jakub Bart-Ćišinski
(sorbischer Schriftsteller)

Land und Leute

Landschaft

Ab dem 6. Jahrhundert kamen slawische Stämme in das Gebiet der heutigen Lausitz, ab dem 9. Jahrhundert wurden sie als Lu(n)sizi bekannt. Im Laufe der Zeit übertrug sich deren Name auch auf die Landschaft. Die war einst durch großflächige Feuchtgebiete geprägt. Das niedersorbische Wort Łužyca und das obersorbische Łužica bedeuten Sumpf oder Morast und verweisen somit auf diese Moore und Sümpfe. Aus heutiger Sicht erscheint der Name Lausitz kurios. Bis auf wenige Teile, wie den Spreewald und das Dubringer Moor südlich von Hoyerswerda, sind alle früheren großen Feuchtgebiete, vor allem durch den Braunkohlebergbau, verschwunden. Die Landschaft gilt als trocken und ist sehr waldbrandgefährdet.

Historisch gesehen bezeichnet der Name Lausitz nur die Niederlausitz. In der heutigen Oberlausitz lebten die Milzener, ihre Heimat wurde Milzenerland genannt. Beide Volksgruppen trennte ein etwa fünfzig Kilometer breiter siedlungsfreier Raum. Noch heute ist die Muskauer Heide südlich von Weißwasser nur sehr dünn besiedelt.

Die Städte Bautzen, Görlitz, Kamenz, Lauban (heute Lubań in Polen), Löbau und Zittau schlossen sich im Jahr 1356 zum Sechsstädtebund zusammen. Damals wurde auch für dieses Gebiet anfangs der Name Lausitz gebraucht. Zur genaueren Unterscheidung waren seit Mitte des 15. Jahrhunderts die Begriffe Ober- und Niederlausitz üblich.

Schwierig ist es, die territorialen Grenzen der Lausitz zu bestimmen, da sie sich ständig veränderten. Die historisch nördlichste Ausdehnung der Niederlausitz markiert in etwa eine gedachte Linie von der Oder entlang des Oder-Spree-Kanals zum Scharmützelsee bis Storkow. Die Ostgrenze bildet der Unterlauf des Bober (Bóbr) etwa ab Sorau (Żary), seit 1945 polnisches Territorium.

Im Süden trennt die brandenburgisch-sächsische Landesgrenze Nieder- und Oberlausitz. Die Westausdehnung reicht bis zur Dahme und Kleinen Elster, etwa entlang der Städte Storkow, Golßen, Dahme, Sonnewalde, Doberlug-Kirchhain und Ortrand.

Die Oberlausitz grenzt im Norden an das Land Brandenburg. Die historische Ostgrenze bildet der Queis (Kwisa) bis zur Mündung in den Bober (Bóbr) bei Sagan (Żagań), seit 1945 polnisches Territorium. Den Süden markiert die sächsisch-böhmische Landesgrenze, etwa von Steinigtwolmsdorf bis nach Lückendorf. Das Bergland zwischen Zittau und Friedland (heute Frýdlant in Tschechien) gehörte im Mittelalter zur Oberlausitz. Die Grenzen der Oberlausitz, Böhmens und Schlesiens trafen sich damals auf dem Gipfel der Tafelfichte (Smrk) im Isergebirge (Jizerské hory). Die Westausdehnung reicht etwa von Ruhland über Königsbrück, Pulsnitz, Großröhrsdorf bis nach Bischofswerda.

Die historischen Grenzen der Lausitz werden heute oftmals hierzulande vernachlässigt, und nur der in Deutschland liegende Landschaftsraum wird so benannt. Das ist nicht exakt. Auch in Polen existiert der Landschaftsname Lausitz. Die Stadt Żary kann als Hauptstadt der polnischen Niederlausitz angesehen werden, Gleiches gilt für Lubań im polnischen Teil der Oberlausitz. Der böhmische Teil des Zittauer Gebirges heißt Lausitzer Gebirge (Lužické hory).

Der Landschaftsraum ist zu etwa drei Vierteln Flachland. Die pleistozänen Inlandvereisungen schufen die Grundlage für die Herausbildung sehr unterschiedlicher Landschaftsbilder. Ausgedehnte Heide- und Seengebiete sowie Flußauen wechseln mit Endmoränenhöhenzügen. Die südlichen Bergketten weisen Mittelgebirgscharakter auf und sind als eines der flächenmäßig größten Granitmassive Mitteleuropas bekannt. Der Vulkanismus im Oligozän und Miozän schuf hier Basaltgänge und -decken sowie Klingsteinkuppen.

Die verstärkte Besiedlung der Lausitz seit dem 6. Jahrhundert führte zu starken Eingriffen in die Landschaft. Ein tiefgreifender Wandel begann Ende des 18. Jahrhunderts mit dem Abbau der tertiären Braunkohlelagerstätten. Von 1924 bis 2003 mußten 85 Dörfer der Kohle weichen, etwa 15 000 Menschen verloren ihre angestammte Heimat, darunter besonders viele Sorben/Wenden. Die Existenz des kleinen slawischen Volkes ist bedroht.

Seit der Wende erhielt die Renaturierung ausgekohlter Tagebauflächen einen neuen Stellenwert. Es entstanden viele Landschaften aus der Retorte, die das abwechslungsreiche Bild der Lausitz bereichern, auch wenn zuvor wertvolle Areale verloren gingen. In einigen ehemaligen Tagebaugebieten siedeln sich heute sogar vom Aussterben bedrohte Pflanzen und Tiere an.

In den nächsten 20 Jahren werden etwa 30 Seen mit einer Gesamtfläche von 14 500 Hektar und 42 000 Hektar neu gestaltetes Festland entstehen.

Die Lausitz im Überblick

- Fläche: ca. 8200 Quadratkilometer, unterteilt in Nieder- und Oberlausitz (In Deutschland)
- Große Städte:
  Cottbus (103 000 Ew.)
  Görlitz (61 000 Ew.)
  Hoyerswerda (45 000 Ew.)
  Bautzen (42 000 Ew.)
- Sprache: deutsch sowie sorbisch/wendisch
- Höchster Berg: Lausche (793 m)
- Längster Fluß: Spree (ca. 300 km in der Lausitz)
- Größter See: Senftenberger See (1250 ha)

Biosphärenreservate und Naturschutzgebiete

Die Lausitz blieb trotz schwerwiegender Eingriffe in den Naturhaushalt durch Braunkohletagebaue und Industrie ein Landstrich mit wertvollen Refugien für Fauna und Flora. Nach der Wende wurden zahlreiche Flächen in Brandenburg und Sachsen als Naturschutzgebiete ausgewiesen. Nach der Stillegung oder der Rekultivierung der Braunkohletagebaue entstanden auch Landschaften, die sofort unter Naturschutz gestellt wurden, da Tiere und Pflanzen neue Lebensräume vorfinden, die es anderswo so nicht mehr gibt. So im ehemaligen Tagebau Kleinleipisch nördlich von Lauchhammer, wo der Naturschutzbund Deutschland (NABU) 2000 Hektar erwarb und zum Naturschutzgebiet erklärte.

Als vorläufiger Höhepunkt der Naturschutzbestrebungen in der Lausitz gilt die Ausweisung des Spreewaldes sowie der Oberlausitzer Heide- und Teichlandschaft zu Biosphärenreservaten der UNESCO. Das Biosphärenreservat besteht seit 1990 und umfaßt eine Fläche von 479 Quadratkilometern, in der 37 Dörfer und zwei Städte liegen.

Die Spreewaldniederung entstand im Ergebnis der letzten Eiszeit durch Schmelzwasser. Der Urstrom löste sich infolge geringen Gefälles in viele kleine Rinnsale auf, die an vielen Stellen von insel- und zungenförmigen Sanddünen durchsetzt waren. Periodische Überschwemmungen ließen die Entstehung eines völlig geschlossenen Waldes nicht zu, vielmehr wuchsen Auwälder heran, die durchsetzt von Wiesen und unzähligen Wasserläufen waren.

Verstärkte Eingriffe des Menschen begannen im 18. Jahrhundert. Durch die Rodung und Anlage von Kanälen entwickelte sich eine artenreiche Kulturlandschaft. Erst ab 1960, mit der Intensivierung der Landwirtschaft, setzten bedrohliche Veränderungen im Naturhaushalt ein. Große Flächen außerhalb des Kerngebietes wurden melioriert und durch Flurbereinigung entblößt und eingedeicht. Mit dem Bau des Nordumfluters und dreier Talsperren im Oberlauf der Spree fielen die periodischen Überschwemmungen des Spreewaldes aus, der jahrtausendlange funktionierende Naturkreislauf wurde erheblich beeinträchtigt.

Um die in Europa einzigartige Auenlandschaft mit einem etwa 1300 Kilometer umfassenden feinmaschigen Gewässernetz zu erhalten, zu pflegen, in weiten Teilen zu renaturieren und dem Massentourismus in besonders wertvollen Arealen Einhalt zu gebieten, entstand das Biosphärenreservat. Etwa 1600 Pflanzenarten, davon 1200 Wildpflanzen und 136 Brutvogelarten, wurden registriert. Fischotter und Weißstorch leben beispielsweise noch in intakten Populationen, 585 der hier noch vorkommenden Pflanzenarten stehen dagegen auf der Roten Liste bestandsbedrohter Pflanzen. Große Aufmerksamkeit wird der Beibehaltung der traditionellen Bewirtschaftungsformen durch die Bewohner des Spreewaldes geschenkt.

Der Spreewald unterteilt sich in zwei Hauptzonen, in den Oberspreewald – von Burg bis Lübben – und in den Unterspreewald, der sich etwa von Lübben bis Leibsch/Alt Schadow erstreckt.

Aufklärung und Information sind ebenfalls Anliegen der Reservatsleitung; es werden Führungen durch Mitarbeiter der Naturwacht angeboten.

Das Biosphärenreservat, südöstlich von Hoyerswerda und östlich von Niesky gelegen, erstreckt sich auf rund 26 000 Hektar. Das größte Teichgebiet Mitteleuropas zählt 670 Teiche mit einer überaus reichen Fauna und Flora, darunter viele Fischotter, einige Elche und 15 Seeadlerbrutpaare. Mehr Seeadler – die größte europäische Adlerart überhaupt – gibt es selbst im Müritz-Nationalpark nicht zu sehen. Viele Teiche werden noch immer extensiv zur Karpfenzucht genutzt. Auffällig ist der vielfältige Wechsel unterschiedlicher Lebensräume wie Gewässerflächen, Moore, Binnendünen, Auwälder, Siedlungsgebiete, Felder und Wiesen. Intakte Zonen sollen erhalten, übernutzte Flächen renaturiert und Schäden durch Melioration, Gewässerausbau und Bergbau langfristig beseitigt werden.

Die Bewohner werden in die Schutz- und Pflegemaßnahmen durch Vertragsnaturschutz einbezogen. So bewahrt eine Moorschnuckenherde die hier heimischen sieben Orchideenarten, indem der Bewuchs kurz gehalten wird. Auf etwa dreißig Hektar werden alte Ackerbaupflanzen wie Champagnerroggen und Buchweizen vor dem Aussterben bewahrt. Der ›sanfte‹ Tourist ist auf Wander- und Radwegen gern gesehen. Zu den schönsten Strecken zählen der Naturlehrpfad Guttauer Teiche und Olbasee zwischen Wartha und Guttau, Teile des ›Froschradweges‹ sowie der Seeadler-Radrundkurs.

Der Teichlehrpfad bei Guttau im Biospärenreservat Oberlausitzer Heide

Geschichte

Das bisher älteste Werkzeug, das auf eine Besiedlung der Südlausitz schon in der Altsteinzeit deuten läßt, fand man auf dem Protschenberg in Bautzen. Hinweise auf dauerhafte Siedlungen stammen aus dem 4. Jahrhundert v. Chr., diese Wohnplätze waren zum Teil schon burgartig gesichert.

Im 19. Jahrhundert erforschte der bekannte Arzt Rudolf Virchow intensiv die Besiedlung während der Bronzezeit und prägte den Begriff der Lausitzer Kultur. Am Schloßberg von Burg, in Werben und Babow fand er typische Keramik mit Buckel-, Riefen- und Rillenverzierungen sowie Bronzegegenstände.

Ab dem 2. Jahrhundert unserer Zeitrechnung ist der Aufenthalt germanischer Stämme nachweisbar, die aber den Landstrich nach und nach verließen. Ab dem 6. Jahrhundert nahmen slawische Stämme aus dem Gebiet östlich der Oder den weitgehend siedlungsfreien Lausitzer Raum in Besitz. Die Lusizer als Vorfahren der Niedersorben/Wenden bevölkerten die Niederlausitz, die Vorfahren der Obersorben, die Milzener, lebten in der Oberlausitz. Zwischen beiden Gruppen lagen unbewohnte breite Waldstreifen.

Mit dem Jahr 919 begann die deutsche Ostexpansion unter der Führung von König Heinrich I. Als Ausgangspunkt zahlreicher Feldzüge in die Lausitz diente dem König die im Jahr 929 erbaute Burg Meißen. Bis zu seinem Tod im Jahr 936 hatte Heinrich alle slawischen Bewohner unterworfen und zur Zahlung von Abgaben verpflichtet. Die Expansionspolitik gen Osten wurde von seinen Nachfolgern Otto I. (936–973) und Heinrich II. (973–1024) weiterverfolgt. Die deutsche Herrschaft beschränkte sich jedoch meist auf befestigte Plätze.

Der benachbarte polnische Staat unter Führung von Bolesław Chrobry (992–1025) sah seine Macht durch diese Entwicklungen gefährdet. Nach kriegerischen Auseinandersetzungen wurde die Lausitz 1018 mit dem Friedensschluß von Bautzen dem polnischen Königreich einverleibt, kam jedoch bereits 1032 wieder unter die Standesherrschaft des deutschen Feudaladels. Milzener und Lusizer erweiterten ihr Siedlungsland durch Kultivierung neuer Böden und schufen sich ein weitgehend zusammenhängendes Territorium. Gleichzeitig schritt der Landesausbau mit der Ansiedlung von Bauern, Kaufleuten und Handwerkern, vor allem aus Franken, Thüringen und dem Rheinland voran. Sie siedelten sich – weithin friedlich – vor allem in zuvor siedlungsfreien Zonen an. An den Kreuzungen wichtiger Handelsstraßen kam es zu Stadtgründungen: Guben, Kamenz, Lübben, Löbau und Zittau.

Zwar war die gesamte Lausitz von 1076 bis 1253 und 1378 bis 1635 Lehnbesitz der böhmischen Krone, das sich in den Städten formierende Bürgertum wurde in der Folgezeit jedoch zu der bestimmenden politischen Kraft. Davon zeugt in besonderem Maße die Gründung des Oberlausitzer Sechsstädtebundes am 21. August

1346. Dieser Bund, der vor allem zur Sicherung der Handelswege vor Raubrittern und Gesindel ins Leben gerufen wurde, gewann schnell an Bedeutung, nachdem der böhmische König und spätere deutsche Kaiser Karl IV. dem Bündnis seinen Segen gegeben hatte. Die Städte Bautzen, Görlitz, Kamenz, Lauban (heute Lubań in Polen), Löbau und Zittau kamen dank der Entwicklung von Tuchmachergewerbe und Handel und nicht zuletzt durch diesen Bund zu Wohlstand und Einfluß.

Mit Beginn des 16. Jahrhunderts hatten sich die Bezeichnungen Niederlausitz für den nördlichen Bereich und Oberlausitz für den südlichen Raum der Lausitz durchgesetzt.

Mitte des 15. Jahrhunderts zogen Hussitenheere durch die Lausitz und belagerten zahlreiche Städte, weitaus größere Verwüstungen hinterließ indes der Dreißigjährige Krieg. Mit dem Friedensschluß von 1648 endete die böhmische Herrschaft. Fortan teilten Brandenburgische Hohenzollern, Sachsen und später Preußen die Lausitz unter sich auf.

Ende des 17. Jahrhunderts erblühte in vielen Teilen der Lausitz das Tuchmacherhandwerk. Großen Einfluß darauf hatten die eingewanderten Glaubensflüchtlinge, böhmische Protestanten und französische Hugenotten sowie Holländer und Flamen, die ihre Kenntnisse und Erfahrungen auf diesem Gebiet in die Lausitz brachten. Zu großer Blüte gelangte auch das Töpferhandwerk; Zentren waren Muskau, Pulsnitz und Neukirch.

Diese Zeit war nicht nur von Aufschwung und Wohlstand gekennzeichnet. Die bedrückende Lage vieler Menschen auf dem Land kulminierte zwischen 1667 und 1717 in zahlreichen Bauernaufständen, die allesamt blutig niedergeschlagen wurden. Der Siebenjährige Krieg (1756–1763) beeinflußte die Lausitz, so schlugen am 14. Oktober 1758 österreichische Verbände preußische Truppen in der Schlacht bei Hochkirch vernichtend.

Ermuntert durch das Vorbild der französischen Revolution, kam es ab 1790 zu zahlreichen Aufständen und Unruhen der Landbevölkerung, die gegen feudale Lasten aufbegehrten.

Am 17. Juli 1807 marschierte Napoleon in Bautzen ein, und bald darauf wurden Lausitzer Rekruten für Napoleons Ziele in den Krieg geschickt. Der Kampf gegen Napoleons Fremdherrschaft, die sich über weite Teile Europas erstreckte, erreichte im Frühjahr 1813 auf Lausitzer Territorium seinen Höhepunkt. Am 18. Mai kämpften 8000 preußisch-russische Verbündete unter General Yorck gegen 14 000 Mann der französischen Okkupantenarmee unter Lauriston. 30 000 Tote und Verwundete forderte die berühmte Schlacht bei Bautzen (20./21. Mai 1813), in der Napoleon kurz vor der Leipziger Völkerschlacht noch einmal als Sieger hervorging. Auf dem Wiener Kongreß, als nach dem Sturz Napoleons über die Neugestaltung Europas debattiert und entschieden wurde, wurde die Lausitz neu aufgeteilt. Die Niederlausitz und der nördliche Bereich der Oberlausitz, die bis dahin zu Sachsen gehört hatten, fielen an Preußen.

Mitte des 19. Jahrhunderts erfaßte die Industrialisierung auch die Lausitz. Der Anschluß an überregionale Bahnlinien förderte vor allem die Glas- und Keramikindustrie sowie den Bergbau (Braunkohleabbau). Nach 1871 kam es zu einem raschen Aufschwung der Textilindustrie mit den Zentren Cottbus, Spremberg, Forst und Guben sowie Zittau und Löbau.

Mit dem Anwachsen deutsch-nationalistischer Tendenzen wurde es für die wendisch-sorbische Volksgruppe immer schwieriger, ihre Identität zu wahren. Am 13. Oktober 1912 entstand mit der Domowina die erste politische Vereinigung der Sorben und Wenden; sie wurde unter der nationalsozialistischen Herrschaft 1937 verboten.

Die beiden Weltkriege (1914–1918 und 1939–1945) forderten auch in der Lausitz blutigen Tribut. Zahlreiche Städte versanken Anfang 1945 im Bombenhagel oder fielen bei den unmittelbaren Kämpfen in Schutt und Asche. Zehntausende deutsche und sowjetische sowie viele polnische Soldaten und unzählige Zivilisten fanden den Tod.

Das Territorium der Lausitz befand sich nach Kriegsende ausschließlich in sowjetischer Einflußsphäre. Der historisch gewachsene Teil östlich der Lausitzer Neiße bis zum Bober (Bóbr) und Kweis (Kwisa) fiel durch die Westverschiebung Polens – die Oder-Neiße-Linie bildete nun die Grenze zu Deutschland – an Polen.

Mit Gründung der DDR am 7. Oktober 1949 waren alle politischen Kräfte gleichgeschaltet. Den Sorben wurde Gleichberechtigung und Schutz ihrer nationalen Eigenheiten zugesichert, dennoch war eine beschleunigte Assimilierung mit der deutschen Bevölkerung auch aufgrund der Industrialisierung nicht aufzuhalten.

Mit dem Aufbau der Großkokerei in Lauchhammer (1951) und des Gaskombinats in Schwarze Pumpe (1959) begann die Entwicklung der Lausitz zum Kohle- und Energiezentrum der DDR. Mit dem Kraftwerk Boxberg entstand von 1968 bis 1971 das größte Wärmekraftwerk Europas auf Braunkohlebasis. Der Abbau der Braunkohle, in der DDR der wichtigste Energieträger, war zunehmend mit rücksichtslosem Raubbau an der Landschaft verbunden. Weder Dutzende Dörfer noch wertvolle Landschafts- oder Naturschutzgebiete wurden verschont. Der Braunkohlebergbau konzentrierte sich zunehmend im historisch gewachsenen Siedlungsgebiet der Sorben und Wenden. Bis 1989 gehörten große Teile der Lausitz zu den am stärksten von Luftverschmutzung und Umweltschäden betroffenen Gebieten Europas.

Mit dem Beitritt zur Bundesrepublik Deutschland am 3. Oktober 1990 besserte sich die Situation im Umweltbereich erheblich. Die starke Abnahme der Braunkohlefördermenge, die Schließung von unrentablen Betrieben, der fast flächendeckende Zusammenbruch der Textilindustrie, Umrüstungen und Modernisierungen führten auf der anderen Seite in der einseitig entwickelten Region aber zur Massenarbeitslosigkeit, die gegenwärtig zu den größten Problemen der Lausitz gehört.

Erfreulich ist die Revitalisierung historischer Zeugnisse. So wurden seit 1990 die Altstädte saniert, die zu DDR-Zeiten dem Verfall preisgegeben waren, so vor allem in Görlitz, Cottbus und Bautzen. 1991 erfuhr der historische Oberlausitzer Sechsstädtebund eine Neuauflage, diesmal unter touristischen Gesichtspunkten. Von April bis Oktober 1995 war Cottbus Austragungsort der vielbeachteten ersten Bundesgartenschau in Ostdeutschland.

Im Mai 1995 unterzeichnete die Bundesregierung in Straßburg die Europäische Rahmenkonvention zum Schutz nationaler Minderheiten. Die in der Lausitz ansässigen rund 60 000 Sorben und Wenden wurden durch eine Erklärung der Bundesregierung als nationale Minderheit anerkannt.

Die Kultur der Sorben und Wenden

Die Slawen kamen im Verlauf der großen Völkerwanderung im 6. Jahrhundert in die Lausitz. In weiter westlich gelegenen Regionen, wie im Wendland sowie an Saale und Mulde, gingen mit der Assimilierung und den Sprachverboten die elbslawischen Sprachen sowie deren Sitten und Bräuche schon bis zum 16. Jahrhundert im Deutschtum unter. Die Mark Lausitz (Niederlausitz) und das Land Bautzen (Oberlausitz) waren davon weniger betroffen, da sie schon damals dichter von Sorben und Wenden besiedelt waren. Die relative Abgeschiedenheit der Lausitz bewahrte die slawische Bevölkerung zunächst vor dem gleichen Schicksal.

Im Zuge der Reformation entwickelten sich die ober- und niedersorbischen Schriftsprachen. Im 19. Jahrhundert entstand eine breite sorbisch-wendische Volksbewegung, eine bürgerliche Kultur begann sich zu entfalten, und es bildete sich ein eigenes Nationalbewußtsein heraus. Die Industrialisierung und der Schulunterricht, der fast ausschließlich in deutscher Sprache unterrichtet wurde, führten jedoch zu einer verstärkten Assimilierung. Während des Nationalsozialismus wurden alle öffentlichen sorbisch-wendischen Aktivitäten verboten.

Die Slawen in der Niederlausitz bezeichnen sich selbst als Wenden, in der Oberlausitz als Sorben. Die Sprachen in beiden Teilen der Lausitz unterscheiden sich nur in geringem Maße. Heute befinden sich die Wenden und Sorben trotz staatlicher Förderung bis auf wenige Dörfer zwischen Kamenz, Hoyerswerda und Bautzen überall in der Minderheit; man schätzt sie auf etwa 60 000 Sorben und Wenden. Man bemüht sich aber, mit Unterstützung der Stiftung für das sorbische Volk, die sorbische Sprache sowie die vielen schönen überlieferten Sitten und

Bräuche zu erhalten, zu entwickeln und sie vor allem der jüngeren Generation nahe zu bringen.

Im Verlaufe des Jahres werden verschiedene Bräuche gepflegt, an vielen von ihnen nimmt auch die deutsche Bevölkerung teil.

Die Vogelhochzeit (25. Januar) ist heute ein populäres Kinderfest, bei dem die Kleinen am Abend zuvor Teller ans Fenster stellen. Die Vögel, gerade auf Hochzeitsflug, bescheren den Kindern Süßigkeiten und Gebäck als Dank für die Winterfütterung. In Vogelgewänder gekleidet, feiern die Jüngsten ein lustiges Fest.

Zum Zapust (Januar bis März), der niedersorbischen Fastnacht, finden Umzüge zum Austreiben des Winters statt. Drei Tage lang wird gefeiert. Beim Fastnachtstanz sollen die Mädchen besonders hoch springen, damit der Flachs auf den Feldern gut gedeiht.

Zampern ist ein traditioneller Heischegang, wobei die Zamperer verkleidet von Haustür zu Haustür ziehen und um Gaben und Kleingeld bitten. Beim abschließenden Fastnachtstanz wird alles wieder aufgebraucht.

Im Frühling werden die Ostereier als Symbol der Fruchtbarkeit in Ätz-, Kratz- und Wachstechnik kunstvoll verziert. In vielen Orten der Lausitz finden alljährlich vor Ostern Ostereiermärkte statt, bei denen man den Künstlern bei der Arbeit über die Schulter schauen kann.

Beim Osterreiten am Ostersonntag ziehen in der katholischen Oberlausitz neun Reiterzüge in die Nachbargemeinden und überbringen die Osterbotschaft. In der Niederlausitz findet das Osterreiten nur von Zerkwitz bis Lübbenau statt. Das Ostersingen sowie das Anzünden eines Osterfeuers sind heute nur noch wenig verbreitet.

Zum Hexenbrennen (30. April) in der Walpurgisnacht werden riesige Feuer entzündet, auf denen eine Hexe – eine aus Lumpen zusammengenähte Figur – verbrannt wird – ein Symbol dafür, daß der Winter nun endgültig dem Frühling die Vorherrschaft überlassen muß.

Bald darauf wird der sorbische Maibaum aufgestellt. Dieser Baumstamm ist etwa 30 Meter lang, mit Girlanden umwunden und einer kleinen Birke am oberen Ende geschmückt. Unterhalb des Wipfels hängt ein bunter Kranz. Das Maibaumwerfen ist zumeist mit einem Dorffest verbunden.

Das Johannisreiten ist ein Volksfest, das Ende Juni im Niederlausitzer Dorf Casel begangen wird. ›Johann‹ wird von den Mädchen völlig in Kornblumen gehüllt, auf dem Kopf trägt der Auserwählte eine Krone aus Blumen und Gräsern. Später wird ›Johann‹ wieder ›entblättert‹, sein Blumenschmuck wird als Trophäe angesehen. Wer Blüten abbekommt, bleibt angeblich gesund und glücklich.

Im August werden beim Hahnrupfen, Hahnschlagen, Stoppel- und Stollenreiten auf den abgeernteten Feldern die geschicktesten und schnellsten Reiter ermittelt und mit dem Siegerkranz geehrt. Erntedankfeste und Kirmes finden im Oktober statt.

Im Dezember sind Bescherkind, Heilige Barbara und Janšojski Bog unterwegs. In einigen Dörfern der Oberlausitz geht das in Tracht gekleidete Bescherkind von Haus zu Haus, in Sollschwitz ist es die Heilige Barbara und in der Niederlausitz der Janšojski Bog.

Sprachen

In der südöstlichen Oberlausitz spricht die deutsche Bevölkerung eine markante Mundart, das rollende ›R‹ ist überall zu hören. In der Lausitz wird neben deutsch auch sorbisch und wendisch gesprochen. Für Auswärtige ist dies am ehesten an der zweisprachigen Ausschilderung vieler Ortschaften zu erkennen.

Vor allem ältere Bewohner bedienen sich noch ihrer slawischen Muttersprache, im Norden Niedersorbisch (Wendisch), im Süden Obersorbisch. Im Raum Weißwasser vermischen sich beide Sprachen. Die sorbische Sprache gehört zur westslawischen Sprachgruppe. Das um Bautzen beheimatete Obersorbisch ähnelt dem Tschechischen, das im Spreewald verwendete Niedersorbisch zeigt Parallelen zur polnischen Sprache. In der Niederlausitz wird heute wieder stärker die Bezeichnung Wendisch für Sorbisch verwandt, auch um deutlich zu machen, daß es kleine aber feine Unterschiede gibt. Gewisse Unterschiede der Sprache ergaben sich im Verlaufe der zurückliegenden Jahrhunderte durch die siedlungsfreie Zone zwischen Nieder- und Oberlausitz, die heute etwa durch die Ruhland-Königsbrücker Heiden und Muskauer Heide markiert wird.

Mit dem Erstarken der Reformation bildete sich das sorbische Schrifttum heraus, aus der Mitte des 16. Jahrhunderts stammt die erste Übersetzung des Neuen Testaments. Einen enormen Entwicklungsschub brachte die Epoche der Aufklärung ab Mitte des 18. Jahrhunderts.

Mit Beginn des Industriezeitalters, dem verstärkten Zuzug deutschsprachiger Menschen und einsetzender Assimilierung, mit dem Erstarken nationalistischer Auswüchse vor und während der beiden Weltkriege sowie dem schleichenden Zerfall über Jahrhunderte gewachsener dörflicher Strukturen, nicht zuletzt auch wegen der Zerstörungen durch den Braunkohlebergbau zu DDR-Zeiten, gewann die deutsche Sprache fast überall die Oberhand. Im Dreieck Kamenz-Hoyerswerda-Bautzen dominiert in mehreren Dörfern die sorbische Bevölkerung, im privaten und öffentlichen Leben ist die sorbische Sprache noch oft zu hören.

Auch wenn die politische Wende neue Impulse für den Erhalt der sorbischen Sprache hervorbrachte, liegt dennoch die Zukunft dieses einmaligen Kulturgutes in der Verantwortung jedes einzelnen Angehörigen der sorbisch-wendischen Minderheit. In der Nieder- und Oberlausitz gibt es 13 Kindergärten mit über 200 Kindern, in denen die Kleinen mit der sorbischen Sprache aufwachsen. In der Niederlausitz wurde das Witaj-Sprachprojekt ins Leben gerufen, das die Kinder auf spielerische Weise mit der Sprache der Vorfahren vertraut machen soll. Das Niedersorbische Gymnasium in Cottbus sowie das Sorbische Gymnasium in Bautzen stehen für Kinder sorbischer und deutscher Abstammung gleichermaßen offen.

Durch die Herausgabe sorbischsprachiger Literatur hat sich der Domowina-Verlag um die Bewahrung der Sprache verdient gemacht, sorbische Sprachkurse werden in vielen Orten von den Volkshochschulen angeboten.

Wirtschaft

Die Lausitz war seit Anfang der 1960er Jahre das Kohle- und Energiezentrum der DDR. Aufbau und Entwicklung dieses Industriezweiges gründeten sich auf reiche Braunkohlevorkommen. 1951 entstand in Lauchhammer die weltweit erste Kokerei, die auf Braunkohlebasis arbeitete. Ab 1959 wurde im Gaskombinat ›Schwarze Pumpe‹ Stadtgas ebenfalls aus Braunkohle gewonnen. Mit dem Bau mehrerer Großkraftwerke – unter anderem Boxberg und Jänschwalde – entwickelte sich die Lausitz zum ›elektrischen Herz‹ der DDR.

Mit dem Ansteigen der Braunkohleförderung in den 1980er Jahren auf gut 200 Millionen Tonnen jährlich stieß man an Grenzen, die oft nicht mehr beherrschbar waren. Die Rekultivierung der ausgekohlten Tagebaue konnte mit dem sprunghaft angestiegenen Verbrauch nicht Schritt halten. Nach 1990 ist die Braunkohlegewinnung um etwa zwei Drittel zurückgegangen, die Rekultivierung hat einen wichtigen Stellenwert erhalten.

Mit der Modernisierung der Großkraftwerke Boxberg und Jänschwalde sowie dem Neubau bei Schwarze Pumpe als eines der modernsten Braunkohlekraftwerke der Welt wird dem Braunkohleabbau in der Lausitz weiterhin eine Zukunft eingeräumt. Mittlerweile sind der Bergbau und die Kraftwerke im Besitz des schwedischen Konzerns Vattenfall Europe, in Deutschland einer der drei größten Energieversorger. Die deutsche Konzernzentrale hat ihren Sitz in Cottbus.

Die traditionellen Zweige Textil- und Glasindustrie sind nach der Wende stark zurückgegangen, die Lauistz hat mit erheblichen wirtschaftlichen Problemen zu kämpfen. Es gibt aber positive Ausnahmen. 1995 eröffnete das US-Textilunternehmen Malden Mills in Görlitz weltweit das erste und einzige Tochterwerk. Fast alle der begehrten Polartec-Stoffe für Europa werden heute von der Görlitzfleece GmbH produziert. Naturstoffe entstehen in der Spremberger Tuche GmbH, die Glasindustrie ist heute noch in Drebkau, Weißwasser und Döbern vertreten. Hochwertige Flachbildschirme werden in der Samsung Corning Deutschland GmbH in Tschernitz hergestellt. Moderne Reisewaggons für viele Bahnunternehmen in Europa werden in Görlitz montiert.

Zu einem Desaster führte die von der brandenburgischen Landesregierung betriebene Förderung von Großprojekten in der Niederlausitz. Die Montagehalle für den Luftschiffbauer Cargolifter verschlang 40 Millionen Euro Steuergelder – inzwischen ist das Unternehmen von der Bildfläche verschwunden. Der mit etwa 123 Millionen Euro Steuergeldern geförderte Bau der Rennstrecke Eurospeedway Lausitz bei Senftenberg zeigt ebenfalls nicht den erwünschten wirtschaftlichen Aufschwung.

Durch den rasanten Abbau von Arbeitsplätzen in allen Branchen setzte eine hohe Abwanderung ein, außerdem sind die Geburten stark zurück gegangen. Die Bevölkerung in der Lausitz ist daher in den vergangenen 15 Jahren deutlich zurückgegangen und weiter rückläufig.

Immer mehr entwickelt sich der Fremdenverkehr zu einem wichtigen Wirtschaftfaktor, so in der Niederlausitz im Spreewald und der Stadt Cottbus, in der Oberlausitz insbesondere im Zittauer Gebirge und dem Lausitzer Bergland. Ebenfalls im Aufwind ist der Städtetourismus in Bautzen, Cottbus, Görlitz, Kamenz, Löbau und Zittau.

Die Peitzer Teiche vor der Kulisse des Braunkohlekraftwerks Jänschwalde

Im Spreewald teilt sich die Spree in hunderte Fließe, Gräben und Kanäle. Fast jeder Besucher will den Spreewald vom Wasser aus erleben. Fürst Pückler hinterließ in Branitz ein herausragendes Gartenkunstwerk. Die Internationale Bauausstellung ›Fürst-Pückler-Land‹ will seine Traditionen fortsetzen – mit einer grandiosen Seenkette, die aus ehemaligen Braunkohletagebauen entstanden.

Die Niederlausitz

Die Niederlausitz umfaßt heute den südöstlichen Teil des Landes Brandenburg. Die Grenze zur Oberlausitz entspricht in etwa der Landesgrenze zum Freistaat Sachsen. Man unterscheidet die drei großen Landschaftsräume: Ostbrandenburgisches Heide- und Seengebiet, Spreewald sowie Niederlausitzer Becken und Heideland.

Als erstrangige und überregional bedeutende Tourismusgebiete gelten Ober- und Unterspreewald, die Stadt Cottbus mit dem Branitzer Park, der Senftenberger See sowie der Schwielochsee am Nordrand der Lausitz.

Neben den bekannten Fremdenverkehrszentren existieren eine Vielzahl weiterer touristisch bemerkenswerter Städte, Dörfer und Landschaften.

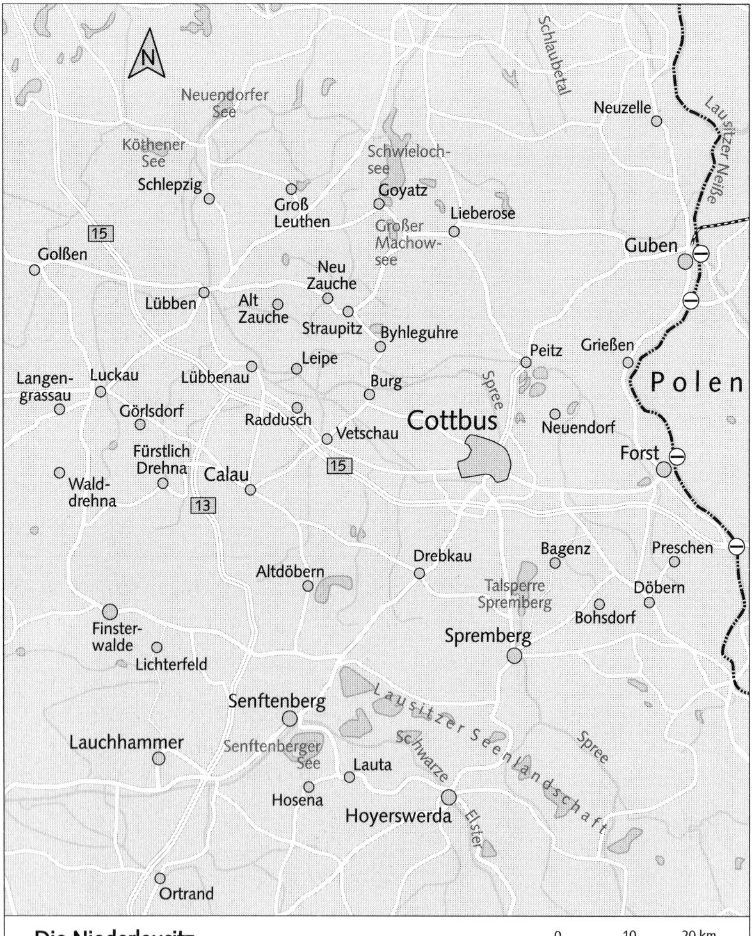

Die Niederlausitz

Golßen und Umgebung

Das Städtchen Golßen geht auf eine typische Angersiedlung aus dem 12. Jahrhundert zurück. Sehenswert sind das Rathaus und mehrere stattliche Bürgerhäuser vom Anfang des 20. Jahrhunderts, die Stadtkirche aus der ersten Hälfte des 19. Jahrhunderts, eine Distanzsäule auf dem Lindenplatz mit der Aufschrift ›IX Meilen bis Berlin‹ (1843), die an den Straßenbau zwischen Berlin und Cottbus erinnert, sowie das Golßener Schloß mit barocken und klassizistischen Elementen (1721–1725). Sein Besitzer, Johann Just Vieth, wurde vom Kurfürsten August dem Starken zu Vieth von Golßenau geadelt. Zwischen 1948 bis 1991 war im Schloß das erste Landambulatorium der DDR untergebracht, eine Gemeinschaftspraxis mehrerer Ärzte. Ein Besuch des kleinen angrenzenden Landschaftsparks ist wegen der dort gedeihenden seltenen Baumarten sehr zu empfehlen.

Der Spreewaldhof Golßen ist der größte Verarbeitungsbetrieb von landwirtschaftlichen Spreewalderzeugnissen: Die berühmten Gurken kommen hier in 20 Geschmacksrichtungen ins Glas oder die Konserve, Besucher sind willkommen.

In dem knapp drei Kilometer westlich gelegenen Stadtteil Altgolßen steht eine der ältesten Kirchen der Niederlausitz. Bis kurz nach der Wende gab es in dieser Kirche zwei Gemälde von Lucas Cranach dem Jüngeren zu sehen. Nach Diebstahl und glücklicher Wiederbeschaffung sind sie nun an einem sicheren Ort verwahrt. Wer die Kirche besichtigen möchte, meldet sich beim Pfarramt Golßen oder geht zum Kirchenältesten im Ort, den jeder Einwohner in Altgolßen kennt.

In fünf Kilometern Etfernung befindet sich das Dörfchen Sagritz. Dort steht die Kanow-Mühle aus dem 16. Jahrhundert. Hier wird noch bis heute frisches Leinöl gepret.

Gut zehn Kilometer nordöstlich von Golßen gibt es ein Unikum zu bestaunen: Die ›Cargolifter-Halle‹ in Briesen-Brand ist die größte freitragende Halle der Welt, 360 Meter lang, 210 Meter breit und 107 Meter hoch – der Berliner Reichs-

PLZ: 15938, Vorwahl: 03 54 52.
Pfarramt Golßen, Tel. 7 17.

Motel und Restaurant Zur Spreewälderin, Luckauer Str. 18, Tel. 38 70, Fax 3 87 99, www.spreewaldmotel.de; EZ 38–53, DZ 59–75 Euro.

Spreewaldhof Golßen mit Besucherinformationszentrum, Bahnhofstr. 1, Tel. 38 90, www.spreewaldhof.de.

Kanow-Mühle in Sagritz, Tel. 5 07, www.kanow-muehle.de; Gasthaus täglich 13–18 Uhr (April bis Oktober), Führungen Sa 16 Uhr, So 14–16 Uhr.

tag würde zweimal hineinpassen. Nach der Insolvenz des Luftschiffbauers Cargolifter wurde die Halle von einem britisch-malaysischen Konsortium gekauft. Künftig soll unter dem Dach eine Tropenwelt mit zwei Hotels einladen.

Luckau

Die Siedlung an der Berste, im Luckau-Calauer Becken am Rande des Niederlausitzer Landrückens gelegen, besaß schon um die letzte Jahrtausendwende eine slawische Burg, etwa 200 Jahre später bauten Deutsche während der Kriegszüge gen Osten eine weitere Feste hinzu. Am Kreuzungspunkt bedeutender mittelalterlicher Handelswege, Magdeburg–Glogau (heute Głogów/Polen) und Leipzig–Frankfurt (Oder), entstand später eine Kaufmannssiedlung, die sich bis zum 14. Jahrhundert in eine reiche Stadt wandelte. Im 15. Jahrhundert durfte sich Luckau sogar als ›Hauptstadt der Niederlausitz‹ schmücken. Vom Wohlstand der Städter kündet die Tatsache, daß sie des öfteren als Geldgeber der böhmischen Krone auftraten. Luckau gehörte über Jahrhunderte zur böhmischen Herrschaft, später zu Sachsen und fiel im Ergebnis des Wiener Kongresses 1815 an Preußen.

Ein wichtiges Datum in der Stadtgeschichte ist der 4. Juni 1813. An diesem Tag fand vor den Toren der Stadt eine Schlacht zwischen napoleonischen Truppenverbänden (Franzosen, Bayern und Sachsen) mit 24 000 Soldaten und einem preußisch-russischen Heer mit 16 000 Mann statt, aus der letzteres siegreich hervorging.

Die industrielle Revolution machte anfangs einen Bogen um die Region, weil Luckau nicht sofort an das Eisenbahnnetz angeschlossen wurde. Bekannt waren in jener Zeit Luckauer Zigarren.

Heute ist Luckau ein Verwaltungszentrum der Niederlausitz mit ungefähr 6000 Einwohnern. Obwohl das Städtchen überschaubar ist, hat es doch einiges Sehenswertes zu bieten. Nicht ohne Grund erhielt es 2002 eine Auszeichnung der Deutschen Stiftung Denkmalschutz im Wettbewerb ›Leben in historischen Innenstädten und Ortskernen‹.

Im Jahr 2000 richteten die Stadtväter die erste Landesgartenschau im Land Brandenburg aus. Die historische Altstadt wurde als integraler Bestandteil einbezogen und gärtnerisch gestaltet, so im Norden der Schloß- und im Süden der Stadtpark sowie Flächen zwischen Stadtmauer und Stadtgraben. Hier entstanden unter anderem fünf Themengärten.

Die Stadtmauern aus Feld- und Backsteinen aus dem 13. und 14. Jahrhundert blieben beinahe unversehrt erhalten und sind vom wassergefüllten Stadtgraben umgeben. Am Rand der östlichen Altstadt steht das Calauer Tor, an dem Napoleons Truppen 1813 erfolgreich abgewehrt wurden (Gedenktafel). Trotzdem existiert

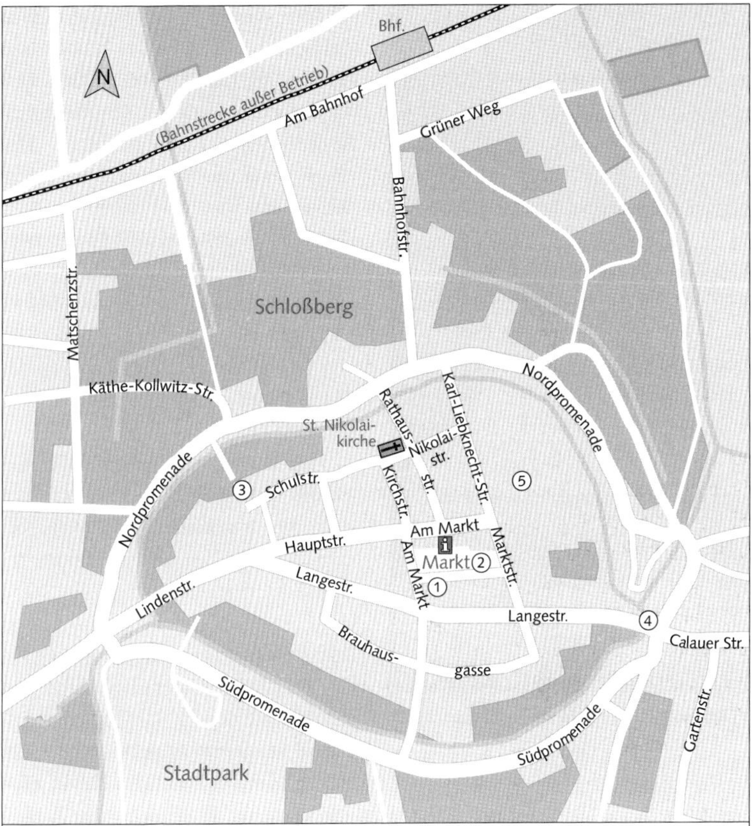

Luckau

Legende

1 Rathaus
2 Georgenkapelle
3 Napoleonhäuschen
4 Roter Turm
5 Justizvollzugsanstalt mit Denkmal für Karl Liebknecht

am westlichen Stadtrand das Napoleonhäuschen, in dem der Überlieferung nach der Feldherr einmal genächtigt haben soll. Heute ist hier eine Ausstellung über die Schlacht von 1813 untergebracht.

Auf dem Markt gefallen besonders die aus sächsischer Epoche stammenden Barockgiebelhäuser, von denen später einige auf der Ost- und Westseite des Platzes von italienischen Meistern noch mit reichen Renaissance-Stuckfassaden ver-

Georgenturm und Hausmannkapelle

schönert wurden. Die spätromanische Georgenkapelle am Platz stammt aus dem 13. Jahrhundert und wurde später im Barockstil verändert. In ihr finden Konzerte und Trauungen statt. Der neben der Kapelle befindliche Hausmannsturm von 1697 wurde bis zum Ende des 17. Jahrhunderts öfter umgebaut. Er diente der Stadtwache als Ausguck; die einstige Türmerwohnung ist noch gut erkennbar. Hausmannsturm und Georgenkapelle sind am Tag des offenen Denkmals im September zugänglich.

Vom einst mittelalterlichen Charakter des Rathauses künden heute nur noch die verschiedenen Gewölbeformen im Ratskeller, der noch immer als Gaststätte betrieben wird. Über dem Gewölbe erhebt sich ein Bau im klassizistischen Stil aus dem Jahr 1852.

Ab dem 18. Jahrhundert diente das schon Mitte des 16. Jahrhunderts aufgegebene Dominikanerkloster nordöstlich vom Markt als Zuchthaus, noch heute ist es ein Frauen- und Untersuchungsgefängnis. Prominentester Zelleninsasse war Karl Liebknecht, der hier von 1916 bis 1918 inhaftiert war. 1969 weihten die Stadtväter zum Gedenken an den Arbeiterführer ein Denkmal mit seinem Abbild am Markt ein. Nach der Wende wurde das Denkmal umgesetzt und befindet sich heute an der Gefängnismauer.

Nördlich vom Markt thront die dreischiffige spätgotische Pfarrkirche St. Nikolai. Sie gehört zu den bedeutendsten mittelalterlichen Kirchen im Land Brandenburg. Der doppeltürmige Feld- und Backsteinbau entstand bereits im 13. Jahrhundert. Der großzügige Ausbau begann 1375, nachdem der böhmische König und Kaiser des Heiligen Reiches Deutscher Nation, Karl IV., der Stadt das Haupt des Hl. Paulinus, eines heilig gesprochenen Minioriten, geschenkt hatte. Diese Reliquie wurde in der Kirche aufbewahrt, aber später gestohlen.

Die Innenausstattung ist barock, hier verdienen als Prunkstücke die Emporen mit Ratsherren-, Sänger- und Orgelemporen sowie Patrizier- und Handwerkerlogen besondere Aufmerksamkeit. Die große Barockorgel aus dem Jahr 1673 besitzt 44 klingende Register und 3500 Pfeifen; sie ist ein Werk des Leipziger Orgelbaumeisters Christoph Donat. Im Sommer finden hier Aufführungen des Brandenburger Chorkonzertes und Orgelkonzerte statt. Der schöne Hochaltar wurde 1670 von Abraham Jäger geschaffen. Die Doppelwendeltreppe zu den Logen und Emporen der Nordseite, neben der Sakristeitür, fertigte der Luckauer Joachim Bandigk im Jahr 1673. Der Taufstein wurde von Abraham Jäger und Christoph Krause in Kelchform mit farbigen Bildtafeln gefertigt. Weiterhin sieht man figurengeschmückte Grabmahle reicher Luckauer Bürger, Epitaphien mit barocker Pfeilerbemalung und ein seltenes hölzernes Kriegerdenkmal aus dem Ersten Weltkrieg mit drei Gemälden.

Außen ist vor allem die Südseite interessant: Die Umrahmung des Sandsteinportals endet an Kragsteinen, die das Abbild Kaiser Karl IV. und seiner vierten Frau, Elisabeth von Pommern, verkörpern sollen. Darunter sind Kerben im Sandstein zu sehen. Hier weihten einst Luckauer Bürger ihre Schwerter, bevor sie in die Schlacht zogen. Die merkwürdigen kreisrunden Vertiefungen im unteren Bereich des Portals werden als Näpfchen bezeichnet. Sie fungierten einerseits als Medizinnäpfchen, aus denen man zu Pestzeiten Staub des Sandsteins zu Arznei bereitete, andererseits als Sühnenäpfchen (große und kleine, je nach der Schwere der Sünde). An den beiden Kirchentürmen erkennt man noch den spätromanischen Unterbau aus Feldsteinen.

Der nördlich der Kirche stehende, langgezogene Gebäudekomplex diente einst als Kantorat, Alte Schule, Küster- und Pfarrhaus, Töchterschule und Oberpfarrhaus.

Wanderung zum Naturschutzgebiet Borcheltsbusch

Das südöstlich von Luckau und westlich der Ortschaft Görlsdorf gelegene ausgedehnte Flachmoor ist der sechstgrößte Kranichrastplatz in Deutschland. Während des Herbstzuges sammeln sich hier die Vögel auf ihrem Weg von Skandinavien und Nordosteuropa in die Winterquartiere nach Spanien und Südfrankreich. 1995 wurden 2400 Kraniche gezählt, 1997 sogar 4400.

Von der Straße Goßmar – Freesdorf kann man die 1,20 Meter großen Vögel von Anfang August bis September beobachten und oft auch hören. Die besten Chancen zum Beobachten mit dem Fernglas bieten sich morgens von Sonnenaufgang bis etwa eine Stunde danach und abends eine Stunde vor Sonnenuntergang. Von Freesdorf in Richtung Goßmar befindet sich hinter der kleinen Straßenbrücke auf der linken Seite ein Abzweig, über den man einen Aussichtsturm erreicht.

Im benachbarten Gut Görlsdorf bietet man einfache Unterkünfte und Erlebnisse mit Pferden.

Länge: etwa 3 Kilometer.

PLZ: 15926,
Vorwahl: 03544.
Fremdenverkehrsverband Niederlausitzer Land e.V., Am Markt 34, Tel. 3050, Fax 508276, www.luckau.de und www.niederlausitz.com (Gastgeberverzeichnis).

Die Bundesstraßen 87, 96 und 102 führen durch Luckau, die Stadt besitzt auch Bahnanschluß ab Berlin-Ostbahnhof.

Hotel Landhaus am Park, in Cahnsdorf, Tel. 50090, www.parkhotel-cahnsdorf.de; EZ 45–55, DZ 68–88 Euro.
Pension Hinze, Rietweg 14, Tel. 3831; EZ und DZ ab 20 Euro.
Pension Lindenstraße, Lindenstraße 22, Tel. 5576326; EZ 15–25, DZ 30–60 Euro.
Pension und Café Graf, Hauptstr. 3, Tel. 2471; EZ 31, DZ 51 Euro, Kaffeestube im Wiener Stil, ruhige Zimmer mit Fenster in den grünen Hof.

Jahrescampingplatz Sonnenberg im nördlich von Luckau gelegenen Dorf Kreblitz.

Restaurant Schloßberg, Nordpromenade 20, Tel. 6307; täglich ab 11 Uhr. Wildgerichte und schöner Biergarten.
Ritterschenke Zum Weißen Ross, Am Markt 14, Tel. 555890, www.ritterschenke.de; Mo–Sa 11.30–14 und 17.30–23 Uhr, So und Feiertage 11–23 Uhr. Kinderspielecke, behindertengerecht.

Niederlausitz-Museum Luckau, Lange Str. 21, Tel. 2293; Mi–Fr 10–12 und 14–17 Uhr, Sa/So 13–16 Uhr. Stadtgeschichte und Sehenswürdigkeiten sowie Pflanzen und Tiere.
Karl-Liebknecht-Gedenkstätte in der Justizvollzugsanstalt Luckau. Anmeldung im Niederlausitz-Museum, Besichtigung nur mittwochs möglich.
Ausstellung im Napoleonhäuschen; Anmeldung im Niederlausitz-Museum Luckau.
Pfarrkirche St. Nikolai, Sa 14–16 Uhr, ansonsten ist der Schlüssel auch beim Pfarrer im gegenüberliegenden Kirchplatz 5 zu haben oder im Evangelischen Kreiskirchenamt, Schulstr. 2, Tel. 2339, www.kirche-luckau.de, Gottesdienst So 10 Uhr.
Bockwindmühle Luckau, Tel. 594166. Bockwindmühle nach dem Original von 1850 erneuert und voll funktionsfähig.

Letztes Aprilwochenende: Niederlausitzer Leistungsschau.
Juni: Heimat- und Schützenfest im Zusammenhang mit Aufführungen des Brandenburger Chorkonzertes
1.Weihnachtsfeiertag: Christmette (6 Uhr in der St. Nikolaikirche).

Findlingsgarten Wanninchen und Naturlehrpfad Luttchensberg

Etwa vier Kilometer südöstlich von Görlsdorf, am Nordrand des stillgelegten Tagebaus Schlabendorf-Süd, befinden sich die Naturschutzstation und der Findlingsgarten Wanninchen, der gleichnamige Ort allerdings nicht mehr – er mußte 1985 dem Tagebau weichen.

Neben Findlingen kann man hier auch einen Bauern- und Rosengarten besuchen oder die Urform unseres Haushuhns, die Bankivhühner, bestaunen. Der Findlingsgarten ist frei zugänglich, vor Besichtigung der anderen Objekte melden sich Besucher in der Station.

Der Schlabendorfer See mitsamt Umgebung, insgesamt 2700 Hektar, wurde von der Heinz-Sielmann-Stiftung erworben, die Natur soll sich hier in Zukunft ungestört entwickeln können und Feldhase, Kranich, Wiedehopf und Fischotter geeignete Lebensräume bieten.

Im Altkippengebiet Schlabendorf-Nord, südwestlich von Groß Beuchow, zwischen Lichtenauer See (Kranichrastplatz) und Schlabendorf, befindet sich der Naturlehrpfad Luttchensberg mit geologischem und biologischem Abschnitt. Um die innere Struktur der im Findlingsgarten aufgestellten Exemplare zu erkennen, wurde jeweils eine Stelle angeschliffen.

Zwischen Langengrassau und Walddrehna

Fünf Kilometer südwestlich von Luckau befindet sich der Heidegarten Langengrassau. Auf etwa 600 Quadratmetern fanden typische und bedrohte Arten des Niederlausitzer Landrückens ein Refugium. Es wurden ein Zwischenmoor- und Feuchtwiesenbiotop sowie ein Trockenrasen angelegt. Das Areal befindet sich am Ortsausgang Langengrassau, an der B 87 Richtung Herzberg, auf der linken Seite hinter dem Amt Heideblick. Auf frei zugänglichen Wegen können die Besucher die Flora studieren.

Das Schmuckstück von Langengrassau ist die Feldsteinkirche aus dem 13. Jahrhundert. Nach einem Brand wurde die Kirche von 1819 bis 1821 umgebaut. Die Innenausstattung entwarf Karl Friedrich Schinkel. Mehrere Wanderwege und Naturlehrpfade führen in die reizvolle Umgebung der Höllenberge und zum 140 Meter hohen Struveberg. Etwa sieben Kilometer westlich von Luckau und nahe Langengrassau erstreckt sich das Naturschutzgebiet Höllenberge als besonders wertvoller Bestandteil des Niederlausitzer Landrückens. Von der kleinen Ortschaft Wüstermarke führen Feldwege ins Naturschutzgebiet.

Der Höllberghof bei Langengrassau

Von der B 87 Luckau-Herzberg führt ein Fahrweg kurz hinter dem Ortsausgang Langengrassau (Richtung Herzberg) und einer Bahnbrücke zum Höllberghof. Damit ist eine originalgetreue Rekonstruktion eines Dreiseitenhofs vom Anfang des 19. Jahrhunderts mit Wohnhaus, Kossätenhaus, Fachwerkscheune, Flachskammer, Backhaus und Taubenständer bezeichnet. Neben der Ausstellung ›Naturschutz durch historische Landnutzung‹ in der Fachwerkscheune wird vor allem der Praxis große Aufmerksamkeit geschenkt: So werden hier traditionelle Landbewirtschaftungsformen im Bauerngarten gepflegt und vom Aussterben bedrohte Haustierrassen wie Weideschweine, Koniks und Skudden, eine alte Schafsrasse, gehalten und gezüchtet. Im Kossätenhaus befinden sich das Höllberghof-Informationsbüro und die Höllbergschänke, wo auch hofeigene Spezialitäten auf den Tisch kommen. Das Tiergehege ist einen Kilometer entfernt. Es ist auf einem Naturerlebnispfad zu erreichen, der als Rundweg gestaltet wurde.

Südlich von Luckau, bei Gehren/Walddrehna, befinden sich die ›Gärten der Sinne‹. Die gestaltete Fläche umfaßt zehn Hektar mit verwildertem Obstgarten, natürlichen Quellen und Bächen, Wiesen, Misch- und Kiefernwald sowie den Resten eines slawischen Burgwalls.

Eine lange Treppe führt in den Luftsalon, im Kunstirrgarten wandelt man über begehbare Skulpturen. Die Installationen und Objekte von mehr als einem Dutzend Künstlern aus zehn Ländern versprechen ein mit allen Sinnen zu genießendes Erlebnis. Hier gibt es eine kleine Sternwarte, im Sommer werden Symposien der bildenden Kunst sowie Konzert- und Theaterveranstaltungen geboten.

Höllberghof-Informationsbüro, Tel. 03 54 54/74 05, www.hoellberghof.de.
Naturwacht des Naturparks Niederlausitzer Landrücken, Wanninchen bei Görlsdorf, Tel. 50 80 61.
Führungen durch den Naturpark nach Anmeldung.

Gut Görlsdorf, Tel. 0 35 44/42 15.

Höllbergschänke, Tel. 03 54 54/6 11; Mo–Fr 11–17 Uhr, Sa/So 11–21 Uhr.

Höllberghof-Ausstellung mit Hofladen, April bis Oktober täglich 10–18 Uhr.
Gärten der Sinne in Gehren, Bergstr. 31, Tel. 03 54 55/38 87, www.gaertendersinne.de; Mai bis Oktober täglich ab 11 Uhr bis zum Sonnenuntergang.

Höllberghof-Fest (Wochenende 1. Mai)

Fürstlich Drehna

Im Jahr 1807 wurde der damalige Schloßherr Moritz Graf Lynar vom österreichischen Kaiser Franz I. in den Fürstenstand erhoben. Seitdem heißt der kleine Ort nicht nur Drehna, sondern Fürstlich Drehna.

Als Vorgängerbau des heutigen Schlosses entstand 1480 ein Wasserschlößchen auf den Resten einer Burg. Seit Mitte der 1990er Jahre ist die Anlage im Besitz der Brandenburgischen Schlösser GmbH. Zwar wurde das Gebäude seitdem aufwendig saniert, es steht aber noch leer und wartet auf ein tragfähiges Nutzungskonzept.

Ab 1813 wurde der benachbarte Park von Peter Joseph Lenné als Lustgarten gestaltet. Gut die Hälfte des Areals gingen in den 1980er Jahren durch den Braunkohletagebau verloren, wurden aber in den vergangenen Jahren gärtnerisch gestaltet und ›zurückgegeben‹. Alter und neuer Park umfassen heute über 40 Hektar. Einen besonders schönen Blick darauf genießt man vom gußeisernen Pavillon am Schloßteich.

Am Schloßvorplatz befindet sich die Schloßbrauerei. Nach alten Rezepturen werden Herren-Pils, Dunkler Bock, Maibock, Fürst Lynar Dunkel und Mondscheinbier gebraut. Betriebsbesichtigungen mit Verkostung sind nach Anmeldung möglich. Das ehemalige Gärtnereihaus ist jetzt Sitz der Naturparkverwaltung

Blick vom Parkpavillon auf den Schloßteich

Niederlausitzer Landrücken. Südlich des Ortes steht seit dem Jahr 2000 eine Bockwindmühle aus dem Jahr 1788, die ursprünglich in Schiebsdorf bei Golßen stand und hierher umgesetzt wurde.

Die Kulturlandschaft um Fürstlich Drehna ist ein Projekt der Internationalen Bauausstellung ›Fürst-Pückler-Land‹. Ziel ist es, eine beispielhafte Verbindung zwischen gewachsener Kulturlandschaft mit der neuen Bergbaufolgelandschaft zu schaffen. Unter anderem entstand so ein 250 Hektar großer See mit Badeplätzen; ein Radwanderweg führt durch den einstigen Tagebau.

Besucherzentrum des Naturparks Niederlausitzer Landrückens, Luckauer Str. 1, Tel. 03 53 24/30 50.

Gasthaus Zum Hirsch, Crinitzer Straße 2, Tel. 03 53 24/70 30, www.fuerstlichdrehna.de; EZ 30 Euro, DZ 59 Euro. Am Marktplatz, barocker Gasthof mit historischem Flair, der 1920 gebaute Saal ist einem Schiffsrumpf mit Bullaugen nachempfunden. Schöner Biergarten, auf Wunsch auch Organisation einer Brauereiführung in der nahen Schloßbrauerei.

Der Spreewald

Der Spreewald gehört zu den eigentümlichsten Landschaften in Deutschland. Wie kein anderer Fluß teilt sich die Spree mit einem Mal in hunderte Fließe, Gräben und Kanäle und bildet so ein für den Außenstehenden verwirrendes Wasserlabyrinth. Der Spreewald erstreckt sich auf einer Fläche von 500 Quadratkilometern zwischen Leibsch im Norden und Vetschau im Süden. Er wird unterteilt in den Ober- und den Unterspreewald. Die Grenze verläuft mitten durch die Stadt Lübben.

Mit den Schlangen, die hier früher massenhaft vorkamen, verbinden sich im Spreewald zahlreiche Sagen und Legenden. Zwei gekreuzte Schlangenköpfe an den Enden der Windlatte am Dachgiebel sollen den Hausbewohnern Glück bringen, daher sind sie überall zu finden. Bei den Slawen verkörperte die Ringelnatter den guten Geist des Anwesens. Sie sollte Feuersbrunst und Krankheiten von den Bewohnern fernhalten und bösen Hexen und Geistern den Zutritt verwehren. Ringelnattern und Blindschleichen haben die Spreewälder einst vor Hochwasser gewarnt. Denn sie spürten die Gefahr und sammelten sich auf den sogenannten Kaupen. Das sind die Flächen, die auch bei erhöhtem Wasserstand trocken blieben.

Im Spreewald

So hatten die Bewohner noch genügend Zeit, sich und ihre Habe in Sicherheit zu bringen.

Auf seinen Wanderungen durch die Mark Brandenburg schwärmte der Schriftsteller Theodor Fontane: ›Und daß dem Netze dieser Spreekanäle nichts von dem Zauber von Venedig fehle, durchfurcht das endlos wirre Flußrevier in seinem Boot der Spreewalds-Gondolier!‹ Er bezeichnete den Spreewald auch als ein bäuerliches Venedig im Taschenformat und als ›Vaterland der sauren Gurke‹.

Bereits 1866 erschien der erste Spreewald-Reiseführer. Seitdem ist der Fremdenverkehr ständig gewachsen. Die Gäste, es sind jährlich rund zwei Millionen, erkunden den Spreewald wie jeher mit der Gondel, zu Fuß oder mit dem Fahrrad. Trotz Massentourismus blieben viele Bereiche zum Schutz bedrohter Tier- und Pflanzenarten erhalten. Seit 1990 ist der Spreewald als Biosphärenreservat ausgewiesen und steht somit unter besonderem Schutz, die Erhaltung und Pflege wurde Ende 2003 von der UNESCO als beispielgebend für die ganze Welt gewürdigt.

Der Unterspreewald bei Lübben

Lübben (Lubin)

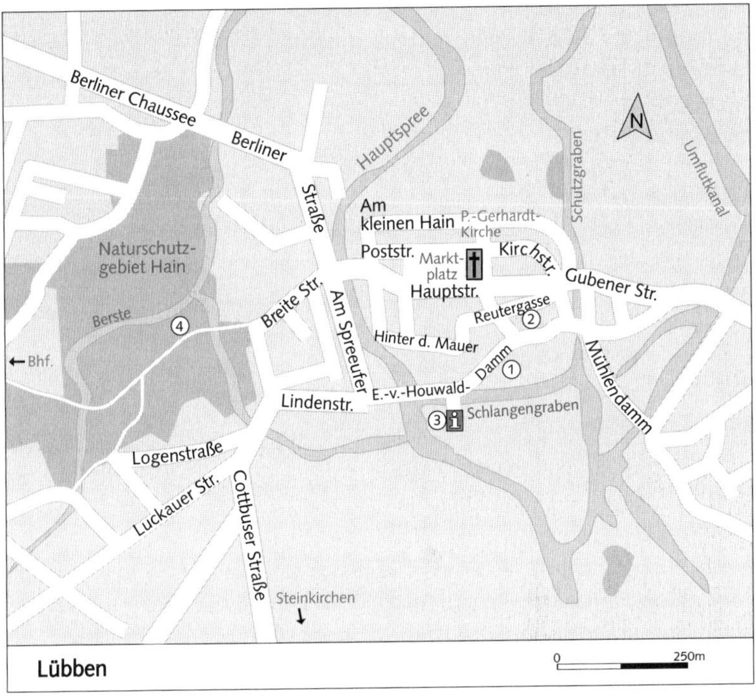

Legende

1 Schloß
2 Ständehaus
3 Fährhafen
4 Liuba-Gedenkstein

Erste Erwähnung fand das heutige Lübben um 1150 als ›urbs Lubin‹. Zu dieser Zeit war es eine slawische Siedlung. Die älteste Urkunde datiert aus dem Jahr 1208, in der ein Burggraf Johann von Lübben erwähnt wird. Die Lage der Stadt am Landweg durch den Spreewald machte sie für viele Herrschaften begehrlich, so auch für die deutschen Eroberer, die zwischen Lübben und Steinkirchen – heute ein Ortsteil Lübbens – eine Burg erbauten. Der Ort war im Mittelalter Spielball dynastischer Willkür, und so wechselten die Besitzer häufig. Ab 1562 residierte der Landvogt im Neuen Schloß. Der Dreißigjährige Krieg hinterließ Zerstörungen im Stadtgebiet. Herzog Christian I. von Sachsen-Merseburg erwarb sich nach Kriegsende große Verdienste in der weiteren Stadtentwicklung, er gründete die

Renaissancegiebel am Schloß in Lübben

Neustadt, und Lübben wurde zur Hauptstadt des sächsischen Markgraftums Niederlausitz. Nach dem Wiener Kongreß fiel Lübben an Preußen und versank lange Jahre in Bedeutungslosigkeit. Im Frühjahr 1945 erklärten fanatische Nazis die Stadt zur ›Festung‹, und so wurde sie bei der Eroberung durch die Rote Armee zu 80 Prozent zerstört.

Diese Verluste sieht man dem Stadtbild heute noch an. Dennoch ist Lübben heute ein bedeutendes Touristenzentrum, von dem aus die Gäste zur Entdeckung des Spreewaldes starten, und auch das Verwaltungszentrum des Landkreises Dahme-Spreewald.

Im ansonsten recht nüchternen Städtchen gibt es einen geradezu mythischen Ort, den Großen Hain. Alte Bäume, darunter über zweihundert Eichen, dichtes Strauchwerk und umgestürzte Riesen zaubern hier eine geheimnisvolle Atmosphäre, der Park gleicht einem Urwald. Der Rest des einstigen Spreewaldes in Stadtnähe ist genau der richtige Ort für Sagen und Mythen: Die Slawen verehrten unter dem grünen Dach die wendische Göttin der Liebe, Ehe und Fruchtbarkeit – Liuba. Niemand weiß, wie die heidnische Venus aussah, ein Kupferstich und das hölzerne Abbild blieben spurlos verschwunden. An den Liuba-Kult vergangener Zeiten erinnert der gleichnamige Gedenkstein am Hauptweg. Bahnreisende schreiten auf dem Weg zum Stadtzentrum mitten durch den Großen Hain, denn der Bahnhof liegt abseits vom Zentrum.

Über den ehemaligen Stadtgraben (Spreearm) gelangt man in die Neustadt auf die Haupteinkaufsmeile, die Breite Straße. In der Fußgängerzone steht die Postmeilensäule, eine Kopie des Originals von 1736.

Über Brückenplatz und Spreebrücke erreicht man vom Park die Reste der alten Stadtmauer, die Ende des 15. Jahrhunderts aus Raseneisenstein und Backsteinen erbaut wurde, und gelangt weiter zum Markt.

Hier steht das Wahrzeichen der Stadt, die spätgotische Paul-Gerhardt-Kirche. Auffällig ist der 43 Meter hohe Turm, sehenswert vor allem die Innenausstattung; Altar, Kanzel, Taufbecken und Triumphkreuz stammen aus dem 16. bis 17. Jahrhundert. Von 1669 bis zu seinem Tod 1676 wirkte hier der bekannte evangelische Kirchenlieddichter Paul Gerhardt als Diakon. Er wurde im Gotteshaus beigesetzt, ein bronzenes Standbild vor der Kirche erinnert an ihn.

Durch Haupt- und Gerichtsstraße führt die Besichtigungsroute weiter zum dreiflügligen Ständehaus (1717) – bekannt aus Gotthold Ephraims Lessings ›Minna von Barnhelm‹. Der König ließ Brandschatzungsgelder eintreiben, so auch in Lübben, und drohte bei Nichtzahlung mit dem Einäschern des damaligen Landhauses. Das Geld konnte nicht aufgebracht werden. Der vom König gesandte Geldeintreiber Major Marschall von Biberstein stellte daraufhin ungewöhnlicherweise einen Wechsel über 20 000 Taler aus eigenem Vermögen aus, und die Stände erhielten eine Quittung über diese Summe. Damit war das repräsentative Gebäude gerettet. Lessing bekam über seinen Berliner Verleger Voß Wind von der Geschichte und macht sie zu einer Szene der ›Minna von Barnhelm‹. Im Lustspiel sagt der dem Offizier Biberstein nachempfundene Major Tellheim zum Fräulein Minna: »… daß ich Order hatte, in den Ämtern ihrer Gegend die Kontribution mit der äußersten Strenge bar einzutreiben. Ich wollte mir diese Strenge ersparen und schoss die fehlende Summe selbst vor… Die Stände gaben mir ihren Wechsel…«

Eine weitere Attraktion des Ortes ist das Schloß. Große Summen sind hier in den vergangenen Jahren für die Renovierung des Baus investiert worden, an dem der Zahn der Zeit bedrohlich genagt hatte.

An dieser Stelle war im 14. Jahrhundert eine Wasserburg errichtet worden, 1561 dann ein Schloß. Im Dreißigjährigen Krieg erheblich beschädigt, wurde es danach im Stil der Spätrenaissance umgebaut. Aus jener Zeit blieben das herrliche Sandsteinportal mit sächsischem Wappen sowie der reichgeschmückte Renaissancegiebel erhalten. Der Wohn- und Wehrturm mit bis zu zwei Meter starken Wänden stammt aus dem 14. Jahrhundert und war einst Wohnung für die Gäste der Burggrafen und Landvögte.

Den Wappensaal schmücken Wandgemälde und 115 Wappen der Niederlausitzer Städte und Standesherrschaften. Einst huldigten an Ort und Stelle die Ständevertreter ihrem jeweiligen Herrn. Eindrucksvoll ist das riesige Ölgemälde, das das Treuegelöbnis der Lübbener für den Kurfürsten Friedrich II. Eisenzahn im Jahr

1448 festhält. Neben dem historischen Weinkeller im Wohn- und Wehrturm befinden sich hier ein Schloßrestaurant und das Stadt- und Regionalmuseum der Niederlausitz.

Der besondere Stolz der Stadt ist die neugestaltete Schloßinsel. Nach dem Zweiten Weltkrieg entstanden hier Trümmerberge mit dem Schutt der weitgehend zerstörten Altstadt. Jetzt lädt hier eine Grünanlage mit Klang- und Sinnesgarten sowie einem herrlichen Wasserspielplatz zum Besuch ein.

Im Lübbener Zentrum, genau auf der Spreebrücke der Bundesstraße am Ernst-von-Houwald-Damm, steht der Besucher auf der einen Seite im Oberspreewald, auf der anderen Seite im Unterspreewald. Über die Spree, vorbei am Bootshafen und Richtung Campingplatz und Freibad, gelangt man zum Burglehn, einem slawischen Rundwall aus dem 5. bis 6. Jahrhundert, heute eine bewaldete Anhöhe.

Im südlichen Stadtteil Steinkirchen befindet sich eine der ältesten Kirchen der Lausitz. Die evangelische Sankt Pankratius-Kirche stammt aus der Frühzeit der Christianisierung und wurde Anfang des 13. Jahrhunderts von Zisterziensermönchen als Wehrkirche erbaut. Der Sakralbau trägt den Namen des 304 verstorbenen Märtyrers Pankratius. Nahe des Gotteshauses befindet sich das Grab des Dichters Ernst von Houwald.

Eine Radwanderung durch den Unterspreewald

Zwischen Lübben und Leibsch ist der Massentourismus noch nicht verbreitet, in den kleinen Dörfern nahe der Spree geht es noch immer beschaulich zu. Die mittelschwere Rundtour mit zum Teil holprigen Pfaden auf Hochwasserschutzdeichen und einem Waldweg mit lockerem Sand führt durch diese Beschaulichkeit, nimmt etwa fünf Stunden in Anspruch (50 Kilometer) und eignet sich für Radler, die gern mal abseits von makellosen Asphaltwegen und mit der Natur allein sein wollen.

Die Route: Bahnhof Lübben – Schlepzig – Neu Lübbenau – Leibsch – Groß Wasserburg – Krausnick – Lubolz – Bahnhof Lübben.

Die Tour beginnt in Lübben am Bahnhof. Nach dem Überqueren der Bahnhofstraße folgen wir der roten Wegemarkierung und biegen an der Friedensstraße links ab. Am sowjetischen Ehrenmal halten wir uns rechts und gelangen in den Großen Hain. Am Liuba-Stein geht es nach links Richtung Schlepzig, ab jetzt ist die Strecke blau markiert. Nahe dem Paul-Gerhardt-Gymnasium überqueren wir die Hauptstraße und fahren den Lehnigksberger Weg entlang durch eine Kleingartenanlage. Über eine ehemalige Brücke der Spreewaldbahn radeln wir über zwei Spreearme und biegen am Hochwasserschutzdeich links ab. Bald darauf führt der Weg am Ufer mehrerer Fischteiche mit Sitzbänken entlang. Außer Schwänen tummeln sich hier auch viele Entenarten.

Am Wegweiser nahe dem Gasthaus Petkampsberg halten wir uns geradeaus und fahren nun am Ufer des Großen Inselteiches entlang. Zwei Kilometer vor Schlepzig trifft der Sandweg auf die Asphaltstraße, wir biegen nach links ab. Kurz vor Schlepzig befindet sich ein Rastplatz mit Trinkwasserentnahmestelle. Am Ortseingangsschild biegen wir links ab, vor der historischen Mühle rechts. An der nächsten Straßengabelung nach links – ab hier ist der Weg grün markiert –, jetzt Richtung Leibsch. Nahe der Gabelung steht eine hübsche Fachwerkkirche, ein Stück dahinter verbirgt sich das Agrarhistorische Museum in einem Spreewaldgehöft.

An der Stelle, wo die Hauptstraße einen Bogen nach links schlägt, halten wir uns geradeaus, die Kuschkower Straße entlang. Wir fahren durch die Agrargenossenschaft Unterspreewald hindurch und behalten an der Ausfahrt die Richtung bei. An der nächsten Gabelung links halten, an der Hauptstraße rechts. Am Ortseingangsschild Neu Lübbenau wechseln wir auf den Wiesenweg nach links, der gleich darauf weiter auf dem Hochwasserschutzdeich nach rechts führt. Dieser Abzweig ist nicht markiert! Auf dem grasigen Pfad geht es nur langsam voran. An der Bootsschleuse befindet sich eine Badestelle mit kleinem Sandstrand.

Am Spreeradweg zwischen Lübben und Schlepzig

Wir fahren über die Schleuse weiter auf dem Deich bis zur Hauptstraße, biegen hier links ab und erreichen Leibsch. An der Gaststätte Spreeblick biegen wir links auf den Weg ›Am Transformator‹ ab, an der Hauptstraße wiederum nach links Richtung Groß Wasserburg. Gegenüber vom Kahnfährhafen in Groß Wasserburg führen hinter der Brücke einige Stufen zum blau markierten Pfad auf dem Hochwasserschutzdeich, weiter Richtung Schlepzig. Die Fahrt auf dem Deich ermöglicht den Blick in einen intakten Auwald mit knorrigen Erlen. An der Straße halten wir uns rechts, durchqueren Krausnick und biegen am Gasthaus Erbschänke links ab. Nach einem Kilometer hinter dem Ortsausgang nochmals links abbiegen, nun Richtung Lubolz. An der Försterei endet der Asphalt. Anfangs kommen wir auf dem Fahrweg noch gut voran, bis feinsandiger Untergrund das Fortkommen für etwa drei Kilometer sehr erschwert. In Lubolz rollen die Räder aber wieder auf Asphalt, vorbei an vielen schönen Fachwerkhäusern und einer Fachwerkkirche. Vor dem Gasthaus ›Zur gemütlichen Ecke‹ biegen wir links ab und radeln nun immer die Lubolzer Dorfstraße entlang. In Lübben überqueren wir die Hauptstraße, biegen in die Schillerstraße ab, halten uns geradeaus, dann die Parkstraße entlang und beenden die Runde am Bahnhof in Lübben, unserem Ausgangspunkt.

PLZ: 15907.
Vorwahl: 03546.
Spreewald-Information Lübben, Ernst-von-Houwald-Damm 15, Tel. 225011, www.luebben.de.
Der Lübbener Nachtwächter Frank Selbitz ist einziges Mitglied des Landes Brandenburg in der europäischen Nachtwächter- und Türmerzunft. Er lädt seine Gäste im Laternenlicht zu einer nächtlichen Stadtführung ein. Beginn ist jeweils Freitags von Mitte Mai bis Mitte September um 21.30 Uhr, Treffpunkt ist der Wachturm Trutzer an der Stadtmauer.

Spreewaldhotel Stephanshof, Lehnigksberger Weg 1, Tel. 27210, www.hotel-stephanshof.de; EZ ab 60, DZ ab 84 Euro. Mit Fährhafen, Paddelbootverleih.
Hotel Spreeufer, Hinter der Mauer 4, Tel. 27260, www.hotel-spreeufer.de; EZ 44–48, DZ 52–69 Euro.
Hotel und Restaurant Spreeblick, Gubener Str. 53, Tel. 2320, www.hotel-spreeblick.de; EZ 48–50, DZ 55–80 Euro. Stadtmitte.
Hotel und Pension Birkengrund, Postbautenstr. 1, Tel. 3014; EZ 27–32, DZ 25–37 Euro. Ruhige Lage an Stadtrand und Europawanderweg.
Pension am Markt, Hauptstr. 5, Tel. 3272 und 4576; EZ ab 35, DZ ab 45 Euro, Miniküche.
Gasthof Lindengarten, OT Treppendorf, Treppendorfer Dorfstr. 15, Tel. 4172; EZ 38–43, DZ 49–61 Euro. Restaurant mit Wild-

und Fischgerichten, Biergarten, ruhig gelegen.
Jugendherberge Lübben, Zum Wendenfürsten 8, Tel. 30 46; Übernachtung 11,50 Euro. Im Ortsteil Steinkirchen, etwa 15 Minuten vom Stadtzentrum.
Spreewaldcamping Lübben, Am Burglehn, Tel. 70 53. Mitte März bis Ende Oktober, ansonsten nur nach Anmeldung.
Schloßrestaurant, Ernst-Houwald-Damm 14, Tel. 40 78, Di–So 11–24 Uhr.
Dodge City Saloon, Bergstr. 1, Tel. 40 51; Mo–Fr ab 18 Uhr, Sa/So ab 11.30 Uhr. Wild-West-Ambiente.
Hallenkirche St. Nikolai, So 10.30–12 Uhr, von Mai bis September Mi 10–12 und 15–17 Uhr.
Stadt- und Regionalmuseum im Schloß mit Wappensaal, Tel. 18 74 78, Di–So 10–18 Uhr (Mai bis September), Mi–Fr 10–16 Uhr sowie Sa/So 13–17 Uhr (Oktober bis April).
Wappensaal (Di–So 10–15 Uhr, von November bis März nur nach Anmeldung).
Stadtfest (Juni), Spreewaldfest (September).
Bootsverleih Gebauer, Lindenstr. Am Stadtcafé, Tel. 71 94 und 85 66.
Kahnfahrten: Hafen 1, Fährmannsverein Lustige Gurken, Tel. 71 22 und 18 12 36, www.lustige-gurke.de.
Hafen 2, Fährmannsverein Flottes Rudel, Tel. 82 69 und 26 26, www.flottes-rudel.de.
Hafen 3, Kahnabfahrt Berste, Tel. 36 84.
Hafen 4, Kahnfährgemeinschaft Strandcafé, Tel. 72 03.
Hafen 5, Spreewaldhotel Stephanshof, Tel. 27 21, www.spreewald-reisen.de.

Schlepzig

Erstmals wird Schlepzig urkundlich bereits 1004 erwähnt. Die niedersorbische Ortsbezeichnung Slopišća (słop) bedeutet Pfahl und weist auf den lehmigen Untergrund des Dorfes hin.

Im Dorf gibt es auch einige schöne Fachwerkhäuser zu entdecken, daneben künden noch einige Bauwerke von der ungewöhnlich interessanten Vergangenheit des Ortes. Schlepzig ist zudem hübsch gelegen, und 1999 wurde es verdientermaßen als schönstes Dorf Brandenburgs ausgezeichnet.

Bis ins 17. Jahrhundert befand sich am jetzigen Standort der Hauptmühle ein Eisenhammer, daneben sieht man die noch erhaltene Öl- und Schneidemühle aus dem Jahr 1740. Sie dient jetzt als Sitz der Naturschutzstation des Unterspree-

Fachwerkkirche in Schlepzig

waldes und als Museum. Die Ausstellung gewährt einen ungewöhnlichen Einblick in die Unterwelt des Spreewaldes, auf Hechte, Welse und Wasserflöhe, die 150fach vergrößert wie Monster erscheinen.

Außer dem Mühlenkomplex mußten 1769 nach einem verheerenden Brand alle Gebäude neu errichtet werden, so auch die hübsche Fachwerkkirche. Nur das Altarbild mit Abendmahl konnte aus der alten Kirche gerettet werden. Das Deckengemälde versinnbildlicht den Wolkenhimmel, die Sonne das Auge Gottes mit einem schwarzen Dreieck die Heilige Dreifaltigkeit. Die Orgel wurde 1812 erbaut, der schöne Deckenleuchter aus Messing in den 1930er Jahren angebracht.

Ein großer Anziehungspunkt ist das Agrarhistorische Museum an der Dorfstraße. Es wurde schon zu DDR-Zeiten im spreewaldtypischen Gehöft des Bauern und Dorfschulzen Richter begründet, der es 1818 erbauen ließ. Neben original eingerichtetem Wohnhaus und Scheune finden sich hier auch eine Landmaschinenausstellung sowie Kuhstall, Plumpsklo und ein Lehmbackofen. Letzgenannter

Das Agrarhistorische Museum ist liebevoll eingerichtet

ist nicht nur ein Exponat, er wird in der Saison des öfteren in Betrieb genommen. Auf den Tisch gelangt dann duftendes Landbrot und leckerer Hefekuchen. Das Museumsgehöft ist auch Sitz der Tourismusinformation Unterspreewald.

Neben dem Mühlenkomplex lädt der Gasthof ›Zum Grünen Strand der Spree‹ mit Restaurant und Minibrauerei ein, vom Kahnhafen starten Touren auf dem Wasser in den naturbelassenen Unterspreewald, so nach Leibsch, Groß Wasserburg oder zum Gasthaus Petkampsberg.

PLZ: 15910.
Vorwahl: 03 54 72.
Tourist-Information Unterspreewald, Dorfstr. 26 (mit Infobüro in der Mühle), Tel. 6 40 25.

Landgasthof Zum Grünen Strand der Spree, Dorfstr. 53, Tel. 66 20, www.spreewaldhotel.com; EZ 60, DZ 80–100, Suite für 4 Personen 200 Euro. Restaurant mit

Spreewälder Küche, Fisch- und Wildspezialitäten, hauseigne Bier- und Kornbrennerei, Fahrrad- und Paddelbootverleih.
Hotel Haus Müggenburg, Grüne Wiese 11, Tel. 66 00; EZ 46, DZ 67 Euro. Am westlichen Dorfrand im Biosphärenreservat gelegen, 15 Autominuten bis Lübben, zweimal wöchentlich räuchert der Chef fangfrischen Fisch, Fahrradverleih und Kahnfahrten.

Agrarhistorisches Museum, Dorfstr. 26, Di–So 10–16 Uhr (April bis Oktober), Mo–Fr 10–16 Uhr (November bis März), Anmeldung für das Backen im Lehmbackofen: Tel. 225.
Historische Getreidemühle, Dorfstr. 52, Tel. 58 88, täglich 10–16 Uhr (April bis Oktober).

Spreemarathon – über 60 km auf dem Wasserweg von Köpenick bis Schlepzig, www.spree-marathon.de (am ersten Wochenende nach dem Heiligen-Dreikönigs-Tag Anfang Januar).
Schoberfest (letzter Sa im Juni).

Schiela, Dammstr. 46, Tel. 377, Handy 01 72/ 5 87 05 36, www.kahnfahrten-unterspreewald.de (auch Bootsverleih).

Groß Leuthen

Im Ort, zwischen Schwielochsee und dem Unterspreewald gelegen, findet sich ein Kuriosum: eine nicht fertiggestellte Halle, die heute der Mittelpunkt eines jährlich ausgetragenen Kunstfestivals ist. Diese Halle wurde für die DDR-Arbeiterfestspiele geplant. Mit ihrer Errichtung begann man 1989, aber lediglich ein Rohbau wurde vollendet. Die Betonhülle war Kulisse für das erste Kunstfestival mit Symposium bildender Künstler mit Ausstellungen, Lesungen, Tanzaufführungen und Theater-Gastspielen im Jahr 1994.

Ab 1999 wurde auch das Wasserschloß als Ausstellungs- und Handlungsort einbezogen. Das Schloß selbst ist ein architektonischer Flickenteppich: Spätmittelalter, Renaissance, Barock und 20. Jahrhundert haben ihre steinernen Spuren hinterlassen.

Die alljährliche Sommerausstellung ist eine Mischung aus bildender und darstellender Kunst, die sich von der allgegenwärtigen Banalität abheben soll. Die Werkschau mit dem treffenden Titel ›Rohkunstbau‹ gilt inzwischen als die beste im Land Brandenburg. Informationen erhält man unter im Internet unter www.rohkunstbau.de oder telefonisch unter 07 00/7 64 58 67 82 28. Zu Veranstaltungen an Samstagen verkehrt von Berlin ein Bus nach Groß Leuthen. Informationen erhält man im Tourismusbüro Märkische Heide in Groß Leuthen telefonisch unter 7 09.

Die Spreewaldgurke

Die Gurke ist das berühmteste Gemüse des Spreewalds. Wohl nirgendwo schmecken sie so gut wie hier, gerade wenn sie frisch aus dem Faß kommen. Der Spreewald gilt als das ›Vaterland der sauren Gurke‹.
Im 16. Jahrhundert herrschten über Lübbenau die Grafen von der Schulenburg, die flämische Tuchmacher in die Niederlausitz lockten. Die Neusiedler vermißten ein Gemüse und bauten es an – die Gurke. Bald stellte sich heraus, daß Gurken im Spreewald besonders gut gedeihen. Das feucht-warme Mikroklima in den Sommermonaten, die Bodenstruktur und das hervorragende Wasser sind für Anbau und Qualität ideal.
In der Chronik der Stadt Lübbenau kann man über einen berühmten Lübbenauer, Albert Schulz, folgendes lesen: »Durch ihn gedieh der Gurkenversand zu einem höheren Aufschwunge. Er erfand 1874, daß das Hohlwerden der gesäuerten Gurken dadurch gesteuert werde, wenn sie vor dem Einlegen mit einem Messer angestochen werden. Dadurch entweichen die Gärungsgase, die Gurken bleiben fest…«
Das Herstellungsprinzip, das auf Schulz zurückgeht, klingt einfach: Der Fruchtzucker in der Gurke wird durch das Salz in der Lauge entzogen. Die Bakterien werden durch den Zucker regelrecht gemästet, nebenbei ›revanchieren‹ sich die kleinen Helfer mit der Milchsäuregärung und lassen die Gurken sauer werden. So werden im Spreewald saure Gurken, Gewürz-, Senf-, Knoblauch- und Pfeffergurken erzeugt. Früher dauerte dieser Prozeß gut drei Wochen. Die gleiche Lauge, auf 70 Grad erhitzt, schafft das Sauerwerden heute auch in einer Nacht.
Für die vielen verschiedenen Sorten hat jeder Betrieb sein geheimes Rezept. Der würzige Ansatz wird unter anderem mit Nußbaum-, Kirsch- und Weinblättern, Basilikum, Dill, Liebstöckel, Estragon, Thymian und Zitronenmelisse gemischt. In Faß, Glas, Blechbüchse oder Plastikeimerchen, würzig gebrüht oder sauer, kommen die Gurken schließlich zum Verkauf.
Nach der Wende wollten viele Produzenten aus der ganzen Bundesrepublik ihre Erzeugnisse als ›Spreewälder Gurken‹ oder nach ›Spreewälder Art‹ vermarkten. Mittlerweile ist durch ein EU-Gesetz sichergestellt, daß Spreewaldgurken nur aus dem Spreewald kommen dürfen.
Der Spreewald steht für natürliche Produkte. Ein Drittel der rund 800 Landwirte sind Biobauern, und im Jahr 2004 gab es Anregungen von verschiedener Seite, den Spreewald mit etwa 300 000 Hektar zur größten gentechnikfreien Zone in Deutschland zu erklären.
Die Gurke ist so populär, daß sie auch vor einigen Jahren zur Namensgeberin für den ›Gurkenradweg‹ wurde.

Lübbenau (Lubnjow)

»Sobald man die Bahnsperre passiert hat, nehme man den Stadtplan zur Hand und lasse sich nicht durch die sogenannten Fährleute beeinflussen, die meistens nicht gerade einen vertrauenserweckenden Eindruck machen und dem Publikum in aufdringlicher Weise Kahnpartien anpreisen«.

Diese Bemerkungen eines Reiseführers aus dem Jahr 1910 verweisen in einem Punkt auf einen noch heute wahren Kern: Der seit 1998 staatlich anerkannte Erholungsort ist das bekannteste und am meisten frequentierte Touristenzentrum im Oberspreewald, die Stadt mit etwa 19 000 Einwohnern wird jährlich von rund einer Million Touristen besucht. Zur Hochsaison geht es an gleich mehreren Kahnfährhäfen überaus geschäftig zu.

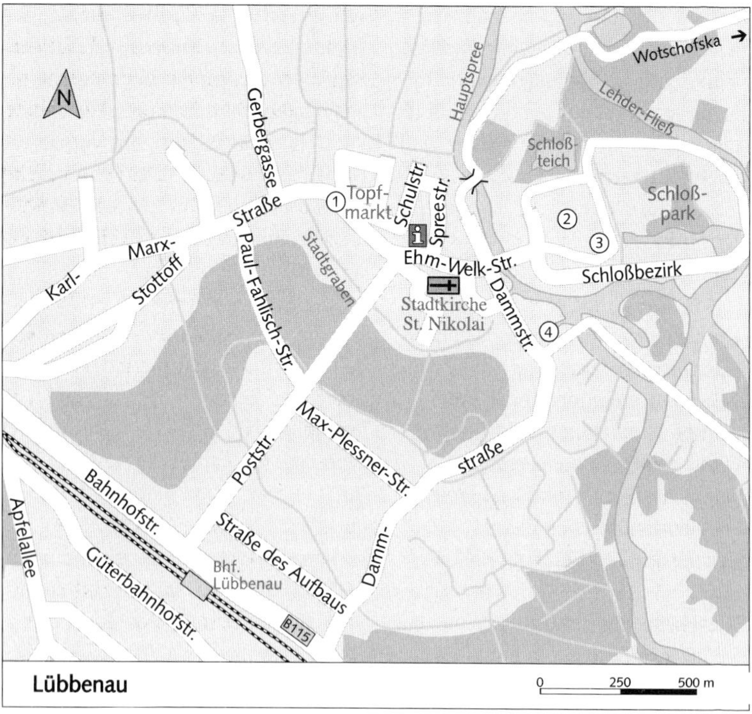

Legende

1 Spreewaldmuseum
2 Schloßhotel
3 Orangerie
4 Kahnfährhafen

Wo heute das Schloß steht, etwas außerhalb der Altstadt, nahm die frühe Besiedlung ab dem Jahr 800 ihren Anfang: Hier stand einst eine slawische Wallanlage der Lusici. Im 14. Jahrhundert wurden die Herren von Yleburg aus Meißen Eigentümer des schon vorhandenen massiven Burgareals. Im Jahr 1621 ging die Standesherrschaft in den Besitz der Grafen zu Lynar über, die sie bis 1945 behielten. Nach der Wende erfolgte die Rückübertragung an die Familie, die das Schloß zu einem Luxushotel mit feinem Restaurant aus- und umbauen ließen.

Ab dem 18. Jahrhundert hatten Bierproduktion, Leinenweberei und Leinwandhandel wirtschaftliche Bedeutung, einen guten Ruf weit über die Region hinaus genossen bald auch die Lübbenauer ›sauren‹ Gurken, die in alle Himmelsrichtungen verschickt wurden. Theodor Fontane bezeichnete in seinen ›Wanderungen durch die Mark Brandenburg‹ Lübbenau gar als ›eine Hauptstadt‹ und ›die unbestrittene Spreewaldresidenz‹. Seit Anfang des 20. Jahrhunderts entwickelte sich der Fremdenverkehr zum herausragenden Erwerbszweig. Das Braunkohlekraftwerk Lübbenau entstand zwischen 1957 und 1964, die Einwohnerzahl stieg in dieser Zeit explosionsartig an. 1996 wurde das technisch veraltete Kraftwerk stillgelegt und abgerissen. Weil seitdem kein erwärmtes Kühlwasser mehr in die Fließe strömt, ist der Spreewald in frostigen Wintern auch ein herrliches Schlittschuhrevier.

Der Weg vom Bahnhof zum Fährhafen, den viele Besucher einschlagen, führt über die Dammstraße. Hier, in der Nr. 26, lebte von 1935 bis 1940 der Schriftsteller Ehm Welk, der Verfasser von ›Die Heiden von Kummerow‹. Eine Gedenktafel erinnert daran.

Weithin sichtbar grüßt der schlanke spitze Turm der Stadtkirche St. Nikolai. Sie stammt aus dem 18. Jahrhundert und ist im für den Spreewald ungewöhnlichen Stil des Dresdner Barock errichtet. Zur Inneneinrichtung gehören unter anderem die Herrschaftsloge und ein Grabkreuz für den Grafen Lynar. Jeden Dienstag wird eine Stadtführung mit Kirchenbesichtigung angeboten. Vor der Kirche steht eine originale sächsische Postmeilensäule aus dem Jahr 1740 – bis 1815 gehörte Lübbenau zu Sachsen.

Sehenswert ist das Ensemble der Bürgerhäuser aus dem 18. und 19. Jahrhundert, die dem Markt einen würdigen Rahmen verleihen. Das schmucklose Torhaus (vor 1784), nordwestlich vom Zentrum am Topfmarkt, war früher das Rathaus. Heute beheimatet es das Spreewaldmuseum. Im Torbogen hängt der linke Unterkieferknochen eines Grönlandwals, 5,65 Meter lang und 238 Kilo schwer. Der Knochen wurde der Stadt Lübbenau im 18. Jahrhundert vom Lübbenauer Bürger Morzan Schimkönig geschenkt, der sich damals als Kaufmann in Hamburg aufhielt.

Einen Anziehungspunkt stellt das klassizistische Schloß mitsamt Nebengebäuden und hübschem Park dar. Vor dem Haupteingang in das Areal steht ein

Heute ein stilvolles Hotel: das Lübbenauer Schloß

Denkmal für Graf Rochus von Lynar, der im 17. Jahrhundert lebte. Das Schloß wurde vom Leipziger Baumeister Karl August Benjamin Siegel zwischen 1817 und 1820 errichtet. Bei den Umbauarbeiten im 19. Jahrhundert wurde Karl Friedrich Schinkel zu Rate gezogen. Ein Nachfahr des Grafen, Wilhelm Friedrich Graf zu Lynar, war Adjutant des Generalfeldmarschall von Witzleben und gehörte zum Kreis der Verschwörer gegen Hitler. Deshalb wurde er Ende September 1944 in Berlin-Plötzensee hingerichtet.

Die Orangerie (1820–1830) nahe dem Schloß stand lange leer. Seit kurzem laden hier Café und Veranstaltungszentrum ein. Bis Mitte der 1990er Jahre war in der Orangerie die Niederlausitzer Kunstgalerie mit der Lynarschen Sammlung zu besichtigen.

Hinter der ehemaligen Kanzlei (1745–1748) stößt man auf eine Bahnhalle neueren Datums. Hier stehen eine Dampflok mit Reisewaggons der ehemaligen Spreewaldbahn. Die Schmalspurbahn wurde liebevoll ›Spreewaldguste‹ genannt. Die 1898/99 erbaute Strecke führte von Lübbenau über Straupitz und Burg nach Cottbus, mit Abzweigen nach Goyatz und Lieberose. Letztmalig wurde sie am 3. Januar 1970 befahren. Am Eingang zum Schloßpark befindet sich ein langgestreckter schlichter Fachwerkbau, das sogenannte Efeuhaus. Und hier läßt sich eine ganz andere, ruhige Facette Lübbenaus entdecken.

Wanderungen von Lübbenau

Lübbenau ist nicht nur wegen des Hafens einen Ausflug wert, von dem aus die Gäste von den Fährleuten durch die Fließe gestakt werden. Von hier bieten sich auch Fußwanderungen und individuelle Paddeltouren zu Sehenswürdigkeiten und Naturschönheiten an.

Wanderung zur Wotschofska

Ausgangspunkt ist der Lübbenauer Marktplatz. Von hier aus folgen wir der Spreestraße bis hin zum Gasthof Spreeschlößchen. Dort ist die erste von vielen noch folgenden Bänken, den typischen Spreewaldbrücken, zu überqueren und der schmale idyllische Pfad zur Wotschofska nimmt seinen Lauf. Von Birken und Erlen begrenzt, gibt der Weg auch den Blick über die grünen Wiesen mit ihren charakteristischen Spreewald-Heuschobern frei.

Nach etwa einer Stunde erreichen wir Wotschofska, was ›die Insel im Sumpf‹ bedeutet. 1894 eröffnete die gleichnamige Gaststätte in nordischer Blockbauweise – schon damals war man im Spreewald auf die Förderung des Fremdenverkehrs bedacht. Und seitdem wurden dem lieblichen Spreewaldflecken wahre Heerscharen von Touristen beschert. Die meisten kamen im Kahn, so wie auch die Verpflegung noch bis in die 1980er Jahre hierher transportiert wurde. Heute können Gäste im rustikalen Restaurant, in der Selbstbedienungsgaststätte oder bei schönem Wetter unter freiem Himmel verweilen.

Länge: 7 Kilometer. Einfache Tour, für den Hin- und Rückweg steht nur der gleiche Weg zur Verfügung.

Wanderung zum Freilandmuseum Lehde und weiter nach Leipe

Vom Marktplatz führen mehrere Wanderwege nach Leipe, so auch der blau markierte Rad- und Wanderpfad, der ein Teilstück des Europawanderweges E 10 (Kap Arkona – Mittelmeer) ist. Die Landverbindung nach Leipe wurde erst 1936 angelegt, zuvor war der kleine Ort nur auf dem Wasserweg erreichbar.

Nach etwa 20 Minuten Wegstrecke weist eine grüne Markierung nach links: nach Lehde. Hier sind mehrere ›Bänke‹ zu überqueren, und bald befindet man sich auf dem Gelände des Freilandmuseums Lehde. Am Eingang zum Museumsdörfchen präsentieren einheimische Handwerker, vor allem an Wochenenden, ihre Waren und man hat Gelegenheit zuzuschauen, wie das eine oder andere kleine Kunstwerk entsteht, beispielsweise beim Korbflechten. Ebenso können drei komplette Spreewald-Bauernhäuser aus nächster Nähe betrachtet werden. Eine Führung, der man sich zwanglos anschließen kann, gibt Einblick in das frühere Leben der Bewohner. Heute kaum noch vorstellbar: Die Bauerngroßfamilie schlief in einem gemeinsamen Bett, nur jungvermählte Eheleute durften ihre Flitterwochen auf dem Heuboden verleben, dann ging es zurück ins Familienbett. Auf dem Museumsgelände befindet sich auch die älteste Kahnbau-Tischlerei des Spreewaldes; sie wurde 1884 gegründet.

Gegenüber dem Museumsgelände lädt die Gaststätte ›Zum fröhlichen Hecht‹ zu einer Rast ein, hier herrscht jedoch zumeist Hochbetrieb. In den 1930er Jahren war sie eine der bekanntesten deutschen Künstlertreffpunkte. Familiärer geht es im Gasthaus ›Oppott‹ zu, das direkt an das Museum angrenzt. Fontane war bei seinen Wanderungen durch die Mark Brandenburg so fasziniert von diesem Fleckchen Erde, daß er es liebevoll ›bäuerliches Venedig, die Lagunenstadt im Taschenformat‹ nannte.

Nun geht es zurück in die Natur, wir folgen dem grün, später blau gekennzeichneten Weg nach Leipe. Noch 4,5 Kilometer sind es bis dahin. Der malerische Pfad wird beidseitig von Birken, Erlen und Eichen begrenzt. Wer mag, kann schließlich im traditionsreichen Leiper Gasthaus ›Froschkönig‹ einkehren. Das Dorf liegt auf einer Talsandinsel etwa zwei Meter über der sumpfigen Umgebung. Der Name wird von den hier wachsenden Linden abgeleitet, sorbisch lipa. In den Gasthäusern werden spreewaldtypische Gerichte serviert: Hecht in Spreewaldsoße, Pellkartoffeln mit Leinöl und Quark oder Spreewälder Hefeplinse. Als Mit-

Die Wotschofska ist ein beliebtes Ausflugsziel

Korbmacher vor dem Freilandmuseum in Lehde

bringsel für die Daheimgebliebenen gibt es saure Gurken oder Meerrettich, in hübschen Gläsern konserviert.

Wer nun zu behäbig geworden ist zum Rückmarsch, kann einen Kahn zurück nach Lübbenau nehmen, direkt vom Gasthaus ›Froschkönig‹ besteht die Möglichkeit dazu, wenn man sich vorher angemeldet hat.

Länge: Lübbenau – Lehde 2 Kilometer, bis Leipe 6,5 Kilometer. Einfache Tour, auch mit Kindern zu empfehlen.

Wanderung in das Herz des Spreewaldes

Die Tagestour führt aus dem Touristenzentrum Lübbenau zunächst lange Zeit am Rande des Spreewalds entlang, wo man von Ende August bis November Kraniche beobachten kann. Das Beste auf dieser Rundtour kommt zum Schluß: An Fließen entlang wandern wir durch das ›Herz des Spreewalds‹.

Der Barzlin am Rand des Spreewalds

Die Wanderung beginnt auf dem Marktplatz in Lübbenau an der Tourist-Information. Wir gehen die Ehm-Welk-Straße entlang, vorbei am Rathaus und der Gaststätte ›Lübbenauer Hof‹ bis zum Topfmarkt. Anschließend geht es durch das Torhaus mit dem Spreewald-Museum. Weiter geht es die Karl-Marx-Straße entlang in Richtung Vorstadt, bis wir rechts in die kopfsteingepflasterte Langestraße abbiegen. Hier trifft man auf die Markierung mit dem grünen Punkt, der wir zunächst in Richtung Barzlin folgen. Hinter dem Bauernhafen Kampe führt der Weg durch eine Enge zwischen zwei Grundstücken. Dahinter liegt der Geruch von Gewürzgurken in der Luft: Hier befindet sich die Gurkenfabrik von Ernst Krügermann.

Die Stadt endet nun, es wird ruhig. Wir wandern entlang einer Kleingartenanlage hinüber in die offene Landschaft mit großflächigen Wiesen und Feldern. Hinter der Pappelreihe nach rechts über die Spreewaldbrücke (Bank) abbiegen. Wir gehen auf der Deichkrone am Rande des Spreewalds entlang, bis wir das Schöpfwerk Krimnitz (Fachwerkhäuschen) erreichen. Entsprechend der Markierung führt die Route nach rechts über die Brücke der Hauptspree. Vor der Brücke befindet sich ein hübscher Rastplatz.

Hinter der Brücke beginnt sich der Wanderweg durch eine malerische Wiesenlandschaft zu schlängeln, teilweise über Holzstege, vorbei am Barzlin, der auf einer Fläche von vier Hektar wie eine Insel etwa einen Meter aus der Niederung herausragt. Ausgrabungen ergaben, daß sich hier bereits vor 3000 Jahren eine Siedlung befand. Schließlich ist die Bank über den Burg-Lübbener-Kanal erreicht, rechts ist die Barzliner Schleuse zu sehen.

Am Hochwasserschutzdeich biegen wir rechts ab in Richtung Bukoitza. Nach etwa 500 Metern verlassen wir den Damm nach links. Auf der linken Seite befindet sich der Kranichrastplatz Kockrowsberg. Hier sammeln sich nach dem Ende der Brutzeit bis November bis zu hundert Kraniche. Es rasten Familien und Nichtbrüter, auch Durchziehende aus Skandinavien und Osteuropa. Am besten sind die Vögel bei Einbruch der Dämmerung zu beobachten.

Am Trafohäuschen halten wir uns rechts in Richtung Bukoitza, der grüne Punkt begleitet uns weiter. Wer im Gasthaus ›Bukoitza‹ einkehren möchte, erkundigt sich vorher besser nach den Öffnungszeiten in der Tourist-Information Lübbenau. Nun führt der Weg auf einer Pappelallee immer geradeaus, bis er sich nach links wendet. Wiesen und Felder, die zu DDR-Zeiten bewirtschaftet wurden, renaturieren sich jetzt, manche sind mit Wasser überstaut. Am Hinweisschild zum Gasthaus ›Wotschofska‹ biegen wir rechts ab.

Nach eventueller Einkehr im Gasthaus beginnt nun der schönste Teil der Wanderung: Der drei Kilometer lange Fußweg nach Lübbenau wurde erst im Jahr 1911 angelegt, er führt an Fließen entlang über mehrere Brücken und Bänke, die typischen Stufenbrücken, und endet am Spreeschlößchen. Von hier sind es nur noch etwa 200 Meter auf der Spreestraße bis zum Markt, dem Ausgangspunkt unserer Wanderung.

Länge: 20 Kilometer. Wander- oder Fahrradtour auf markierten Wegen; leicht, auch mit Kindern möglich (Verpflegung und Getränke mitnehmen!).

Paddelboottour zur Insel im Sumpf

Die Tour beginnt im Kleinen Hafen ›Am Mühlenwehr‹ im Stadtzentrum von Lübbenau. Wir paddeln flußabwärts, vorbei am Kleinen Hafen mit dem Spreeschlößchen. An der Flußgabelung vor dem Bootsverleih Hannemann halten wir uns rechts. An der Kreuzung der Fließe – links Hauptspree, rechts Lehder Fließ – fahren wir geradeaus auf Kleiner Kossoa, immer Richtung Bürgerfließ. Wir kommen in die erste Schleuse.

An der Spreewaldbrücke (Bank) biegen wir rechts unter der Bank hindurch in das Bürgerfließ ab. Etwa 100 Meter vor der Kreuzung Wehrkanal-Bürgerfließ müssen wir eine zweite Schleuse passieren. Wir verbleiben auf dem Bürgerfließ, die Mehrzahl der Wasserwanderer zieht es allerdings auf dem kürzesten Weg über den Wehrkanal zum Gasthaus Wotschofska. Erst jetzt wird es auf dem Wasser ruhig und idyllisch, der Spreewald zeigt sich von seiner schönsten Seite. Im Halbschatten finden sich mehrere Möglichkeiten zum Anlegen und Rasten.

Wir kreuzen den Burg-Lübbener-Kanal und bleiben noch auf dem Bürgerfließ, bis es in das Große Fließ einmündet. An dieser Stelle biegen wir links ab und gleiten am Neuzaucher Hochwald vorbei. Wenn die oft angeheiterten Leute in den Kähnen nicht gerade laut schwatzen oder singen, sind aus der Ferne oft die unverwechselbaren Trompetentöne der Kraniche zu hören. Nach etwa einem Kilometer auf dem Großen Fließ biegen wir nach links in den Wehrkanal ab, paddeln unter zwei Straßenbrücken hindurch und knapp zwei Kilometer geradeaus, so auch an der Kreuzung mit dem Burg-Lübbener-Kanal. Kurz darauf können wir am Gasthaus ›Wotschofska‹ anlegen. Der slawische Name bedeutet ›Insel im Sumpf‹. Hier macht fast jeder Pause, obwohl die Besitzer ihr Monopol in der Abgeschiedenheit mit gepfefferten Preise ausnutzen. Aber unter schattigen Laubbäumen sitzt es sich auf den Freiluftsitzen vor dem Blockhaus einfach himmlisch.

Wir verbleiben auf dem Wehrkanal, der kurze Zeit später in den Lehder Graben übergeht. Bald darauf erreichen wir das Ortseingangsschild Lehde direkt am Wasser, hier halten wir uns links. Jetzt stehen mehrere schöne Spreewaldblockhäuser am Ufer. Wir fahren vorbei am Gasthaus ›Oppot‹ und am Feuerwehrgerätehaus mit Reetdach (hier keinesfalls rechts in das Lehder Fließ ab-

Unterwegs in der Fließlandschaft

biegen, da hier ein Wehr nach einem Kilometer die Weiterfahrt verhindert!). Am Freilandmuseum Lehde fahren wir geradeaus durch die Spreewaldbrücke hindurch. Der Lehder Graben wird nun noch schmaler. Paddler und Kanuten müssen sich hier dem gemächlichen Tempo der Spreewaldkähne anpassen, denn ein Überholen ist kaum möglich. Es geht am Café ›Venedig‹ vorbei. Linkerhand liegen drei Gehöfte, die bis heute nur über das Wasser zu erreichen sind, am rechten Ufer steht das gemütliche Gasthaus ›Kaupen Nr. 6‹. Gleich darauf kommen wir in die Hauptspree und halten uns rechts. Vor dem nächsten Wehr benutzen wir am rechten Ufer die Rollschleuse. Nach wenigen Paddelschlägen auf dem Schneidemühlenfließ biegen wir am Lehder Fließ nach links ab. Vorbei am Caravan-Campingplatz fahren wir durch die Bank an der Kreuzung Lehder Fließ/Hauptspree/Kleine Kossoa und biegen gleich links ab, kommen am Kleinen Hafen mit Spreeschlößchen vorbei und sind gleich darauf wieder am Mühlenwehr.

Länge: 17 Kilometer (4 bis 5 Stunden); Kanu- oder Paddelboot-Runde auf durchweg gut befahrbaren Fließen; leicht, auch für Familien mit Kindern geeignet.

Eine Kanureise durch den Ober- und Unterspreewald: Von Lübbenau nach Lübben und Schlepzig zum Köthener See und zurück

Von Lübbenau geht es Richtung Lübben. Rund um Lübbenau hat der Massentourismus Einzug gehalten, besonders an Wochenenden herrscht auf dem Wasser Hochbetrieb. Dazwischen kann es für die kleinen bunten Sportboote und Kanus schon mal eng werden. Die Mehrzahl der gewerbsmäßigen Spreewaldkapitäne grüßt freundlich und weicht schon mal vorsichtshalber aus, wenn sich ein Paddelboot im Zickzackkurs nähert – nicht jeder, der in ein Mietboot steigt, beherrscht es auch sogleich.

Mit jedem Paddelschlag wird es ruhiger. Eine Stunde die Spree abwärts und man begegnet nur noch vereinzelt Gleichgesinnten und wenigen Kähnen und kann sich ganz dem Naturgenuß hingeben. See- und Teichrosen, Wasserhahnenfuß und Gelbe Schwertlilie säumen die Uferzonen, aus denen manchmal ein Froschkonzert ertönt.

Vor dem Lübbener Schloß biegen wir in den Schlangengraben ein. Nahe dem Kahnfährhafen stehen mehrere Holzfässer mit der wahrhaften Spreewaldspezialität: Eingelegte Gurken, saure, mit Knoblauch, Gewürz- und Senfgurken. Holzbänke laden zum Rasten ein.

Viele Schleusen an den Fließen müssen oft nicht selbst bedient werden. Große und kleine Leute verdienen sich etwas dazu. Es gilt als Sitte und freundliche Geste, einen kleinen Obolus auf die Mauer zu legen.

Am Gasthaus Petkampsberg befindet sich ein kleiner Rastplatz für Wasserwanderer, wo man am ersten Abend das Zelt aufstellen kann.

Kurz hinter Petkampsberg verästelt sich die Spree. Auf Puhlstrom und Quasspree dürfen nur nichtmotorisierte Wasserwanderer jeweils von Mitte Juni bis Ende Dezember paddeln, unübersehbare Schilder verbieten das Befahren mancher Fließe ganzjährig, denn hier blieb der urwüchsige Spreewald in seiner Schönheit erhalten und wird geschützt. Im Schlepziger Fährhafen kann man anlegen, Proviant ergänzen oder in einem Gasthaus einkehren. Natürlich werden auch in Schlepzig Gurken in verschiedenen Geschmacksrichtungen feilgeboten.

Bis Leibsch fährt man auf der Spree und biegt am neuen Wehr, der größten Anlage im Spreewald, in den Dahme-Umflutkanal ein. Nun geht es nicht einmal mehr halb so schnell vorwärts, selbst wenn die Paddel kräftig ausholen. Die Gegenströmung stemmt sich gegen das Boot. Das künstliche Fließgewässer wurde kurz vor dem Ersten Weltkrieg fertiggestellt und diente zur Hochwasserableitung der Spree. In jener Epoche existierten weder Talsperren im Oberlauf noch Umflutkanäle im Spreewald.

Auf dem Köthener See kann man die Jugendherberge am Westufer ansteuern. Wer am östlichen Ufersaum bleibt, der von mannshohem Schilfbeständen begrenzt wird, findet bald den Randkanal, den südöstlichen Abfluß des Sees. Dank der Strömung kommt man schnell nach Groß Wasserburg. Im 14. und 15. Jahrhundert gehörte das Dorf den Herren von Biberstein, die hier eine Wasserburg besaßen und den Spreeübergang nach Leibsch kontrollierten. Heute wirkt der Flecken idyllisch und beinahe weltentrückt. Die Fließe südlich des Ortes sind allesamt für Motorboote gesperrt. Auf der Wasserburger Spree fühlt man sich wie in einem Dschungel.

Auf dem Zerniasfließ kommt das Boot im Zeitlupentempo voran, die Strömung ist heftig. Von Schlepzig bis Lübben muß man wieder auf der Hauptspree fahren, erst kurz vor Lübbenau gibt es wieder eine Alternative.

Länge: 70 Kilometer; nur für geübte Wasserwanderer mit drei bis vier Tagen Zeit. Übernachtung in Lübben, Schlepzig (Wasserwanderrastplatz Petkampsberg) und am Köthener See möglich.

PLZ: 03222.
Vorwahl: 03542.
Spreewald-Touristinformation e.V., Ehm-Welk-Straße 15, Tel. 3668, www.spreewald-online.de.

Hotel Schloß Lübbenau, Schloßbezirk 6, Tel. 8730, www.schloss-luebbenau.de; EZ 62–82, DZ 104–134, Turm-Suite auf drei Etagen 180 Euro, Auguste-Charlotte-Suite 200 Euro.Schloßrestaurant mit Gourmetküche, Jagdstube, Sonnenterrasse, Standesamt und Turmzimmer mit Hochzeitssuite.

Hotel Spreewaldeck, Dammstr. 31, Tel. 8 90 10, www.spreewaldeck.de.
Turmhotel, Stottoff 1, Tel. 8 91 00.
Pension Am Stadtgraben, Bergstr. 9, Tel. 35 32.
Pension und Restaurant Ebusch, Topfmarkt 4, Tel. 36 70.
Pension Zum Brauhaus, Brauhausgasse 2, Tel. 21 26. Saisonbeginn zu Ostern, täglich ab 17 Uhr, DZ 40 Euro.
Café in der Orangerie; Tel. 87 30.

Am Schloßpark (15.3.–31.10.), Postfach 101125, Tel. 35 33, geeignet für Wasserwanderer, da direkt an der Hauptspree gelegen.
Caravan-Camping (Ostern bis 31.10.), Dammstr. 62, Tel. 29 21.
Am Bauernhof (1.4.–15.11.), Stennewitz 1, Tel. 36 37.

Gasthaus Kaupen Nr. 6, Familie Koal, Tel. 4 78 97. Bauernstube direkt an der Hauptspree am Weg zum Freilandmuseum Lehde, Gerichte nach Großmutters Rezepten, spreewaldtypische Kochmaschine steht im Gastraum, Sommergarten.
Gasthaus Oppott, am Freilandmuseum Lehde, Tel. 28 44.
Gasthaus Froschkönig in Leipe, Dorfstr. 26, Tel. 40 39 40.
Gasthaus Wotschofska, Wotschofska Weg 1, Tel. 0 35 46/76 01.
Alljährlich im November werden von Lübbenauer Gasthäusern Spreewälder Fischwochen angeboten: www.spreewaelder-fischwochen.de.

Spreewald-Museum im Torhaus, Am Topfmarkt 12, Tel. 24 72, Di–So 10–18 Uhr (Ostern bis Mitte September, danach bis Ende Oktober bis 17 Uhr).
Haus für Mensch und Natur, Schulstr. 9, Tel. 89 21 11, täglich 10–17 Uhr (April bis Oktober), Mo–Fr 10–16 Uhr (Februar, März). Dauerausstellung Kulturlandschaft und Biosphärenreservat Spreewald.
Pfarrkirche St. Nikolai, Mo–Fr 14–16 Uhr.
Lokschuppen der ›Spreewaldguste‹ am Schloß, Di–Fr 14–16 Uhr, sonst Anmeldung im Spreewaldmuseum im Torhaus.
Freilandmuseums Lehde, täglich 10–18 Uhr (April bis Mitte September, danach bis Oktober bis 17 Uhr).
Lehder Bauernhaus- und Gurkenmuseum, An der Dolzke 6, Tel. 8 99 90, April bis Oktober täglich 10–18 Uhr.

Osterreiten (zwischen Zerkwitz und Lübbenau, Ostersonntag ab 10 Uhr Kirche Zerkwitz, um 12 Uhr Freiluftgottesdienst in Ragow).
Spreewald- und Schützenfest (1. Juliwochenende, mit Kahnkorso).
Museumsfest im Freilandmuseum Lehde mit sorbischem Hochzeitszug (August).
Ritterfestspiele auf Schloß Lübbenau (September).

Bootsverleih Petrick, Am Campingplatz Schloßpark, Tel. 36 20.
Paddelbootverleih Franke, Dammstr. 72, Tel. 27 22.

Bootsverleih Hannemann, Am Wasser 1, Tel. 36 47.
Bootshaus Ringl, Kaupen 1, Tel. 27 50. Auch Ferienhausvermietung, 8 Minuten Fußweg ins Stadtzentrum.
Kahnfahrten: Großer Spreewaldhafen Lübbenau, Dammstr. 77a, Tel. 22 25, www.grosser-spreewaldhafen.de.
Kleiner Hafen am Gasthof Spreeschlößchen, Spreestr. 10a, Tel. 40 37 10, oder 01 72/3 26 78 26.
Kahnfährmannsverein der Spreewaldfreunde e.V., Tel. 40 37 10, www.spreewald-web.de.
Im Angebot: 3–4stündige Rundfahrt Lehde, 6–7stündige Rundfahrt Leipe, 5stündige Rundfahrt Wotschofska, 8–10stündige Rundfahrt Hochwald.
Kur- und Freizeitbad Kristall, Alte Huttung 13, Tel. 89 41 60, www.kristallbad-luebbenau.de; Mo, Mi, Do 10–22 Uhr, Di und Fr 10–24 Uhr, Sa 9–24 Uhr, So 9–22 Uhr. Wellenbad, römisches Thermalbad, ein Saunadorf mit sechs Saunen in umgesetzten 300jährigen Holzhütten aus den Hochalpen (Mühle, Bauernhaus, Getreidespeicher und Sennhütte) sowie vier weitere Saunen, Bad Reichenhaller Natursole-Heilwasser-Außenbecken. Täglich zwölf Spezialaufgüsse.

Alt Zauche

Der Ort am nördlichen Rand des Oberspreewaldes wurde nach den Brüdern Von der Zauche benannt, die das Gebiet im Jahr 1347 als Lehen erhielten. Da Alt Zauche häufig von Hochwassern bedroht wurde, begann man in den 1950er Jahren mit dem Bau des Nordumfluters. Mehrere Staustufen wurden ausgebaut und große Flächen melioriert, um sie für die Landwirtschaft nutzbar zu machen. Durch die Hochwasserschutzmaßnahmen wurde der Ort vom Fließsystem des Oberspreewaldes abgeschnitten, was unter anderem zu einem starken Rückgang des Fremdenverkehrs führte. Nun lädt der von Fachwerkhäusern geprägte und mit Erlenwäldern und Wiesen umgebene Ort, abseits vom Massentourismus, wieder zu Kahnfahrten ein.

Mehrere Touren führen vom neuen Kahnfährhafen am Nordumfluter in den herrlichen Hochwald mit bis zu 38 Meter hohen Erlen, zum Gasthaus Wotschofska, zur Pohlenz-Schänke oder ins Freilandmuseum Lehde (2 bis 7 Stunden).

Wanderung von Alt Zauche zur Pohlenz-Schänke und zurück mit dem Kahn

Vom Dorfplatz in Alt Zauche folgen wir zunächst der grünen Markierung in Richtung Wußwerk. Nach 400 Meter muß man rechts auf den asphaltierten Mühlweg

Am Slawenwall bei Raddusch

abzweigen. Die Brücke über den Nordumfluter wird überquert, dann biegen wir 700 Meter weiter an der Kreuzung rechts ab. Der Weg führt jetzt einen Kilometer in Richtung Lübben, dann nach links auf die Pappelallee, nach 800 Metern biegen wir erneut links ab. 500 Meter weiter wechseln wir nach rechts auf den Plattenweg und gehen über die Brücke über das Große Fließ.

Die letzten sechs Kilometer laufen wir nur noch geradeaus, bis die idyllisch gelegene ›Pohlenz-Schänke‹ erreicht ist. Mitte des 18. Jahrhunderts baute sich Christian Pohlenz hier ein Blockhaus, später wurde eine Schankstube errichtet und der Bau noch erweitert. Heute gilt das Haus als ältestes Wirtshaus im Spreewald. Der Altwendische Saal, auch Schinkelsaal genannt, entstand nach Zeichnungen des berühmten Baumeisters und besitzt prächtige Wandmalereien. Weite Plätze bieten das Jagdzimmer, die Fährmannstube und bei schönem Wetter der große Biergarten unter schattigen Bäumen.

Von hier kann man sich – nach Vorbestellung – im Kahn zurück nach Alt Zauche bringen lassen; wer noch gut zu Fuß ist, läuft den markierten Weg weiter nach Wotschofska und von dort zurück nach Alt Zauche.

Länge: 11 Kilometer (Alt Zauche–Pohlenz–Schänke), 12 Kilometer (Pohlenz–Schänke–Wotschofska–Alt Zauche), gesamt 23 Kilometer (5–6 Stunden).

Raddusch (Raduš)

Raddusch entstand um 1312, der Ort liegt am Rande des Oberspreewaldes zwischen Lübbenau und Vetschau. Seine günstige Lage in unmittelbarer Nähe der B 115 und zu den Autobahnauffahrten Boblitz und Vetschau führte zur touristischen Erschließung.

Die Gäste zieht es zum nordwestlich des Ortes befindlichen 65 Meter hohen Schwarzen Berg (wendisch: Carna gora), einem Relikt der letzten Eiszeit, oder zum 1999 angelegten Naturhafen. Hier beginnt das Fließ ›Radduscher Kahnfahrt‹, das den Ort mit dem gesamten Fließgewässernetz des Spreewaldes verbindet. Seit kurzem ist eine Slawenburg die Hauptattraktion des Ortes. Vor über 1000 Jahren bauten die slawischen Lusizi am Rande des Spreewaldes eine Ringburg, die ab 1984 ausgegraben und in den 90er Jahren, im Rahmen der Internationalen Bauausstellung Fürst-Pückler-Land, rekonstruiert wurde. Hier werden auch weitere Funde der Umgebung ausgestellt, eine kleine Ausstellung informiert über das Leben zur Slawenzeit.

Weißstorch im Spreewald

Am Deulowitzer See bei Guben; Spreewalder Kahnfährfrau in Lübbenauer Tracht

In der Vergangenheit wurde Raddusch häufig von schweren Hochwassern heimgesucht. Erst durch Hochwasserschutzmaßnahmen ab den 1950er Jahren konnte die Gefahr gebannt werden.

Beim alljährlichen Radduscher Reiterfest am letzten Augustwochenende werden alte Erntebräuche wieder lebendig. Dann tragen auch die Radduscher Mädchen ihre Festtagstracht, die zu den schönsten im gesamten Spreewald gehört.

Rundwanderung zur Dubkow-Mühle

Der markierte Weg beginnt am Spreewaldhotel und führt über Wiesen und Felder zunächst nach Stradow. Nachdem die Hauptstraße im Ort überquert wurde, biegen wir an der folgenden Kreuzung links ab und laufen noch einen Kilometer geradeaus, bis die Stradower Teiche erreicht sind. Nach der Überquerung von Vetschauer Mühlenfließ, Südumfluter und Hauptspree nähern wir uns der Dubkow-Mühle, einst eine Mahl- und Ölmühle. Sie steht seit 1702 an der Hauptspree. Seit über 260 Jahren werden hier Gäste bewirtet, das Schankrecht erhielt der einstige Mühlenbesitzer im Jahr 1737. An der südlichen Hauswand unter dem Fachwerkgiebel ist ein großer grüner Ochsenfrosch angemalt. Ein lebendes Exemplar soll sich der Legende nach seit den 1920er Jahren im Mühlenkeller aufhalten. Verirrten Ausflüglern soll er oft den Heimweg gewiesen haben. Wer ihn aber neckte, den führte er in den Sumpf!

Für den Rückweg überqueren wir die Schleuse hinter der Mühle. Der anschließende Weg mündet in einen Wirtschaftsweg, auf dem bald die Buschmühle erreicht ist. Sie stammt aus dem Jahr 1777 und wurde mit einem unterschlächtigen Wasserrad angetrieben. Bis 1952 wurde hier Korn gemahlen. Ein asphaltierter Weg leitet durch Wiesen zurück nach Raddusch.

Länge: 21 Kilometer.

Radwanderung von Raddusch nach Lübbenau und zurück

Dies ist ein Radrundkurs mit krassen Gegensätzen: Erwartet uns zu Beginn eine Landschaft aus der Retorte, so radeln wir später auf einem der schönsten Wege durch den Oberspreewald.

Rast auf der Lausche; Oberlausitzer Idylle
Sonnengott im Runen- und Bildsteinpark Henzendorf

Die Tour beginnt am Bahnhof Raddusch. Wir fahren am Haus des Tourismus vorüber, überqueren die B 115 und radeln unter der Autobahnbrücke hindurch. Hier lohnt ein Abstecher mit nur 500 Metern Umweg: Archäologen fanden bei Raddusch die Reste eines tausendjährigen Burgwalls der Slawen. Der Rekonstruktionsbau ist schon von weitem zu sehen. Der Wall war eine Holzkonstruktion: Stämme wurden gitterartig neben- und übereinandergelegt und die Zwischenräume mit Lehm und Sand verfüllt. Heute stützt eine unsichtbarer Betonkern den Kopiebau. Im Inneren werden die Ergebnisse 30jähriger Braunkohlenarchäologie auf Schautafeln und Funde aus der Niederlausitz dargestellt. Nähert man sich dem neun Meter hohen Wall, wird man vielleicht verstehen, weshalb er von den Einheimischen liebevoll ›Elefantenklo‹ genannt wird.

Zurück auf der Hauptroute nach Lübbenau rollen die Räder auf der neuen Kippenstraße fast wie von selbst. In der offenen Landschaft wachsen Kiefern und Laubmischwälder neu heran. Der ehemalige Braunkohletagebau hat auch den Ortskern von Groß Lübbenau vernichtet, ein Rastplatz mit Ortsplan und alten Fotos erinnern an das einstige Ortszentrum. Im geschrumpften Groß Lübbenau fahren wir am Feuerwehrturm mit einem Storchennest nach rechts bis zur Autobahnunterführung, dahinter links nach Boblitz. In Boblitz überqueren wir die B 115. Weiter geht es die Lindenstraße entlang, vorbei am Gasthaus Jakubasch. Am Ortsausgangsschild beginnt das Biosphärenreservat Spreewald, ab hier folgen wir dem Schotterweg. Nach einem Kilometer erreichen wir eine Radstraße, die parallel der B 115 bis nach Lübbenau führt. Nachdem die Bahngleise überquert sind, biegen wir rechts in Richtung Kahnfährhafen ab. Lübbenau ist das größte Touristenzentrum im Spreewald, schon Theodor Fontane nannte das Städtchen liebevoll ›Spreewaldresidenz‹.

Etwa 100 Meter vor dem Hafen weist ein Hinweisschild nach rechts, Richtung Lehde/Leipe. Nach 1,5 Kilometern lohnt ein Spaziergang nach links zum Freilandmuseum Lehde. Weil bis dahin drei Bänke – die typischen Spreewaldbrücken mit Stufen – zu überqueren sind, sollte das Rad besser an der Schautafel parken (etwa 500 Meter Fußweg).

Zu beiden Seiten des schmalen Weges nach Leipe stehen Erlen, Birken und Eichen – ein romantischer Pfad, den viele Spaziergänger und Radfahrer nutzen.

In Leipe fahren wir am Gasthaus ›Froschkönig‹ vorbei und folgen dem Hinweisschild zum Hafen. Die Asphaltstraße führt dann durch eine offene Wiesenlandschaft mit parkartigen Baumgruppen. Eine Rast bietet sich in der Dubkowmühle an, auf der wenig befahrenen Straße geht es weiter in Richtung Burg-Dorf, so auch an der Gabelung. An der Kreuzung Ringchaussee biegen wir rechts nach Naundorf ab und verbleiben etwa 1,5 Kilometer auf der Straße, bis rechts ein Schild in den Kurfürstendamm weist. An der Gabelung Erste Kolonie fahren wir weiter Richtung Raddusch. Am Ortsausgangsschild Burg überqueren wir das

Am Markt in Lübbenau

Naundorfer Grenzfließ und biegen rechts ab. Am Abzweig Skadow halten wir uns geradeaus auf dem Weg, vorbei am Fahrverbotschild für Motorfahrzeuge. Hinter den Gehöften Radduscher Kaupen kommen wir an das Fließ Radduscher Kahnfahrt, biegen vor der Brücke links ab und radeln auf dem Deich weiter. Der Weg ist schmal und sandig, aber auch hier sehr romantisch. Auf einem Rastplatz können wir die Idylle genießen, ohne auf die Wegbeschaffenheit achten zu müssen. Am Hafen Raddusch halten wir uns links, überqueren die Straßenbrücke und halten uns an der Dorfstraße rechts. Nach ein paar hundert Metern ist der Bahnhof von Raddusch wieder erreicht.

Länge: 35 Kilometer (4 bis 5 Stunden); Rundtour auf fast durchweg gut befahrbaren Wegen; leicht, auch für Familien mit Kindern geeignet.

PLZ: 03226.
Vorwahl: 03 54 33.
Spreewald-Tourismuszentrale in Raddusch, Lindenstr. 1, Tel. 7 22 99, www.spreewald.de. Moderner Komplex mit Wechselausstellungen, südlich des Ortes und der Bahnlinie Berlin–Cottbus, an der Straße zur Slawenburg vor der Autobahnunterführung gelegen.

Hotel Spreewaldhafen, Dorfstr. 10, Tel. 78 60, www.hotelspreewaldhafen.de; EZ 46, DZ 30–50 Euro. Am Naturhafen, mit Restaurant Zum Braukrug; Biergarten, Radduscher Bauernabend am Sa von April bis Oktober.

Spreewaldhotel Raddusch, Dorfstr. 24, Tel. 78 10, www.spreewaldhotel-raddusch.de; DZ 28–39 Euro. Paddelboot- und Radverleih, Fastenwandern.

Dubkowmühle, Tel. 0 35 42/22 97.

Slawenburg Raddusch, www.slawenburg-raddusch.de, täglich 10–18 Uhr.

Kahnfährgemeinschaft, Bahnhofstr. 21, Tel. 30 00 und 7 02 13 (Mai bis September).

Vetschau/Spreewald (Wětošow)

Vetschau, einer der ältesten Orte der Region – gegründet spätestens im 10. Jahrhundert –, liegt am Südrand des Oberspreewaldes zwischen der A 15 und der Eisenbahnlinie Berlin–Cottbus–Görlitz.

Bekannt ist vor allem die ungewöhnliche Kirche. An die wendische Dorfkirche aus dem 14. Jahrhundert wurde im 17. Jahrhundert eine Stadtkirche für evangelische Deutsche angebaut. So wurde die Kirche zum ›Zwilling‹. Die Sakristei sowie der 35 Meter hohe Glockenturm aus Feld-, Raseneisensteinen und Backsteinen werden seither gemeinsam genutzt. Die wendisch-deutsche Doppelkirche ist in Europa einmalig und zeugt vom jahrhundertelangen friedlichen Nebeneinander zweier Sprachen und Kulturen.

Im Schloß ist der Rittersaal ebenfalls sehenswert, hier finden auch Konzerte und Trauungen statt. Daneben lädt die Heimatstube zum Besuch ein. Im Schloßpark sind auch zwei alte Sumpfzypressen zu sehen; man findet sie nicht oft in dieser Gegend. Auf dem Markt haben einige Barock- und Jugendstilhäuser die Stürme der Zeit überdauert. In einem schönen Barockgebäude befindet sich der gemütliche Ratskeller.

Im Weißstorchzentrum erfährt man unter anderem, daß in der Niederlausitz jährlich etwa 350 Weißstorchpaare brüten: 10 Prozent des gesamten deutschen Bestandes dieser Vogelart.

PLZ: 03226.
Vorwahl: 03 54 33.
Touristinformation Vetschau, Schloßstr. 10, Tel. 7 77 84, www.vetschau.com.

Hotel-Pension Märkischheide, Lindenstr. 2, Tel. 5 62 20, www.hotel-maerkischheide.de; EZ 43–47, DZ 53–57 Euro.
Ringhotel Ratskeller, Am Markt 5, Tel. 5 10, www.ringhotel-ratkeller.de; EZ 62–87, DZ 84–102, Suite 107–130 Euro. Denkmalgeschütztes Haus, Restaurant, Café, Biergarten und Marktterrasse.
Apartment-Haus, Bahnhofstr. 9, Tel. 7 25 52; DZ 38 Euro. Restauriertes Bürgerhaus mit schönem Innenhof.

Wendisch-deutsche Doppelkirche, täglich 10–12 und 14–17 Uhr, Sa/So 10–17 Uhr (April bis Oktober).
Weißstorchzentrum, Drebkauer Str. 2a, Tel. 41 00, Di–Fr 10–12 und 13–17 Uhr, Sa/So 10–17 Uhr (April bis Oktober), Mo–Fr bis 16 Uhr (November bis März). Das Storchennest im Internet: www.storchennest.de (Bilder werden alle 8 Sekunden aktualisiert).

Märkischheider Heimatfest (Juni).

Burg/Spreewald (Borkowy)

Burg im östlichen Teil des Oberspreewaldes ist ein staatlich anerkannter Erholungsort und mit 55 Quadratkilometern die flächenmäßig größte Landgemeinde Deutschlands. Dabei wohnen in diesem Gebiet nur wenig mehr als 4000 Menschen. Erdwälle am Schloßberg deuten auf eine frühe Besiedlung in der Stein- und Bronzezeit um 800 vor Christus hin. Im 6. Jahrhundert wanderten slawische Stämme ein und erweiterten die Wehranlagen, die im 10. Jahrhundert der deutschen Ostexpansion zum Opfer fielen.

Im 18. Jahrhundert entstanden neben dem ursprünglichen Hauptort (Burg-Dorf) zwei weitere Siedlungen, Burg-Kauper und Burg-Kolonie. In Burg-Kauper liegen die Gehöfte oft mehrere hundert Meter auseinander.

Als nach der letzten Eiszeit die Gletscher schmolzen, entstanden durch den mitgebrachten Schwemmsand viele Kaupen (von kupa = Insel). Diese waren ideal für Siedler, die hierher kamen und sich eigenmächtig ein Haus bauten. Natürlich ärgerte das die königlichen Behörden und Rittergutsbesitzer der Umgebung, und sie wandten sich in ihrer Not an ihren Landesherrn. König Friedrich II. verfügte daraufhin: ›Es ist weiterhin verboten, sich ohne Erlaubnis im Spreewald anzusiedeln, aber ein Haus, das steht, darf nicht abgerissen werden.‹ Die listigen Bewohner hielten zusammen, tagsüber wurde Holz herangeschafft und zugesägt, nachts im Mondlicht das Haus aufgebaut. Auf diese Weise war der königliche

Am Spreehafen in Burg

Das Waldschlößchen, ein weiteres bekanntes Ausflugslokal

Erlaß befolgt. Der Preußenkönig förderte aber auch gezielt die Ansiedlung aus dem Dienst entlassener Soldaten. Alle erhielten Grundstücke in einer Größe von 3 bis 5 Hektar; Menschen aus Österreich, Schlesien, Böhmen und Sachsen fanden in Burg eine neue Heimat.

Der einstige Schloßberg, etwa anderthalb Kilometer nördlich vom Zentrum an der Straße nach Byhleguhre gelegen, gilt als größter Rundwall der Mark Brandenburg. Bei Ausgrabungen fand man hier einen bronzenen Sonnenwagen und aus der Lausitzer Kultur stammende Keramikgefäße.

Auf der Anhöhe steht der Bismarckturm, von 1913 bis 1917 aus roten Calauer Klinkersteinen erbaut. Zur Aussichtskanzel in 33 Meter Höhe führen 137 Stufen. Der Turm ist nicht nur das Wahrzeichen Burgs, sondern auch ein beliebter Aussichtspunkt, von dem aus man weit in die Umgebung schauen kann. In der Nähe vom Turm befindet sich der Burger Arznei- und Gewürzpflanzengarten. Auf einem Hektar gedeihen etwa 400 Pflanzen, deren Verwendung im Spreewald überliefert ist.

Mitte der 1990er Jahre wurde der Museumsbahnhof eröffnet. Am ehemaligen und 1970 stillgelegten Spreewaldbahnhof erweckte Bäckermeister Werner Motzek in 8000 Arbeitsstunden das Flair der ›Spreewaldguste‹ zu neuem Leben. Zwei originale Spreewaldbahn-Personenwagen und drei Güterwagen erstrahlen in neuem alten Glanz, in einem der Wagen ist ein Schulklassenraum aus den 1930er Jahren zu bestaunen. Drinnen und draußen kommen typische Spreewaldgerichte auf den Tisch.

Im Kur- und Sagenpark sind viele Skulpturen aus der sorbisch-wendischen Sagenwelt aufgestellt und erinnern an die zahlreichen Legenden des Spreewalds, von denen einige in besonderer Weise mit dem Schloßberg in Burg verbunden sind.

Das kleine Dorf Dissen (Dešno) ist fünf Kilometer östlich von Burg gelegen. Dorfkirche (1740, 1936/37) und Dorfschule (1899) bilden ein hübsches Bauensemble. Seit 1987 werden in der Kirche wieder Gottesdienste in wendischer

Sprache abgehalten. Neben der Kirche befindet sich die Sorbische Heimatstube. Hier kann man alte Gerätschaften, so zum Flachsverarbeiten, sowie buntbestickte Trachten anschauen.

Bootstour von Burg nach Burg-Kauper

Unter König Friedrich Wilhelm I. war es verboten, sich ohne Erlaubnis im Spreewald anzusiedeln. Viele listige Neuankömmlinge schafften es dennoch, über Nacht ihr Holzhaus aufzubauen. Einige der typischen Blockbauten sind bis heute nur über das Wasser zu erreichen.

Vom Spreehafen in Burg paddeln wir die Hauptspree flußabwärts. Wir kommen am Sportplatz und der Jugendherberge vorbei, hinter der Straßenbrücke biegen wir links in das Scheidungsfließ ein. Schnurgerade zieht sich dieses schmale Fließ, auf dem sich kaum zwei Boote begegnen können. Wo die Straße und die Gleise der ehemaligen Spreewaldbahn über uns hinwegführen, ist die Brücke nicht sehr hoch, auf die Köpfe achten! Das Kleine Scheidungsfließ lassen wir links liegen und halten uns weiter geradeaus. Nun treffen wir auf traditionelle Blockhäuser, rechts befindet sich eine Spreewaldtischlerei. Die Schleuse muß man selbst betätigen. Am Wasserwege-T in den Ostgraben biegen wir rechts ab. Obacht: Das Schild mit der Aufschrift ›Ostgraben‹ ist fast zugewachsen. Am nächsten Wasserwege-T biegen wir für kurze Zeit in die Hauptspree ab, wieder nach rechts. Am Schild mit der Aufschrift ›Landgasthof Zur Wildbahn, 1 km‹ paddeln wir links in den Ostgraben. Dort wo sich das Fließ gabelt, halten wir uns links, ab hier befinden wir uns auf dem Krummen Fließ.

Am nächsten Abzweig biegen wir links ins Stauensfließ ab, gleich darauf passieren wir die Schleuse mit schönem Rastplatz. Beim Wasserwege-T geht es nach rechts in die Große Wildbahn. Wenig später ist rechts die Taubenzucht ›Orientalische Roller‹ zu sehen. Den Abzweig Neue Spree sowie die folgende Kreuzung können wir außer acht lassen und halten uns geradeaus, bis wir auf das Stille Fließ treffen, wo wir links abbiegen. Am Bootshaus Rehnus folgen wir dem Rohrkanal nach rechts. An der nächsten Gabelung rechts abbiegen, kurz darauf passieren wir die Waldschlößchenschleuse. Danach ist auch schon das Waldschlößchen erreicht.

Wir befinden uns jetzt im Ortsteil Burg-Kauper. Vom Waldschlößchen geht es weiter in den Burg-Lübbener-Kanal nach rechts, vorbei am Hafen Waldschlößchen. An der Gabelung hinter der Bank paddeln wir rechts in die Kleine Spree. Am Gasthof ›Ochseneck‹ geht es durch die Brücke hindurch, bei der Gabelung dahinter nach rechts in die Neue Spree abbiegen, an der nächsten Gabelung links. Wo die Neue Spree nach rechts und das Erlkönigfließ wenig später nach links abbiegt, halten wir uns geradeaus, nun im Ostgraben. Schließlich ist das Gasthaus ›Zum Erlkönig‹ erreicht, wo sich eine Rast anbietet.

Am nächsten Wasserwege-T halten wir uns links und paddeln nun weiter im Ostgraben, wo sich auf der linken Seite der Zeltplatz Am Ostgraben befindet. Schließlich erreichen wir wieder die Hauptspree, wo wir links abbiegen. Vorbei am Bootshaus Conrad, an Bordmanns Scheune, der Kolonieschänke und dem Hotel Am Spreebogen. Dahinter geht es durch die gewölbte Liebesbrücke und durch die vierte Schleuse. Bald ist der Abzweig zum Scheidungsfließ erreicht, wo unsere Paddelrunde begonnen hatte. Von hier ist es nicht mehr weit bis zum Spreehafen in Burg.

Länge: 17 Kilometer (ca. 4 Stunden); Paddelrunde auf gut befahrbaren Fließen, vier Schleusen; leicht, auch für Familien mit Kindern.

PLZ: 03096.
Vorwahl: 03 56 03.
Touristinformation, Haus des Gastes, Am Hafen 6, Tel. 417, www.burg-spreewald-tourismus.de.
Infozentrum Biosphärenreservat, Byhleguhrer Str. 17, Tel 69 10.

Romantikhotel Zur Bleiche, Bleichestr. 16, Tel. 620, www.hotel-zur-bleiche.de; EZ 130, DZ 120–190 Euro. Jeweils mit Halbpension und freier Nutzung der Therme; im Jahr 2004 nach Brand wieder aufgebaut, Restaurant genießt deutschlandweit einen exzellenten Ruf.
Fiedermannhof, Erste Kolonie 13, Tel. 7 59 60, www.fiedermannhof.de; EZ 25, DZ 50 Euro. Sauna, behindertenfreundliche Ferienanlage im Ortsteil Burg-Kolonie, 2002 eröffnet.
Gasthaus und Pension Kräutermühle, Kurparkstr. 7b, Tel. 6 14 42, www.krautermuehle-burg.de; EZ ab 32, DZ ab 60 Euro.
Gasthaus Zum Erlkönig, Erlkönigweg 3, Tel. 3 87.
Gasthaus Spreewaldeck, Bahnhofstr. 12, Tel. 6 06 76, www.gasthaus-erlkoenig.de; EZ ab 30, DZ ab 20 Euro.
Radlerscheune, Ringchaussee 155, Tel. 1 33 60, www.radler-scheune.de; DZ ab 45 Euro.
Jugendherberge, Jugendherbergsweg 8, Tel. 225, www.jh-burg.de; pro Person 11,50 Euro mit Frühstück.

Zeltplatz am Ostgraben bei Fam. Seyberth, Tel. 187 73, Handy: 0170/2 37 77 86 (7 Euro pro Nacht).

Bismarckturm, Mo–Fr 8–15 Uhr, Sa/So 9–18 Uhr (April bis September).
Burger Arznei- und Gewürzgarten, Byhleguhrer Str. 17, Tel. 6 91 24, Mo–Fr 8–15 Uhr, Sa/So 9–18 Uhr, Führungen jeden 1. und 3. So im Monat um 11 Uhr (April bis September).
Heimatstube, Am Spreehafen, Mo, Do–So 13–17 Uhr (März bis

Oktober), Di–Fr 13–17 Uhr (November bis März).
Spreewaldbahnhof Burg, Am Bahnhof 1, Tel. 8 42, www.spreewaldbahnhofburg.de.

Kirchgang in Tracht (Ostersonntag).
Spreewald-Marathon (April).
Brandenburger Herzwandertag (Mai).
Heimat- und Trachtenfest (letztes Augustwochenende).
Spreewald-Skating-Tag (Anfang September).

Bootsverleih: Bootsverleih Lukas (Burg-Kauper), Willischzaweg 43, Tel. 8 67.
Bootshaus Conrad, Schwarze Ecke 1, Tel. 3 41.
Bootshaus Rehnus, Waldschlößchenstr. 39 (OT Kauper), Tel. 366.
Kahnfahrten: Spreehafen, Am Hafen 1, Tel. 7 58 00 nach Leipe 3 Stunden, nach Lehde 3,5 Stunden, nach Lübbenau 4 Stunden und nach Wotschofska 5 Stunden.
Für Romantiker gibt es Mondscheinfahrten im Kahn, auch unter zehn Personen, Preise je nach Anzahl der Personen bei Dirk Meier erfragen; auch Paddelboot- und Kanuverleih.
Hafen Waldschlößchen, Burg-Kauper (auch Paddelbootverleih), Tel. 5 36 (zwei- und dreistündige Rundfahrten, Hochwaldtour 5 Stunden).
Kleiner Spreewaldhafen, Burg-Kauper, Waldschlößchenstr. 3, Tel. 6 13 00.

Straupitz (Tšupc)

Vile Besucher staunen, daß in dem kleinen Ort eine so große Kirche steht. Das klassizistische Bauwerk wurde von 1827 bis 1832 nach Plänen des berühmten Baumeisters Karl Friedrich Schinkel erbaut. Seine Handschrift drückt sich in der klaren Formensprache unverkennbar aus. Baron von Houwald hatte sich an den ›Königlichen Geheimen Oberbaurath‹ Schinkel gewandt, der die Baupläne innerhalb von 14 Tagen lieferte. Zwei Drittel der Baukosten steuerte der Adlige bei, 2000 Taler gab der König und den Rest spendeten die Gläubigen.

Vollständig rekonstruiert, ist sie heute das Schmuckstück des Dorfes. Die zwei 40 Meter hohen Türme wurden im Stil italienischer Campanile erbaut, imposant wirken die doppelreihigen Rundbogenfenster. Anfang des 19. Jahrhunderts gehörten sieben Dörfer zur Herrschaft derer von Houwald. Planungsgrundlage für Schinkel waren 1700 Gläubige, für die in der Kirche Platz zum Gottesdienst geschaffen wurde. Die Kirche ist also kein Ausdruck von Größenwahn, sondern wurde so dimensioniert, um allen Gläubigen Platz bieten zu können. Das nahegelegene ehemalige Schloß der Grafen von Houwald wird heute als Schule genutzt.

Die Schinkelkirche gefällt durch ihre klare Formensprache

In der Lassower Straße steht eine Holländerwindmühle von 1810, seit 2002 besitzt sie auch wieder ihre Flügel. Sie ist als Korn-, Öl- und Sägemühle nutzbar und heute die einzige funktionstüchtige Dreifachmühle Deutschlands. Hier wird auch das einzigartige Spreewald-Leinöl gepreßt und verkauft; die Technik dafür stammt aus dem Jahr 1910. Eine Ausstellung zeigt den Weg vom Flachs (lateinisch linum = Lein) zu Leinwand und -öl.

Knapp einen Kilometer westlich vom Ortszentrum erhebt sich der einstige Weinberg, mit knapp 80 Metern die höchste Erhebung im Spreewald. Am Südhang gedeihen seltene wärmeliebende Pflanzen, bis Anfang des 19. Jahrhunderts reiften hier auch Weintrauben.

Wanderung zur Byttna und weiter nach Byhleguhre

Von der Kirche in Straupitz führt eine kaum befahrene Straße zur Byttna mit den legendären Rieseneichen. Etwa drei Kilometer sind vom südlichen Ortsrand zu laufen. Das Schloß war einst der Herrschaftssitz der Grafschaft Straupitz, 1655 erwarb der schwedische General Christoph von Houwald die Besitzung. Am Schloß wurde bis 1798 gebaut. Dahinter schließt sich ein kleiner Park an. Hier wurde Mitte der 1990er Jahre ein Hafenbecken für die Kleine Kahnfahrt eröffnet. Die großflächige Komplexmelioration sowie der Bau des Nordumfluters zu DDR-Zeiten trennten den Ort von den Wasserläufen des Spreewaldes. Einst konnte man sich von hier Richtung Erlenhochwald/Straupitzer Buschmühle staken lassen.

Der Weg schwenkt nach links und kurze Zeit später sind die Eichen von Byttna (zu deutsch: Heiliger Gang) erreicht. Die stattlichen Eichen trugen einst Schilder mit Namen von Familienmitgliedern des Houwald-Geschlechts. Bis heute blieb davon nur noch eines übrig, das Schild der Christoph-Heinrich-Eiche. Zur Zeit der slawischen Besiedlung befand sich an Ort und Stelle eine Wallanlage.

Ungefähr 300 Meter weiter, etwas abseits am Waldrand, taucht der stärkste Baum-Methusalem auf, die Florentineneiche. Leider schon Jahrzehnte ohne Leben, erweckt dieser Riese dennoch Ehrfurcht vor der Natur. Etwa 1000 Jahre alt, mißt er dicht über der Erde einen Stammumfang von zwölf Metern.

Nun folgen wir dem Wegweiser, der uns zum Byhleguhrer See lenkt. Anfangs durch Mischwald, folgt der schmale Pfad erst parallel der Straße, dann biegen wir zum See ab. Das Gewässer ist knapp zwei Kilometer lang und 500 Meter breit und wird nur von Quellen gespeist. Am Südufer steht das Haus ›Am See‹ mit Restaurant. Von hier führt ein Weg – anfangs durch Kiefernwald, später auf der Chaussee – in das Dorf Byhleguhre.

PLZ: 15913.
Vorwahl: 03 54 75.
Heimat- und Fremdenverkehrsverein, Bahnhofstr. 36, Tel. 167 71.

Haus Am See, am Byhleguhrer See, Tel. 218, DZ 18 Euro. Restaurant während der Saison ab März täglich ab 11 Uhr.
Pension Winzer, Lübbener Str. 28, Tel. 5 32; EZ 30, DZ 40 DZ Euro.
Pension Fünf Linden, Lutherweg 1, Tel. 154 88, www.fuenflinden.de; EZ 23, DZ 36 Euro.

Restaurant Zur Byttna, Cottbuser Str. 28, Tel. 8 08 38; täglich außer Di 11–24 Uhr, Biergarten.
Fischrestaurant Zum Wassermann, Cottbuser Str. 1, Tel. 1 67 79; täglich außer Mo 11–22 Uhr.

Holländerwindmühle, Lassower Str. 11a, Tel. 1 69 97, www.windmuehle-straupitz.de, Di–Fr 9–18 Uhr, Sa/So 10–17 Uhr (Mai bis September), ansonsten Mo–Fr 9–16 Uhr. Im Müllerhaus befindet sich ein Café.

Kahnfährhafen Straupitz, Tel. 5 00 oder 01 71/ 9 46 42 59.

Goyatz und Trebatsch

Goyatz ist ein beliebter Ferienort am Südzipfel des etwa zwölf Quadratkilometer großen Schwielochsees und staatlich anerkannter Erholungsort. Badelustige, Angler, Paddler, Segler und Surfer bevölkern im Sommer den See. Bis Mitte der 1950er Jahre war Goyatz auch ein wichtiger Hafen. Die Güter kamen auf der Oder und Spree hierher und wurden an Ort und Stelle mit der Spreewaldbahn vor allem Richtung Cottbus weitertransportiert.

Der Schwielochsee ist ein typisch märkischer See mit zum Teil schilfbestandenen Uferabschnitten, Halbinseln sowie einigen Buchten. Die Spree ist der Hauptzulauf, an der Mündung bildete sie ein kleines Delta, das als Naturschutzgebiet Eichwerder bekannt ist.

Von der Bootsanlegestelle Goyatz führt ein markierter Weg zum einen Kilometer nördlich, am Seeufer befindlichen Werdel, einem slawischen Rundwall. Noch etwas weiter nördlich liegt Zaue. Man kann dorthin laufen oder schippern – in der Saison verkehren Fahrgastschiffe auf dem See zwischen Goyatz, Zaue und Jessern. In Zaue steht eine Wehrkirche aus dem 13. Jahrhundert, die aus Findlingen, Feld- und Ziegelsteinen erbaut ist.

Am Nordufer des Schwielochsees

Von Goyatz lohnt ein auch Spaziergang in das Dorf Jessern und weiter auf den gut 50 Meter hohen Babenberg. Von hier bietet sich ein Panoramablick über den See.

Nahe dem Schwielochsee, nördlich von Goyatz, liegt das Dorf Trebatsch. Im Ortsteil Sabrodt wurde 1813 Ludwig Leichhardt geboren. In Australien kennt ihn jedes Kind, hierzulande nur wenige: Ein Stadtteil von Sydney, Flüsse, Berge, drei Dutzend Pflanzen und ein Känguruh tragen seinen Namen. Leichhardt war Wegbereiter einer wirtschaftlichen Eroberung des fünften Kontinents. Die erste Forschungsreise führte ihn 1841 ›down under‹. Hier wurde die Durchquerung von der Ost- zur Nordküste vorbereitet. Die erste Expedition (1844/45) verlief erfolgreich. Der Versuch, die Westküste zu erreichen, scheiterte jedoch. 1848 startete der Lausitzer erneut, mit fatalen Folgen: Ein Brief vom 3. April 1848 ist ein letztes Lebenszeichen, seither blieb Leichhardt verschollen. Auch zahlreiche Suchexpeditionen in der jüngeren Zeit blieben erfolglos. In Trebatsch wird sein Andenken in einem kleinen Heimatmuseum bewahrt, das Leichhardt-Archiv befindet sich in der nahegelegenen Burg Beeskow.

Wanderung zum Kleinen und Großen Mochowsee

Von Ortszentrum Goyatz folgt der markierte Weg zwei Kilometer der Landstraße nach Lamsfeld, ehe er rechts in den Kiefernwald abzweigt. Der Kleine Mochowsee ist noch naturbelassen, am Ostufer des Großen Mochowsees entstand in den 1970er Jahren eine Bungalowsiedlung der Politprominenz des ehemaligen Bezirks Cottbus. Die gute Wasserqualität lädt zum Baden ein. Direkt am See liegt der Campingplatz Am Großen Mochowsee. Von Lamsfeld besteht Linienbusverkehr zurück nach Goyatz.

Länge: 12 Kilometer.

Lieberose

Die Kleinstadt Lieberose mit 1500 Einwohnern, auf halber Strecke zwischen Beeskow und Cottbus, ist ein eher unscheinbarer Ort. In der Nähe des Ortes, inmitten ausgedehnter Kiefernwälder, legte die Waffen-SS einen Truppenübungsplatz an, der nach dem Zweiten Weltkrieg von der Roten Armee übernommen, auf eine Fläche von 27 000 Hektar erweitert und bis Anfang der 1990er Jahre betrieben wurde.

Auffälligstes Gebäude ist das Schloß. Das aus dem 16. Jahrhundert stammende Schloß der Grafen von der Schulenburg wurde im 18. Jahrhundert barock umgebaut. Offenbar war das Ergebnis so überzeugend, daß der sächsische Kurfürst sich auf dem Weg von Dresden nach Polen hier oft aufhielt. Berühmt waren vor allem die reich verzierten Stuckdecken. Jahrelang blieb das Gemäuer in einem beklagenswerten Zustand. Bislang fanden Sicherungsarbeiten statt; das Schloß steht leer und ist nicht zugänglich.

Gegenüber der Post, in der Cottbuser Straße, hat eine kursächsische Postmeilensäule die Zeiten überdauert. In der Landkirche befindet sich ein wendischer Predigtsaal ohne Altar. Das schöne Epitaph wurde Ende des 16. Jahrhunderts für den verstorbenen Standesherrn, Joachim von Schulenberg, gefertigt. Ursprünglich befand es sich in der Stadtkirche, die wie das Schloß im Zweiten Weltkrieg zerstört wurde. Die vorhandenen Mauern wurden jedoch gesichert.

Neuzelle und Umgebung

Neuzelle ist ein staatlich anerkannter Erholungsort, bekannt ist es aber vor allem wegen seines Klosters. Das liegt an den Ausläufern des Schlaubetals und der Diehloer Höhen nahe der Oderwiesen.

Einst Bestandteil der wettinischen Niederlausitz, gehörte Neuzelle bis 1815 zum Königreich Sachsen. Markgraf Heinrich der Erlauchte von Meißen stiftete im Jahr 1268 das Kloster ›Nova Cella‹ zum Gedenken an seine verstorbene Frau. Während der Gegenreformation im 17. und 18. Jahrhundert wurde das Bauwerk nach böhmischem Vorbild prachtvoll ausgestattet. Das Barockwunder der Mark war für nur zwei Jahre eine päpstliche Enklave im protestantischen Brandenburg. Im Jahr 1817 schließlich löste der preußische Staat das letzte deutsche Zisterzienserkloster auf. Heute ist es mit seinen weitläufigen Außenanlagen das einzige vollständig erhaltene in Deutschland.

Innerhalb des nüchtern-protestantischen Brandenburg ist die barocke Üppigkeit umso auffälliger. Die Fresken der Klosterkirche werden von strahlendweißem Stuck und kunstvollen Altären umrahmt. Perfekt und dennoch sparsam: Die Fußbodenplatten sind aus Marmor, ansonsten aber bleibt das edle Baumaterial die Ausnahme. Das allgegenwärtige Imitat besteht nur aus Wasser, Gips und Farbe. Die drei restaurierten Säle im Kreuzgang zeigen eine Dauerausstellung zur Geschichte des Klosters.

Die 1996 gegründete Landesstiftung Stift Neuzelle bemüht sich um den Erhalt der einmaligen Kulturgüter. Vor der Instandsetzung des Klosterkirchturms wurde die jahrzehntelang hier eingemauerte Bühnendekoration für Passionsspiele geborgen. Der Prospekt vom Heiligen Grabe umfaßt etwa 100 überlebensgroße bemalte Holzfiguren, bunte Holztafeln sowie 56 Lein-

Im Klosterhof des ›Barockwunders‹ Neuzelle

wände. Damit konnte die Passionsgeschichte in 15 Szenen auf einer Bühne nachgestellt werden – selbst katholische Hochburgen wie Bayern oder Tirol besitzen keine so umfangreiche Sammlung. Die wertvollsten Teile der Kulissenprospekte wurden anläßlich des Jubiläums ›900 Jahre Zisterzienser‹ bereits einem größeren Publikum in Nordrhein-Westfalen und während einer Sonderausstellung in Neuzelle gezeigt.

Kirche samt Turm erstrahlen im kräftigen gelb-weißen Farbton. Auch der Klostergarten wurde nach alten Vorlagen im Barockstil erneuert. Heute locken Klosterkonzerte, Opern im Kreuzgang sowie zahlreiche Ausstellungen viele Musik- und Kunstfreunde an.

Seit fast 700 Jahren wird in der benachbarten Klosterbrauerei Bier gebraut. Das Schwarzbier verbindet wie der Ort selbst böhmische Süße mit norddeutscher Herbheit. Nach alter Rezeptur wird auch dem ›Schwarzen Abt‹ Invertzuckersirup beigemischt. Das Bier darf deshalb kein Bier sein. Seit vielen Jahren tobt der Bierstreit zwischen Erzeugern und Behörden, den Absatz des Getränks hat dies ungemein gefördert. Das Klosterbräu wurde durch die Brandenburger Amtsposse deutschlandweit bekannt. Im Jahr 1998 stellte die Brauerei erstmals Badebier vor. Als Markenprodukt mit medizinischem Hintergrund wurde das Gebräu beim Patentamt in München geschützt. Das Empfindungsbad wird zum Entspannen und zur Hautpflege empfohlen. Als kosmetischer Artikel darf das Bier auch wieder Bier heißen; selbstverständlich kann der Badezusatz auch innerlich angewendet werden. 2004 dann stellten die Marketingstrategen der Brauerei ihre neueste Sorte vor, das ›Anti-Aging-Bier‹.

Kummrow, zu Neuzelle eingemeindet, liegt reizvoll im Tal der Dorche. Der Ort ist mit Treppeln durch eine mittelalterliche Klosterstraße verbunden, den die Einheimischen ›Treppelpflaster‹ nennen. Radfahrer werden hier mächtig durchgeschüttelt, und so kommt auf halber Strecke der Hinweis zum Abzweigen nach Kobbeln gerade recht. Am nördlichen Rand dieses Dorfes liegt der größte Findling Brandenburgs, der Kobbelner Stein. Der Riese aus Skandinavien wiegt 300 Tonnen, ist sieben Meter lang, fünf Meter breit und über vier Meter hoch. 1923 wurde der Granitstein entdeckt und drei Jahre später vollständig ausgegraben.

Nur einige Kilometer weiter südlich, bei Henzendorf, liegen noch viel mehr Findlinge. Allerdings hat sie nicht das Eis hierher transportiert. Diese Steine stammen aus Lausitzer Tagebauen und wurden seit Anfang der 1990er Jahre in Gosda bei Döbern kunstvoll verziert. Der Berliner Ulrich Thiel gestaltete dort einen Runen- und Bildsteinpark nach Jahrtausende alten Vorlagen. Streit um Grund und Boden verhinderte bald den großzügig geplanten Ausbau: Die Steine wanderten wiederholt, diesmal in den Naturpark Schlaubetal. Bei Henzendorf fand man einen idealen Platz, der auffallend an weitläufige skandinavische Landschaften

Der Runen- und Bildsteinpark Henzendorf

erinnert. Im frei zugänglichen Findlingsgarten entdeckt der Besucher sogar eine Schiffssetzung.

Diese nachgestaltete Grabanlage aus der Bronzezeit war bei den Wikingern einst sehr verbreitet, genau wie zwei geheimnisumwitterte Trojaburgen, mythologische Steinsetzungen in Labyrinthform.

Durch die angrenzende Reicherskreuzer Heide rollten anfangs deutsche, später sowjetische Panzer. Die Kettenfahrzeuge, Detonationen und Brände ließen vom ursprünglichen Brandenburger Wald wenig übrig. Auf dem trockenen und nährstoffarmen Sandboden entstand eine weite offene Landschaft mit Birken, Besenginster und Heidekraut. Das Militär ist längst abgezogen, Naturschützer kämpfen seitdem um den Erhalt dieses für Flora und Fauna wertvollen Geländes. Ihre wichtigsten Verbündeten sind 400 Heidschnucken vom Heidehof Henzendorf. Deren immerwährender Hunger garantiert, daß die Besucher zur Erikablüte im Spätsommer fast meinen, sie wären in der Lüneburger Heide.

Durch das Schlaubetal

Das Flußtal der Schlaube ist eine der schönsten Landschaften Brandenburgs und zählt zu den wenigen wirklich naturbelassenen Deutschlands. Wander- und Naturfreunde suchen das Schlaubetal auf, um die Vielzahl an Landschaftsformen und Lebensräumen auf engstem Raum kennen zu lernen. Siehdichum ist nicht nur ein

Romantik am Großen Treppelsee

hiesiger abgelegener Waldgasthof, früher Jagdschloß des Abtes Gabriel von Neuzelle, sondern auch eine Aufforderung, der man während einer Wochenendwanderung gern nachkommt.

Die Stadt Müllrose, reichlich zehn Kilometer südöstlich von Frankfurt (Oder) gelegen, ist das nördliche Tor zum Schlaubetal. An der Ostseite des Großen Müllroser Sees beginnt die Wanderroute zur Bremsdorfer Mühle. Mit 17 Kilometer ein Tagesprogramm, der Weg ist mit einem blauen Querstrich markiert.

Nach dem Überqueren des Bahnübergangs auf der ehemaligen Strecke Frankfurt (Oder) – Grunow – Cottbus erreicht man schon bald den Belenzsee. Wegen seines breiten Schilfgürtels und dem ausgedehnten Rohrkolbenbestand ist er ein Brutparadies für Wasservögel. Weiter durch Kiefernwald am Ostufer des Sees, vorbei an den sumpfigen Wiesen des Teufelslauches, wo im Frühling überall das Gelb der Sumpfdotterblumen leuchtet, ist die Ragower Mühle nah. Am Gebäude sind die Reste der einstigen Mahl- und Antriebstechnik gut zu erkennen. Bis 1951 lieferte die Anlage Mehl, und Getreide wurde noch 1968 geschrotet. Die dafür notwendige Energie lieferte die Schlaube.

Am Kupferhammer ist die halbe Wegstrecke des Tages zurückgelegt, heute ein Gasthof. An Ort und Stelle gründete ein Beeskower Kupferschmied 1553 ein Hüttenwerk. Raseneisenstein aus der Umgebung wurde verarbeitet und man produzierte Kupfergerätschaften für das Kloster Neuzelle.

Der Weg führt ans Ostufer der Schlaube, die Sonne blinzelt durch das hellgrüne Blätterdach der Buchen. Nicht weit entfernt liegt das Schulzenwasser mit seinen zwei Inseln, hier brüten mehrere Wasservogelarten. Durch Mischwald mit Traubeneichen und Buchen gelangen wir zum Langen See. An seiner Uferzone stehen seltene Lebensbäume und knorrige alte Kiefern. Etwa 90 seltene Pflanzenarten, allesamt auf der Roten Liste vom Aussterben bedrohter Spezies, haben im Naturschutzgebiet Schlaubetal ihr Refugium. Die Tierwelt ist mit zweihundert seltenen Gattungen vertreten, unter ihnen Eisvogel, Fischotter, Graureiher, Ringelnatter, viele Schmetterlings-, Käfer- sowie Libellenarten und nicht zuletzt der Wappenvogel des Schlaubetals, der Kranich.

Nahe des Treppelsees wird das Tagesziel erreicht, die Bremsdorfer Mühle. Im heutigen gleichnamigen Gasthaus, an dem noch ein Wasserad munter klappert, kommt eine Schlaubetaler Spezialität auf den Tisch: Gebratene und gedünstete Lachsforellen aus einer nahegelegenen Fischzuchtanlage. Viele Ausflügler kommen hierher und rasten bei einem Bierchen unterm Sonnenschirm. Die stark frequentierte B 246 quert wenige hundert Meter weiter nördlich das Bachtal.

Der Pfad wird schmaler und führt durch eine wildromantische Bachlandschaft. Fast wähnen wir uns im Mittelgebirge, denn der folgende Wegabschnitt mit steilen Hängen und üppig grüner Vegetation ist für die Mark Brandenburg völlig untypisch. Dank des Naturschutz-Status dürfen die umgestürzten Bäume hier so liegen, wie sie fallen. Später öffnet sich das Engtal zusehends, die Schlaube schlängelt sich durch ausgedehnte Bruch-, Moor- und Wiesenlandschaften.

Vorbei an der ehemaligen Schlaubetalmühle, die zum Informationszentrum des örtlichen Naturschutzbundes ausgebaut wurde, erreicht man nach Überqueren der Landstraße Eisenhüttenstadt – Friedland das Nordufer des Wirchensees.

Ein Rundweg führt um den See, an dessen Südbereich in den Wirchenwiesen die Schlaube entspringt.

Tourismus-Information Neuzelle, Stiftsplatz 7, 15898 Neuzelle, Tel. 03 36 52/ 61 02, www.neuzelle.de.
Schlaubetal-Information, Kietz 5, 15299 Müllrose, Tel./Fax 03 36 06/ 6 67, www.schlaubetal-online.de.
Naturpark Schlaubetal, Am Wirchensee, 15898 Treppeln, Tel. 03 36 72/4 22.

Pension Am See, Am Ostufer 1, 15299 Müllrose, Tel. 03 36 06/3 04.
Landhotel Kummerower Hof, Kummerowerstr. 41, 15898 Neuzelle, Tel. 033652/8110, www.kummerower-hof.de; DZ 42 – 69 Euro. Bietet Bierbad mit Bierhefe und Kräutersudzugabe im historischen Gewölbe des Landhotels, auch Blockhausvermietung nebenan.
Landhaus-Hotel Prinz Albrecht, Frankfurter Str. 34, Tel. 8 13 22, www.hotel-prinz-albrecht.via.t-online.de; DZ 59–75 Euro.
Neben dem Kloster Neuzelle mit

Neuzeller Klosterbrennerei.
Waldsee Hotel am Wirchensee, Tel. 03 36 73/6 60, www.wirchensee.de; DZ 69–87 Euro.
Jugendherberge Bremsdorfer Mühle, Tel. 03 36 54/2 72, www.jh-bremsdorfer-muehle.de
Katholische Stiftskirche St. Marien Neuzelle, Mo–Fr 10–12 und 14–16 Uhr, Sa 11–12 und 14–16 Uhr, So 11–12 und 13–16 Uhr (Ostern bis Oktober), ansonsten täglich erst ab 11 Uhr geöffnet.
Ausstellung im Kreuzgang Kloster Neuzelle, Mo–Fr 10–12 und 12.30–17 Uhr, Sa/So 11–16 Uhr.
Klosterbrauerei Neuzelle, Brauhausplatz 1, Tel. 03 36 52/8 10 12, www.neuzeller-bier.de.
Bibulibusfest (Mai/Himmelfahrt).
Brandenburger Dorf- und Erntefest (Oktober).

Eisenhüttenstadt

Südöstlich von Frankfurt (Oder) wurde neben dem neu errichteten Eisenhüttenkombinat-Ost ab 1950 die erste sozialistische ›Wohnstadt‹ der DDR für etwa 30 000 Einwohner aus dem Boden gestampft und nach dem allmächtigen Sowjetführer Stalin benannt. 1961 wurde Stalinstadt nach Aufdeckung der Verbrechen des Diktators in Eisenhüttenstadt umbenannt.

Den städtebaulichen Glanzpunkt bildet die Lindenallee, einst Leninallee, die als großartige Magistrale den Zentralen Platz mit dem Haupteingang des Eisenhüttenwerks verbindet.

Die ersten Wohnkomplexe I. bis IV. wurden mit viel Liebe fürs Detail im Stil des Neoklassizismus erbaut. Dem Betrachter gefallen viele hübsche Erker und Wandmalereien sowie Säulen und Pfeiler an Durchgängen. Die Innenhöfe entwickelten sich zu kleinen grünen Oasen. Heute stehen diese Bauten als Zeugnis der schöpferischen DDR-Architektur unter Denkmalschutz, die Innenstadt ist das größte Flächendenkmal Europas.

Ab den 1970er Jahren war es mit der Bauästhetik vorbei, fortan wurden nur noch genormte Plattenbauten hochgezogen, die viele Neubaugebiete der ehemaligen DDR prägen. Aber auch hier ist inzwischen viel Grün gewachsen. Mittendrin entdeckt man immer wieder Kunstplastiken auf insgesamt 90 Standorten.

In einer ehemaligen Kinderkrippe (Kita) wird die aus heutiger Sicht zum Teil kuriose DDR-Alltagskultur im gleichnamigen Dokumentationszentrum zur Schau gestellt. Die Dauerausstellung ›Leben in der DDR‹ ermöglicht ungewöhnliche Einblicke in die Geschichte und Alltagskultur des untergegangenen Staates. Darüber hinaus werden auch politische, wirtschaftliche und soziale Fragen angesprochen. Die Sammlungen umfassen heute etwa 50 000 Objekte aus allen Bereichen des Alltags. Moderne Kunst bietet ein Bummel über den Freizeitpark ›Insel‹, wo viele Skulpturen stehen.

Im eingemeindeten alten Fischerstädtchen Fürstenberg (Oder), auf einem erhöhten Westufer an der Oder, sind das Rathaus mit hübschem Ziergiebel, die spätgotische Backsteinkirche St. Nikolai und der Fischerkiez mit engen Gassen sehenswert.

Der Oder-Spree-Kanal verbindet beide Flüsse. Wasserwanderer gelangen so vom Berliner Seengebiet nach Eisenhüttenstadt und weiter zur Oder. Hier befindet sich auch der Kai für die Fahrgastschiffahrt. Nach dem Passieren eines Höhenunterschiedes von 15 Meter zur Oder in einer Zwillingsschachtschleuse aus dem Jahre 1929 werden Frankfurt (Oder), Kietz-Küstrin und das benachbarte polnische Crossen angesteuert.

Im Winter sind die Sprungschanze sowie ein Skigelände mit Skilift, Schneekanone und Flutlicht in den Diehloer Bergen am Stadtrand ein Besuchermagnet.

PLZ 15890.
Vorwahl: 03364.
Fremdenverkehrsbüro Eisenhüttenstadt, Lindenzentrum/Lindenallee 2a, Tel. 413690, Fax: 413687, www.eisenhuettenstadt.de.

Hotel Fürstenberg, Gubener Str. 12, Tel. 75440, Fax: 750132, www.hotel-fuerstenberg-oder.de; EZ 55, DZ 60 Euro.
1993 eröffnetes kleines Hotel nahe der Altstadt, Restaurant täglich geöffnet, 7–24 Uhr.

Dokumentationszentrum Alltagskultur der DDR, Erich-Weinert-Allee 3, Tel. 417355, www.alltagskultur-ddr.de; Di–Fr 13–18 Uhr, Sa und So 10–18 Uhr.
Feuerwehrmuseum, Heinrich-Pritzsche-Straße 4, Mi–Fr 10–16 Uhr, Sa und So 13–16 Uhr.

Weiße Flotte, Am Trockendock 1, Tel. 452645, www.fahrgastschifffahrt-oder.de.
Rundfahrten, Tages- und Charterfahrten auf der Oder, Oder-Spree-Kanal und Warthe.

Guben (Gubin)

Guba (altsorbisch) bedeutet Mündung, und vermutlich bezieht sich der Stadtname auf die Mündung des Flüßchens Lubst in die Lausitzer Neiße, die sich im Stadtgebiet befindet. 1235 erhielt Guben vom Markgraf Heinrich dem Erleuchteten von Meißen Stadtrechte nach Magdeburger Vorbild und wuchs zu einem wichtigen Salzhandelsplatz heran. Daneben war auch das Benediktinerinnen-Kloster von Bedeutung. Im 12. Jahrhundert am linken Neißeufer gegründet, wirkten die Schwestern des Klosters hier über 400 Jahre lang.

Bis in die Mitte des 19. Jahrhunderts hatte der Gubener Weinbau überregionale Bedeutung, die Erzeugnisse wurden deutschlandweit verkauft. Später wurden auf ehemaligen Weinanbauflächen Obstbaumplantagen angelegt, die während der Baumblüte viele Touristen in die Region lockten. Noch heute gedeiht der rotbäckige Winterapfel in den Gubener Kleingartenanlagen besonders gut.

Im Jahr 1822 wurde mit der Ansiedlung der Firma C.G. Wilke die Gubener Hutherstellung begründet. Wilke war der Erfinder des witterungsbeständigen Wollfilzhutes. Um die vorletzte Jahrhundertwende war Guben größter deutscher Hutproduzent, 1927 betrug die Jahresproduktion zehn Millionen Hüte und Stumpen. Die hervorragende Qualität brachte der Stadt Weltruhm ein, denn lange Zeit blieb das Verfahren ein Betriebsgeheimnis. Daneben war auch die Tuchindustrie strukturbestimmend, zu DDR-Zeiten kam noch ein großes Chemiefaserwerk dazu.

Von Mitte Februar bis April 1945 war die Neiße Frontlinie und die Stadt beidseits des Flusses umkämpft. Nach Ende des Krieges wurde das stark zerstörte Guben geteilt und der Altstadtkern fiel an Polen, wo die Stadt heute Gubin heißt. Bei Deutschland verblieb die ehemalige Klostervorstadt. Von 1961 bis 1989 trug die Stadt den Namen Wilhelm-Pieck-Stadt Guben, benannt nach dem ersten Präsidenten der DDR, der 1894 am rechten Neißeufer geboren wurde.

Auf polnischer Seite befinden sich das alte Rathaus, die Ruine der Hauptkirche und Reste der alten Stadtmauer. Drumherum und dazwischen befand sich das historische Zentrum. Es wurde nach dem Krieg nicht wieder aufgebaut, und so sind die wenigen Überreste der Vergangenheit auf dieser Neißeseite heute in eine Art Parklandschaft gebettet.

Im Zentrum auf deutscher Seite stehen Klosterkirche und evangelisch-lutherische Kirche. Neben einigen bemerkenswerten Villen der Gründerzeit befindet sich in der Bahnhofstraße 1 ein von Karl Friedrich Schinkel entworfenes Haus mit einem Abbild des Baumeisters und des berühmten Ingenieurs Gotthilf Hagen (1797–1884) auf der Westseite.

In den Mauern der ehemaligen Carl-Gottlob-Wilke Hutfabrik wurde ein Technisches Museum der Hutindustrie eingerichtet. Man sieht alte und neue Hüte, die

Küche im Heimatmuseum Sprucker Mühle

Technik der Hutherstellung mit einer 80jährigen dampfbetriebenen Hutpresse, hölzerne Hutformen, den Arbeitsplatz eines Hutmachers aus den 1950er Jahren und wertvolle Exponate aus dem Nachlaß des Gubener Hutsalons Wollermann. Eine auf den Weltmarkt orientierte Produktpalette hatte die Gubener Hutindustrie einst an die Weltspitze gebracht. Weitsichtige Firmeninhaber wie Wilke und Lewin fanden sich nach der Wende nicht mehr. 1999 scheiterten die Versuche endgültig, die Tradition der Hutherstellung in Guben weiterzuführen.

Das Ludwig-A.-Meyer-Haus ist ein Deutsch-Slawisches Kulturzentrum in der Uferstraße. Die stilvolle Begegnungsstätte möchte Verständnis für das sorbische Brauchtum im Umland sowie für die Traditionen und die Kultur der polnischen Nachbarn wecken. Die schöne Neorenaissancevilla von 1898 gehörte dem jüdischen Fabrikanten Ludwig A. Meyer, der 1938 durch das Deutsche Reich enteignet wurde. 1992 hat es die Stadt von den Erben erworben.

Das Heimatmuseum Sprucker Mühle befindet sich am Stadtrand in der Mühlenstraße. 1363 wurde an dieser Stelle die erste Getreidemühle errichtet, seit 1970 stehen die Mühlräder am Schwarzen Fließ still. Heute sieht man eine komplette originale Mühlentechnik des 19. Jahrhunderts, einen Handwebstuhl für die

Leinenweberei, Flachsbreche und Spinnrad auf dem Mühlenboden und im Erdgeschoß eine Mahlbühne. In den anderen Räumen erfährt man stadt- und regionalgeschichtliche Details. Reizend ist die nachgestellte Kücheneinrichtung aus den 1920er Jahren, draußen ist ein Kräutergarten zu besichtigen. In der gegenüberliegenden Scheune werden Sonderausstellungen gezeigt, hier befindet sich auch ein kleines Café.

Die Gubener Umgebung ist reich an reizvollen Badeseen: Deulowitzer See (3 Kilometer südwestlich bei Kerkwitz), Groß- und Kleinsee (15 bzw. 12 Kilometer westlich zwischen Bärenklau und Schönhöhe, Pinnower See (10 Kilometer westlich bei Pinnow), Pastlingsee (10 Kilometer südwestlich zwischen Grabko und Drewitz), Göhlensee (10 Kilometer nordwestlich bei Göhlen) und Kiesgrube Bresinchen (5 Kilometer nördlich an der B112).

Beliebt ist auch die Ausflugsgaststätte Wagenburg in Göhlen-Vorwerk, zwei Kilometer nördlich von Groß Drewitz, inmitten ›Märkischer Prärie‹. 15 nachgestaltete Planwagen dienen hier in der warmen Jahreszeit als außergewöhnliches Nachtquartier.

Wanderung von Guben zum Deulowitzer See

Vom Bahnhof Guben bis in die Mühlenstraße läuft man etwa 30 Minuten. Hinter der Mühle überqueren wir auf der Holzbrücke das Schwarze Fließ, dann geht es auf der schmalen Mühlenstraße (nur für Fußgänger und Radfahrer) entlang der Lauchwiesen zum Sportstadion weiter. An der Kreuzung halten wir uns rechts und folgen auf dem Fußgängerweg der Kaltenborner Straße in den Ortsteil Kaltenborn. Auf der Straße Richtung Altsprucke nutzen wir den ersten Abzweig nach links, der uns vorbei an den letzten Wohnhäusern auf den Wanderweg zum Deulowitzer See bringt. Auf die Höhen der Kaltenborner Berge führt ein sandiger Weg.

Die Hochflächen und Endmoränen sind Ergebnis des Brandenburger Stadiums der Weichseleiszeit. Die höchste Erhebung heißt ›Kahle Glatze‹ mit 116 Metern. Talwärts liegt der Deulowitzer

Der Deulowitzer See bei Guben

See, Einkehrmöglichkeit bietet die kleine Gaststätte ›Harmonie‹ von Mai bis September. Hier am Südufer befinden sich auch mehrere kleine Badestellen.

Bis zur Bahnstation Kerkwitz, zwei Kilometer südwestlich, läuft man auf einer schmalen kopfsteingepflasterten Straße durch stillen Wald. Am Bahnhof lädt das Gasthaus ›Jägerhof‹ zur Rast ein. Nahverkehrszüge fahren zurück nach Guben oder in Richtung Cottbus.

Länge: 8 Kilometer.

Weitere Möglichkeiten: Guben–Göhlensee (16 Kilometer) über Wilschwitz – Grano (Naturschutzgebiet Lutzketal, ein naturbelassenes Flußtal nördlich von Grano) – Groß Drewitz – Göhlensee (separater Rundwanderweg um den See 4,5 Kilometer). Der Großsee bietet einen feinsandigen Strand und kristallklares Wasser.

Guben – Pinnower See (18 Kilometer) über Stadtteil Kaltenborn – Deulowitzer See – Pastlingsee – Bärenklau mit sehenswertem Schloß im englischen Landhausstil, Schloßpark mit einer tausendjährigen Eiche sowie das Naturschutzgebiet Tauersche Eichen nordwestlich der Gemeinde Pinnower See.

PLZ: 03172.
Vorwahl: 03561.
Tourist-Information Guben, Frankfurter Str. 21, Tel. 38 67.

Landgasthof und Hotel Waldow, Hinter der Bahn 20, Tel. 40 60, www.hotel-waldow.de; EZ 41 Euro, DZ 62 Euro.
Berghotel (Ortsteil Bresinchen), Neuzeller Str. 10, Tel. 37 96; EZ 27–38, DZ 47–58 Euro.
Hotel und Gaststätte Jägerhof in Kerkwitz, An der Bahn 4, Tel. 03 56 92/2 06; EZ ab 23 Euro, DZ ab 38 Euro.
Gaststätte und Pension Wagenburg, Groß Drewitz, Göhlenvorwerk 75, Tel. 03 56 93/3 47. Übernachtung in 30 Planwagen, Mai bis Oktober.

Deulowitzer See bei Atterwasch, Tel. 03 56 92/2 84.
Pinnower See bei Pinnow, Tel. 03 56 91/2 38.
Am Großsee bei Tauer, Tel. 03 56 01/ 221 64.

Technisches Museum der Hutindustrie, Gasstr. 4–7, www.hutmuseum.de; Di u. Mi 9–17 Uhr oder nach Vereinbarung.
Heimatmuseum Sprucker Mühle, Mühlenstr. 5, Tel. 5 20 38, Mi/Do 9–12 und 14–17 Uhr, Sa/So 14–17 Uhr.
Deutsch-Slawisches Kulturzentrum, Ludwig-A.-Meyer-Haus, Uferstr. 11, Tel. 43 26 31, Di–Do 9–12 u. 14–18 Uhr, Fr 9–14 Uhr.

Gubener Appelfest (September).

Peitz (Picnjo)

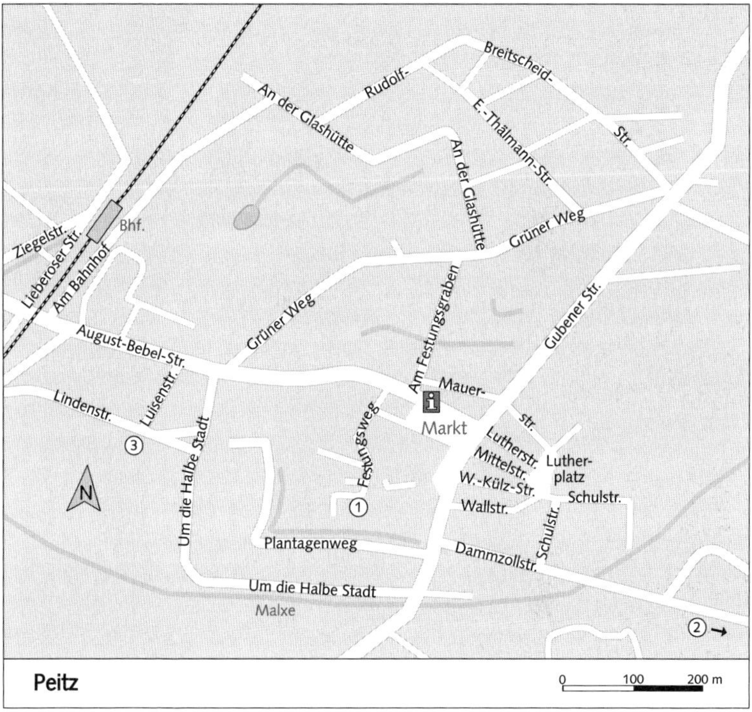

Legende

1 Festungsturm
2 Hüttenwerk und Karpfenklause
3 Herrenhaus Luisenruh

Die Kleinstadt Peitz liegt inmitten der Spree-Malxe-Niederung, etwa zehn Kilometer nordöstlich von Cottbus. 1301 wurde erstmals eine Burg Pitzne urkundlich erwähnt, in deren Schutz eine kleine Ansiedlung entstand. Lange Jahre war Peitz nur ein unbedeutendes Ackerbürgerstädtchen. Das änderte sich durch den Gubener Frieden im Jahr 1462. Peitz kam unter die Obhut des Kurfürsten Friedrich II. von Brandenburg und wurde zusammen mit Cottbus zur Exklave mitten in der böhmisch-sächsischen Mark Lausitz. Die strategisch günstige Lage veranlaßte Markgraf Johann V. zum Ausbau der Befestigungsanlagen. So entstand von 1559 bis 1595 die erste neuzeitliche Festungsstadt in Brandenburg, in deren Bau

Peitzer Marktfrau

anfangs die damaligen Schloßbereiche sowie zwischen 1590 und 1595 die gesamte Stadt (Unterfestung) einbezogen wurden. Als zusätzlichen Schutz legte man zahlreiche Teiche an. Den Hammergraben, der von der Spree gespeist wird, legte man in der Mitte des 16. Jahrhunderts zur Flutung der Festungsgräben und der Wasserversorgung des Hammerwerkes Peitz an. Einige Abschnitte der Gewässersohle befinden sich über dem umliegenden Gelände, die Abdichtung funktioniert noch heute. Peitz galt als ein Meisterwerk italienischer Festungsbaukunst, an der namhafte Architekten jener Epoche wie Francesco Chiramella da Gandino, Jeronimus Arkanat und Rochus Guerrini Graf zu Lynar beteiligt waren. Auf Brandenburger Territorium wurden in der Folgezeit nur noch zwei weitere ähnliche Anlagen errichtet, in Spandau und in Küstrin, dem heute polnischen Kostrzyn.

In der Festung Peitz sammelten sich erstmals in Brandenburg Soldaten in Uniform. 1620 veranlaßte der Festungskommandant Konrad von Burgstorff, daß sich seine 200 Untergebenen in blaue Röcke mit je 72 weißen Schleifen zu kleiden hatten. Bei einem Besuch im polnischen Reichstag in Warschau begleitete den Landesvater Georg Wilhelm 1621 eben diese kostümierte Garde und machte großen Eindruck.

Im Dreißigjährigen Krieg war Peitz der sicherste Ort im Land überhaupt. Als einzige Stadt Brandenburgs konnte sie trotz einer halbjährigen Belagerung nicht von schwedischen Heerscharen eingenommen werden. Das wußten nicht nur viele Begüterte und kirchliche Würdenträger zu schätzen, auch Kurfürst Georg Wilhelm residierte mit seinem Hofstaat im Winter 1636/37 in der Festung und erhob Peitz für diese Zeit zur brandenburgischen Hauptstadt.

In den Jahren 1758 und 1759 gelang österreichischen Truppen die Erstürmung. Doch die geplante Zerstörung der Feste brachten sie nicht zuwege: Ein Gewitterregen löschte die schon brennenden Lunten, und der befehlshabende Offizier soll vom Blitz getroffen worden sein. Was wie ein Wunder klingt, hat ein Stadtchronist der Nachwelt dokumentarisch überliefert.

Für den Abriß der nun unmodernen Befestigung sorgte König Friedrich der Große mit einem Befehl im Jahr 1767. Die Bürger gingen sogleich überschwenglich ans Werk, denn ein verheerender Stadtbrand hatte zuvor nur wenige Häuser verschont. Jetzt gab es genügend Baumaterial für massive Wohnhäuser. Vor allem in der Luther- und Mittelstraße blieben viele Barockhäuser aus dieser Aufbauzeit erhalten. Das Areal der einstigen Feste wurde verpachtet und zu Gartenland. Noch bis zum Jahr 1903 behielt sich der preußische Staat das Recht vor, jederzeit wieder eine Befestigung aufzubauen. Wohl nur deshalb blieb der einstige Graben- und Wallbereich von späterer Bebauung frei und damit die früheren Festungsstrukturen bewahrt. Diese städtebauliche Besonderheit soll auch in Zukunft erhalten bleiben.

Auch der wuchtige Turm entging der Schleifung – heute ist er das Wahrzeichen der Fischerstadt. Die Mauern sind bis zu sieben Meter stark, dendrologische Untersuchungen am Gebälk datieren den Kernbau auf das Jahr 1300. Nach umfangreichen Rekonstruktionen – unter anderem wurden Dachflächen und die Wehrganggalerie erneuert – darf der fast vierzig Meter hohe Festungsturm bestiegen werden. Im Inneren finden Konzerte, Buchlesungen, Kabarettabende und andere Kulturereignisse statt.

Die ›gute Stube‹ rund um den Marktplatz wurde in den letzten Jahren mit Hilfe eines Fördermittelregens herausgeputzt. Das Rathaus mit einem stattlichen Tudorgiebel erstrahlt ganz in Weiß und beherbergt den für viele Touristen ersten Anlaufpunkt, das Haus des Gastes. Hier steht auch die klassizistische Stadtkirche, die von 1854 bis 1860 nach Plänen von Friedrich August Stüler, einem Schüler von Karl Friedrich Schinkel, erbaut wurde.

Sehenswert sind auch der erhaltene Hohe Kavalier, eine Geschützplattform mit Kasematten in der Nähe des Marktes und das Herrenhaus Luisenruh. Es wurde 1777 im Stil des preußischen Barock errichtet. Einst war das prächtige Haus in der Lindenstraße Sitz des Peitzer Amtmannes und Kriegsrates Elias Balthasar Giesel.

Ist die Rede von Peitz, denkt man sofort an den Weihnachtskarpfen. Die ansässige Edelfisch GmbH bewirtschaftet etwa 2000 Hektar Teichfläche und blickt auf eine lange Tradition zurück. Sie begann bereits im Mittelalter. Die ersten Karpfenzüchter waren Mönche, die auch Raseneisenerzgruben rekultivierten sowie Deiche und Kanäle anlegten. Die Fische waren während der langen Fastenzeiten erlaubte Nahrung. Selbst der preußische König wollte nicht auf die leckeren Karpfen verzichten, bis 1918 gehörte Peitz zu den Hoflieferanten. 1897 erhielt die neu gezüchtete Fischsorte ›Peitzer Karpfen‹ auf der Deutschen Fischereiausstellung in Kiel gleich mehrere Auszeichnungen. Heute sind Peitzer Fische deutschlandweit wieder eine begehrte Spezialität. Neben den berühmten Karpfen züchtet man Forellen, Schleie, Hechte, Aale, Zander, Barsche und Plötzen. Unter dem Motto ›Direkt vom Teich auf den Teller‹ lädt die Gaststätte Karpfenklause zu Fischspezialitäten ein.

Das Peitzer Hüttenmuseum am Hälterteich ist die älteste funktionstüchtige Hochofenanlage Deutschlands. 1524 entstand hier das erste Eisenhüttenwerk des Kurfürstentums Brandenburg, der erste Hochofen wurde 1660 angeblasen, 1810 entstand die noch heute erhaltene Hochofen- und Gießereihalle, der Rest der Werksanlage bis 1839. 1813 kam Artilleriemunition aus Peitzer Produktion in der Völkerschlacht bei Leipzig gegen Kaiser Napoleons Truppen zum Einsatz. Grundlage für die Wahl des hiesigen Standortes waren die reichen Raseneisenerzvorkommen. 1860 größtenteils stillgelegt, wurden bis 1898 nur zwei Kupolöfen weiter genutzt. Danach geriet die Technik in Vergessenheit und überdauerte unbeschadet die Zeit.

Im Peitzer Hüttenwerk wird seit 1524 produziert

Während des Schaugießens werden auch heute wieder Kanonenkugeln gegossen, die man als Souvenir kaufen kann. Zum Hochofen gehören wasserkraftbetriebene Blasebälge. Ohne Stützen überspannt ein hölzerner Bohlenbinder eindrucksvoll den großen Innenraum des Hüttenwerks. Vom zugänglichen Turm bietet sich ein umfassender Blick auf die wald- und wasserreiche Umgebung.

Hälter-, Teufels- und Neuendorfer Teich sind nicht nur Aufzucht- und Mastgewässer, hier fühlen sich auch Fischreiher, Kormorane, Höckerschwäne und viele Greifvögel wohl. Zum Naturparadies entwickelte sich der benachbarte Hammergrabenaltlauf. Leider fallen die wertvollen Teiche bei Lakoma in den nächsten Jahren wahrscheinlich dem Braunkohletagebau zum Opfer.

Auf den Teichflächen spiegelt sich die Silhouette des Braunkohlekraftwerkes Jänschwalde. Mit einer Kapazität von 3000 Megawatt besitzt es seit Abschluß der Modernisierung die größte Rauchgasentschweflungsanlage der Welt. Täglich fallen in der Anlage 3000 Tonnen Gips an, der ein begehrtes Nebenprodukt für die Bauindustrie ist. Die zwei verbliebenen über 300 Meter hohen Schornsteine rauchen nicht mehr, sind vielmehr funktionslos und werden demnächst ebenfalls abgetragen.

Am südwestlichen Rand von Peitz lädt das von Wald und Wiesen umgebene Naherholungsgebiet Garkoschke zum Baden und Angeln ein. Der sieben Hektar große See – mit Gaststätte und Strand auch für FKK-Anhänger – entstand in den 1970er Jahren als Kiestagebau beim Bau des Kraftwerkes Jänschwalde und des Peitzer Neubaugebietes.

Von Peitz führt ein schöner Radweg über Tauer zum Großsee. Acht Kilometer südöstlich von Peitz, am Rande des Tagebaus Jänschwalde gelegen, gibt es in Heinersbrück die Sorbische Bauernstube mit Trachten, Möbeln und Hausgeräten im Gebäude der alten Grundschule zu besichtigen.

Wanderung durch die Peitzer Teiche zur Maustmühle und weiter nach Neuendorf

Am Hüttenmuseum und der Karpfenklause vorbei gehen wir einige Zeit am Südufer des Hälterteiches entlang und anschließend weiter am Neuendorfer Teich, dem größten Karpfenteich Ostdeutschlands. Mit oder ohne Fernglas sind unzählige Wasservögel zu beobachten.

Nach etwa vier Kilometern erreichen wir die beliebte Ausflugsgaststätte ›Maustmühle‹. An sonnigen Tagen finden sich hier viele Besucher ein. Täglich außer montags sind die Türen des Lokals geöffnet.

Nun folgen wir dem rot markierten Pfad, der rechts vom Hammergraben und links von Fischteichen begrenzt wird. Erst wechseln wir auf der Holzbrücke das

Ufer, 100 Meter weiter auf der Straßenbrücke, die die Ortschaften Willmersdorf und Neuendorf miteinander verbindet, das Flußufer.

Auf dem Damm des Alten Hammergrabens setzen wir den Weg fort. Später nutzen wir einen der Feldwege, die nach Neuendorf führen. Am östlichen Dorfrand befindet sich das Gasthaus ›Zur Eisenbahn‹. Nach Verlegung der Bahnstrecke wegen des geplanten Kohleabbaus befindet sich der nächste Bahnhaltepunkt im benachbarten Ort Teichland (Strecke Guben–Cottbus).

Auf der Bärenbrücker Höhe, nordöstlich des Dorfes gelegen und aus den Aufschlußmassen des Tagebaus Cottbus-Nord aufgeschüttet, drehen sich gleichmäßig die Flügel eines Windrads zur sauberen Stromerzeugung. Dahinter sieht man das Kraftwerk Jänschwalde mit seinen riesigen Kühltürmen.

Wer noch Energie besitzt, kann auf einem Rundwanderweg die neu entstandene Landschaft erkunden oder in das nördlich benachbarte Dorf Preilack (Pśiłuk) wandern. Es ist für seine Fastnachtsumzüge bekannt, die Tradition wird seit 1885 gepflegt.

Länge: 8 Kilometer (Peitz/Zentrum–Neuendorf).

PLZ: 03185.
Vorwahl: 03 56 01.
Kultur- und Tourismusamt, Markt 1, Tel. 81 50, www.peitz.de.

Hotel Zum Goldenen Löwen, Markt 10, Tel. 8 84 99, www.hotel-peitz.de; EZ ab 28, DZ ab 56 Euro.
Landhotel Turnow, im Ortsteil Turnow, Frankfurter Str. 22, Tel. 37 00, www.landhotel-turnow.de.
Pension Becker, Martinstr. 2, Tel. 3 14 21.

Restaurant Karpfenklause, Hüttenwerk 1, Tel. 2 23 53, täglich außer Mo ab 11 Uhr. Ruderbootverleih, Kahnfahrten auf dem Hälterteich.

Hüttenwerk Peitz, Tel. 2 20 80, Mo–Fr 10–16 Uhr, Sa/So 13–18 Uhr.
Festungsturm, Tel. 81 50, Sa/So 13–18 Uhr (April bis Oktober).

Lausitzer Tandem-Rallye (Mai).
Fischerfest (August).
Termin für das Fischerfest unter Tel. 81 50 erfragen.

Cottbus (Chośebuz)

Cottbus ist mit knapp über 100 000 Einwohnern die größte Stadt Südbrandenburgs und das Zentrum der Niederlausitz. Zwar hat Cottbus wie viele andere ostdeutsche Städte mit erheblichen Strukturproblemen zu kämpfen, doch die Altstadt, viele Parkanlagen, ein erstklassiges Kulturangebot sowie Hotels und Restaurants auch für gehobene Ansprüche machen Cottbus zu einem attraktiven Reiseziel. Cottbus gehört zu den grünen Städten Deutschlands. Die Spree windet sich durch das Stadtgebiet, ihre Ufer bilden Oasen der Ruhe und Beschaulichkeit.

Im Jahr 1156 erstmals urkundlich erwähnt, wurde der Ortsname wahrscheinlich vom Altsorbischen abgeleitet: Siedlung des Mannes Chotěbud. Damals war Cottbus der Sitz eines Kastellans des Markgrafen von Meißen. Von 1199 bis 1455 residierten die Herrn von Cottbus, ein fränkisches Geschlecht, in der Stadt, die sie als Lehen erhielten. Aus jener Zeit stammt auch das Stadtwappen mit dem Krebs. Die Stadtmauern wurden im 14. Jahrhundert errichtet und bewahrten die Stadt vor größeren Zerstörungen während kriegerischer Auseinandersetzungen. 1445 erwarb Kurfürst Friedrich II. den ersten Teil der Stadt, 1455 erhielt er den Rest. Es entstand eine brandenburgische Exklave innerhalb der von Sachsen beherrschten Niederlausitz. Seitdem gehört Cottbus zu Brandenburg, lediglich zwischen 1807 und 1813 lag es auf sächsischem Territorium.

Am Ende des Dreißigjährigen Krieges lebten nur noch 150 Einwohner in der Stadt. Mit dem Zuzug von 14 Hugenottenfamilien im Oktober 1701 entstand eine französische Kolonie. Die neuen Einwohner brachten Gerberei, Strumpfwirkerei und Seidenraupenzucht mit. Im 19. Jahrhundert entwickelte sich die Tuchmacherei zum bestimmenden Wirtschaftszweig, aber auch Cottbuser Bier war weithin begehrt. Hier wurde um 1650 erstmals in Deutschland Weißbier gebraut – lange bevor es in Bayern zum Nationalgetränk avancierte.

Von 1846 bis 1871 legte Hermann Fürst von Pückler-Muskau im östlich benachbarten Dorf Branitz (Rogeńc) den gleichnamigen Landschaftspark an, 1866 wurde Cottbus mit dem Anschluß an das Bahnliniennetz zu einem wichtigen Verkehrsknotenpunkt. Um 1900 zählte die Stadt 2000 Wohnhäuser mit etwa 40 000 Einwohnern. Anglo-amerikanische Bomberverbände legten am Ende des Zweiten Weltkriegs die Hälfte der Bausubstanz in Schutt und Asche, ungefähr 3000 Menschen fanden den Tod.

Im Jahr 1952 wurde Cottbus eine Bezirksstadt und wegen der reichen Braunkohlevorkommen in der Umgebung zum Wirtschafts- und Verwaltungszentrum der Kohle- und Energiegewinnung der DDR ausgebaut. 1976 übersprang die Einwohnerzahl die 100 000 und Cottbus wurde Großstadt.

Heute wirbt die Stadt als Universitäts- und Parkstadt um ein neues Image, und es kommen junge Leute aus aller Welt zum Studium an die Spree. Überregional bekannt ist das Festival des Osteuropäischen Films, das seit 1991 einen jährlichen Querschnitt aktueller Spielfilmproduktionen präsentiert. Mit über hundert Filmen, darunter zahlreichen internationalen und deutschen Premieren, bietet es einen hierzulande einmaligen Einblick in die stilistische und inhaltliche Vielfalt, die künstlerische Entwicklung sowie die wirtschaftlichen Perspektiven dieser Filmlandschaft im Umbruch. Diese Bandbreite hat dem fünftägigen Festival einen besonderen Platz im internationalen Festivalkalender eingeräumt.

Die erste Bundesgartenschau in den neuen Ländern fand 1995 hier statt, das neue Heizkraftwerk Cottbus war ein Vorzeigeprojekt der Expo 2000 – mit seiner besonderen Druck- und Wirbelschichtverbrennung ist es das erste Heizkraftwerk seiner Art, das einen beispielhaften Wirkungsgrad und eine hohe Umweltfreundlichkeit erreicht. Im Jahr 2000 stieg der Fußballverein Energie Cottbus für zwei Jahre in die Erste Bundesliga auf. All das hat Cottbus überregional bekannt gemacht.

Ein Stadtrundgang

Mittelpunkt der Altstadt ist der Altmarkt. Herausgeputzte barocke Giebelhäuser säumen, ein Brunnen schmückt ihn. Bei schönem Wetter sind die Freiluftplätze, besonders im Café Mosquito, auch Restaurant und Bar, schnell besetzt. Bei Regenwetter sitzt es sich im Gewölbe des Cafés Altmarkt (Nr. 10) oder dem neu eröffneten Coffeelatte sehr gemütlich.

Seit der Wende profitiert das historische Zentrum vom Förderprogramm für Modellstädte. Während der Umbauarbeiten brachten Archäologen aufsehenerregende Funde unserer Vorfahren ans Tageslicht, so eine Duftkugel aus dem Mittelalter, wohl ein Vorläufer des heutigen Deosprays. Sie wurde in der Nähe der Löwenapotheke gefunden.

Die Apotheke wurde nach dem Stadtbrand 1671 errichtet und vermittelt, seit 1989 Apothekenmuseum, über 425 Jahre Pharmaziegeschichte. Seit 1800 steht auf dem Staffelgiebel eine Figur der Hygieia, Tochter des Äskulap und Schutzgöttin der Apotheker. Erhalten blieben eine mittelalterliche Feuerungsanlage im galenischen Labor, ein vierfach gesicherter Giftschrank und ein noch intakter Brunnen aus dem 16. Jahrhundert im Hof. Dazu gehört die homöopathische Apotheke mit Verkauf im Erdgeschoß, von Di bis Fr 10 bis 17 Uhr geöffnet.

Nahe dem Markt ragt die gotische Hallenkirche St. Nikolai empor, die dem Schutzheiligen aller Reisenden und Seefahrer geweiht ist. Die Cottbuser nennen das Gotteshaus kurz Oberkirche. Die lichte Höhe des Kirchenschiffes beträgt

22 Meter. Der Renaissancealtar besteht aus Sandstein und Alabaster und wurde 1611 vom Torgauer Bildhauer Andreas Schulze geschaffen. Trotz erheblicher Kriegszerstörungen blieb der elf Meter hohe Altar im Original erhalten, er wurde im Zweiten Weltkrieg zum Schutz vor der nahenden Front eingemauert. Heute gilt der Altar als das bedeutendste Kunstwerk der Stadt. Man erkennt Reste der mittelalterlichen Wandbemalung, die hölzerne Kanzel aus dem 18. Jahrhundert stammt ursprünglich aus der Franziskanerkirche in Frankfurt (Oder). Erst 1988 wurde die

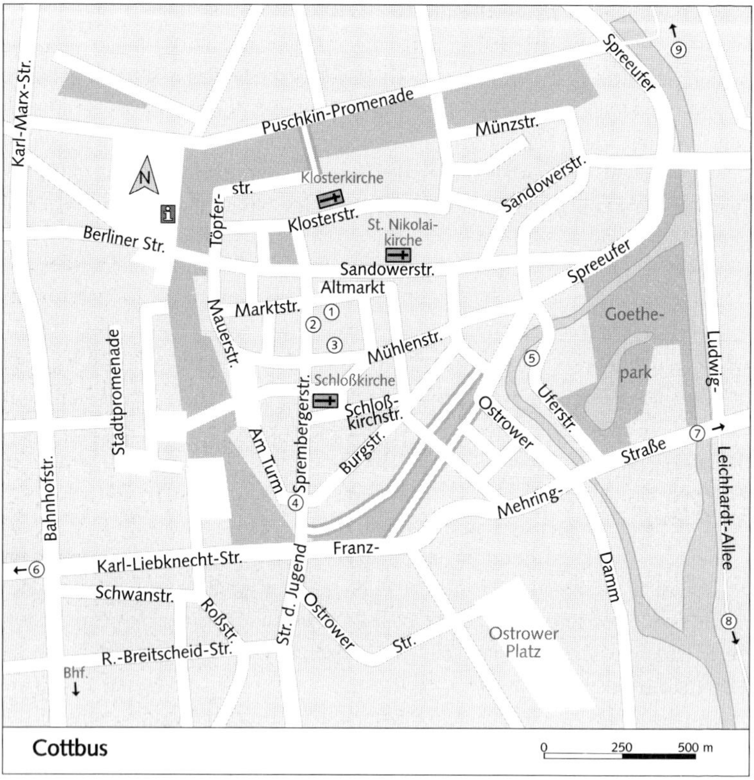

Legende

1 Apothekenmuseum
2 Brandenburgische Kunstsammlungen
3 Wendisches Museum
4 Spremberger Turm
5 Gerberhäuschen
6 Staatstheater
7 Branitzer Park
8 Fußweg in Richtung Spreeauenpark/Tierpark/Branitzer Park
9 Fuß- und Radweg zur Spreewehrmühle

1945 zerstörte barocke Turmhaube wieder aufgesetzt. Vom Turmumgang (146 Stufen) genießt man einen Panoramablick über Cottbus und seine grüne Umgebung.

Gegenüber der Kirche ragt der Schloßturm empor. Das Schloß wurde auf den Resten der mittelalterlichen Burg erbaut, fiel aber im Jahr 1857 einem Brand zum Opfer, einzig der Turm blieb erhalten. Jetzt befindet sich auf dem ehemaligen Schloßareal das Landgericht, unterhalb das Amtsgericht. An dessen Südseite lag zu DDR-Zeiten ein berüchtigtes Stasi-Untersuchungsgefängnis (Gedenktafel).

Geht man hundert Meter südlich (Uferstraße) am Mühlengraben entlang, entdeckt man die ältesten Häuser der Stadt, zwei Gerberhäuschen von 1726 und 1760, die inzwischen vorbildlich saniert sind. Erhalten blieben die Klappenreihen, die einst dem Trocknen der Felle dienten und vom früheren Gerberhandwerk künden.

Die benachbarte Mühlenstraße führt zum Wendischen Museum im Liersch-Haus. Die Ausstellung bietet einen repräsentativen Querschnitt des reichen Kulturgutes. Originale niedersorbische Trachten, bunt bemalte Bauernmöbel, Ostereier-, Blaudruck- und Stickereikollektion, Bilder sorbischer Künstler und Musikinstrumente sind neben wechselnden Ausstellungen im Erdgeschoß zu

Der Cottbuser Postkutscher

besichtigen. Kinder erfreuen sich am historischen Spielzeug. Im hübschen Innenhof wächst eine Linde aus Zielona Góra (Grünberg), der westpolnischen Partnerstadt.

Nur ein paar Schritte in westlicher Richtung und man steht auf der Spremberger Straße, der Einkaufs- und Promeniermeile der Cottbuser, die sie kurz ›Sprem‹ nennen. Café, Restaurants und kleine Kneipen bestimmen hier und in der näheren Umgebung, so am Schloßkirchplatz, das Bild. Die Schloßkirche wurde von 1705 bis 1714 für die französische Hugenotten-Kolonie erbaut, französischsprachige Gottesdienste fanden bis 1757 statt. Am Schloßkirchplatz, Hausnummer 4/5, steht das im Bauhausstil errichtete ehemalige Kaufhaus Schocken. Es öffnete 1913 seine Pforten, steht heute aber leider leer. An der Einmündung des Katharinengäßchens stößt man auf das schmalste Haus von Cottbus, das Wohnhaus des ehemaligen Hofphotographen seiner Königlichen Hoheit Carl Metzner.

Der Spremberger Turm ist das Cottbuser Wahrzeichen

Die Brandenburgischen Kunstsammlungen in der ›Sprem‹ bieten Kunstgespräche, Führungen, Aktionsprogramme und musikalisch-literarische Abende. Die Ausstellungen vermitteln Einblicke in die Tendenzen ostdeutscher Kunst der Gegenwart, beleuchten aber auch internationale Traditionslinien des 20. Jahrhunderts. Ein besonderes Augenmerk wird der Kunst des Landes Brandenburg und den Kunstzentren Berlin, Dresden und Leipzig gewidmet. Den Mittelpunkt bildet die Kunst der Moderne.

Das Wahrzeichen der Stadt ist der Spremberger Turm am südlichen Ende der ›Sprem‹. Der Baumeister Friedrich Kahle gab ihm das charakteristische Aussehen mit Zinnenkranz und Spitzbogenportal im quadratischen Unterteil, zuvor waren die Pläne von Baumeister

Karl Friedrich Schinkel abgesegnet worden. Bei einer Stadtführung kann man dem ›Dicken‹ aufs Haupt steigen.

An der hier vorbeiführenden Karl-Liebknecht-Straße geht man nach rechts und bis zur nächsten Kreuzung, an der das Hotel am Theater liegt. Gegenüber des Hotels mündet die Schwanenstraße ein. Sie wird von immergrünen Eichen beschattet, die Ende der 1920er Jahre gepflanzt wurden.

Weiter die Liebknechtstraße entlang, kommt man zum Staatstheater auf dem Schillerplatz. Viele Kunstinteressierte kommen nicht nur wegen der Veranstaltungen, sondern wegen dem Bau selbst. Architekt Bernhard Sehring hat hier Spätjugendstil gekonnt mit barocken, antiken und maurischen Elementen vereint. Ein anregendes Gemisch verschiedener Baustile, vollendet 1908. Eklektizismus sagen die einen, sezessionistischer Jugendstil meinen die anderen. Doch alle sind begeistert vom harmonischen Gesamteindruck.

Die August-Bebel-Straße führt zurück ins Zentrum, zur Stadtpromenade. Das an ihr gelegene DDR-Bauensemble aus den 1960er Jahren mit Kaufhaus, Wohnhäusern, Geschäften und Pavillons sowie einer Schule im klassizistischen Stil steht in seiner Gesamtheit unter Denkmalschutz. Das hielt die Verantwortlichen in Stadt und Land aber nicht ab, eine Baugenehmigung für einen Hamburger Großinvestor zu erteilen. Doch der winkte inzwischen ab, die Zukunft des Areals bleibt ungewiß. Auf der östlichen Seite der Stadtpromenade blieb die Stadtmauer mit Lindenpforte und Wiekhaus erhalten.

Gegenüber der Stadthalle führt die schmale Klosterstraße zur Klosterkirche aus dem 13. Jahrhundert. Nach der Auflösung des Franziskanerklosters im Zuge der Reformation wurde der Bau auch als ›Wendische Kirche‹ bekannt. Außergewöhnlich ist die Lage des Turms. Er befindet sich nicht, wie üblich, auf der West-, sondern an der Ostseite. Als Ursache wird heute Platzmangel vermutet.

Das seltene Lebensbaumkreuz in der Kirche stammt von 1320–1330 und ist das älteste Kulturdenkmal der Stadt. Auf der Verzweigung eines Baumes ist Jesus mit einem goldenen Siegeskranz abgebildet. Das Grabmal des Klosterstifters Fredehelm von Cottbus und seiner Frau Adelheid vom Anfang des 14. Jahrhunderts zeigt, wie der Mann seine Frau liebevoll umarmt und ist damit eine für die damalige Zeit sehr seltene Darstellung. Das spätere Stadtwappen der Stadt, der Krebs, ist auf diesem Grabmal erstmals dargestellt. Im einstigen Hauptportal sieht man eine Grabtafel des Stadthauptmanns Mandesloh (1580), auf der Südostseite der Kirchenaußenwand Blitz und Würfel: 1303 wurden hier während des Gottesdienstes mehrere Würfelspieler vom Blitz erschlagen.

Nördlich der Kirche steht das Gästehaus der Jugendherberge am romantischen Klosterplatz unter alten Linden. Das Fachwerkgebäude mit überhängendem Dach und dem hölzernen Erker diente einst als Tuchwalke.

Lindenpforte

Fürst Pückler-Muskau und der Branitzer Park

Hermann Ludwig Heinrich Fürst von Pückler-Muskau gilt heute als die schillerndste Persönlichkeit des 19. Jahrhunderts. Deutschlandweit lebt sein Name vor allem als raffinierte Eiscremekreation fort – zu Unrecht, denn ihr Erfinder war ein geschäftstüchtiger Cottbuser Konditormeister. Der verwegene Draufgänger liebte – so sagt man – mehr Frauen als Casanova, war ein begnadeter Landschaftsgestalter, ruheloser Weltenbummler und populärer Schriftsteller. Er putzte sich heraus wie ein Pfau, verkehrte mit den Großen aus Politik und Kultur, hatte aber zumeist kein Geld in der Tasche. Er war adlig, aber von republikanischem Gedankengut beseelt.

Pücklers Geburt im Oktober 1785 in Muskau stand unter keinem guten Stern. Seine Mutter war gerade 16 Jahre alt, der Vater ein Tyrann. Mit Witz, Geschick und Exzentrik behauptete sich der Knabe und verstand es glänzend, seinen Willen durchzusetzen. So hielt es Pückler auch im späteren Leben. Der junge Mann begann 1815, in Muskau den größten und schönsten klassischen Landschaftspark im englischen Stil in Deutschland zu schaffen. Der Park auf Sand und Lehm verschlang ein Vermögen. Pücklers Gattin Lucie, Tochter des preußischen Staatskanzlers Hardenberg, beglich viele Rechnungen. Doch ein gewaltiger Schuldenberg ließ dem Fürsten keine Wahl: im April 1845 mußte die Standesherrschaft Muskau verkauft werden.

Wenig später verlegte das Paar seinen Wohnsitz ins knapp 40 Kilometer nordwestlich gelegene Erbgut Branitz bei Cottbus. Die Ankömmlinge wurden von einem baufälligen Schloß und einer kahlen Einöde begrüßt. Lucie ermunterte den mittlerweile 60jährigen jedoch zu neuem Tatendrang. Der Branitzer Park sollte des Fürsten Meisterwerk werden: Kleiner als Muskau, aber vollendet und anmutig, der letzte große deutsche Landschaftsgarten. Aus einer baumlosen flachen Wüste entstand ein grünes Paradies aus Baumgruppen, Wasserläufen, Seen und Hügeln mit reizvollen Sichtbeziehungen.

Am Schloß ließ Pückler Umbauten vornehmen, so entstanden Terrasse, Freitreppe und Pergola unter Leitung des Dresdner Baumeister Gottfried Semper. Benachbarte Wirtschaftsgebäude verwandelten sich im englischen Stil zu Cavalierhaus (heute Restaurant), Marstall (Museum) und Parkinspektorenhaus. Inspiriert von einer Ägyptenreise, ließ Pückler – einzigartig in Europa – im Branitzer Park zwei Pyramiden aufschütten. Die Pyramide im See wurde zugleich Tumulus. Hier ruhen die sterblichen Überreste des Fürsten und seiner Frau.

Das grüne Cottbus

Zwischen 1992 und 1994 entstand für die Bundesgartenschau (BUGA) zwischen Stadt und Branitzer Park eine Parklandschaft unter anderem mit Messehallen, Veranstaltungspavillon, Umweltzentrum, Parkweiher, Bauern- und Apothekengarten, Kinderspielplätzen und Findlingsallee mit 77 Exemplaren aus Skandinavien. Es gibt sogar einen lebenden Tertiärwald zu bestaunen, eine Flußlandschaft der Urelbe, wie sie vor zehn bis zwölf Millionen Jahren aussah. Die urtümlich anmutenden Bäume und Gewächse sind jenen ähnlich, aus denen vor Jahrmillionen die Lausitzer Braunkohle entstand. Ein fossiler Mammutbaumstubben im Original verdeutlicht die Größe der einstigen Baumriesen, man fand ihn im Braunkohletagebau Klettwitz.

In den Branitzer Park am östlichen Stadtrand, ein Werk des Fürsten Pückler-Muskau, führen viele Wege. Die kleine Parkeisenbahn fährt vom Parkplatz Sandower Dreieck durch den Elias- und Spreeauenpark zum Tierpark und an den

In der Seepyramide im Branitzer Park sind Fürst Pückler und seine Frau bestattet

Branitzer Park. Heute befindet sich im Branitzer Schloß das Fürst-Pückler-Museum mit historischen Wohnräumen, die von Pückler im Stil des Historizismus eingerichtet wurden. Im Vestibül mit Ahnengalerie steht ein herrlicher Tisch, der von verschiedenen Marmorarten und Halbedelsteinen aus Böhmen geschmückt ist. Im Musikzimmer ist ein prächtiger Porzellanofen erhalten, linkerhand gelangt man zur Pückler-Callenberg-Bibliothek. Das bekannteste Werk des Reiseschriftstellers Pückler, ›Briefe eines Verstorbenen‹, erschien zwischen 1830 und 1832 und erlebt bis heute Neuauflagen.

Eine Dauerausstellung präsentiert Gemälde des bekannten Landschaftsmalers Carl Blechen, der 1798 in Cottbus geboren wurde und den Kenner ähnlich hoch schätzen wie Caspar David Friedrich. Im Besitz des Museums befinden sich 71 Werke, davon 32 Gemälde, darunter die berühmten Ansichten ›Blick auf den Golf von Neapel‹ und ›Kloster von Assisi‹.

Im Obergeschoß sieht man in drei Räumen zahlreiche Andenken, die Pückler von seinen Reisen aus Afrika und dem Orient mitbrachte. Das Tapetenzimmer schmücken farbenfrohe orientalische Ornamente, im Dachgeschoß lädt die Dauerexposition ›Weltgarten – Gartenwelt‹ zu einem multimedialen Rundgang durch Pücklers Gartenkunstwerk ein.

Gegenwärtig wird die Branitzer Gutsökonomie saniert und bis 2006 fertiggestellt. Der Cottbuser Tierpark versteckt sich unter alten Laubbäumen in der Spreeaue nahe dem Pücklerpark. Hier leben mehr als eintausend Tiere in über 170 Arten aus aller Welt. Die größte Anlage Brandenburgs wurde wegen ihrer erfolgreichen Zucht von Wasservögeln bekannt.

Wanderung von Cottbus nach Branitz und Parkrundgang

Vom Parkplatz Hermann-Löns-Straße am Sportzentrum Cottbus gehen wir über die Gleise (Strecke Cottbus – Görlitz) und folgen dem ausgeschilderten Fußweg nach links, überqueren auf dem Löns-Steg die Spree und biegen am anderen Ufer nach rechts ab. Der schmale Pfad auf der Deichkrone führt in naturnahe Spreeaue. Hinter dem Tierpark biegen wir links auf eine Asphaltstraße ab und überqueren am anderen Ende die Straße. Auf der anderen Seite beginnt der Branitzer Park, die beiden Pyramiden sind ganz in der Nähe. Zum Schloß Branitz gelangt man auf vielen Wegen.

Zurück kann man mit dem Stadtbus (Haltestelle gegenüber Kindergarten Branitz) fahren oder zu Fuß, vorbei am Bahnhof Friedenseiche (fährt über Tierpark zum Parkplatz Sandower Dreieck), Markgrafenmühlenweg, Spreewehr und Markgrafenmühle zum Parkplatz Hermann-Löns-Straße gehen.

Länge der Gesamtstrecke: 7 Kilometer.

Spaziergang zur Spreewehrmühle

Von der Sandower Brücke – von der Oberkirche über die Sandower Straße schnell zu erreichen – führt ein Spazierweg direkt am rechten Ufer der Spree entlang. Am Käthe-Kollwitz-Steg wechseln wir das Flußufer und verbleiben bis zum Ziel auf dieser Seite. Durch die parkähnliche Spreeaue gelangen wir zum Technischen Museum der Spreewehrmühle. Als Pfahlbaumühle 1801 am Großen Spreewehr errichtet, arbeitete sie als Graupen-, Hirse- und Getreidemühle mit einem unterschlächtig angetriebenen Wasserrad. Leider ist die Mühle jetzt wegen Finanzmangels geschlossen und nur am Tag des offenen Denkmals im September zugänglich.

Hier befindet sich auch eine Kahnanlegestelle, der Kahn verkehrt zwischen Spreewehrmühle und Sandower Brücke – jedoch nur nach Vorbestellung, Tel. 71 33 04.

Länge: 6 Kilometer.

Auf dem Spreeradweg bei Cottbus

Radtour zum Tagebau-Aussichtspunkt Schlichow

Vom Spreeauenpark fahren wir entlang des Branitzer Parks nach Branitz, weiter Richtung Schloß und Parkschmiede. Das Radeln durch den Park ist nicht gestattet, man muß also absteigen und etwa 300 Meter schieben. Gegenüber der Parkschmiede nimmt die Englische Allee, ein Waldweg, seinen Lauf. Die stattlichen Eichen sind Teil des von Pückler gestalteten Vorparks. Durch Kiefernwald erreichen wir nach einem Kilometer die B 115, gegenüber mündet eine Radstraße aus Haasow ein, auf der wir bis zur Landstraße B 115 – Dissenchen – fahren. Wir biegen links ab, folgen der Straße bis etwa 100 Meter nach dem Bahnübergang (Strecke Forst–Cottbus) und biegen hier dann rechts nach Schlichow ab. Der Aussichtspunkt in den Tagebau Cottbus-Nord befindet sich nahe der letzten Häuser.

Für die Rücktour bietet sich die Strecke von Schlichow über Dissenchen und die Branitzer Siedlung an.

Länge der Gesamtstrecke: 20 Kilometer.

PLZ: 03042 bis 03055.
Vorwahl: 03 55.
Cottbus Service, Berliner Platz 6 (Stadthalle), Tel. 7 54 20, www.cottbus.de.
Sorbische Kulturinformation Lodka, August-Bebel-Str. 82, Tel. 48 57 64 68, www.sorben.com.
Spreewald-Pavillon im Bahnhof Cottbus, Tel. 47 19 54.

Sorat Hotel, Schloßkirchplatz 2, Tel. 7 84 40, www.SORAT-Hotels.com, EZ ab 79, DZ ab 104 Euro. Ruhig im Altstadtzentrum in einem Gründerzeitgebäude gelegen.
Hotel Ahorn, Bautzener Str. 134/135, Tel. 47 80 00, www.ahorn-hotel.com; EZ 57–67 Euro, DZ 60–90 Euro. Ruhig gelegen, 15 Minuten Fußweg südlich vom Stadtzentrum, idyllischer Garten, regionale Küche.
Waldhotel Cottbus, Drachhausener Str. 70, Tel. 8 76 40, www.waldhotel-cottbus.de; EZ 45–65, DZ 50–80 Euro. Ruhig aber dennoch nahe an der Straße von Cottbus nach Burg gelegen.
Hotel und Restaurant Butschwata, Kahrener Hauptstr. 20, Tel. 59 04 20; EZ ab 26, DZ ab 41 Euro. Ruhig im östlichen Stadtteil Kahren gelegen, bulgarisches Spezialitätenrestaurant, Freiluftplätze.
Böhmischer Rasthof und Pension, Hänchener Hauptstr. 28, 03099 Hänchen, Tel. 52 21 22, www.boehmischer-rasthof.de. 3 Kilometer westlich von Cottbus, original böhmische Küche und Faßbiere, Spezialität: Bohemia-Schmaus mit mehreren Fleischsorten, einmal im Monat Sa böhmische Blaskapelle.
Jugendherberge, Klosterplatz 2/3, Tel. 2 25 58;

Übernachtung/Frühstück 11, 50 und Senioren 14 Euro.

Mosquito, Am Altmarkt, Tel. 28 89 04 44, www.mosquito.biz. Täglich 10–1 Uhr, Fr und Sa bis 3 Uhr, beliebter Treffpunkt der Cottbuser, Freiluftplätze.

Coffeelatte, Altmarkt 13, Tel. 3 55 54 43, www.coffeelatte.de Mo–Fr 8.30–19.30, Sa 9–19.00, 11–19.00 Uhr, Espressospezialitäten, auch Kuchen und Torten, schöner Ausblick auf den Altmarkt.

Brau & Bistro, Altmarkt 18, Tel. 4 94 60 23, www.brau-bistro.de, täglich 11–2 Uhr, auch Freiluftplätze, Spezialität: naturtrübes Zwickelbier.

Café Dreyer, Spremberger Str. 4, Ecke Altmarkt, www.dreyer-coffee.de, Mo–Sa 8–20 Uhr, So 14–20 Uhr, auch Freiluftplätze.

Kartoffelkiste, Spremberger Str. 37, Tel. 2 28 38; täglich ab 11 Uhr. Auch Freiluftplätze, regionalbrandenburgische Küche.

Restaurant Mephisto, Karl-Liebknecht-Str. 25, Tel. 70 38 06. Feinschmeckerküche gegenüber dem Staatstheater mit Café-, Eis- und Biergarten, Mo–Fr 11.30–14.30 Uhr und 17.30–1 Uhr, Sa 17.30–1 Uhr.

O' Briens Traditional Irish Pub, Schloßkirchplatz 4, Tel. 3 81 90 28; Mo–Do und So 15.30–2.30 Uhr, Fr und Sa 18.30–3.30 Uhr. Irische Biere und Exotenbiere, 60 Sorten Whisky, Freiluftplätze.

Paulaner Bräu, Sandower Str. 57, Tel. 2 29 94; Mo–Sa 11.30–15 Uhr u. 18–23 Uhr, So 11.30–15 Uhr, gegenüber der Oberkirche nahe dem Altmarkt, bayerische und regionale Küche zu günstigen Preisen, Hefeweizen vom Faß.

Brauhaus Cottbus, Bahnhofstr. 14/15, Tel. 4 94 56 91; Di–Fr 11.30–14.30 und ab 17 Uhr, Sa ab 17 Uhr, So 11–16 Uhr. Auch Biergarten.

Restaurant Meldekeller, Altmarkt 10, Tel. 3 10 36; täglich ab 11 Uhr. Historisches Kellergewölbe.

Café und Confiserie Chocolat, Burgstr. 16, Tel. 70 02 24, www.cafe-chocolat.com; Mo–Sa 10–19 Uhr, So 14–18 Uhr. Die beste heiße Schokolade in der Lausitz, leckere Torten, Schokoladenspezialitäten.

Stadtwächter, Mauerstr. 1, Tel. 2 36 18. In einem mittelalterlichen Wiekhaus nahe der Lindenpforte im Stadtzentrum, Freiluftplätze.

Freizeitoase am Amtsteich, Wachsbleiche 2, Tel. 3 81 70 77. Schöner Biergarten mit Blick auf die Wasserspiele im Amtsteich, idyllisch im Goethepark gelegen, Bowling- und Kegelhalle.

Cavalierhaus Branitz, Am Branitzer Schloß, Tel. 7 15 00 00; April bis Oktober täglich außer Mo 11.30–21 Uhr, November bis März bis 19 Uhr, Freiluftplätze.

Fürst-Pückler-Museum im Schloß Branitz, Tel. 7 51 50, www.pueckler-museum.de; April bis Oktober täglich 10–18 Uhr,

November bis März Di–So 11–17 Uhr.
Niederlausitzer Apothekenmuseum, Altmarkt 24; Di–Fr 11 u. 14, Sa/So 14 und 15 Uhr.
Wendisches Museum, Mühlenstr. 12; Di–Fr 8.30–18 Uhr, Sa/So 14–18 Uhr. Brandenburgischen Kunstsammlungen mit Museum für zeitgenössische Kunst, Fotografie und Plakat, Spremberger Str. 1, Tel. 79 40 51; Di und Do 10–20 Uhr, Mi, Fr, So 10–18 Uhr, Sa 14–18 Uhr, So 10–18 Uhr.
Flugplatzmuseum, Am Fichtesportplatz, Tel. 3 20 04, www.flugplatzmuseumcottbus.de; März bis Oktober Di–Sa 10–17 Uhr, So 12–18 Uhr, November bis Februar Di–Sa 10–17 Uhr.
Wasserwerkmuseum, Saarbrücker Straße, Tel. 3 50 11 06; Führungen jeden letzten Di im Monat nach Anmeldung. Auf den Wasserturm führen knapp 200 Stufen.
Museum der Natur und Umwelt, Am Amtsteich 17–18, Tel. 79 79 35; Di und Do Uhr sowie Sa und So 14–17 Uhr.
Oberkirche St. Nikolai, Oberkirchplatz 1, Mo–Sa 10–17 Uhr, So 13–17 Uhr, Gottesdienste So und Feiertage 10 Uhr.
Klosterkirche, Klosterplatz 1, Mo–Fr 10–15 Uhr, Sa 10–17 Uhr, Gottesdienste So und Feiertage 9.30 Uhr.
Staatstheater, Schillerplatz 1, Besucher-Service in der Karl-Liebknecht-Str. 23, Tel 7 82 41 70, www.staatstheater-cottbus.de. Spielstätten sind Großes Haus am Schillerplatz, Kammerbühne, Ströbitzer Theaterscheune, im Sommer Klosterplatz und -kirche, Marstall und Schloß im Branitzer Park.
piccolo (Kinder- und Jugendtheater), Klosterstr.20, Tel. 2 36 87, www.piccolo-cottbus.de.
Programm Osteuropäisches Filmfestival: www.filmfestivalcottbus.de.

Karnevalsumzug (Februar), Tanztage, Mittelalterspektakel, Internationales Reit- und Springturnier, German Meeting der Leichtathletik (Mai), Dixielandfest, Stadtfest (Juni), Pressefest der Lausitz, Folkfest (Juli), Töpferfest (September), Festival des Osteuropäischen Films (November), Weihnachtsmarkt (Dezember).

Heißluftballonfahrten: Lausitz Ballonfahrten, Limberger Hauptstr. 5, 03099 Kolkwitz-Limberg, Tel. 03 56 04/4 11 44, www.lausitz-ballonfahrten.de. Mindestalter 12 Jahre, 3 bis 7 Personen, Fahrthöhe zwischen 150 und 1000 Meter.

Forst (Baršć)

Etwa 100 000 Besucher kommen jährlich in die kleine Stadt Forst, die meisten der berühmten Rosen wegen: Im Südosten der Stadt, zwischen Bundesstraße und Lausitzer Neiße, breitet sich der Ostdeutsche Rosengarten aus.

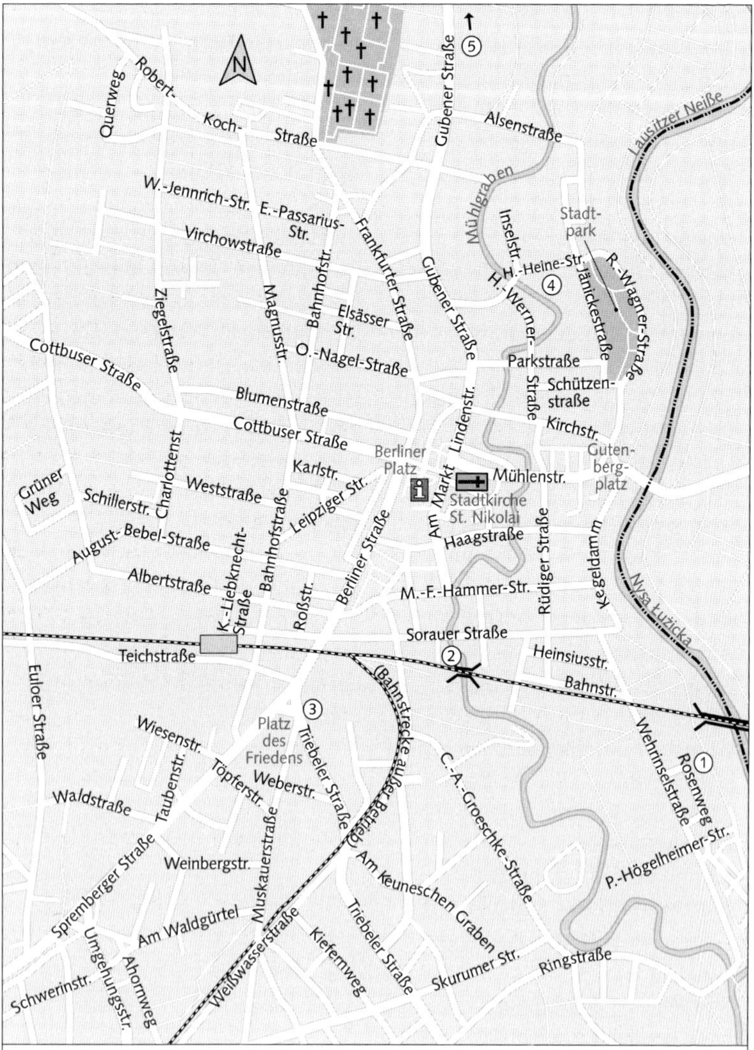

Forst, Zentrum

0 400 800 m

Der Ort wurde wahrscheinlich im 12. Jahrhundert gegründet, aber erst im Jahr 1346 erstmalig urkundlich erwähnt. Seit dem 15. Jahrhundert bildete das Tuchmachergewerbe die Haupterwerbsquelle, aber erst mit dem stetigen Wachstum der Textilindustrie ab Mitte des 19. Jahrhunderts errang die Stadt überregionalen Ruf als ›deutsches Manchester‹. Die Forster Buckskins, gemusterte Stoffe, genossen Weltruf. In den 1930er Jahren ratterten in Forst etwa 4500 mechanische Webstühle, auf denen jährlich rund 35 Millionen Meter Tuch entstanden. Lange Zeit prägte die Textilindustrie den Charakter der Stadt, heute ist sie nur noch museal zu erleben.

Die rund sechswöchigen Kämpfe an der Neiße im März und April 1945 richteten schwere Zerstörungen im Stadtgebiet an. Das östliche Stadtrandgebiet fiel im Ergebnis des Zweiten Weltkrieges an Polen.

In der Zeit von 1910 bis 1913 wurde der Rosengarten anläßlich einer Rosen- und Gartenbauausstellung angelegt. Auf 15 Hektar sind etwa 40 000 Rosenstöcke in 400 Sorten zu sehen, darunter Kuriositäten wie die kleinste Rose der Welt, die Stacheldrahtrose sowie ›grüne‹ und ›schwarze‹ Rosen. Die Stacheldrahtrose erblüht schon im Mai als eine der ersten Rosen. Etwa 100 verschiedene Gartenrosen sind Neuzüchtungen, sie stammen aus vielen Rosenschulen Deutschlands. Auch Frühlings-, Heide-, Dahlien- und Hochstammgarten können neben Rhododendren und alten Bäumen bewundert werden.

Trotz der Kriegsschäden hat Forst einige interessante Gebäude aufzuweisen. Die Grundsteinlegung der gotischen Stadtkirche St. Nikolai fand wohl um 1265 statt. In den Grüften ruhen die Gebeine einstiger Standesherrn. 1903 wurde der neugotische Wasserturm erbaut, heute das Wahrzeichen der Stadt.

Im Foyer des Kreistagssaales ist das Skelett des Mammuts von Klinge – ein kleiner Ort an der Bahnlinie Cottbus–Forst – ausgestellt. 1903 wurde in einer Tongrube westlich von Forst das erste vollständig erhaltene Skelett eines Mammuts in Deutschland geborgen. Es handelte sich um ein weibliches Tier, sein Lebensalter wurde auf 45 bis 50 Jahre geschätzt. Die Mammutkuh weist eine seltene Zahnwechselanomalie auf. Normal bildeten diese Tiere drei Mahlzähne aus, das Klinger Mammut besitzt nur zwei. Das Tier hat in der Eam-Warmzeit vor etwa 120 000 Jahren in der Lausitz gelebt.

Das Brandenburgische Textilmuseum befindet sich in der ehemaligen Noackschen Tuchfabrik in der Sorauer Straße und zeigt ein halbes Jahrtausend Tuchmachertradition.

Die Noßdorfer Wassermühle in der Noßdorfer Straße wurde 1640 erstmalig erwähnt. 1846 im heutigen Erscheinungsbild erbaut, war sie bis 1969 in Betrieb.

Legende

1 Ostdeutscher Rosengarten
2 Brandenburgisches Textilmuseum
3 Wasserturm
4 Kreishaus mit Mammutskelett

Im Ostdeutschen Rosengarten Forst

Seit 1993 sind hier Museum, Fremdenzimmer und Gasthaus eingerichtet, von Mai bis September ist auch der Biergarten geöffnet.

Neu-Horno (Rogow) ist die neue Heimat für die Einwohner von Horno. Bis 2003 befand sich das alte Dorf am Hornoer Berg an der B 112 zwischen Forst und Guben. Das Terrain wurde vom Braunkohlebergbau in Anspruch genommen. Jahrelang waren die Hornower Bürger in den Schlagzeilen, weil sie sich verbissen gegen die drohende Umsiedlung wehrten, auch mit Klagen vor dem Brandenburger Verfassungsgericht und in Brüssel. Ein Drittel der Bevölkerung bekannte sich zum Sorbentum. Der Artikel 25 der Landesverfassung schützt das sorbische Siedlungsgebiet, entpuppte sich in der Praxis aber als wirkungslos, wenn es um handfeste wirtschaftliche Interessen geht – und so wurde das Dorf mit seiner Umgebung zum Abbau freigegeben.

Die spätgotische Feldsteinkirche wurde komplett umgesetzt.

Wanderung/Radtour zum Jamnoer Teich und in das Naturschutzgebiet Euloer Teiche

Westlich der Stadt Forst befinden sich zahlreiche Fischteiche, die heute auch wertvolle Biotope sind. Das Euloer Bruch ist als vorgeschobener natürlicher Standort der Fichte in der Ebene, Bruchwald und Hochmoorbildung besonders interessant und steht schon seit 1936 unter Schutz. Ein Rundwanderweg erschließt Naturfreunden diese schöne Landschaft.

Wer die Stille sucht, ist auf dem markierten Wanderweg Forst–Jamnoer Teich –Groß Jamno (Badesee mit Campingplatz unweit der Autobahn)–Gosda (mit Aussichtspunkt auf die Tagebaulandschaft Jänschwalde-Süd) und Bahnhofssiedlung Klinge genau richtig. Vom Bahnhaltepunkt fahren Nahverkehrszüge zurück nach Forst oder in Richtung Cottbus.

Länge: 10 Kilometer.

Grießen

Das Dorf im Neißetal, zwischen Guben und Forst gelegen, weist zwei Sehenswürdigkeiten auf: eine Wehrkirche aus Feldsteinen mit hölzernem Turmaufsatz aus dem 15. Jahrhundert und ein Wasserkraftwerk.

Das steht direkt an der deutsch-polnischen Grenze, wurde von 1926 bis 1929 erbaut und 1967 stillgelegt. 1992 erwarb Elektroinstallateurmeister Siegfried Weber die Anlage und erweckte sie zu neuem Leben. Jetzt erzeugt die 500-Kilowatt-Turbine wieder Strom, der ins öffentliche Netz eingespeist wird. Die umliegenden Dörfer Grießen und Groß Gastrose werden damit versorgt. Die Turbine spart so täglich die Verbrennung von etwa 40 Tonnen Braunkohle.

Im Turm des Turbinenhauses befindet sich ein kleines Café, Sonnabend und Sonntag von 15 bis 17 Uhr geöffnet, davor kann man im Sommer in einem Biergarten pausieren oder auf dem Zulaufkanal Richtung Neiße mit dem Kahn fahren.

PLZ: 03149.
Vorwahl: 03562.
Touristinformation, Cottbuser Str. 10, Tel. 669066, www.rosengarten-forst.de.

Hotel und Restaurant Wiwo, Domsdorfer Kirchweg 14, Tel. 9510, www.hotel-wiwo.de; EZ 52, DZ 70, Suite 99 Euro. Restaurant mit gehobener Küche, täglich 7–24 Uhr.
Hotel Haufe, Cottbuser Str.123, Tel. 69200, www.hotel-haufe.de; EZ 31–41, DZ 52–62 Euro. Ruhige zentrale Lage.
Pension Ihr Bett in Forst, Spremberger Str. 67, Tel. 7582; EZ 18, DZ 36 Euro. Nahe der Radrennbahn, Bed-and-Bike-Service.

Worrich's Pub – 1. Forster Brauhaus, Albertstr. 20, Tel. 984122; Di–So ab 18 Uhr. Schwarzbier, Forster Zwiebelkuchen, hausgemachte Säfte und Weine.
Noßdorfer Wassermühle, Noßdorfer Str. 14, Tel. 90168. Von Mai bis September, auch Fremdenzimmer und Biergarten.

Rosengarten, Wehrinselstr. 43, Tel. 7548; Mai bis Oktober 8–20 Uhr, November bis April 9–17 Uhr.
Brandenburgisches Textilmuseum, Sorauer Str. 37, Tel. 97356, www.museumsverein-forst.de; Di–Do 10–17 Uhr, Fr–So 14–17 Uhr.
Turm der Stadtkirche, März bis Oktober Sa 10, 11, 15 und 16 Uhr.

Rosengartenfesttage (Juni). Romantiknacht der 1000 Lichter (August).

Der Muskauer Faltenbogen

Der Muskauer Faltenbogen liegt zu je einem Drittel in Brandenburg, Sachsen und in Polen. Er bildet einen 40 Kilometer langen und 3 bis 4 Kilometer breiten Ring in Form eines Hufeisens, der sich über dem Umland erhebt. Der Faltenbogen erstreckt sich von Mattendorf im Norden über Döbern, den Raum Weißwasser und Bad Muskau und weiter ins polnische Łęknica und Tuplice. Höchste Erhebung ist der Hohe Berg bei Döbern mit 183 Meter mit einem 45 Meter hohen Radarturm der Bundeswehr. Dieser ist lediglich im Rahmen des Döberner Stadtfestes zugänglich.

Seine ökologische Vielfalt hat der Naturraum der geologischen Entwicklung und den Veränderungen durch den Braunkohlebergbau zu verdanken. Im letzten Stadium der Saaleeiszeit bildeten die Gletscher hier eine gewaltige Zunge aus, und so entstand ein Stauchendmoränenzug.

Das Gewicht des Inlandeises faltete, stauchte und zerriß den Untergrund, der bis in eine Tiefe von 300 Metern gefroren war. Zuvor waagerecht liegende Erdschichten und Kohleflöze wurden zum Teil in eine aufrechte Lage gefaltet und reichten nun bis an die Erdoberfläche. Durch Regen und Luft verwandelte sich die Kohle hier in Kohlehumus. Im Gelände heißen diese Zonen Gießer, abgeleitet von slawischen Wort jezero (See), weil sich in den Senken oftmals Seen oder Feuchtgebiete bildeten.

Die oberflächennahe Braunkohle wurde ab 1843 in kleinen, langgestreckten Tagebauen abgebaut, später kam der Tieftagebau dazu, der bis Anfang der 1960er Jahre betrieben wurde.

Nach Ende des Tagebaus stieg das Grundwasser, und so bildeten sich im Muskauer Faltenbogen hunderte kleiner Gewässer, die sich selbst überlassen waren. Teils bilden die Seen einen gespenstischen Anblick mit im Wasser stehenden, abgestorben Baumstämmen, anderseits sind viele Gewässer heute beliebte Badeorte.

Das saure Wasser läßt oft keinen Pflanzenwuchs zu und ist kristallklar, wie der Felixsee bei Bohsdorf.

Der Aufbau eines Geoparks mit dem Ziel, Aufschlüsse verschiedener Gesteine, Mineralien, Fossilien und prägenden Landschaftselementen zu schützen, wurde ins Auge gefaßt. Ein neuer Radweg durch den nördlichen Faltenbogen wurde bereits realisiert.

Döbern

Döbern ist ein Zentrum der Lausitzer Bleikristallherstellung. 1867 wurde die erste Glashütte gegründet, heute werden täglich etwa acht Tonnen Bleikristall zu 6000 Schalen, Vasen, Trinkgläsern, Römern und Kerzenhaltern verarbeitet. Die meisten Erzeugnisse werden für Kunden in den USA produziert. Die Termine der Hüttenführungen mit Werksverkauf kann man telefonisch unter 03 56 00/2 92 43 erfragen oder im Internet unter www.glashuette-doebern.de abrufen.

Früher hatte auch der Braunkohletagebau Bedeutung. Am Nordrand des Muskauer Faltenbogens gelegen, finden sich inmitten der hügligen Landschaft dutzende wassergefüllte kleine Tagebauseen. Ein Naherholungszentrum ist der Badesee Eichwege, direkt an der B 115 Richtung Bad Muskau gelegen. Herrlich klares Wasser zieht neben Badelustigen auch Taucher an.

Preschen

Im kleinen Ort Preschen klettern die Temperaturen im Hochsommer besonders stark. Am 30. Juli 1994 wurde hier der brandenburgische Hitzerekord mit 39,9 Grad Celsius aufgestellt, an diesem Tag auch deutschlandweit die höchste gemessene Temperatur. Der bekannte Meteorologe Jörg Kachelmann betreibt hier und in den Nachbardörfern Mattendorf und Groß Schacksdorf das dichteste Meßnetz an Meßstationen in Deutschland. Die Leute beobachten die Klimaextreme hier seit Jahrhunderten, der Volksmund weiß: ›Preschen, Jerischke und Zschorne schuf Gott im Zorne‹.

Im Naturschutzgebiet Preschener Mühlbusch, westlich des Dorfes, erreicht die Tanne das nördlichste natürliche Vorkommen Deutschlands. Im Schutzgebiet gedeihen auch seltene Stauden und Moose, in Simmersdorf blühen im Herbst besonders viele Herbstzeitlose.

Bohsdorf (Bošojce)

Der Schriftsteller Erwin Strittmatter (1912–1994) verbrachte im kleinen Ort Bohsdorf seine Kindheit. In seinem Roman ›Der Laden‹ heißt der Ort kaum verschlüsselt Bossdom. Der Ort und vor allem das noch erhaltene Elternhaus wurden durch den Fernsehfilm-Dreiteiler ›Der Laden‹, der im Jahr 1998 ausgestrahlt wurde, deutschlandweit bekannt.

Im Jahr 1919 erwarben die Eltern von Erwin Strittmatter, der zu diesem Zeitpunkt sechs Jahre alt war, das Anwesen. Erwin wurde hier für sein späteres Leben geprägt. In der Backstube steht noch der Tisch, an dem der junge Erwin mit dem Schreiben begann. Heute werden allerdings kein Brot und keine Heringe verkauft, es gibt auch kein Bier mehr für durstige Grubenarbeiter.

Fast jeder Besucher möchte durch Deutschlands berühmtestes Guckloch schauen, durch das die Strittmatter-Familie einst ungestört das Geschehen im Laden beobachtete. Ein Rundweg ums Dorf mit acht Stationen führt zu wichtigen Handlungsorten des Romans und dem Grab von Strittmatters Eltern.

Weiterhin sind ein Umgebindehaus mit Giebelinschrift (1819) sowie im Ortsteil Vorwerk das Geburtshaus von Carl Klinke zu sehen. 1864 fiel der Pionier Klinke im Deutsch-Dänischen Krieg beim Sturm auf der Düppelner Schanze. Er trug einen Pulversack auf dem Rücken, sprengte sich und die Palisaden in die Luft, ebnete den nachrückenden Truppen so den Weg in die feindliche Festung und wurde dafür fortan als Held verehrt (Gedenktafel). In Berlin-Spandau steht sogar ein ›Standbild des fallenden Pioniers‹, und Fontane setzte ihm in seinem Roman ›Der Stechlin‹ ein literarisches Denkmal.

Im Südosten liegt der Felixsee, ein beliebter Badesee mit hervorragender Wasserqualität, im knapp zwei Kilometer nordwestlich benachbarten Dorf Hornow (Lěsće) steht eine stattliche 700jährige Eiche mit sieben Meter Stammumfang neben der Dorfkirche.

Hornow liegt auf der Schokoladenseite der Lausitz und ist Brandenburgs süßester Winkel: 1992 eröffnete das belgische Ehepaar Goedele und Peter Bienstman hier die Hornower Confiserie Felicitas GmbH. Die süßen Schokoladenrezepte gab ihr belgischer Lehrmeister preis, der aus der Lausitz keine Konkurrenz befürchtete. Etwa 700 verschiedene Pralinen und Schokoladen stehen auf dem Lieferprogramm, 400 Fachgeschäfte, darunter auch das Café Chocolat in Cottbus, zählen zu den Kunden. Süße Geschenke und Mitbringsel bekommt man im Betriebsverkauf von Montag bis Freitag von 8 bis 18 Uhr und Sonnabend von 9 bis 12 Uhr. Telefonisch kann man sich unter 03 56 98/2 96 informieren.

Der Laden in Bohsdorf ist heute eine kleine Gedenkstätte für Erwin Strittmatter

Spremberg (Gródk)

Die südbrandenburgische Stadt liegt als Ganzes gesehen landschaftlich sehr reizvoll, denn sie ist in das grüne Durchbruchstal der Spree am Niederlausitzer Grenzwall gebettet, und die Altstadt findet sich zwischen zwei Spreearmen auf einer Insel, die über acht Brücken und Stege mit dem städtischen Umland verbunden ist.

Um 1200 wurden während der Ostkolonisation in dem slawisch besiedelten Gebiet eine Burg und danach eine Stadt angelegt. Die erste urkundliche Erwähnung stammt aus dem Jahr 1301. Als wichtige Station zwischen Hamburg und Breslau auf der Zuckerstraße, auch als Niedere Straße bekannt, entwickelte sich die Stadt zum Handelsplatz, später zu einem Zentrum des Tuchmacherhandwerks. Der Hussiteneinfall im Jahr 1429, mehrere Stadtbrände und Plünderungen forderten die Bewohner immer wieder zum Neubeginn heraus.

Von 1680 bis 1738 war Spremberg Residenzstadt des Herzogtums Sachsen-Merseburg. 1815 wurde sie Preußen angegliedert, ab Mitte des 19. Jahrhunderts, beschleunigt durch den 1866 vollzogenen Anschluß an die Bahnstrecke Berlin–Görlitz, wuchs sie zur Industriestadt heran (Textil-, Glas-, Bergbau- und Chemieproduktion). Im Jahr 1870 waren etwa 1000 Webstühle in Betrieb, 1925 schon rund 1200. Mit der Gründung des Deutschen Reiches 1871 wurde Spremberg geographischer Mittelpunkt Deutschlands.

Im April 1945 wurde Spremberg zur Festung erklärt und erlitt in den Kämpfen große Schäden, viele Menschen starben. In den 1950er Jahren begann südlich von Spremberg der Aufbau des Braunkohlekraftwerkes Trattendorf, des Gaskombinates Schwarze Pumpe sowie der Aufschluß von Braunkohletagebauen.

Am nordöstlichen Stadtrand, so auf der Straße vom Zentrum zum Bahnhof, kann man die Höhen des Niederlausitzer Grenzwalls erleben. Auf dem Georgenberg thront das Spremberger Wahrzeichen, der 1903 eingeweihte Bismarckturm. Er ist 23 Meter hoch und als Aussichtsturm zugänglich. Hier bietet sich die in der Niederlausitz einmalige Gelegenheit, eine Stadt in Tal- und Hanglage zu überschauen.

Ein Stadtrundgang

Vom Bahnhof ist über die Bahnhofstraße die Altstadt in einem viertelstündigen Spaziergang erreicht. Östlich davon steht das auf den Resten einer Wasserburg aus dem 12. Jahrhundert erbaute Schloß. Während der Herrschaft des Herzogs von Sachsen-Merseburg, Kasper von Minkwitz, diente es als Sommerresidenz. Anfang

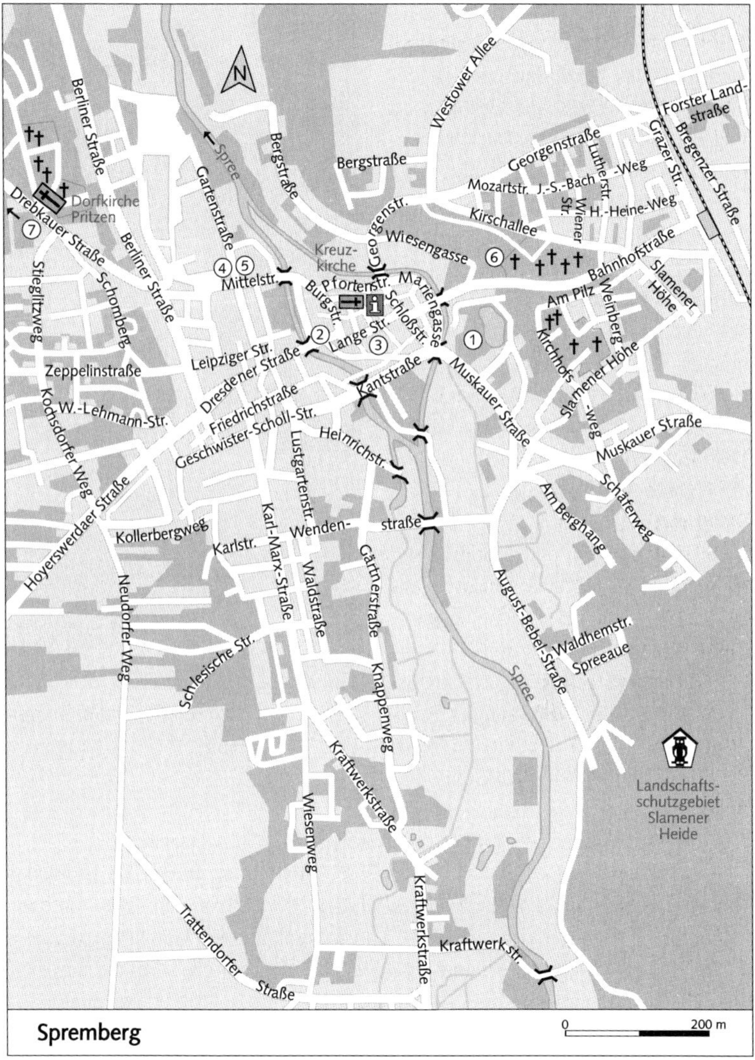

Spremberg

Legende

1 Schloß
2 Post
3 Sparkasse
4 Gedenkstein ›Mittelpunkt vom Deutschen Reiche‹
5 Strittmatter-Gymnasium
6 Bismarckturm
7 Erlebnisschwimmbad Kochsagrund

der 1990er Jahre rekonstruiert, ist es das Schmuckstück der Stadt und Heimstatt des Niederlausitzer Heidemuseums. Die gotischen Gewölbe im Erdgeschoß schmücken Deckenmalereien aus der Renaissance, die 1912 und 1992 erneuert worden sind. In der Strittmatter-Stube wird mit gesammelten Werken, Fotos und Videos an das Leben des in Spremberg 1912 geborenen Schriftstellers gedacht. Neben bunten Trachten erhält man auch Einblicke in eine Blaudruckwerkstatt, Industriegeschichte und Naturkunde. Das Hauptaugenmerk wird auf die Geschichte der Heidelandschaft im Südosten Brandenburgs gelegt. Im Hof steht das Gehöft eines sorbischen Heidebauern aus Groß Buckow, mit Wohnhaus, Fachwerkscheune, Remise, Ziehbrunnen, Bienenstand, Tauben- und funktionstüchtigem Backhaus. Der Schwanenteich inmitten der Parkanlage wurde nach dem Ersten Weltkrieg ausgehoben, um die Schönheit des Schlosses zu unterstreichen. Am Nordostufer befindet sich das beliebte Ausflugslokal Schweizergarten.

Der Bismarckturm auf dem Spremberger Georgenberg

Das nahe gelegene Rathaus wurde 1706, nach einem Brand, im Barockstil wiederaufgebaut, letzte Veränderungen wurden 1933/34 vorgenommen. Im Ratskeller gefällt vor allem der gemütliche Lauermannkeller mit Gewölbe.

Die aus Backsteinen erbaute spätgotische Kreuzkirche stammt aus dem 16. Jahrhundert und überragt die Altstadt. Hauptaltar (1660), Nebenaltar im Renaissance-Stil (1610) sowie vier Holzfiguren aus der Mitte des 15. Jahrhundert sind bedeutende Kunstwerke. Das Gemeindekirchenhaus von 1835 diente anfangs als wendische Kirche und entstand nach Plänen von Karl Friedrich Schinkel.

In der nahen Burgstraße, Hausnummer 9, steht das älteste Wohnhaus der Stadt von 1670. Es ist eine Kostbarkeit, denn große Teile der Altstadt fielen 1945 in Trümmer oder mußten ab den 1970er Jahren gesichtlosen Plattenbauten weichen. Ein Bummel durch die Lange Straße, die Hauptgeschäftsstraße und Promeniermeile der Spremberger, führt dennoch an einigen historischen Bauten vorbei.

Bemerkenswert ist das Kavalierhaus, Hausnummer 15/16, das 1706 von Herzog Heinrich von Sachsen-Merseburg vollendet wurde. Seit 1844 ist hier die Stadtsparkasse beheimatet, jetzt eine Filiale der Sparkasse Spree-Neiße. Der neue Brunnen aus Feldsteinen mit drei Bullenköpfen aus Bronze ist ein Werk der Spremberger Künstlerin Irmgard Kuhlee. Zu festlichen Anlässen fließt Bier aus dem Brunnen.

Am Reichspostgebäude steht ein seltener Telegrafenturm von 1890. Bullwinkel heißt das letzte erhaltene Burglehnhaus von Spremberg, erbaut 1717 bis 1718, zu finden in der Langen Straße.

In der Nähe der Kreuzung Gartenstraße/Lassoberg befindet sich ein Gedenkstein mit der Aufschrift ›Mittelpunkt vom Deutschen Reiche‹. Professor Matzat, kurze Zeit Lehrer am Spremberger Gymnasium, hatte berechnet, daß sich der Mittelpunkt des Deutschen Reiches von 1871 bis 1919 in Spremberg befand. Ganz in der Nähe ging der junge Erwin Strittmatter zur Schule und war sechs Jahre lang Untermieter beim Hausmeisterehepaar; jetzt befindet sich am Strittmatter-Gymnasium in der Mittelstraße 1 eine bronzene Gedenktafel.

Im Frühjahr 1994 fand am nordöstlichen Stadtrand auf dem Schomberg eine Kirchweihe statt. Die mehr als 500 Jahre alte Dorfkirche aus Pritzen wurde hierher umgesetzt, weil der Ort Pritzen zu DDR-Zeiten im Zuge der Erweiterung des Braunkohletagebaus Greifenhain abgebaggert werden sollte. Das Dorf bleibt jetzt erhalten, die altehrwürdige ›Auferstehungskirche‹ dennoch in Spremberg. In ihr finden sonntags Gottesdienste statt. Man findet die Kirche an der Drebkauer Straße (aus dem Zentrum Richtung Cottbus). Etwa 300 Meter weiter wurde 1992 im Kochsagrund ein Erlebnisschwimmbad mit 70 Meter langer Rutsche, Grotten und Sprudeln eröffnet.

Eine andere Sehenswürdigkeit bleibt Einheimischen und Besuchern vorerst verborgen. Im Stadtpark war lange Zeit ein schmiedeeisernes Rosengitter des Spremberger Schlossermeisters Hugo Richter zu bewundern. Der Meister besuchte 1900 die Weltausstellung in Paris, holte sich dort Anregungen und präsentierte auf der Cottbuser Handwerkerausstellung 1901 sein Kunstwerk, eben das Rosengitter, für das er den ersten Preis bekam. Es war über zehn 10 Meter lang und bestand aus 220 filigranen Rosen und 630 Blättern. Leider wurde es im Stadtpark vom Rost zerfressen und mutwillig beschädigt. In den 1970er Jahren fertigte der Spremberger Kunstschlossermeister Lohr eine Kopie. Gegenwärtig wird das Gitter im Heidemuseum aufbewahrt, wo man auf einen Geldgeber zum Restaurieren hofft, damit es hier ausgestellt werden kann.

Folgt man weiter der Drebkauer Straße, dann befindet man sich bald an der gestalteten Hochkippe Spremberg. Einst standen an Ort und Stelle die Dörfer Gosda, Jessen, Josephsbrunn und Roitz, die dem Tagebau Welzow-Süd weichen mußten. Ein Rundwanderweg erschließt das neue Naherholungsgebiet. Von der

Josephsbrunnenhöhe (159 Meter) bietet sich ein Panoramablick auf Spremberg und Umgebung, man sieht im Süden bis zu den Höhen des Lausitzer Berglandes. Mächtige Findlinge markieren den Standort ausgelöschter Dörfer. Im östlichen Stadtrandgebiet (Slamen-Ziegelei), Grausteiner Weg 10, existiert ein Hirschgehege mit Ausflugsgaststätte Zur Wildtränke.

Die Region Spremberg ist Handlungsort zahlreicher Romane von Erwin Strittmatter, der 1912 in der Stadt geboren wurde. Sein Geburtshaus befindet sich in der Karl-Marx-Str. 85 (Bronzetafel). Die ausgewiesene ›Strittmatter-Meile‹ zwischen Spremberg und Bohsdorf, die Etappen seines Lebens nachzeichnet, ist 15 Kilometer lang.

In der Umgebung Sprembergs

In Bagenz, nordöstlich von Spremberg, findet man inmitten eines Parks ein neobarockes Schloß, das 1994/95 rekonstruiert wurde. Jedes Jahr Ende Juni findet hier ein großes Kutschenkorso statt, an den Aufbau eines Kutschenmuseums ist gedacht.

Eine sehenswerte Kirche steht in Graustein, daneben der mächtige Findling ›Grauer Stein‹. In Bloischdorf, anderthalb Kilometer nördlich, befindet sich ein weiterer sehenswerter Sakralbau. Es eine Wallfahrtskirche aus dem 14. Jahrhundert, die aus Findlingen erbaut ist und einen hölzernen Glockenturm aufweist. Guts- und Torhaus sowie drei sorbische Blockhäuser bilden die Grundlage für das Sorbische Dorfmuseum Bloischdorf. Von den benachbarten ›Bloischdorfer Alpen‹ genießt man einen schönen Rundblick in die Umgebung, auf dem blau markierten Wanderweg gelangt man zu einem vergessenen Friedhof, der von der Natur fast überwuchert ist.

Bei Schwarze Pumpe (Carna Plumpa) entstand eines der modernsten Braunkohlekraftwerke der Welt. Die Anlage leistet zweimal 800 Megawatt und besitzt den größten Dampfkessel der Welt, der sogar im Guinnessbuch der Rekorde eingetragen ist. Der Block-Wirkungsgrad beträgt 41 Prozent. Mit etwa fünf Milliarden DM, die bis 1997 flossen, ist Schwarze Pumpe eine der größten privatwirtschaftlichen Investitionen in Ostdeutschland. Der Ortsname indes geht auf den Dreißigjährigen Krieg zurück: Nur ein einziges Anwesen blieb von einer brandschatzenden Bande verschont, weil die Besitzer ihre Wasserpumpe schwarz angemalt hatten – damals übliches Warnzeichen für den Ausbruch der Pest.

In den benachbarten Dörfern Bluno (Bluń) und Spreewitz (Šprjejcy) lohnen die hübschen Fachwerkkirchen einen Besuch. Die Blunoer Kirche stammt aus dem Jahr 1673, besitzt eine geschnitzte Madonna aus dem Jahr 1420 und gilt als älteste erhaltene Fachwerkkirche Deutschlands.

Radtour um die Talsperre Spremberg

Nördlich der Stadt erstreckt sich die Talsperre Spremberg mit einem 18 Kilometer langen Radwanderweg. Fast die gesamte Strecke ist asphaltiert und verläuft durch Feriensiedlungen, stille Kiefern- und Mischwälder sowie zwei Dörfer im Süden des künstlichen Gewässers. Zum Start kann man direkt vom Stadtzentrum aus dem Lauf der Spree nach Norden folgen.

Die Talsperre Spremberg entstand zwischen 1958 und 1965 in einer ausgeprägten Erosionsrinne der Spree. Nahe am Dorf Bräsinchen staut eine über zwei Kilometer lange Mauer das Wasser, so entstand ein sieben Kilometer langer See, der bei Normalstau 950 Hektar einnimmt. Das Wasserkraftwerk Bräsinchen hat eine Leistung von 960 Kilowatt und versorgt 3200 Haushalte mit Strom. Das Vorstaubecken Bühlow, südlich des Stausees, ist heute ein Wasservogelparadies und wurde zum Naturschutzgebiet erklärt.

An der Straße zwischen Bühlow und Sellessen kann man entscheiden, ob man zuerst am Ost- oder Westufer radeln möchte. Am Ostufer folgt man der roten Markierung über die Straße nach Sellessen und später zum Weißen Berg Richtung Norden. ›Berg‹ ist wohl etwas übertrieben, doch das Steilufer mit seinem feinen weißen Sand und den knorrigen alten Kiefern steht im reizvollen Kontrast zur blau schimmernden Wasserfläche. Bänke laden häufig zum Verweilen ein, so sind die zahlreichen Segler und Surfer gut zu beobachten.

An der Talsperre Spremberg

Am Heidehof Bagenz, mit Imbißverpflegung, kann man eine Rast einlegen. Auf einer Fahrradstraße durch Kiefernwald gelangt man in das kleine Dorf Bräsinchen und überquert hier die Spreebrücke. Vorbei an der Talsperrenmauer kommt man zum schönen Badestrand am Westufer. Hier wurde jüngst der erste Hochseilgarten Deutschlands eröffnet. Die Holzmasten sind 14 Meter hoch, dazwischen sind 1500 Meter Stahlseil gespannt. Beim Klettern testet man seine physischen und emotionalen Grenzen oder triumphiert über die eigenen Ängste.

Im Restaurant des Hotels ›Waldhütte‹ werden noch immer die legendären Branitzer Eierplinse von Herrn Rätzel gebacken, die einst im Ausflugslokal ›Friedenseiche‹ am Branitzer Park auf den Teller kamen. In Bühlow schließt sich der Kreis der Rundstrecke.

Länge: 25 Kilometer.

PLZ: 03130.
Vorwahl: 03563.
Fremdenverkehrsverein und Tourist-Information, Am Markt 2, Tel. 4530, www.spremberg.de.
Tourismusverband Niederlausitz e.V., Schloßbezirk 3, Tel. 602340, www.niederlausitz.de.

Hotel und Restaurant Am Berg, Bergstr. 30, Tel. 60820, www.hotel-restaurant-am-berg.de.
Hotel und Gasthaus Zur Post, Lange Str. 23/24, Tel. 93550; EZ ab 35, DZ ab 52 Euro. Bett und Bike-Hotel im Zentrum, Biergarten an der Spree.
Hotel Zur Wildtränke, Grausteiner Weg 15, Tel. 92369. Restaurant mit Wildspezialitäten.
Heidehof Bagenz (an der Talsperre Spremberg), Tel. 035697/6110.

SpreeCamp Bagenz, Stauseestr. 3, 03130 Bagenz, Tel. 035697/219.
Zeltplatz Klein Döbbern, 03058 Klein Döbbern, Tel. 035608/244.

Hühnerstall, Berliner Str. 2a, Tel. 602410, www.hühnerstall.com; Mo–Fr ab 18 Uhr, Sa/So ab 15 Uhr. Erlebnisgastronomie, Konzerte.
Gaststätte Schweizergarten, Am Schweizergarten 19, Tel. 2312. Idyllisch am Schloßteich gelegen.

Niederlausitzer Heidemuseum, Schloßbezirk 3, Tel. 602350, www.heidemuseum.de; Di–Fr 9–17 Uhr, Sa, So und Feiertage 14–17 Uhr.
Bismarckturm, April bis Oktober Mi 9–12 Uhr, Sa/So 14–18 Uhr.
Museum Erwin-Strittmatter-Gedenkstätte (Der Laden), Felixsee (Ortsteil Bohsdorf), Dorfstr. 35, Tel. 035698/221, www.strittmatter-verein.de; Sa, So und Feiertage 13–17 Uhr.
Niederlausitzer Sorbisches Dorfmuseum Bloischdorf, Felixsee (Ortsteil Bloischdorf), Museumsscheune, Tel. 59777, www.bloischdorf.de; Di–Fr 10–17 Uhr, Sa/So 14–18 Uhr.

Kraftwerk Schwarze Pumpe, Betriebsbesichtigung, Tel. 0 35 64/ 35 33 15. Aussichtsplattform in 162 Meter Höhe, multimediales Informationscenter.

Internationales Schlittenhunderennen in der Ratsheide, verlängerte Bergstraße/Waldcafé (Ende Oktober).

Ostereiermarkt im Schloß Spremberg (Ostern).

Blütenfest in Bohsdorf (alljährlich am 2. Sonntag im Mai).

Heimatfest (August).

Erlebnisbad Kochsagrund, Tel. 9 19 60, Mitte Mai bis Mitte September 9–20 Uhr.

Badestrände an der Spremberger Talsperre.

Hochseilgarten an der Talsperre Spremberg (Westufer), Alte Poststraße, Tel. 01 72/3 52 52 98, www.prima-abenteuer.de.

Reiterhof Bagenz, Dorfstr.2, Tel. 03 56 97/3 28, www.reiterhof-bagenz.de.

Drebkau (Drjowk) und Umgebung

Die Kleinstadt Drebkau besteht seit 1280. Zwischen 1395 und 1399 errichteten die Herrn von Cottbus hier eine Burganlage, die im 14. und 15. Jahrhundert ein berüchtigter Raubritterstützpunkt war. Unter Einbeziehung von Überresten der Burg wurde Schloß Drebkau am Ende des 17. Jahrhunderts errichtet. Zuletzt als Wohngebäude genutzt, soll darin zukünftig die Amtsverwaltung einziehen. Reste der ehemaligen Burg sind noch auf der Nordseite zu erkennen, das Schloß steht am Rande eines kleinen Parks.

Der Name Drebkau ist slawischen Ursprungs und bedeutet Hölzchen, bis zur vorletzten Jahrhundertwende war die Stadt, ihrer 15 Kneipen wegen, aber vor allem als ›Sauf-Drauke‹ bekannt.

Mitte der 1990er Jahre eröffneten die Brüder Kircher das wohl schönste Brauhaus in Brandenburg. Das Gebäude diente bereits seit 1870 als Schloßbrauerei. In die Klinkerfassade sind auf der Westseite Granitsteine eingelassen. Neben der kupferglänzenden Maisch-Würz-Pfanne im Erdgeschoß, dem Läuterbottich in der ersten Etage oder der Malz-Putzmaschine in der zweiten Etage im rustikalen Ambiente. In Maßen genossen, ist besonders das Aktionsbier ›Naturtrübes‹ der Gesundheit zuträglich, da es viele wertvolle Stoffe enthält, die ansonsten beim Haltbarmachen verloren gehen. Im Bierhaus werden dazu vor allem der riesige Brauhaussalat, Drauksche Sülze oder das Braumeisterschnitzel serviert. Zu den vielen Stammgästen des Hauses gehört auch Storchenpaar Fritz und Frieda, das jedes Jahr auf dem Dach der Brauerei brütet.

Auf dem Dorfplatz in Neu-Kausche

Neben der Kirche, an der Straße der Freundschaft, befindet sich das Museum Sorbische Webstube. Neben funktionstüchtigen Werkzeugen zur Leinwandherstellung und Stickereien findet vor allem die Ostereiersammlung von Dr. Lothar Balke Interesse. Der Drebkauer Volkskundler hat hier etwa 2500 Exemplare aus 33 Ländern zusammengetragen, das älteste – ein Osterei aus Mähren – stammt aus dem Jahr 1896. Auch exotische Stücke, wie das Ei eines Straußen aus Südafrika und Eier aus Emaille aus Australien, sind zu bestaunen.

Am östlichen Stadtrand wuchs Neu-Kausche. Es war das erste Dorf in den neuen Bundesländern, das wegen des fortschreitenden Braunkohletagebaus auf einem neuen Standort komplett umgesiedelt wurde. Der alte Dorfplatz mit Pflaster wurde umgesetzt, dazu auch 21 Bäume.

Als wertvolle Natur- und Kulturlandschaft gelten die etwa fünf Kilometer südlich vorgelagerten Steinitzer Alpen, Bestandteil des Niederlausitzer Grenzwalls. Von der höchsten Erhebung, dem Spitzberg (153 Meter), bietet sich bei gutem Wetter ein Blick bis zum Cottbuser Wasserturm. Im idyllischen Dörfchen Steinitz steht eine Kirche aus dem 15. Jahrhundert.

Das Neue Schloß in Bad Muskau
Am Schillerplatz in Cottbus; Romantische Brücke im Branitzer Park

Gut Geisendorf ist heute eine Info- und Begegnungsstätte des Bergbauunternehmens Vattenfall. Im Gutshaus aus dem 17. Jahrhundert sind eine Ausstellung zur Ur- und Frühgeschichte sowie eine Bildersammlung des Malers Günther Wendt zu sehen. Das Haus ist für seine Kulturveranstaltungen, insbesondere den Lausitzer Opernsommer und Leseherbst, weithin bekannt.

Illmersdorf besitzt mit elf nicht verwesten Leichen den größten Mumienschatz des Landes Brandenburg. In der evangelischen Fachwerkkirche von 1742 ruhen der Erbauer des kleinen Gotteshauses, Caspar Ernst von Normann (1696–1748) und Familienmitglieder. Zwei der Mumien tragen Prachtgewänder, eine Dame ist im Sarg angebunden. Die Scheintote soll bei ihrer Beisetzung 1821 an den Sargdeckel geklopft haben; die Erben banden sie daraufhin fest. Ulrike Eleonore, geborene von Rieben, verstarb 1765 bei der Geburt ihres toten Kindes. Beide sind in einem Sarg bestattet. Die Leichen sind hier nicht verwest, weil die Gruft gut belüftet ist. Durch eine Glasscheibe sind sie gut einsehbar, das Glas schützt die Besucher vor Schimmelpilzsporen und die Mumien vor der Atemluft der Lebenden.

Den Schlüssel zur Kirche bekommt man von Pfarrer Peter Krüger.

Das Finnische Saunadorf, Weinbergstr. 1 in Leuthen, Tel. 03 56 02/2 24 22, www.finnisches-saunadorf.de; Mo–Fr 14–23 Uhr, Sa/So 11–23 Uhr. Gesundheitsoase mit luxuriösen Ferienhäusern, beheizter Außenpool, bewirtschaftet von Frau van Almsick – Mutter von Schwimmstar Franziska van Almsick.

Kirchers Brauhaus, Brauhausstr. 42, Tel. 03 56 02/7 01, www.brauerei-kircher.de; Mo–Fr 17–22 Uhr (Mai–Sept.) Sa/So 11–22 Uhr (ganzjährig).

Bürgerhaus Neu-Kausche, An den Steinen 7, Tel. 2 20 21; täglich außer Mo.

Mumiengruft in Illmersdorf, Pfarramt Illmersdorf, Tel. 03 56 02/6 62, www.illmersdorf.de, Juni bis Mitte Oktober Mi 13–15 Uhr, Sa/So 10–15 Uhr.

Museum Sorbische Webstube, Str. der Freundschaft 17, Mo–Fr 15–17 Uhr, So 14–17 Uhr.

Gut Geisendorf, Jahnstr., Tel. 03 57 51/1 25 75, Di–Fr 10–16 Uhr.

Freizeitpark Löschen, Auraser Str., Tel. 03 56 02/2 06 03. Kartsportanlage, täglich 10–22 Uhr.

Sommerkonzert am Schloß Branitz; Die Rakotzbrücke im Kromlauer Park
Der Zittauer Roland

Kirchers Brauhaus in Drebkau ist wohl die schönste Brauerei in Brandenburg

Calau (Kalawa)

Vor allem als vermeintliche Wiege von Wortwitzen – der Kalauer – ist Calau bekannt. Mitte des 19. Jahrhunderts erzählten sich Calauer Schuster während der Nachtarbeit Anekdoten, Schnurren und Wortspiele, Wandergesellen verbreiteten sie weiter. Der Journalist Ernst Dohm war oft in Calau zu Besuch. Seine Beiträge ›Aus Calau wird gemeldet‹, die er in der Berliner Satirezeitschrift Kladderadatsch veröffentlichte, waren ein Renner. An die Verdienste des Redakteurs, der die Stadt weithin berühmt machte, erinnert eine Gedenktafel in der Cottbuser Straße 16.

Im Stadtbild dominiert die spätgotische Hallenkirche, direkt daneben steht ein Fachwerkbau (1789), einst Mädchenschule, heute Heimatmuseum mit einer Ausstellung zur Schuhmacherzunft. Reste der einstigen Dunkelsburg aus dem 10. Jahrhundert blieben am Burgplatz erhalten.

Im Jahr 1859 gab es in Calau 144 Stiefelmachermeister, 70 Gesellen und 45 Burschen, zum Ende des 19. Jahrhunderts auch zwei Stiefelfabriken. Der letzte seiner Zunft in Calau schloß sein Geschäft im Jahr 1999.

Wanderung vom Bahnhof Calau über die Calauer Schweiz nach Altdöbern

Am Bahnhof Calau beginnt ein rot markierter Wanderpfad. Er führt uns in eine liebliche Hügellandschaft mit ausgedehnten Wäldern, in die Calauer Schweiz.

Zunächst laufen wir über Plieskendorf bis zum Goldborn. Dies ist die größte Naturquelle in der Lausitz, aus der etwa 400 Liter pro Minute zutage treten. Der Quellname rührt von den schwammigen Eisenablagerungen her, die sich an Wasseroberfläche und Uferrändern zeigen. Die nahegelegenen ›Stegschänke‹ bietet neben einem reichhaltigen Speisen- und Getränkeangebot auch Kutsch- oder Kremserfahrten mit dem Haflingergespann an. Früher gingen die Bewohner der umliegenden Dörfer Weißag, Zwietow und Gosda auf dem Kirchsteig nach Calau zur Kirche. An diesem Steg wurde 1912 das Ausflugslokal ›Werchower Stegschänke‹ eröffnet.

Von hier führt der Weg auf den Kuhringsberg mit Aussicht auf Calau und weiter durch Kiefernwald nach Weißag auf einer Hochfläche der Calauer Schweiz. Als ›Plinsdörfer‹ werden neben Weißag auch Zwietow und Gosda bezeichnet, weil hier auf den sandigen leichten Böden nur der anspruchslose Buchweizen gedeiht. Daraus werden Buchweizenplinse gebacken. Zu verkosten sind die Niederlausitzer Spezialitäten – nach Vorbestellung – im Gasthaus Gaumer in Weißag. Buchweizenkerne, -grütze und -mehl sind ein wertvolles diätisches Lebensmittel, weil es kein Klebereiweiß enthält und der hohe Rutingehalt die Gefäße schützt. Vor allem Bioläden in ganz Deutschland sind fleißige Abnehmer.

Von Weißag geht es nach Schöllnitz. Gleich hinter dem ehemaligen Bahnübergang der stillgelegten Strecke Calau–Senftenberg führt der Weg durch die Buchwäldchener Teiche. Rotbauchunken bieten während der Paarungszeit lautstarke Konzerte. Die roten Wegzeichen führen weiter über Neu Döbern nach Altdöbern. Hinter dem Fußballplatz auf der rechten Seite führt ein Radweg linkerhand zu Schloß und Park. Das stattliche Schloß Altdöbern wurde im Stil des Neobarock auf den Grundmauern eines Vorgängerbaus von 1362 errichtet. 1756 entstand im Park um den Salzteich ein Kanalnetz nach flämisch-holländischem Vorbild. Die schönen Sandsteinplastiken am Schloß sind ein Werk des Dresdener Bildhauers Gottfried Knöffler. Die ›Flüsterbank‹ ermöglicht die Übertragung selbst leiser

Pause an den Buchwäldchener Teichen

Töne durch eine Hohlkehle. Die romantisch anmutende Zufahrt zum Schloß mit Kavaliershäusern sowie ein französischer Garten mit Wasserbecken, Plastiken und Neptunbrunnen wurde nach Plänen von Karl Heinrich von Heineken gestaltet. Ab 1881 begann der Gartenarchitekt Eduard Petzold, ein Meisterschüler des Landschaftsgestalters Fürst von Pückler-Muskau, mit erneuten Arbeiten. Der Salzteich wurde vergrößert, eine künstliche Insel aufgeschüttet und zahlreiche einheimische Gehölze im Park gepflanzt.

Altdöbern liegt nahe der rekultivierten Hochkippe des 1992 stillgelegten Tagebaus Greifenhain. 2002 war der Tagebau eine Filmkulisse für den aufwendigsten Hollywoodstreifen, der je in Europa gedreht wurde (Budget: 180 Millionen Euro): ›Enemy at the gates‹ (Der Feind vor den Toren). Im Film stellt die Tagebaulandschaft die Wolga beim Kampf um Stalingrad dar.

Der künftige Altdöberner See soll bis zum Jahr 2020 auf eine Wasserfläche von 1400 Hektar wachsen.

Länge: 15 Kilometer.

PLZ: 03205.
Vorwahl: 03541.
Amtsverwaltung Calau, Platz des Friedens 10, Tel. 8910, www.calau.de.
Schutzgemeinschaft Calauer Schweiz, Dorfstr. 14, Weißag, Tel. 802830.

Hotel Zur Post, Cottbuser Str. 30, Tel. 2365, www.zur-post-calau.de; EZ 40, DZ ab 58 Euro. Historisches Backsteinhaus in der Altstadt, Restaurant, Biergarten, täglich ab 11.30 Uhr, Mi ab 17 Uhr.
Frühstückspension Stolpe, Mühlenstr. 28, Tel. 2874.
Gasthaus und Pension Stegschänke, Werchow, Gosdaer Str. 7, Tel. 2305; Mo/Di ab 17 Uhr, Mi–So ab 11 Uhr.
Pension und Gaststätte Irmscher in Altdöbern, Straße der Einheit 11, Tel. 035434/492; EZ 21, DZ 42 Euro.
Café, Restaurant und Apartment Marstall in Altdöbern, Senftenberger Str. 11, Tel. 035434/60240; pro Bett Euro 25.

Heimatmuseum Calau, Kirchstr. 33, Mai bis September Di und Do 9–12 und 13–16 Uhr.
Museum für Arbeitskraftmaschinen, Altnauer Str. 71, Besichtigung nur nach Anmeldung, Tel. 2002.

Stadtfest (September).

Naturpark Niederlausitzer Landrücken

Die Gletscher der Saale-Eiszeit modellierten vom Dahmetal im Nordwesten bis Altdöbern im Südosten eine eindrucksvolle Altmoränenlandschaft. Zum Schutz der vielfältigen Lebensräume für seltene Tiere und Pflanzen wurde in diesem Gebiet 1997 der Naturpark Niederlausitzer Landrücken gegründet. Das Logo des Parks ziert der Rauhfußkauz.

Ein Sechstel der knapp 600 Quadratkilometer besteht aus ehemaligen Braunkohletagebauen. Einige neuentstandene Urlandschaften wurden jedoch nicht rekultiviert, sondern sich selbst überlassen, und es zeigten sich erstaunliche Ergebnisse: Auf den Dünen, in Seen und Sümpfen leben der seltene Wiener Sandlaufkäfer, Kraniche, Gänse, Ufer- und Flußseeschwalben. Selbst Elche und Wölfe wurden bereits gesichtet. Die ausgedehnten Kiefernheiden sind ein Paradies für Pilzsammler.

Bei Crinitz gewährt der Niederlausitzer Landrücken einen schönen Ausblick in die nördliche Ebene. Der Ort hat seine lange Töpfertradition bis heute bewahrt, sieben Firmen sind ansässig und können nach Anmeldung besichtigt werden.

Finsterwalde

Finsterwalde, am Westrand der Niederlausitz gelegen, wurde 1282 erstmals erwähnt. Ab dem 13. Jahrhundert stand hier im slawischen Siedlungsgebiet eine deutsche Burg, die im 16. Jahrhundert zum Schloß umgebaut wurde. Das Ackerbürgerstädtchen sank während des Dreißigjährigen Krieges in Schutt und Asche. Nach dem Wiederaufbau entwickelte sich die Tuchmacherei zum Haupterwerbszweig.

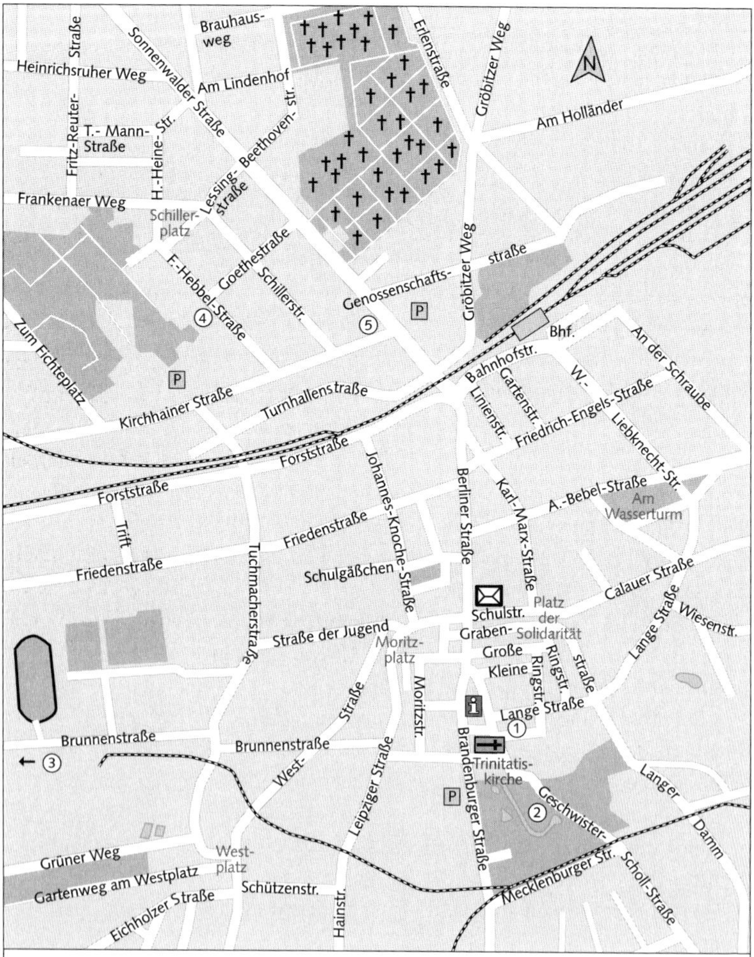

Finsterwalde

Finsterwalde ist äußerlich unspektakulär, als Sängerstadt aber weithin bekannt. Das Sängerfest wird seit 1954 alle zwei Jahre begangen. 1899 führte die Schauspielgruppe ›Hamburger Sänger‹ den Schwank ›Die Sänger von Finsterwalde‹ in Berlin auf. Das Stück hatte Wilhelm Wolff geschrieben, der im selben Jahr den Marsch ›Wir sind die Sänger von Finsterwalde‹ komponierte. Das Sängerlied, das heute in zahlreichen Varianten besteht, machte Finsterwalde populär.

Am Markt stehen einige schöne Häuser mit Barock- und Jugendstilfassaden. Das barocke zweigeschossige Rathaus mit einem hübschen Uhrentürmchen stammt aus dem Jahr 1739.

Die evangelische Trinitatiskirche aus dem 16. und 17. Jahrhundert, im Stil der Spätgotik und Renaissance, besitzt einen wertvollen Hochaltar mit reich verziertem hölzernen Altaraufsatz aus dem Jahr 1594 und eine Kanzel des Meißener Meisters Kuntze von 1615. Wer die Kirche besichtigen möchte, meldet sich gegenüber im Pfarramt.

Kurt von Dieskau ließ Mitte des 16. Jahrhunderts aus einem Renaissancehaus ein sehenswertes Stadthaus bauen, die ›Curtsburg‹. Das Gebäude in der Schloßstraße 6, unweit vom Markt, weist eine sehenswerte Fassade mit Sitznischenportal auf.

Die einstige Wasserburg wurde von 1553 bis 1597 zum Renaissanceschloß um- und ausgebaut. Das Bauwerk besteht aus zwei Hauptteilen, Vorder- und Hinterschloß mit je einem Hof. Früher beherbergte ersteres die Wirtschafts-, letzteres die Wohnräume. Jetzt arbeiten hier die Mitarbeiter der Stadtverwaltung. Während der Öffnungszeiten kann man das Schloß auch im Inneren besichtigen. Beide Höfe sind samstags und sonntags von 9 bis 18 Uhr zugänglich; der dahinterliegende Schloßpark lädt zum Spazieren ein.

Wenn man das Kreismuseum in der Langen Straße 6–8 betritt, wird man im Eingangsbereich von drei stattlichen Finsterwalder Sänger-Figuren begrüßt. Die Attraktion des Hauses ist ein historischer Kaufmannsladen (›Tante-Emma-Laden‹) aus der Mitte des 19. Jahrhunderts. Des weiteren sieht man eine Drogerie, nur mit Artikeln aus DDR-Produktion.

Das Märchenhaus, ein Backsteinbau aus dem Jahr 1928, befindet sich in der Friedrich-Hebbel-Straße. Das Besondere zeigt sich an der Fassade: 27 Reliefs mit Szenen aus dem Märchenschatz der Gebrüder Grimm.

Legende

1 Kreismuseum
2 Schloß
3 Tierpark in der Bürgerheide
4 Märchenhaus
5 Radigks Brauhaus

Ein beliebtes Ausflugsziel der Finsterwalder und ihrer Gäste ist die Bürgerheide, ein parkähnliches Wäldchen westlich der Altstadt. Das Naherholungsgebiet verdankt die Stadt dem Bürgermeister Abraham Koswig, der sich bei einer Wette mit dem Kurfürsten von Sachsen und dem Herzog von Bayern als besonders trinkfest erwies und dabei das Waldstück als Preis gewann. Hier befindet sich auch der Tierpark.

Das Besucherbergwerk F 60 bei Lichterfeld und Umgebung

Besuchern, die der B 96 bis Lieskau folgen und dann nach Lichterfeld abbiegen, bietet sich in diesem Ort ein beeindruckendes Bild: Die Abraumförderbrücke F 60, ein Koloß aus Stahl, 502 Meter lang und 80 Meter hoch. Sie ist das größte fahrbare Arbeitsgerät der Welt, liebevoll auch als liegender Eiffelturm in der Lausitz bezeichnet – obwohl dieser nur 300 Meter hoch ist.

Die F 60 wurde zwischen 1989 und 1991 montiert, war aber im neu aufgeschlossenen Braunkohletagebau Klettwitz-Nord nur 13 Monate in Betrieb. Die Stillegung der neuesten Förderbrücke erfolgte im Juni 1992, weil der Transport

Auf dem ›Liegenden Eiffelturm‹ bei Lichterfeld

der Kohle in die verbliebenen Kraftwerke zu teuer war. Die F 60 ist heute im Besitz der Gemeinde Lichterfeld-Schacksdorf und wird von einem Förderverein betreut.

Vor dem Aufstieg in das filigrane Gewirr aus Stahlstreben erfolgt die Personenkontrolle: Tragen alle Besucher festes Schuhwerk? Ist jemand alkoholisiert oder leidet unter Höhenangst? Letzteres stellt sich manchmal erst während des Rundgangs heraus.

Jede Besuchergruppe besteht aus maximal 20 Interessierten. Der Besucherführer weiß: Fünf Tonnen Füllmenge konnte eine Schaufel greifen, 43 sind vorhanden. Das ergab eine Stundenleistung von 50 000 Tonnen Abraum! 60 Meter Abraum über dem Kohleflöz konnte das Ungetüm abtragen. Das heutige Gewicht der F 60 beträgt 11 000 Tonnen, die Beweglichkeit auf Schienen gewährleisten je 380 Räder an beiden Fahrwerken. Wegen der kurzen Einsatzdauer ist die Förderbrücke in einem vortrefflichen Zustand.

Als einer der ersten Prominenten begutachtete Bundeskanzler Schröder die F 60, der mehr als 1000 Meter lange Rundgang heißt daher ›Kanzlerpfad‹. Schröder übrigens erwies sich als höhentauglich. Im Herbst 2003 wurde eine 500 Meter lange Licht- und Klanginstallation des Berliner Künstlers Hans Peter Kuhn an der F 60 in Betrieb gesetzt. Die F 60 steht heute als Symbol des Gigantismus in einem der größten Bergbaureviere der Welt. Sie bildet den Abschluß einer langen Tradition: 1924 kam die erste Förderbrücke Deutschlands in der Lausitz zum Einsatz, weitere 50 wurden bis 1991 erbaut, vier davon sind noch in Betrieb.

Von der Aussichtskanzel reicht der Blick weit ins Lausitzer Land, zur Sängerstadt Finsterwalde, zum Hutberg bei Kamenz und manchmal bis zur Landeskrone bei Görlitz. Atemberaubend ist vor allem die Landschaft zu Füßen des Giganten. 2001 begann die Flutung des zukünftigen Bergheider Sees, dessen Fläche demnächst auf über 300 Hektar wachsen soll.

Abgekoppelt steht der ehemalige Werkstattwagen der F 60 abseits und dient jetzt als Besucherzentrum mit Ausstellungs-, Video- und Imbißraum. Einen Euro extra kostet die Bestätigung einer ›Erfolgreichen Erstbefahrung der F 60‹. Und als Erinnerung an selige DDR-Bergbauzeiten wird in kleinen Fläschchen das ›Brückenwasser‹ verkauft. Früher war der Schnaps als ›Kumpeltod‹ ein Begriff und wurde massenhaft konsumiert.

Gut zehn Kilometer südöstlich von Finsterwalde lohnt das Sallgaster Schloß einen Abstecher. Um das Jahr 1200 entstand hier eine Wasserburg. Vom äußeren Burggraben kündet noch heute der Brauhausteich. Im Jahr 1389 planten die Raubritter, die auf der Burg wohnten, neue Plünderungszüge, denn ganz in der Nähe verlief die ›Niedere Straße‹, ein wichtiger Handelsweg von Breslau über Spremberg, Sallgast und Finsterwalde nach Lüneburg und Bremen.

Seit dem 18. Jahrhundert hat sich das Erscheinungsbild des Baus mit seinen vier Ecktürmchen kaum verändert. Die Deckenbemalung in der Burgdiele zeigt Ritter, Soldaten und Bauern im Mittelalter. Heute werden im stilvollen Restaurant jeden letzten Sonntag im Monat mittelalterliche ›Rittermahle‹ geboten, das Personal trägt dabei historische Kostüme. Der schöne Park wurde um 1900 angelegt.

PLZ: 03238.
Vorwahl: 03531.
Touristinformation im Rathaus, Markt 1, Tel. 70 30 79.

Hotel und Restaurant Goldener Hahn, Bahnhofstr. 3, Tel. 2214, www.schreiber-cuisine.de Traditionsreiches Haus mit vielfach ausgezeichneter Gourmetküche, EZ ab 40 Euro, DZ ab 75 Euro, jeden Monat ein Kochkurs an einem Sonntagabend zum Preis von 75 Euro, Restaurant Mo ab 18 Uhr, Di–Fr ab 11.30 Uhr, Sa 11.30–15 Uhr und ab 18 Uhr, So 11.30–15 Uhr.
Boulevardhotel Sängerstadt, Markt 2–3, Tel. 25 57 (EZ Euro 37–45, DZ Euro 46–70, Restaurant bietet auch Spreewald-Spezialitäten).
Schloßpark-Hotel Sallgast und Schloßrestaurant, Parkstr. 4, Tel. 03 53 29/2 73, www.schloss-sallgast.de
Radigks Brauerei, Sonnewalder Str. 13, Tel. 22 86, www.radigks.de (Wirtshaus Mo–Sa ab 12 Uhr, Brauhaus Mo–Sa ab 18 Uhr, So ab 12 Uhr, Biergarten mit 250 Sitzplätzen).

Kreismuseum, Lange Str. 6–8, Tel. 3 07 83, Di–Fr und So 10–12 und 14–17 Uhr.
Das Besucherbergwerk F 60, Lichterfeld, mit Bahn/Bus: DB bis Finsterwalde (Bahnstrecke Berlin–Senftenberg), weiter mit Bus Nr. 559 oder 622, Ausstieg Lichterfeld-Gasthaus, täglich außer Mo 10–18 Uhr, Klang- und Lichtinstallation Fr–So 18–22 Uhr, im Winter 16–21 Uhr, Tel. 03531/61698, www.f60.de.
Tierpark, 8–18 Uhr, im Winter bis 15 Uhr.

Schloßparty (Juni).
Sängerfest (alle zwei Jahre im August, das nächste 2006), Trödelmarkt (Anfang August).

Senftenberg (Zły Komorow)

In der Niederung der Schwarzen Elster gelegen, wurde die Siedlung am sanften Berg zum ersten Mal im Jahr 1279 erwähnt. Eine Burg, die als Stützpunkt für die deutsche Ostexpansion diente, war jedoch bereits ab dem 10. Jahrhundert vorhanden.

Ab 1448 gehörte der Landstrich zu Sachsen. Der von König August dem Starken berufene Amtshauptmann von Klettenberg wohnte in der zum Schloß umgebauten Burg. Von 1715 bis 1718 versuchte er – vergeblich – künstliches Gold herzustellen. Einträglicher war da schon das ›schwarze Gold‹, die Braunkohle. Sie wurde ab 1851 abgebaut und machte Senftenberg und die weitere Umgebung zum Zentrum des Niederlausitzer Braunkohlebergbaus. Im Dezember 1999 fuhr der letzte Kohlezug aus dem nahen Tagebau Meuro, damit endete die fast 150jährige Bergbauära um Senftenberg.

In der Bahnhofstraße stehen einige Jugendstilhäuser, am Markt mehrere hübsch rekonstruierte Bürgerhäuser aus dem 17. Jahrhundert. Das Alte Rathaus mit Uhrturm soll das mit 78 Grad Neigungswinkel steilste Dach Deutschlands besitzen. Östlich vom Markt befindet sich die Festungsanlage mit Schloß. Von der einstigen Feste zeugen allerdings nur noch Relikte wie Erdwall, Pulvertürmchen und das Kommandantenhaus, die Kasematten wurden wieder freigelegt.

Die mittelalterliche Burg wurde auf den Resten einer slawischen Wallanlage errichtet, im 15. Jahrhundert modernisiert und 1609 in den Rang einer Festung erhoben. Wie das militärische Bauwerk in seinen Glanzzeiten aussah, verdeutlicht ein Modell der Renaissancefestung im Maßstab 1:100 im Kreismuseum. Breiten Raum nimmt die Ausstellung zur Regionalgeschichte ein. Sie wird lebendig in einer Sammlung von Buckelkeramik-Gefäßen aus der Epoche der Lausitzer Kultur, sakralen Gegenständen aus Senftenberger Dorfkirchen – darunter einem bäuerlichen Altar aus der Sornoer Kirche (17. Jahrhundert) –, Zeugnissen vom früher hier betriebenen Weinbau mit einer Standortkarte aus dem Jahr 1600 sowie einer großen hölzernen Weinpresse und einer kompletten sorbischen Bauernstube. Auch die Entwicklung des Braunkohlebergbaus wird dargestellt. Ein Modellbergbauschacht in Originalgröße ist der interessanteste Teil dieser Ausstellung.

Dem Schaffen einheimischer Künstler aus den Bereichen Malerei, Grafik und Plastik ist die Kunstsammlung Lausitz gewidmet. Im Schloßhof befindet sich eine Kopie der bekannten Holzplastik von Ernst Barlach ›Bettler auf Krücken‹. Der Abguß wurde in der künstlerischen Modellabteilung der Klinkerwerke Großräschen (Ilse-AG) hergestellt und war ursprünglich für die Lübecker Katharinenkirche vorgesehen. In der Galerie am Schloß werden zahlreiche Sonderausstellungen angeboten, auch aus dem Fundus der Kunstsammlung Lausitz.

Südlich des Schloßparks ist der Tierpark zu finden. Die Anlage wurde 1931 als Wildgehege eröffnet und zählt somit zu den ältesten in Deutschland. Am Steindamm liegen Damhirsch- und Wildschweingehege, am gegenüberliegenden Ufer der Schwarzen Elster der Tierpark. Die Tierpfleger haben sich mit der erfolgreichen Aufzucht europäischer Braunbären internationale Anerkennung erworben.

Das neue Freizeitcenter Snowtropolis am westlichen Stadtrand ist die erste Skiarena unter Dach in Ostdeutschland. Die immerhin 140 Meter lange Skipiste weist 20 Prozent Gefälle auf.

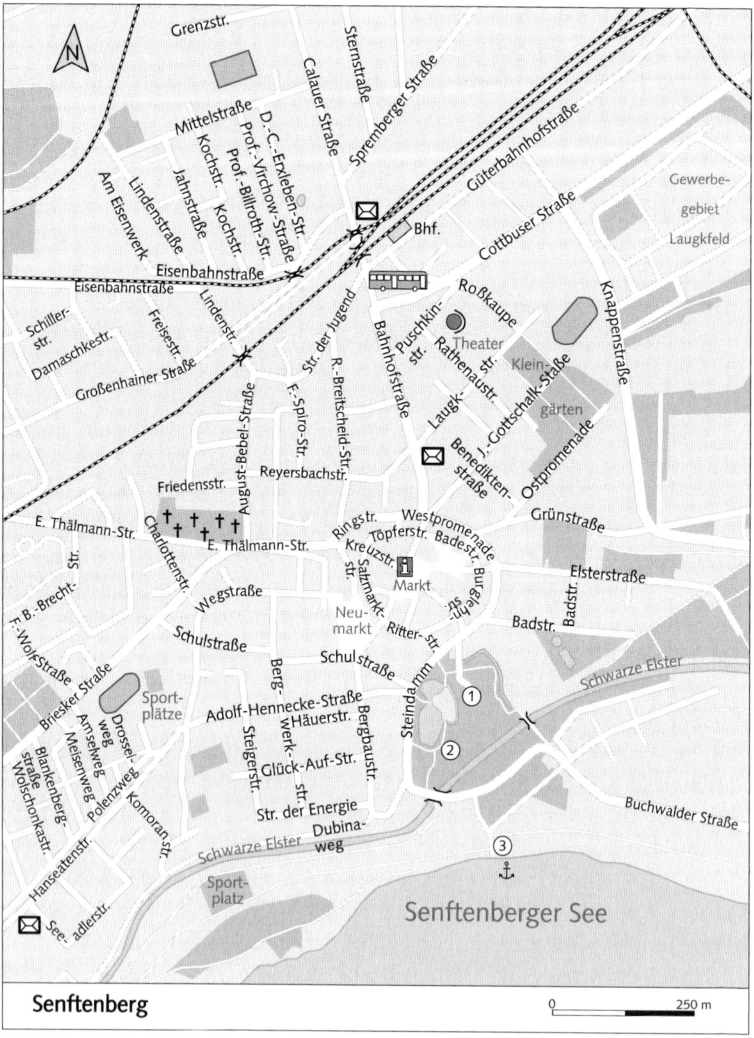

Legende

1 Schloß (Kreismuseum)

2 Tierpark

3 Anlegestelle der Weißen Flotte

Marga gilt als hervorragendes Beispiel für die Umsetzung der Gartenstadtidee, wie sie seit der Wende zum 19. Jahrhundert proklamiert worden war. Man findet diese stadtplanerische und architektonische Perle im Spätjugendstil in Brieske-Ost, dem westlichen Vorort von Senftenberg. 500 Wohnungen, die zwischen 1907 und 1915 entstanden, zählen zum denkmalgeschützten Kernbereich. Um den Markt scharen sich in kreisförmiger Anordnung Häuschen für Arbeiter und Beamte sowie eine Direktorenvilla. Zu jedem Gebäude gehört ein großer Garten. Auch an Gasthäuser, Post, Schule, Kaufhaus und Kirche wurde gedacht. Zur Blütezeit lebten hier rund 3500 Einwohner, mit dem schleichendem Verfall ab den 1960er Jahren zogen hunderte weg. Die Renovierung der denkmalgeschützten Siedlung ist seit einigen Jahren im Gang und zu großen Teilen abgeschlossen. Marga war ein Vorzeigeprojekt der Expo 2000 und gehört zu den Attraktionen der Internationalen Bauausstellung Fürst-Pückler-Land.

Die Lausitz in Miniatur auf 1500 Quadratmetern ist in einer Schauanlage in Brieske hinter dem Hotel Marga zu erleben.

In der Umgebung von Senftenberg

Auf dem Radweg von Senftenberg nach Sedlitz fährt man über die erste Kunststoffbrücke Deutschlands. Sie wurde im Jahr 2000 eröffnet. Der faserverstärkte Kunststoff soll über 60 Jahre Wartungsfreiheit gewähren.

Im benachbarten Großräschen finden in zwei Kirchen sowie in der Dorfkirche Freienhufen von Mai bis Oktober mehrere Orgelkonzerte mit nationaler und internationaler Besetzung statt.

Bei Klettwitz entstand einer der größten Windradparks Europas. Er umfaßt vierzig Windrädern mit einer Leistung von je 1,65 Megawatt. Noch weiter westlich von Senftenberg ist seit wenigen Jahren der EuroSpeedway Lausitz zu finden. Diese Anlage, auch als Lausitzring bekannt, ist Europas neueste, größte und vielseitigste Motorsport- und Erlebnisarena. Die Gesamtfläche mit vier Streckenführungen beträgt 570 Hektar, auf zwei Tribünen finden 145 000 Besucher Platz. Von der 40 Meter hohen Haupttribüne können Besucher beinahe die gesamte Strecke und das Geschehen in der Boxengasse überblicken. Die Landesregierung setzte große Hoffnungen in dieses Riesenprojekt und gewährte großzügig Fördergelder; bis heute ist der EuroSpeedway aber weitgehend unausgelastet und hat die hochgesteckten Erwartungen nicht erfüllt. Großen Zulauf finden Rockkonzerte. Besucher können hier ein Fahrsicherheitstraining absolvieren. Es werden Gefahrensituationen simuliert, um den Ernstfall zu trainieren. Dabei kommt der Fahrspaß nicht zu kurz. Die Kosten betragen pro Person 125 Euro mit Verpflegung.

Im Juli und August können Skater wäherend der ›Bladenight‹ – jeden Donnerstag von 18 bis 20 Uhr – für 3 Euro Eintritt ihre Runden auf der Grand-Prix-Strecke drehen.

Der Senftenberger See

An die Stadt Senftenberg schließt sich unmittelbar der Senftenberger See an. Großkoschen, etwa fünf Kilometer südöstlich des Stadtzentrums, ist das größte Naherholungszentrum am See. Das Gewässer entstand aus dem ehemaligen Tagebau Niemtsch. Anfang der 1940er Jahre begann der Braunkohleabbau, bis 1966 wurden hier etwa 130 Millionen Tonnen Kohle gefördert.

Pläne des bekannten Landschaftsgestalters Otto Rindt (1906–1994) für ein Freizeitparadies fanden schon während des aktiven Bergbaus ab 1960 Berücksichtigung. So wurden die Böschungen durch Tagebaugroßgeräte für künftige Strände abgeflacht. Durch Grundwasseranstieg und Zuleitung von Wasser aus der Schwarzen Elster entstand bis 1973 ein etwa 1300 Hektar großer See. Die durchschnittliche Tiefe beträgt 17 bis 19, die größte 40 Meter. Der Senftenberger See zählt mit seiner Trinkwasserqualität zu den saubersten Seen Brandenburgs, die Sichtweite beträgt zwischen fünf und zehn Meter, weshalb neben Badelustigen, Surfern, Seglern und Anglern auch Taucher kommen. Für letztere wurde extra ein altes Schiff als Unterwasserattraktion versenkt. Insgesamt werden pro Saison etwa 650 000 Gäste gezählt.

Die 300 Hektar große Insel im See ist Teil der ehemaligen Brückenkippe, die nicht überflutet wurde. Weil die Ufer nicht stabilisiert wurden und auch nach zwei Jahrzehnten immer wieder Böschungsabbrüche möglich sind, wurde das Eiland 1980 kurzerhand zum Naturschutzgebiet erklärt. Da die Insel nicht betreten werden darf, entwickelte sich, vom Menschen völlig ungestört, eine artenreiche Fauna und Flora mit 70 Vogelarten, 140 Schmetterlingsarten und seltenen Pflanzen.

Die Länge der Badestrände umfaßt elf Kilometer, darunter zahlreiche Bereiche für FKK-Anhänger, vor allem am Südufer haben die Strände stellenweise feinen Sandstrand. Dort kann man auch einen neuen stählernen Turm besteigen und eine herrliche Aussicht auf den See und die waldreiche Umgebung genießen. Das Fahrgastschiff MS ›Santa Barbara‹ bietet Rund- und Charterfahrten mit Anlegestellen in Großkoschen, Niemtsch und Senftenberg-Buchwalde.

Im Jahr 1995 wurde zum Gedenken an den geistigen Vater des Sees, Dr. h.c. Otto Rindt, ein Gedenkstein und eine kleine Grünanlage mit Findlingen eingeweiht. Seit 2001 ist das Amphitheater am Strand Großkoschen, eine gelungene Mischung aus klassischen und modernen Elementen, ein Besuchermagnet.

Der Senftenberger See ist ein Seglerparadies

Der Museumshof Großkoschen am Dorfplatz bewahrt der Nachwelt ein für die Senftenberger Region früher typisches Vierseiten-Gehöft. Der Besucher erfährt viele Details der Arbeits- und Lebensweise unserer Urgroßeltern. Skudden, eine vom Aussterben bedrohte Schafsrasse, Pferde, Schweine und Tauben beleben das Terrain. Ein kleiner Kräutergarten mit alten Nutzpflanzen sowie ein Streuobstwiese vervollständigen das Bild.

Radtour vom Senftenberger See in die Kmehlener Berge

Von Großkoschen folgt der durchweg rot markierte Weg anfangs etwa vier Kilometer dem Rundwanderweg Senftenberger See, dann biegen wir in südlicher Richtung nach Hosena ab. Bei Hohenbocka lockt die Bucksche Schweiz mit einem Aussichtsturm. Verhärteter Glassand inmitten von Kiefernwald erweckt hier den Eindruck einer Sächsischen Schweiz im Miniformat. Im Guteborner Schloß dankte 1918 der letzte sächsische König ab. Erhalten blieben die Schloßkapelle aus dem 16. Jahrhundert, Schmiede, Teehäuschen sowie ein schöner Schloßpark. Im vier Kilometer südwestlich entfernten Lipsa steht ein barockes Schloß mit Torhaus, heute ein Alters- und Pflegeheim. Bei Jannowitz, am Großen

Dub, fühlen sich viele Wasservögel wohl. In Kroppen führt die Route durch einen stattlichen Landschaftspark, der im 18. Jahrhundert von Eduard Petzold angelegt worden ist. Über Ortrand gelangen wir nun in die Kmehlener Berge. Nach neuen Messungen ist der Kutschenberg mit 201 Metern höchste Erhebung im bewaldeten Terrain und ganz Brandenburgs. Bislang galt der Hagelberg als ›Rekordhalter‹.

Länge: 33 Kilometer.

PLZ: 01968.
Vorwahl: 0 35 73.
Tourist-Information, Markt 1, Tel. 149 90 10 und 194 33.
Großräschner Orgelkonzerte, Infos: Herr Böhnisch, Breitscheidstr. 21, 01983 Großräschen, Tel. 03 57 53/ 1 47 69, www.orgelklang.de.
Snowtropolis, Hörlitzer Str. 36, Tel. 363 7 00, www.snowtropolis.de; täglich 10–24 Uhr, Ski- und Skischuhausleihe, Eislaufhalle, Restaurant und Ferienwohnungen.
EuroSpeedway Lausitz, Lausitzallee 1, 01998 Klettwitz, www.eurospeedway.de.

Parkhotel, Steindamm 20, Tel. 37860, www.parkhotel-senftenberg.de; EZ 50–54, DZ 75–82 Euro.
Hotel Lausitz-Therme, Buchwalder Str. 77, Tel. 3 78 90, www.Lausitz-therme.de; EZ ab 55, DZ ab 70 Euro. Romantisches Landhotel mit Saunapark nahe dem Senftenberger See, Panorama-Restaurant, Bootsverleih.
Hotel Arcade in Klettwitz, Buchenstr. 8, Tel. 03 57 54/64 30; EZ 72, DZ 100 Euro. Nahe dem EuroSpeedway, italienische Küche, Fahrradvermietung.
Pension Freizeitcenter Senftenberg, Hörlitzer Str. 36, Tel. 79 83 55, www.tropolis.de. Restaurant Tiroler Stadl mit Tiroler und österreichischen Weinen, Mo–Fr 16–24 Uhr, Sa/So 10–24 Uhr.

Ratskeller Senftenberg, Am Markt 1, Tel. 14 14 24, täglich 10–24 Uhr. Mediterrane Küche mit Eiscafé Max und 26 Sorten original italienischem Eis, Marktterrasse.

Komfortcamping Senftenberger See, Stadtteil Niemtsch, Tel. 66 15 43.
Familienpark Senftenberger See, Stadtteil Großkoschen, Tel. 80 00.

Kreismuseum, Festungsanlage mit Schloß und Galerie, Tel. 26 28, Mai bis September Di–Fr 10–17 Uhr, Sa/So 14–18 Uhr, Oktober bis April: Di–Fr von 10–16, Sa/So von 13–17 Uhr.
Privates Bergbaumuseum Niemtsch, Dieter Müller, Dorfstr. 47, Stadtteil Niemtsch, Tel. 6 30 66, www.bergbaumuseum-niemtsch.de; Do 15–18 Uhr, Mai bis September auch So 9.30–11.30 Uhr.
Stadttheater Neue Bühne, Rathenaustr. 6, Tel. 80 12 10.

Amphitheater am Senftenberger See, Großkoschen, Tel. 80 08 00, www.amphitheater-online.de.
Tierpark, Tel. 29 44, Mai bis September 8–18 Uhr, Oktober–April 9–16 Uhr.

Peter- und Paul-Handwerkermarkt (Juni).
Seefestspiele (August).
Tierparkfest und Reiterfest in Sedlitz (September).

Reederei Rolf Bothen, Dresdner Straße 14b, Ortsteil Großkoschen, Tel. 8 12 61, Handy: 0171/1 90 71 52, www.reederei-bothen.de. April bis Oktober, Anlegestellen am Großkoschener Badestrand, Senftenberg Nähe Tierpark und am Campingplatz Niemtsch.

Senftenberger See, www.senftenberger-see.de
Schwimmhalle am Stadtwald (Erlebnisbad), Hörlitzer Str. 32, Tel. 20 92.

Lauchhammer

Anfang des 18. Jahrhunderts entdeckte man in der Umgebung von Lauchhammer Raseneisenerz. Der sächsische König August der Starke erteilte der hier ansässigen Freifrau Benedicta Margarethe von Löwendahl entsprechende Abbaugenehmigungen. Die geschäftstüchtige Dame kam aus dänischem Adel, ihr Mann vermachte ihr das damalige Rittergut Mückenberg, das später zu Lauchhammer eingemeindet wurde (Lauchhammer-Süd). Von 1725 bis 1733 entstanden vier Hochöfen. Der Erbe Detlev Carl Graf von Einsiedel setzte das Werk fort. Unter seiner Regie war 1784 der erste vollplastische Eisenkunstguß der Welt erfolgreich, eine große Parkvase. Ab 1839 wurde auch Bronzeguß gefertigt.

Bis Ende des 18. Jahrhunderts nannte man das Industrierevier Löwendahlscher Hammer, danach Lauchhammer. In der mittlerweile über 200jährigen traditionsreichen Kunstgießerei entstanden seither unzählige Denkmäler, Brunnen, Wappen, Gedenktafeln, Pavillons und Gartenmöbel. Bekannte Werke aus Lauchhammer sind der Neptunbrunnen in Berlin, das Goethe-Schiller-Denkmal in Weimar, das Lutherdenkmal in Worms, das Denkmal für Friedrich Wilhelm II. in Neuruppin, die 4500 Kilogramm schwere Schloßglocke Wittenberg sowie eine 3000 Kilogramm schwere Glocke für den Berliner Dom.

Die ›Illustrierte Zeitung‹ schrieb 1868: »Es hämmert und pocht und schnurrt bei Tag und Nacht in diesem Gebäudekomplex. Als sollte die ganze Welt umgemodelt werden.« Über 500 Bronzeglocken kamen von 1834 bis 1939 aus Lauchhammer. Die meisten wurden während des Zweiten Weltkriegs eingeschmolzen, nur knapp vierzig blieben erhalten. Die älteste erhaltene stammt von 1852 und hängt in der Lutherkirche im benachbarten Schwarzheide.

Seit 1994 werden hier wieder neue Glocken gegossen, nachdem die Produktion im Zweiten Weltkrieg zum Erliegen kam. Nach Plänen von Karl Friedrich Schinkel werden heute auch prächtige gußeiserne Gartenmöbel hergestellt.

Den ersten Braunkohlefunden im Jahr 1789 wurde noch keine Bedeutung zugemessen, erst im Jahr 1851 wurde bei Kostebrau die erste Kohlengrube eröffnet. 1952 kam der erste Koks aus der weltweit ersten Kokerei auf Braunkohlebasis. Ein Jahr später erhielt Lauchhammer nach dem Zusammenschluß mehrerer Dörfer das Stadtrecht zuerkannt und wuchs zu einem Zentrum der Kohleveredlung und des Schwermaschinenbaus. Die Kohleindustrie ist Mitte der 1990er Jahre völlig zum Erliegen gekommen. Altbergbauflächen und rekultivierte Bergbaufolgelandschaften bestimmen das Bild der Umgebung. Heute läßt die dänische Firma Vestas in Lauchhammer Flügel für moderne Windräder produzieren.

Das Kunstgußmuseum ist der Hauptanziehungspunkt im Ort

Anfang des 20. Jahrhunderts benötigten die Walzwerke und Kohlefabriken Starkstrom. Der Geheime Kommerzienrat Hallbauer entwickelte in Lauchhammer eine Schaltzentrale für eine Spannung von 110 000 Volt. Diese ging 1912 als erste in Europa in Betrieb.

Der frühzeitigen Industrialisierung verdankt Lauchhammer heute einen Anziehungspunkt: Das Kunstgußmuseum im Stadtteil Lauchhammer-Ost. Das Haus mit Fachwerkgiebeln hat eine interessante Geschichte. »Im Jahre 1898 wurde auf einer lichten, kiefernumgrenzten Anhöhe in der Nähe des Eisenwerkes ein Lehrlingswohnheim übergeben. Dieser Ort ist geradezu für junge Leute geschaffen, die tagsüber im Betrieb ihre Ausbildung erhalten und abends wieder neue Kräfte für den nächsten Tag sammeln wollen. Man hat den Eindruck, als ob das Wohnheim dem Weltgetriebe entzogen sei, so still und idyllisch ist dieser Standort.« So kann man es in einer Zeitung aus jener Epoche nachlesen.

Bis 1991 war das erste Lehrlingswohnheim Deutschlands ohne Pause in Betrieb. Bis 1993 zum Kunstgußmuseum umgestaltet, stehen die Türen seither wieder offen. Oft werden Sonderausstellungen geboten. Aber auch die gußeisernen Öfen, Kamine, Kuchenformen und Töpfe und die verkleinerten Denkmalkopien lohnen einen Besuch.

Weitere Anziehungspunkte sind eine funktionstüchtige Balancier-Zylinder-Gebläsemaschine von 1837 in der Hüttenstraße und ein Schulkomplex in Bauhaus-Architektur. Es findet sich inmitten einer Eigenheimsiedlung in Lauchhammer-Ost. Sogar ein Schwimmbecken war damals für die Schüler in die Schule integriert.

Mit dem nordwestlich benachbarten Grünewalder Lauch besitzt Lauchhammer ein attraktives Erholungsgebiet für Badelustige, Surfer und Segler. Der 100 Hektar große See entstand in einem Braunkohlerestloch, Kohle wurde hier von 1957 bis 1966 gefördert. Fünf Kilometer Uferbereich mit gelungener landschaftsgestalterischen Elementen sind zugänglich, ein Rundwanderweg um das Gewässer ist ausgewiesen.

Der Wanderweg nach Lauchhammer ist vom Ortszentrum Grünewalde anfangs rot markiert. Er führt zuerst in das Naturschutzgebiet Welkteich. Um die vorletzte Jahrhundertwende eine Fischzuchtanlage der Mückenberger Teichwirtschaft, hat sich die Natur hier verlorengegangenes Terrain zurückerobert. Die kleinen Gewässer sind nun Refugium für eine artenreiche feuchtliebende Fauna und Flora. Ein 600 Meter langer Lehrpfad erschließt dem Wanderer dieses Gebiet.

Man überquert die Verbindungsstraße Lauchhammer/West-Grünewalde, ab hier ist der Weg bis ins Zentrum nach Lauchhammer gelb markiert.

PLZ: 01979.
Vorwahl: 035 74.
Fremdenverkehrsbüro, Liebenwerdaer Str. 69, Tel. 48 84 88, www.lauchhammer.de.
Kunstgießerei, Tel. 8 85 10 (Werksverkauf).

Gästehaus Villa K, Werner-Külz-Str. 2, Tel. 86 20 11, www.gaestehaus-villa-k.de.
In einer Villa von 1920, EZ 49–60 Euro, DZ 65–85 Euro.

Campingplatz Grünewalder Lauch, Tel. 38 26, (April bis Oktober).

Gasthof Zum Goldenen Born, Grünewalde, Tel. 76 14 37.

Kunstgußmuseum, Grünhauser Str. 19, Tel. 86 01 66, Di–So 13–17 Uhr.
Kunstgießerei, Tel. 8 85 10, www.kunstguss.de (Verkaufsraum Mo–Fr 8–14 Uhr).

Ortrand

Die spätgotische Hallenkirche St. Barbara aus der Mitte des 16. Jahrhunderts ist das Schmückstück des kleinen Ortes. Sie besitzt einen barocken Turm von 1730, im Inneren befindet sich ein romanischer Taufstein.

Am Bahnhofsgebäude aus roten Klinkern ist die farbige Gedenktafel für den Begründer der Eisenbahnstrecke Cottbus-Großenhain, Dr. Karl Eduard Zacharias von Lingenthal, aus dem Jahr 1870 bemerkenswert.

Ansonsten ist Ortrand nicht weiter interessant. Es markierte einst die Grenze zwischen Sachsen und Preußen, heute zwischen dem Freistaat Sachsen und Brandenburg; viele historische Grenzsteine blieben erhalten.

Radtour von Ortrand nach Senftenberg

Vom Bahnhof Ortrand radeln wir ein Stück stadteinwärts, bis der Radweg nach rechts abbiegt. Bis zum Senftenberger See folgen wir den roten Wegmarkierungen, vor Kroppen radeln wir an den Ufern des Alten und Neuen Sempelsteiches vorüber. Nach Plänen des Hofgärtners und Garteninspektors Eduard Petzold, der viele Jahre im Pückler-Park Muskau wirkte, entstand der kleine Landschaftspark Kroppen. Durch die Gartenanlage fließt die Pulsnitz, die im späten Frühjahr von blühendem Rhododendron gesäumt ist.

Am Ostufer des Großen Dubs und über Jannowitz erreichen wir das Dörfchen Lipsa mit Schloß und Torhaus. Das stattliche Gebäude beherbergt ein Alten- und Pflegeheim des Diakonischen Werkes.

Über die Guteborner Straße erreichen wir die letzten Häuser am Waldrand und radeln auf dem schnurgeraden Fahrweg. Am Ortseingang Guteborn biegen wir gleich links in den Schloßpark ab. Das Schloß sucht man allerdings vergeblich. Es fiel im Jahr 1948 den sozialistischen Ideologen zum Opfer: Als ›Hort der Reaktion‹ wurde es von den neuen Herrn dem Erdboden gleichgemacht. Dabei war die Residenz des Prinzen Ulrich von Schönburg ein geschichtsträchtiger Ort. Vor den Revolutionswirren in Dresden ins Preußische geflüchtet, unterschrieb hier am 18. November 1918 der letzte sächsische König, Friedrich August III., die Abdankungsurkunde. Seine dabei geäußerten Worte ›Macht Euern Dreck doch alleene‹ wurden schnell populär. Die erhaltene Schloßkapelle mit dem Grabsteinfragment eines Ritters (1523) und einem Sitznischenportal wurde restauriert.

Wieder im Kiefernwald, rollen die Räder bald durch einen ehemaligen Glassandtagebau. Einige der tiefen Gruben sind schon wassergefüllt und von der Natur zurückerobert. Links von unserer Route wird am Rande noch Glassand abgebaut, Halden sind zum Abtransport aufgeschüttet. Unweit davon steht an einer weißrot-weißen Markierung klein, beinahe verschämt ›Aussicht‹. Wir biegen links ab, bewältigen eine kleine Anhöhe und stehen nach etwa 500 Metern am Aussichtsturm. Von oben blickt man nach Senftenberg und Schwarzheide, in andere Richtungen versperren Baumkronen den erhofften Rundblick. Eine Treppe führt am Hang nach unten. Dort ziehen kleine Felsgruppen aus verhärtetem Glassand, die wahrhaftig wie eine kleine Sächsische Schweiz erscheinen, die Blicke auf sich.

Hohenbocka besitzt ein Schloß, in dessen Baustil sich Spätgotik und Renaissance ansehnlich vermischen. Es wurde von 1896 bis 1898 erbaut und nach der Wende restauriert.

Über Hosena rückt der Senftenberger See immer näher. Um das künstliche Gewässer führt ein knapp 20 Kilometer langer Rundweg, der mit einem grünen Punkt markiert ist. Wir nutzen den Asphaltweg Richtung Niemtsch. Belebte Strände wechseln mit ruhigen Badestellen, an denen auch FKK erlaubt ist. Kurz vor Niemtsch ist das Seeufer aus Sicherheitsgründen gesperrt, wir fahren weiter auf der Straße. Zum Schiffsanlegeplatz und Campingplatz biegen wir rechts ab und gelangen am Seeufer, vorbei am Segelhafen, bis zum Buchwalder Schwarze-Elster-Wehr. Damit ist bereits der Südrand von Senftenberg erreicht.

Länge: 40 Kilometer.

Am Senftenberger See

Mittelalterliche Städte wie Bautzen, Görlitz und Zittau wurden in den vergangenen Jahren mit viel Liebe zum Detail herausgeputzt. Hier läßt es sich gemütlich durch enge kopfsteingepflasterte Gassen bummeln. Im Oberlausitzer Bergland und Zittauer Gebirge kann man nach Herzenslust wandern und klettern.

Die Oberlausitz

Die Oberlausitz reicht im Norden bis zur Landesgrenze zwischen Sachsen und Brandenburg. Im Westen liegt die Grenze an einer Linie zwischen Königsbrück, Bischofswerda und Sebnitz. Tschechien ist südlicher, Polen östlicher Nachbar der Region.

Bis zum Ende des Zweiten Weltkrieges gehörte auch das heute in Polen gelegene östliche Territorium bis zum Bober (Bóbr) und Oberlauf des Kweis (Kwisa) zur Oberlausitz.

1815 wurde der Norden Preußen einverleibt und westlicher Zipfel Niederschlesiens. Nach 1945 verblieben reichlich 2000 Quadratkilometer schlesisches Territorium bei Deutschland.

Landschaftliche Vielfalt auf kleinstem Raum, ausgedehnte Kiefernwälder, Teiche, Gefilde und Bergland, mittelalterliche Stadtkerne sowie folkloristische Besonderheiten der Oberlausitz ziehen immer mehr Besucher in den Südostzipfel Sachsens.

Die Oberlausitz

Das sorbische Sprach- und Siedlungsgebiet in der Oberlausitz erstreckt sich um Hoyerswerda, Weißwasser, Bautzen und östlich von Kamenz.

Weißwasser (Běła Woda)

Mitten durch Weißwasser, entlang der Muskauer Straße, verläuft die Wasserscheide zwischen Nord- und Ostsee. Zwei Findlinge – einer nahe dem Wasserturm, der andere nahe dem Kino Kristall – erinnern daran.

Die Stadt ist von ausgedehnten Kiefernwäldern der Muskauer Heide umgeben, war aber vor allem als früherer Industriestandort von Bedeutung. Seit 1935 mit Stadtrechten ausgestattet, verdankt Weißwasser seinen Aufschwung vor allem der Glasindustrie. Von 1873 bis 1900 entstanden mehrere Glashütten, in denen 40 Schmelzöfen standen. Damals war Weißwasser die größte Glasmetropole der Welt. 1914 arbeiteten drei Viertel der 12 000 Einwohner in der Glasindustrie. Hier gab es Kohle und hochwertigen Quarzsand im Überfluß. Seit Ende der 1960er Jahre wuchs die Stadt erneut, diesmal als Wohnstadt für die Beschäftigten der Kohle- und Energiewirtschaft der DDR, die im Kraftwerk Boxberg und den umliegenden Tagebauen arbeiteten. Glasindustrie und Energiewirtschaft sind noch immer wichtige Arbeitgeber, aber im Vergleich zu 1990 stark geschrumpft.

In den 1930er Jahren sorgte der künstlerische Leiter der Vereinigten Lausitzer Glaswerke, Wilhelm Wagenfeld, für neue Trends in der Glasgestaltung. Industrieglas wurde nach seinen Vorgaben ›so schön und praktisch, daß sich der Reichste wünscht, es zu besitzen, und so preiswert, daß auch der Ärmste es sich kaufen kann.‹ Einen Einblick in diese Geschichte gibt das Glasmuseum. Es ist in der Gerlsdorf-Villa in der Forster Straße untergebracht. Nachgestellte Arbeitsplätze ermöglichen Einblicke in die einstigen Produktionsabläufe der Glasherstellung und Veredelung.

Eine Touristenattraktion ist die einzige Schmalspurbahn Deutschlands mit 600 Millimeter Spurweite, die heute noch auf historischer Strecke verkehrt. Das Bahnhofsgebäude mit Ausstellungsgelände befindet sich in der Teichstraße, am Ostrand der Stadt. Von Mai bis September oder nach Vereinbarung verkehren die Züge von hier durch die Muskauer Heide. Die Fahrt nach Kromlau dauert 20, die nach Bad Muskau 40 Minuten. Die als ›Gräflich von Arnimsche Kleinbahn‹ bekannt gewordene Strecke wurde 1895 in Betrieb genommen, transportierte Ton, Kohle, Torf sowie Holz. Das Streckennetz betrug zu ihrer Blütezeit etwa 70 Kilometer. 1978 wurde sie stillgelegt und größtenteils zurückgebaut, ab 1990 konnten zwei Teilstrecken wiederbelebt werden. Jetzt existieren noch 21 Kilometer, von denen 11 Kilometer regelmäßig befahren werden. Bei Sonderfahrten der Waldeisenbahn Muskau (WEM) wird oft eine Dampflokomotive eingesetzt.

Der schmucke Rathausgiebel

Wanderung zum Braunsteich und nach Krauschwitz

Weißwasser ist von ausgedehnten Wäldern umgeben. Vom Marktplatz, vorbei an einem ehemaligen Glaswerk, gehen wir etwa zwei Kilometer bis zum östlich gelegenen Landschaftsschutzgebiet Braunsteich. Ein Naturlehrpfad mit Schautafeln führt rund um das Gewässer, in der Saison kann man Ruderboote ausleihen.

Die rote Markierung leitet Wanderer vom See ins Naturschutzgebiet Keulaer Tiergarten und weiter nach Krauschwitz. Knorrige alte Kiefern, natürliche Bestände der Lausitzer Tieflandsfichte sowie großflächiger Bewuchs von Adlerfarn sind zu entdecken.

Krauschwitz besitzt ein schönes Erlebnisbad. Wer es besuchen möchte, folgt bei den ersten Häusern der Gemeinde nicht mehr dem roten Balken, dieser Weg biegt hier rechts ab, sondern verbleibt auf dem Fahrweg geradeaus.

Künstlerische Töpferwaren bietet Kathrin Najorka in ihrer Niederschlesischen Töpferei im Waldweg 19 an. Werkstatt- und Schauvorführungen sowie Kurse sind nach telefonischer Voranmeldung unter 035771/64178 möglich. Zurück nach Weißwasser verkehren Linienbusse.

Länge: 6 Kilometer.

Wanderung zum Urwald Weißwasser

Das Naturschutzgebiet Urwald liegt etwa 6 Kilometer südwestlich der Stadt. Der Urwald Weißwasser blieb als einer der wenigen in Deutschland bisher von den Sägen und Äxten der Forstleute verschont. Auf etwa 100 Hektar wachsen uralte Kiefern, Tannen, Fichten sowie stattliche Eichen und Buchen. Mittendrin stand einst das Jagdschloß der Standesherrschaft Muskau, das 1648 vom Grafen Callenberg erbaut und später von Fürst Pückler umgestaltet wurde. Fürst Pückler widmete sich im Jagdschloß in aller Ruhe der Arbeit an seinen Büchern, daher auch der Name der Lokalität Hermannsruhe. 1972 wurde das Gebäude abgetragen. Vor 1945 waren 3000 Hektar als Tiergarten eingehegt, die Wälder waren ein beliebtes Jagdrevier der Muskauer Standesherrschaft und ihrer Gäste.

Am Braunsteich bei Weißwasser

Am Weißwasseraner Wasserturm beginnt der markierte Wanderweg (gelber Balken), er führt vorbei am einzig erhaltenen Torhaus des ehemaligen Tiergartens unweit des Gasthauses ›Grüner Wald‹ und weiter auf der Rennbahn entlang. Interessant ist die Geschichte des Feuerwehrturmes am Weg. Im Jahr 1889 stand hier ein hölzerner Vorgängerbau. Dessen Modell wurde 1900 auf der Pariser Weltausstellung mit einer Goldmedaille bedacht.

Nördlich des Jagdschlosses steht ein Wolfsstein. Er erinnert an den 14. Dezember 1845, als hier der letzte Wolf der Muskauer Heide erlegt wurde. Mittlerweile ist in der Muskauer Heide wieder ein Wolfsrudel heimisch geworden. Das Revier mit dem Truppenübungsplatz Oberlausitz als Kerngebiet umfaßt 250 Quadratkilometer. Naturschützer sind begeistert und meinen, es wäre noch Platz für ein zweites Rudel. 2003 waren bereits 14 Alt- und Jungwölfe unterwegs. Die Einheimischen reagieren wegen blutrünstiger Medienberichte eher verunsichert, bislang aber rissen die Wölfe nur einige Schafe im nahen Dorf Mühlrose.

Seit zwei Jahrzehnten wird das Naturschutzgebiet Urwald durch Grundwasserentzug des angrenzenden Tagebaus Nochten bedroht, die Kohleindustrie hat das Waldgebiet um das Jahr 2020 zum Abbau vorgesehen.

Länge: 12 Kilometer.

PLZ: 02943.
Vorwahl: 03576.
Touristinformation Muskauer Heide, Schillerstr. 4, Tel. 207126.
Waldeisenbahn Muskau in Weißwasser, Jahnstr. 53 (Haus A), Tel. 207472, www.waldeisenbahn.de.

Hotel Kristall, K.-Liebknecht-Str. 34, Tel. 2640, www.hotel-kristall.de (DZ ab 53 Euro, Garni-Hotel am Neubaugebiet).
Hotel Krauschwitz, Görlitzer Sr. 26, Tel. 035771/570, www.fuerst-pueckler-hotel.de (EZ 57 Euro, DZ 77 Euro , Appartement 87 Euro, Suite 99 Euro, Viersternehaus neben dem Erlebnisbad in Krauschwitz, Weinkeller).
Pension Tanneneck, Ährenweg 7, Tel. 207176, www.lausitz-pension.de (EZ ab 31 Euro , DZ ab 48 Euro).
Pension an der Rennbahn, An der Rennbahn 22, Tel. 204729, www.pension-weisswasser.de.

Halbendorf und Kromlau (Infos siehe Touristeninformation).

Turmcafé, Bahnhofstr. 30, Tel. 241097 (Mo–Fr 11.30–23 Uhr, Sa 17.30–23 Uhr, So 11.30–17 Uhr, gegenüber vom Bahnhof im ehemaligen Wasserturm, Restaurant und Café, Bier- und Weingarten, 17 Weine und 13 Biere aus aller Welt).

Glasmuseum, Forster Straße 12, Tel. 204000 (Mo, Di und Do 10–15 Uhr, Mi 10–17 Uhr, Sa/So 14–17 Uhr).

Bad Muskau (Mužakow)

Das niederschlesische Städtchen Bad Muskau besitzt seit 1492 Stadtrechte und liegt idyllisch im Neißetal. Es wäre heute dennoch ein unbekanntes Nest, hätte es nicht seinen weltberühmten Park aufzuweisen.

Dessen Geburtsstunde schlug am 1. Mai 1815. In einem Aufruf bat Hermann Graf von Pückler-Muskau um Unterstützung für das Parkprojekt. Bürger und Dörfler am Neißeufer ließen den Standesherrn gewähren. Einige verkauften ihren Grund, andere ließen sich zum Umsiedeln bewegen, so daß Pückler mit der Umgestaltung ausgedehnter Flächen nach seinen Vorstellungen beginnen konnte.

Fast 190 Jahre nach den ersten Pflanzungen wurde der Park im Jahr 2004 in die Weltkulturerbeliste der UNESCO aufgenommen. Um ein Ausufern dieser Liste zu vermeiden, änderte die UNESCO jüngst ihr Aufnahmekonzept und verwarf das Mengenwachstum. Zukünftig soll pro Staat und Jahr nur noch ein Denkmal den begehrten Status erhalten. Für Muskau hätte es kaum eine Chance gegeben. Aber der mit 546 Hektar größte Landschaftsgarten Europas liegt zu einem Drittel in Deutschland und zu zwei Dritteln in Polen, da die Lausitzer Neiße nach dem

Im Alten Schloß ist heute das Stadt- und Parkmuseum beheimatet

Zweiten Weltkrieg zur Staatsgrenze wurde. Seit dem politischen Wandel wuchs beiderseits der Neiße die Überzeugung, daß Pücklers Landschaftsgarten ein Kunstwerk ist, das zusammengehört. Der UNESCO-Antrag wurde vor allem von polnischer Seite vorangetrieben.

Das Muskauer Neißetal verwandelte sich nach Pücklers Plänen durch aufwendige Erdarbeiten und Anpflanzungen zur Parklandschaft, ohne daß die Kunst des Gestaltens dem Besucher unmittelbar bewußt wird. Stets wechselnde Durchblicke, die Einbeziehung von Wasserläufen und Seen sowie kulissenartig angeordnete Baumgruppen sind charakteristisch für einen Landschaftsgarten, der die Illusion einer nicht von Menschenhand geformten Szenerie bietet. Wie wichtig Pückler dieser Park war, läßt sich an einem Brief ablesen, den er an seine Freundin Bettina von Arnim schrieb. Darin heißt es: »Wer mich ganz kennen lernen will, muß meinen Garten kennen, denn mein Garten ist mein Herz«.

Im Mittelpunkt des Schloßparks steht das Neue Schloß. Das herrliche Neorenaissancegebäude brannte wenige Tage nach Kriegsende aus; die Umstände wurden nie geklärt. Über fünfzig Jahre fristeten die Mauern ein schaurig-romantisches Dasein. Schloß und Park kamen nach der Wende in die Obhut des Freistaates Sachsen, die Regie übernahm schließlich die neu gegründete Stiftung ›Fürst-Pückler-Park Bad Muskau‹. Seit 1995 schreitet die Teilrekonstruktion voran, bislang wurden Mauern gesichert, Decken neu vergossen, Fenster ein- und Dächer aufgesetzt.

Um zu zeigen, wie schön das Neorenaissanceschloß einmal aussah, erstrahlt ein Teil des Südflügels originalgetreu im alten Glanz. Obwohl die Bauarbeiten noch nicht abgeschlossen sind, werden Besucher gern durch die altehrwürdigen Mauern geleitet, es finden auch Sonderausstellungen satt.

In vielen Räumen und im Treppenhaus vermitteln historische Fotos eine Ahnung früherer Pracht. Schöne Gewölbe sind im Rittersaal rekonstruiert, in dem sich einst die Bibliothek befand. Im Haupttreppenhaus wandeln Besucher auf original erhaltenen Granitstufen entlang einer filigranen Sandsteinbalustrade. Im westlichen Turmzimmer steht man knapp dreißig Meter über dem Schloßteich. Weit schweift der Blick von hier über den Park.

Im Nordflügel eröffnete 2003 die ›Muskauer Schule‹, eine internationale Ausbildungsstätte für Gartendenkmal- und Kulturlandschaftspflege, und belebte so eine lange Tradition aufs Neue. Im 19. Jahrhundert genoß die ›Muskauer Schule‹ bereits hohes Ansehen. Absolventen schufen viele grüne Oasen oder waren für die Pflege vorhandener Gärten verantwortlich. Sogar bis nach Nord- und Südamerika lassen sich ihre Spuren verfolgen.

In den letzten Jahren wurde im Muskauer Park viel geholzt, um die von Pückler konzipierten Blickachsen wieder herzustellen. Die deutsch-polnische Zusammenarbeit trägt bereits Früchte. Nach über fünf Jahrzehnten können Be-

Ein weiterer schmucker Bau im Schloßpark: die Orangerie

sucher wieder die historische Konzeption mit Pücklers Raumkompositionen erleben, in die auch sehenswerte Bauten einbezogen sind.

Das Alte Schloß stammt aus dem 14. Jahrhundert. Zum Ende des Zweiten Weltkrieges zerstört, wurde es zwischen 1965 und 1980 wiederaufgebaut und beherbergt seitdem das Stadt- und Parkmuseum. Über dem prächtigen Eingangsportal des Alten Schlosses stehen drei Sandstein-Plastiken. Der ›Starke Mann‹ (Stadtwappen), ›Flora‹ und ›Hygieia‹ sind Sinnbilder für die Muskauer Landschaft und das ansässige Moorbad.

Neben dem Neuen Schloß steht das Kavalierhaus von 1772. Einst diente es als Sommerhaus und Theater, nach 1945 wurde es als Krankenhaus wieder errichtet und ist seit 1950 Kurhaus des Moorbades. Hier werden vorwiegend Patienten mit rheumatischen Erkrankungen behandelt.

Zwischen Neuem Schloß und Lausitzer Neiße befindet sich die Orangerie. Sie entstand 1842 bis 1847 im Tudorstil nach Plänen des Dresdner Baumeisters Gottfried Semper. Heute ist sie Sitz der Verwaltung der ›Fürst-Pückler-Stiftung‹ und Kulisse für wechselnde Ausstellungen und Konzerte. Nahe der Orangerie führt die Doppelgitterbrücke über die Neiße in den polnischen Parkteil (Personalausweis mitnehmen!).

Das benachbarte Tropenhaus beherbergte früher die Schloßgärtnerei. Heute sind hier Kakteen, Orchideen, Bromeliaccaen (Ananasgewächse), Wasserpflanzen und die ›Königin der Nacht‹ zu sehen.

Der Ort selbst ist unscheinbar und wurde durch die Kriegshandlungen 1945 arg in Mitleidenschaft gezogen. Ein Abstecher in den Bergpark mit der Ruine der kleinen Bergkirche ist da schon lohnender. Über eine Treppe gegenüber vom Markt oder durch die Berg'sche Kirchgasse, die neben dem Gasthaus Parkstübl unscheinbar nach oben führt, gelangt man schnell dorthin. Die Bergkirche gilt als ältester Kirchenbau der östlichen Oberlausitz. Die erste urkundliche Erwähnung stammt aus dem Jahr 1346, Gottesdienste wurden bis zum Jahr 1785 abgehalten. Von der Wiese nahe der Bergkirche genießt man einen herrlichen Blick über die Parkstadt, die wie eingerahmt von Pücklers Gartenkunstwerk vor dem Betrachter liegt.

Vor der Bergkirchruine führt der Oberweg entlang. Läuft man an den roten Parkhäusern vorbei, kommt man zum 160 Meter hohen Weinberg. Der Bergpark bildet den Scheitelpunkt des Muskauer Faltenbogens. Pückler nutzte das abwechslungsreiche Relief mit seinen Schluchten und Plateauflächen geschickt aus, was vor allem in ungewöhnlichen Wegführungen und großartigen Sichtbeziehungen zum Ausdruck kommt.

Geht man am Weinberg auf einem schmalen Pfad den Abhang hinunter und hält sich auf dem Hauptweg immer links, gelangt man nach etwa zwei Kilometern in den Badepark. Dort befand sich ehemals das Hermannsbad, das 1930 aus wirtschaftlichen Gründen geschlossen und 1945 fast völlig zerstört wurde. Im Badepark gedeihen seltene Bäume wie Goldeiche, Tulpenbaum, Schwarznuß und Eßkastanie.

Wanderung von Bad Muskau über Köbeln in das Naturschutzgebiet Zerna

Am Wasserturm, jetzt Restaurant und Aussichtsturm, biegt die Straße nach Köbeln rechts ab. In der Köbelner Schulstraße 12 haben Jugendliche aus mehreren Ländern eine historische Schrotholzscheune aus dem 19. Jahrhundert rekonstruiert, die heute unter dem Namen ›Alwins Hof‹ bekannt ist. Das letzte Köbelner Haus rückt ins Blickfeld, ein kleines Schild markiert hier die nördliche ›Sachsengrenze‹, die gleichzeitig die Grenze zwischen Ober- und Niederlausitz ist. Biegt man am Haus rechts ab, so gelangt man an das Neißeufer. An dieser Stelle brachen sowjetische Einheiten am 16. April 1945 durch den stark gesicherten deutschen Verteidigungsgürtel am Westufer der Neiße.

Der ›Hänsel- und Gretelweg‹ führt in das Naturschutzgebiet Zerna. Eichen, Fichten, Buchen und Erlen – die Vegetation wird immer abwechslungsreicher. Über eine Holzbrücke passieren wir den Lachgraben und wenden uns nur ein paar Schritte weiter links einem fast unscheinbaren Pfad zu, der hier auf etwa halber Höhe des steilen Neißehanges verläuft. Am Fuße des Hanges treten Quellen zutage. Der Wanderweg endet in Köbeln.

Radler können die naturnahe Neißeaue über Pusack, Bahren, Klein Bademeusel und Groß Bademeusel bis nach Forst erkunden.

Länge: 10 Kilometer (Hin- und Rückweg).

Radtour von Bad Muskau nach Klein-Priebus

Von Bad Muskau folgen wir der Neiße auf dem Teilstück des Oder-Neiße-Radwegs flußaufwärts parallel der B 115 bis nahe Krauschwitz. Hier biegen wir nach links ab. Durch naturnahe Auen, Waldstücke, Wiesen und Felder folgen wir nun immer der Neiße. Sagar wird als erstes Neißedorf erreicht, es liegt ›hinter dem Berge‹, wovon auch der sorbische Ursprung des Ortsnamens herrührt (za gory). Hier gibt es das Forst- und Agrarhistorische Museum zu besichtigen Die Öffnungszeiten sind montags bis donnerstags von 9 bis 14 Uhr, freitags von 9 bis 12 Uhr und sonnabends und sonntags von 15bis18 Uhr.

Skerbersdorf–mit Gasthaus an der Straße von Krauschwitz nach Klein-Priebus–und Pechern sind die nächsten kleinen Dörfer. Der Ort war früher für die Pechbrennerei bekannt. Die Herstellung erfolgte in Pechöfen durch Verkochen

Die kleine Fachwerkkirche in Pechern stammt aus dem 16. Jahrhundert

von Baumharz. Noch um 1840 waren im Kreis Rothenburg insgesamt 20 derartige Öfen im Betrieb. Pechern besitzt in Neißenähe eine kleine Fachwerkkirche aus dem 16. Jahrhundert. Der Ort Podrosche hat durch die 1995 eröffnete Grenzbrücke für Auto-, Radfahrer und Fußgänger seinen früheren verschlafenen Charakter verloren: Im gegenüberliegenden Przewóz (Priebus) entstand ein großer Einkaufsmarkt.

Die Podroscher Kirche, ehemals ein Fachwerkbau, stammt aus dem Jahr 1668 und wurde für evangelische Gläubige gebaut, da die Kirche im gegenüberliegenden Hauptort Priebus Katholiken gehörte. 1907 durch Blitzschlag und 1945 durch Kriegseinwirkungen stark zerstört und massiv wiederaufgebaut, ist sie jetzt wieder ein Schmuckstück. Sehenswert ist der gegenüberliegende alte Bergfriedhof, auf dem seit dem Mittelalter bestattet wird. Einige historische Grabtafeln an der kleinen Kapelle blieben erhalten. Die Anhöhe über der Neiße war vor Jahrhunderten eine slawische Burg, wie Ausgrabungen im Jahr 1937 bestätigten.

Von Klein-Priebus aus kann man mit dem Linienbus zurück nach Krauschwitz und Bad Muskau gelangen. Die Busse bedienen alle hier genannten Ortschaften, so daß man die Tour je nach Kondition abkürzen kann.

Länge: 20 Kilometer.

PLZ: 02953.
Vorwahl: 03 57 71.
KURgesellschaft mbH Bad Muskau – Touristik, Schloßstr. 3, Tel. 5 04 92, www.badmuskau.de.
Besucherinformation Muskauer Park im Schloßvorwerk (Remise), Tel. 5 15 25, Di–So 10–17 Uhr.
Stiftung ›Fürst-Pückler-Park Bad Muskau‹/Öffentlichkeitsarbeit, Orangerie, Tel. 5 20 10, www.muskauer-park.de.
Parkführungen: Sa 15 Uhr, So 11 und 15 Uhr, Treffpunkt ist die Remise neben dem Fürst-Pückler-Café, Termine für Führungen durch das Neue Schloß über Tel. 5 15 25 erfragen.

Hotel Am Schloßbrunnen, Köbelner Str. 68, Tel. 52 30, www.schlossbrunnen.de.
Seminar- und Gästehaus Turmvilla, Hermannsbad 9, Tel. 5 26 51, www.turmvilla.de/seminarhaus
Gasthof Parkstübl, Kirchstr. 53, Tel.6 02 71.
Pension Am Schloßpark, Gartenweg 1, Tel. 5 01 79.

Fürst-Pückler-Café im Schloßvorwerk, Tel. 6 44 88.
Gasthof Zum Bockkeller, Bockkellergasse 2, Tel. 6 95 09.

Stadt- und Parkmuseum im Alten Schloß, Mai bis September Di–Fr 10–12 und 13–17 Uhr, Sa, So und Feiertage 13–17 Uhr, Oktober bis April Di–Fr 10–12 und 13–16 Uhr, So und Feiertage 13–16 Uhr.

Faschingsumzug (Februar).
Stadtfest (August).
Fischerfest am Eichsee (Oktober).

Kromlau

Die schönste Zeit für einen Besuch in Kromlau, fünf Kilometer westlich von Bad Muskau gelegen, sind die Monate Mai und Juni, denn dann zeigen Azaleen und Rhododendren im größten Rhododendronpark Deutschlands ihre wunderschöne Blütenpracht.

Bis zur Mitte des 19. Jahrhunderts wechselten die Besitzer des Kromlauer Gutes häufig, der Waldboden warf nur geringe Erträge ab. 1842 kaufte Friedrich Hermann Rötschke das Terrain. Auf 200 Hektar ließ er eine Parklandschaft nach dem Vorbild des benachbarten Muskau gestalten.Viele fremdländische Gehölze aus jener Zeit haben mittlerweile ihre volle Schönheit erlangt. Rötschke ließ künstliche Gewässer und über den Rakotzsee eine Bogenbrücke aus Feldsteinen anlegen, Basaltsteinturmgruppen schmücken zusätzlich die Parklandschaft.

Im Jahre 1889 erwarb dann Friedrich Leopold von und zu Egloffstein die Besitzungen und ergänzte den Park mit tausenden Rhododendren und Freilandazaleen.

Die ›Rhododendrongasse‹ im Park

Nach einem ersten Touristenboom in den 1930er Jahren ebbte der Gästezustrom während des Zweiten Weltkrieges ab. In der Nachkriegszeit verwilderte die Anlage. Erst ab 1960 widmeten sich Fachleute wieder der Pflege und dem Erhalt des Gartenkunstwerkes.

Im ehemaligen Kavalierhaus befindet sich das Tourismusbüro der Gemeinde im schweizerischen Stil mit Butzenglasfenstern, Sandsteinplastiken und Fassadenmalereien. Im einstigen Rentamtsgebäude gegenüber laden das Café Azalee sowie das Romantikrestaurant ›Alte Provinz‹ ein.

Am nördlichen Ortsrand befindet sich ein Badesee mit guter Wasserqualität. Zum Auto bietet sich eine interessante Anreisealternative: Zwischen Weißwasser und Kromlau verkehrt die Waldeisenbahn (s. Weißwasser).

Im Nachbardorf Gablenz (Jabłońc), der sorbische Name bedeutet Apfelbaumdorf, steht der Dreiseithof Bartelshof, mit Wohnhaus in Schrotholz- und Scheune in Fachwerkbauweise, Bienenhaus, funktionstüchtigem Backofen und hölzerner Pumpe, Telefon 035 76/22 27 05. Im Gablenzer Freizeitzentrum am Seeweg sitzt es sich gemütlich im Gasthof ›Zum Alten Lager‹. Es hat montags bis freitags ab 11 Uhr und sonnabends und sonntags ab 10 Uhr geöffnet, Telefon 035 76/21 70 70).

Schleife (Slepo)

In Schleife und den Nachbardörfern Rohne (Rowno), Mühlrose (Miłoraz), Trebendorf (Trjebin) und Halbendorf (Brězowka) leben heute noch Sorben mit deutschen Bewohnern Tür an Tür. Als einzigartig gilt die hiesige Volksmusik mit sorbischem Dudelsack und dreisaitiger Geige, das Sorbische Folkloreensemble Schleife ist über die Grenzen der Lausitz bekannt. Das ehemalige Gasthaus Eschenbach ist heute ein sorbisches Kulturzentrum.

Die Schleifer Kirche stammt aus dem 14. Jahrhundert und besitzt einen aus Feldsteinen erbauten spätgotischen Altarraum. Auch die umliegenden Häuser und Gehöfte, aus roten Klinkersteinen erbaut, sind von kulturhistorischer Bedeutung. Daher wurde der gesamte Dorfkern unter Denkmalschutz gestellt. Noch heute ist der ursprüngliche Charakter des Dorfes, ein slawischer Rundling, sichtbar.

In Rohne gewährt eine kleine Heimatstube (Serbska śpa) einen Einblick in das frühere Leben der Sorben. Die Exposition zählt mehr als 400 Stücke – kunstvolle Trachten, hübsche Puppen, eine hölzerne Handmangel, geschnitzte Butterformen und einen historischen Kachelofen mit umlaufender Sitzbank.

Der Halbendorfer See, hervorgegangen aus einem Braunkohletagebau, dessen Betrieb 1969 beendet wurde, ist heute ein beliebtes Naherholungszentrum mit schönen Stränden (auch FKK am Südstrand), 70-Meter-Riesenrutsche und Campingplatz am Nordstrand. Das etwa zwei Kilometer lange und 500 Meter breite Gewässer liegt nahe der Straße Schleife–Halbendorf–Weißwasser.

Boxberg (Hamor)

Mitsamt seinen Ortsteilen und den benachbarten Orten ist Boxberg nachhaltig vom Braunkohletageabbau geprägt. Einen guten Überblick darüber erhält man am Aussichtspunkt des Tagebaus Nochten im Nordosten von Boxberg. Hier entstand, eingebettet in eine nachgestaltete Dünenlandschaft, der Lausitzer Findlingspark mit etwa 3000 Findlingen aus dem Tagebau Nochten. Das größte Exemplar, drei Meter im Durchmesser, wiegt 40 Tonnen. Neben heimatlicher Landschaft wurde hier auch ein ›Skandinavien im Miniformat‹ gestaltet, ein Lehrpfad führt an über 80 Findlingen aus dem Hohen Norden vorüber.

Schon von weitem sind die 300 Meter hohen Schornsteine und etwa 100 Meter hohen Kühltürme des Braunkohlekraftwerks Boxberg zu sehen. Im Ortsteil Sprey (Sprjowje), am Südrand des Tagebaus Nochten, blieb eine kleine Schrotholzkirche aus dem Jahr 1750 erhalten. Das erste Gotteshaus entstand hier schon 1520 als Tochterkirche der wendischen Andreaskirche zu Muskau. Das Kirchlein wurde ohne Metallnägel zusammengefügt. Das geschnitzte Altarbild mit farbigen Holzfiguren der Heiligen Martin, Barbara, Stephanus, Katharina und Laurentius stammt aus dem Jahr 1480, der Altartisch wurde aus Mooreiche gefertigt. Der kleine Kirchturm ist eine Zutat der Restaurierung aus dem Jahr 1969. Anmelden kann man sich telefonisch unter 03 57 74/24 73. Sprey ist über eine kleine Verbindungsstraße (Richtung Bärwalde), die am westlichen Kraftwerksgelände vorbeiführt, zu erreichen.

Kurz vor dem Ortseingang Reichwalde (Rychwałd) befindet sich links in einem Kiefernwald eine Graureiherkolonie. Die Vögel ließen sich auch vom Tagebaulärm nicht beeindrucken. Das Wäldchen steht auf dem Braunkohleflöz und sollte abgebaggert werden, wurde aber bereits zu DDR-Zeiten durch das Engagement des früheren Ostberliner Tierparkdirektors, Dr. Heinrich Dathe, gerettet. Am Ortsausgang von Reichwalde steht eine Doppelreihe mächtiger Eichen auf dem alten Schöpsdeich, an dessen Ende ein Weg zum Aussichtshügel führt. Von hier bietet sich ein Blick in den Tagebau Reichwalde, die Bergbaufolgelandschaft und die erhaltene Kulturlandschaft.

Der Spree-Schöpstal-Wanderweg, gekennzeichnet mit grünem Balken, führt über 21 Kilometer von Sprey nach Boxberg, Kringelsdorf und Reichwalde.

Das Schrotholzkirchlein Sprey bei Boxberg ist ohne Nägel zusammengefügt

Kromlau:
PLZ: 02953.
Vorwahl: 03576.
Tourismusbüro, Halbendorfer Str. 6, Tel. 222828, www.kromlau-online.de.
▶ Schleife:
PLZ: 02959. Vorwahl: 035773.
Sorbisches Kulturzentrum, Friedensstr. 65, Tel. 77230, www.sorb-kulturzentrum.de.

Café Azalee, Kromlau, Halbendorfer Str. 7, Tel. 222928.
Romantikrestaurant ›Alte Provinz‹, Tel. 218401; täglich außer Di 11–14 und 17–22 Uhr.

Campingplatz Kromlau (April bis September) und Feriendorf mit Bungalowsiedlung, Tel. 222828.
▶ Schleife: Campingplatz Halbendorf, Dorfstr. 45 a, (Mai bis September),
Tel. 035773/76413.

Kromlau: Park- und Blütenfest (Pfingsten).
▶ Schleife: Fest der sorbischen Kultur (Ende Juni/Anfang Juli).

Schleife: Heimatstube Rohne, Anmeldungen zur Besichtigung bei Frau Noack, Trebendorfer Weg 20, die auch den Schlüssel verwahrt, Tel. 035773/70712.
Lausitzer Findlingspark Nochten, Mitte März bis Mitte November täglich 10–18 Uhr,
Tel. 035774/74711.
Schrotholzkirche Sprey, Anmeldung bei der Gemeindeverwaltung Boxberg, Tel. 035774/3540.

Rietschen und Umgebung

Rietschen profitierte vom Braunkohleabbau in ganz ungewöhnlicher Weise. Die meisten hiesigen Schrotholzgebäude standen ursprünglich westlich von Rietschen in Dörfern, die sich im Braunkohleabbaugebiet des Tagebaus Reichwalde befanden. Sie wurden nach Rietschen umgesetzt. Seit 1991 entstand hier der Erlichthof mit Tor-, Wohn- und Ausgedingehaus, komplettiert durch Scheune, Stallgebäude und Backhaus. Der Wiederaufbau gelang so perfekt, daß man glauben mag, alles stände schon immer an diesem Ort. Die Öffnungszeiten sind dienstags bis sonntags von 10 bis 17 Uhr. Im Mittelalter waren die Blockhäuser in Schrotholzbauweise in Zentraleuropa weit verbreitet. Im Raum Weißwasser blieben über hundert derartige Bauten aus dem 17. bis 19. Jahrhundert erhalten, die man ansonsten nur noch im Spreewald, im Vogtland und in Böhmen bewundern kann. Die Besonderheit liegt darin, daß die zum Bau ausgewählten Kiefern bereits sieben Jahre vor dem Fällen ihrer Baumkrone beraubt wurden. Das Harz stieg dadurch auf und bildete so einen natürlichen Holzschutz. Die bis zu zehn Meter langen

Holzstämme wurden ohne Säge, nur mit Äxten, bearbeitet und ohne Metallnägel zusammengefügt.

In den letzten Jahren wurde die Erlichthofsiedlung um die Gaststätte und Pension Forsthaus (Tel. 0 35 72/ 4 05 62), Ferien- und Gästehaus, Weberei, Keramikscheune, Töpferei, Hofschneiderei, Holzwerkstatt, Glasstübchen, Hof- und Naturladen sowie Bäckerei mit Café erweitert. Bundeskanzler Gerhard Schröder spendierte im Rahmen einer Sommertour durch die neuen Bundesländer im Jahr 2001 die ›Kanzlerglocke‹.

Im schönen Erlichthof

Rietschen ist von vielen Fischteichen umgeben. Im Oktober wird am Erlichtteich noch immer so abgefischt, wie es die Vorfahren taten: nur mit Booten, Netzen und Käschern. Zum Teichgebiet von Niederspree, einem großen Naturschutzgebiet, gelangt man über die östlich gelegenen Ortschaften Daubitz und Quolsdorf. Im Schloß Niederspree, einer Naturschutzstation und Umweltakademie, gibt es Übernachtungsmöglichkeiten. Das Schloß erreicht man telefonisch unter 03 58 94/3 02 34.

In Spree, einem kleinen Dorf an der Bahnstrecke Berlin – Görlitz, steht unweit der Hauptstraße ein Gutsspeicher aus dem Jahr 1748. Der zweigeschossige Blockständerbau mit Satteldach gilt hierzulande als einzigartig, nur in Frankreich existiert noch ein vergleichbarer Bau. In Stannewisch, auf der B 115 zwischen Rietschen und Niesky schnell zu erreichen, lädt ein Wildgehege mit Dam-, Muffel- und Schwarzwild zum Besuch ein.

Wanderung von Rietschen über Teicha nach Daubitz und zurück

Wir folgen der Hauptstraße in Rietschen ein Stück Richtung Niesky und biegen am Haus des Diakonischen Werkes in die Gartenstraße links ab. Die wenig befahrene Straße führt nach Teicha. Etwa auf halber Distanz überquert ein Trampelpfad die Bahngleise. Alte Kastanien und Linden säumen den Weg ins Ortszentrum, am Kriegerdenkmal lädt eine Bank zum Pausieren ein.

Auf der Teichaer Allee laufen wir nach Daubitz. Den Kirchturm der evangelischen Kirche sieht man schon von weitem. Vorbei am Daubitzer Schloß und durch den ehemaligen Gutshof stehen wir bald vor der St. Georgskirche. Sakralbau, Pfarrhaus, Alte Schule und zwei Schrotholzhäuschen bilden hier ein interessantes Bauensemble. Im Daubitzer Gewandhaus wurden früher während des Marktreibens Stoffe, Tuche und Gewänder ausgelegt. Zu DDR-Zeiten sträflich vernachlässigt, verfiel die historische Bausubstanz durch die Nutzung als Düngemittellager. Nach der Wende wurde das Gebäude behutsam saniert.

Über Feld- und Wiesenwege nähern wir uns den nordwestlich gelegenen Heidehäusern. Die nördlich angrenzende Muskauer Heide wird von der Bundeswehr als Truppenübungsplatz benutzt. Seit einigen Jahren sind auf diesem Areal erstmalig in Deutschland, 150 Jahre nach der Ausrottung, wieder Wölfe heimisch geworden.

Vorbei an den Ufern mehrerer idyllisch gelegener Fischteiche gelangen wir zum Erlichthof nahe Rietschen. Von hier ist es nicht mehr weit bis zum Ausgangspunkt der Wanderung.

Gesamtstrecke: 10 Kilometer.

Die Kulturinsel Einsiedel entführt in ungewöhnliche Welten

Rothenburg und Umgebung

Zwischen 1815 bis 1945 war Rothenburg an der Lausitzer Neiße die kleinste deutsche Kreisstadt und gleichzeitig die mit dem größten Kreisterritorium, etwa 1350 Quadratkilometer. Sehenswert sind neben der klassizistischen Kirche aus dem 19. Jahrhundert zahlreiche schöne Zunftzeichen, die sich an den Häuserwänden im Stadtzentrum befinden. Der Stadtpark, auf 20 Hektar im englischen Stil gestaltet, besitzt großflächige Rhododendron- und Azaleenbestände, im Rathaus ist das Heimatmuseum eingerichtet. Auf dem Flugplatz befindet sich das Flugtechnische Museum, in dem Flugtechnik aus NVA-Beständen ausgestellt ist. Am Rastplatz Pläderitze ist ein historischer Reisewaggon der Deutschen Reichsbahn zu besichtigen.

Zwischen Rothenburg und Görlitz befindet sich im östlichsten Dorf Deutschlands, in Deschka-Zentendorf, die Kulturinsel Einsiedel. Eine Galerie, das Café im Blockhaus, die Feuerschenke mit fünf Kaminen, zauberhafte Abenteuerspielplätze, geheimnisvolle Tunnelgänge (Taschenlampe nicht vergessen!), Skulpturenpark, Zauberschloß und fünf Bühnen laden kleine und große Besucher ein. Die vielen hölzernen Unikate stammen von über 20 Gestaltern. Einsiedel ist eine Oase, in der sich Kunst, Kultur und Natur auf 6000 Quadratmetern mit über 25 Attraktionen spielerisch verbinden. Im ›Wildwasserbach‹ können Kinder nach Lust und Laune matschen.

PLZ: 02929.
Vorwahl: 03 58 91.
www.rothenburg-ol.de.

Pension und Gasthaus Preußischer Hof, Marktplatz 15, Tel. 3 53 37.

Kulturinsel Einsiedel, Tel. 49 10, www.kulturinsel.de; März bis Oktober täglich 10–18 Uhr.
Flugtechnisches Museum, Flugplatz Rothenburg, Mo–Fr und jeden ersten Sa und dritten Mo im Monat 11–18 Uhr, Tel. 3 52 88.
Bauernmuseum Wilhelmshof in Rothenburg, Feldern 5. Landwirtschaftliche Geräte und Kleinkram.

Niederschlesische Flugtage auf dem Flugplatz Rothenburg (Juni). Theatrum (April). Folklorum auf der Kulturinsel Einsiedel (September). Spielum (Oktober).

Niesky (Nieska) und Umgebung

In Horka, an der Bahnstrecke Berlin–Görlitz gelegen, steht eine sehr alte Wehrkirche, die von einer der besterhaltensten Wehrmauern Deutschlands umgeben wird. Kirche und Wehrmauern stammen vermutlich aus dem 13. Jahrhundert. Die

Randlage des Ortes abseits von wichtigen Heer- und Handelswegen bewahrte die Kirche vor Zerstörung, Plünderungen, auch Stiländerungen wurden nicht vorgenommen. Offizielle Besichtigungen finden nur am Tag des offenen Denkmals im September statt, man kann sich aber auch beim Ortspfarrer Frey oder beim Bäckermeister Hübner, Telefon 03 58 92/32 25, zu einer außerplanmäßigen Führung anmelden.

Die Entstehungsgeschichte von Niesky – seit 1935 mit Stadtrechten ausgestattet – ist außergewöhnlich. Mitten im Wald, auf dem Besitz des Rittergutes Trebus, gestattete Gutsherr Siegmund von Gersdorff im Jahr 1742 die Ansiedlung von böhmischen Glaubensflüchtlingen, die wegen der Gegenreformation aus dem Habsburgerreich kamen. Sie waren frei von Erbuntertänigkeiten und feudalen Diensten. Unter der Obhut des Grafen von Zinzendorf bildeten sie eine Herrnhuter Brüdergemeine. So entstand in Niesky (niska = demütig) ein evangelisches Zentrum für Gläubige aus Böhmen und Mähren.

Zum Gedenken an den Wegbereiter der Brüdergemeine trägt der Markt den Namen Zinzendorfplatz. Seit 1753 hat sich der Grundriß des Platzes kaum verän-

Ruhe und Beschaulichkeit in der Teichlandschaft bei Mücka

dert. An der Westseite steht die Kirche der Brüdergemeinschaft (1774/75), auch das älteste Gebäude der Stadt (1742) befindet sich am Platz: Das Raschkehaus, Hausnummer 8, war Heimstatt des ersten Ortsvorstehers Johann Raschke. Heute beherbergt das Fachwerkhaus ein Museum mit historischem Kücheninventar, Möbel, Weberstube und dem Fremdenverkehrsbüro. Bemerkenswert ist die Sonnentreppe, die das Licht des Flurfensters bis in die hinterste Ecke scheinen läßt – besonders zum Sonnenuntergang ein Erlebnis.

Der Tischler Christoph und der Architekt Unmack gründeten 1897 in Niesky einen Betrieb, der sich auf die Herstellung transportabler Militärunterkünfte spezialisierte, bereits 1900 waren auch Fertigteilhäuser im Angebot. Nach dem Ersten Weltkrieg war Niesky Europas größte Holzhausfabrik, die Christoph & Unmack AG lieferte sogar nach Übersee. Um das Käuferinteresse zu wecken, entstanden in Niesky mehrere Musterbauten, im Südosten der kleine Stadtteil Neuödernitz als Werkssiedlung, und sogar die katholische Kirche wurde aus Holzfertigteilen errichtet. Die schönen Häuser stehen in der Christoph-, Blockhaus-, Schubert-, und Wachsmannstraße. Vier Jahre lang war der Deutschamerikaner Konrad Wachsmann Chefarchitekt des Betriebes. Als Pionier des industriellen Bauens perfektionierte er die Massenproduktion von Holzfertigteilbauten, entwarf aber auch Bahnhöfe, Hotels, Schulen und Krankenhäuser. Auch das Sommerhäuschen von Albert Einstein in Caputh bei Potsdam ist ein Werk Wachsmanns. Nach der Machtergreifung der Nazis emigrierte Wachsmann in die USA und hob dort 1941 die erste automatisierte Fertighausfabrik der Welt aus der Taufe. Die Einzelteile konnten auch von Ungelernten in fünf Tagen zusammengesetzt werden.

Der zufriedene Chef der Kreba-Fisch GmbH

Der Wartturm, südwestlich der Stadt gelegen, dient als Aussichtsturm. Er wurde 1835 erbaut und trägt den Kosenamen ›Dicker‹, denn Höhe und Durchmesser sind gleich: 18 Meter. Der Turmschlüssel ist im benachbarten Waldbad auszuleihen.

Südwestlich von Niesky breitet sich die größte Wasserfläche in Sachsen aus. Der Quitzdorfer Stausee umfaßt 750 Hektar, an seinem Ufer stehen Feriensiedlungen und Campingplätze.

In der kleinen Gemeinde Mücka (Mikow) westlich von Niesky befindet sich in der Alten Försterei gegenwärtig noch die Reservatsleitung des Biosphärenreservats Oberlausitzer Heide- und Teichlandschaft, telefonisch unter 03 58 93/5 06 40 zu erreichen oder im Internet unter www.biosphaerenreservat-oberlausitz.de. Außerdem steht in Mücka das älteste Fachwerkhaus der Region, ein Schmuckstück. Ein Naturerlebnispfad ›Landschaftsgeschichte‹ führt von Mücka über Neudorf nach Kreba.

Im Oktober lädt das Dorf Kreba, nördlich von Mücka gelegen, zum Abfischen an der Schwarzen Lache zu einem Fischerfest ein, alljährlich folgen tausende Gäste dem Ruf der Binnenfischer.

Radtour von Mücka ins Biosphärenreservat

Von Mücka aus kann man auf einer ruhigen Straße über die Orte Förstgen, Tauer, Zimpel und Kaschel in die idyllische Teichlandschaft bei Rauden radeln. Alte Laubbaumbestände säumen hier die Teichufer, und in Milkel steht ein sehenswertes Schloß. Von Oppitz fahren wir über Wald- und Wiesenwege nach Hermsdorf. Kurz hinter Weißig steht ein großer Granit-Obelisk am Wege. Auf einer Gedenkplatte ist zu erfahren, daß hier Weltgeschichte geschrieben wurde. ›Unter General York lieferten sich 8000 preußische und russische Soldaten in treuer Waffenbrüderschaft am Vorabend der Schlacht bei Bautzen ein schweres Gefecht gegen 14 000 Mann der französischen Okkupationsarmee unter Lauriston‹. In Steinitz bietet sich eine Rast im gemütlichen Gasthof ›Lindeneck‹ an. An zahlreichen Fischteichen entlang rollen die Räder später parallel der stillgelegten Bahnlinie Bautzen–Knappenrode, ab Koblenz am Ufer des Knappensees entlang und weiter auf dem Radweg parallel der B 96 nach Hoyerswerda mit Bahnanschluß für die Rückfahrt.

Länge: 50 Kilometer.

PLZ: 02906. Tel.0 35 88. Fremdenverkehrsbüro Niesky im Heimatmuseum, Zinzendorfplatz 8, Tel. 2 55 80, www.niesky.de.

Bürgerhaus Niesky, Muskauer Str. 31, Tel. 2 57 70, www.buergerhaus-niesky.de. Pension Body Sun, Muskauer Str. 30, Tel. 20 17 18, www.pension-bodysun.de.

Tonschächte, Niesky-See (Zufahrt über B 115), Tel. 20 57 71.

Heimatmuseum, Markt 8, Tel. 2 56 00, Di–Fr 9–12 Uhr und 13–16 Uhr, So 13–17 Uhr.

Uhyst (Delni Wujězd), Lohsa (Łaz) und Knappenrode (Hórnikecy)

Uhyst liegt am Südwestrand des stillgelegten Braunkohletagebaus Bärwalde, mit Bahnstation an der Strecke Hoyerswerda–Niesky, und ist ein günstiger Ausgangsort für Radtouren in die Oberlausitzer Heide- und Teichlandschaft.

Die evangelische Barockkirche aus dem Jahr 1716 besitzt noch das ursprüngliche Inventar, außen sieht man verwitterte Grabsteine aus dem 17. und 18. Jahrhundert. Nebenan steht das Dannenberghaus, das die Herrnhuter Brüdergemeine Mitte des 18. Jahrhunderts bauen ließ. Hier besuchten viele Kinder adliger Familien eine Internatsschule, darunter der später berühmte Hermann Fürst von Pückler-Muskau. Im Jahr 1738 wurde das Schloß inmitten eines Parks errichtet.

Lohsa war die Wirkungsstätte von Handrij Zejler. Der bedeutende Dichter gilt als Begründer der sorbischen Romantik und war hier 37 Jahre Pfarrer, von 1835 bis 1872. Ein Denkmal erinnert an ihn. In der Kirche blieben sorbische Inschriften und schöne Emporen erhalten.

Westlich des Ortes wurden Silbersee und Speicherbecken Lohsa, ehemalige Braunkohletagebaue, zu einem Naherholungszentrum ausgebaut. Dort findet man Bade-, Surf- und Angelmöglichkeiten sowie Unterkünfte. Am Silbersee existiert zudem ein etwa 800 Meter langer geologischer Lehrpfad mit 120 Findlingen der Elbe-Elster-Eiszeit, die aus benachbarten Tagebauen geborgen wurden. Der schwerste der aus Skandinavien stammenden Riesen bringt es auf 40 Tonnen Gewicht. Das Gebiet um den Silbersee, zwischen Mortka (Mortkow) und Friedersdorf (Bjedrichecy), wurde 1982/83 angelegt und ist mittlerweile als Flächennaturdenkmal ausgewiesen.

Im Ortsteil Weißig steht ein hübsch restauriertes Herrenhaus aus dem 17. Jahrhundert, das heute Hotel und Landgasthof Fledermausschloß Weißig beherbergt.

Im Jahr 1950 wurde die ehemalige Brikettfabrik Weminghoff zusammen mit dem Ort in Knappenrode umbenannt. Zwischen 1914 und 1918 errichtet, war die Anlage bis 1993 in Betrieb. Heute ist hier das Lausitzer Bergbaumuseum beheimatet. Die Originaltechnik aus jenen Jahren blieb fast vollständig und funktionstüchtig erhalten, so 13 Brikettpressen mit Dampfantrieb und drei Turbinen-Generatorblöcke, darunter einer der Firma Brown Bovery aus dem Jahr 1914. In den roten Backsteingebäuden der Gründerzeit wird der gesamte Verarbeitungsprozeß der Kohle von der Erkundung über Gewinnung und Veredlung, aber auch die nachfolgende Rekultivierung der ausgebeuteten Landschaft dokumentiert. Im ehemaligen Kühlhaus der Brikettfabrik ist die Ausstellung zum Thema ›Braunkohle und Umwelt‹ zu sehen. In der Feuerstättenausstellung zeigt man kunstvolle und kuriose Stücke, so historische Ofenplatten, Kunstguß- und

Ausstellung von Loks am Bergbaumuseum Knappenrode

Kachelöfen sowie Zierbriketts. Ein nachgestalteter Stollen in einer Tiefe von 50 Metern bietet einen Einblick in die beschwerliche Arbeit untertage, von den ehemaligen Entstaubungsanlagen bietet sich ein herrlicher Ausblick über die Oberlausitz. Für die Stärkung zwischendurch sorgt der Wirt im Zechenhaus.

Südlich von Knappenrode liegt der 264 Hektar große Knappensee. 1945 wurde der Braunkohletagebau geflutet und ab 1949 zum Hochwasserspeicher ausgebaut, später auch zum Naherholungszentrum für die Stadt Hoyerswerda. Heute tummeln sich im Sommer am Strand tausende Badelustige, aber auch Surfer und Segler.

Lohsa: Gasthof Mortka mit Pension, Mortka, Tel. 0 35 71/67 21 49.
Lohsa, Ortsteil Weißig: Hotel und Landgasthof Fledermausschloß Weißig, Tel. 03 57 24/57 90, www.fledermausschloss.de, DZ 80 Euro (Sonderangebote am Wochenende), Schloß aus dem 17. Jahrhundert in einem englischen Landschaftspark.

Lohsa: Campingplatz Silbersee, (15. April bis 3. Okt.), Tel. 03 57 24/5 14 64.
▸ Knappenrode: Ferienparadies Maukendorf, Tel. 07 00/46 77 86 62.
Ferienpark Knappensee in Koblenz (April bis Oktober), Tel. 03 57 26/5 42 70.

Lausitzer Bergbaumuseum, Knappenrode, Ernst-Thälmann-Str. 8, Tel. 0 35 71/60 42 67, www.saechsisches-industriemuseum.de; Di–Fr 9–15 Uhr, Sa/So 10–17 Uhr.

Hoyerswerda (Wojerecy)

Hoyerswerda, an der Schwarzen Elster gelegen, gibt es im Grunde zweimal. Da ist zum einen das kleine Ackerbürger- und Handwerkerstädtchen. Im Kern geht es auf ein Lehen im heutigen Stadtgebiet zurück, das Graf Hoyer von Friedeburg im 13. Jahrhundert besaß. Hoyerswerda wird erstmalig 1268 urkundlich erwähnt, 1371 genehmigte Kaiser Karl IV. die Abhaltung eines sonntäglichen Marktes; aus dem Jahr 1423 datiert das Stadtrecht. Über Jahrhunderte veränderte sich der Ort nur wenig. Das neue Hoyerswerda entstand ab 1955, als ›sozialistische Wohnstadt‹ für die Beschäftigten des nahen Gaskombinats Schwarze Pumpe und der benachbarten Kraftwerke und Braunkohletagebaue. Die Schriftstellerin Brigitte Reimann (1933–1973) hat den Aufbau von Hoyerswerda-Neustadt in ihrem Roman ›Franziska Linkerhand‹ verarbeitet. Der Roman zählt heute zu den bedeutendsten Werken der deutschen Nachkriegsepoche.

Heute werden diese Plattenbauten wegen der Stadtflucht ihrer Bewohner ›zurückgebaut‹ und der Abriß als Kunstobjekt ›Superumbau‹ von über 30 Künstlern inszeniert. Findet sich kein neuer Eigentümer für die Brachflächen, entstehen

Die Lange Straße repräsentiert das alte Hoyerswerda

›Mahnmale des Elends‹, ein neuer Park oder kleine künstliche Wasserflächen. Zur Zeit leben in Hoyerswerda noch über 65 000 Menschen, in zehn Jahren werden es Schätzungen zufolge nur noch 30 000 sein.

Ein interessantes Bauwerk ist das Schloß. Das ist eine ehemalige Wasserburg, die 1592 im Renaissancestil erbaut und im 18. Jahrhundert als Sitz der Fürstin Teschen nochmals mit barocken Elementen verändert wurde. Heute ist das restaurierte Gebäude Sitz des Stadtmuseums und Stätte kultureller Veranstaltungen. In der Nähe des Schlosses befindet sich im Grünen ein Zoo, der über 200 Tierarten beherbergt. Neueste Attraktion sind drei Elefantenschildkröten, die nur auf den Galapagosinseln heimisch sind. Eine dauerhafte Open-air-Kunstausstellung mit Sandstein- und Bronzeplastiken Lausitzer Künstler bereichert die Anlage.

Auf dem rekonstruierten Markt gefallen das 1680 zum Renaissancebau umgebaute Rathaus auf der Westseite – mit doppelläufiger Freitreppe und Bogenportal – sowie einige barocke Bürgerhäuser und die Alte Apotheke. Hier stehen auch eine kursächsische Postmeilensäule aus dem Jahr 1730 sowie der Sorbenbrunnen mit einem Paar in Hoyerswerdaer Tracht.

1912 wurde im einstigen Gesellschaftshaus am Schloßplatz die Domowina, der Dachverband sorbischer Vereine ins Leben gerufen.

In der Lessingstraße befindet sich ein Barockbau. Das 1702 errichtete Amtshaus wird auch Lessinghaus genannt, da sich der junge Gotthold Ephraim Lessing hier öfter zu Besuch aufhielt: Sein Onkel und sein Cousin waren Amtmänner in Hoyerswerda.

Sehenswert ist die nur 2,5 Meter breite und 250 Meter lange Handwerkergasse Lange Straße mit 42 typischen Ackerbauhäuschen aus dem 18. und 19. Jahrhundert. Die spätgotische Johanneskirche von 1346 mit Renaissancehaube ist das älteste Gotteshaus der Stadt. Besondere Aufmerksamkeit verdient der mit Figurenreliefs geschmückte Taufstein aus dem 17. Jahrhundert.

In der Senftenberger Str. 19 empfängt das Trachtenhaus Jatzwauk seine Gäste – ein Haus mit Tradition. Seit 1926 werden hier Trachten geschneidert. Der Landkreis Hoyerswerda eröffnete 1992 in diesem Haus eine Ausstellung, die mit wechselnden thematischen Expositionen Wissens- und Sehenswertes über die Tracht der Sorben um Hoyerswerda vermittelt.

Konrad Zuse ist der berühmteste Ehrenbürger von Hoyerswerda. 1927 bestand er auf dem damaligen Realreform-Gymnasium das Abitur. Die modernen Kohleabraumförderbrücken in den nahen Tagebauen begeisterten den Jugendlichen für ein automatisiertes, technisches Zeitalter. Der Diplomingenieur ersann zwischen 1934 und 1937 den ersten funktionstüchtigen Elektronenrechner. Der röhrenbestückte ›Z 1‹ war ein Monstrum: vier Quadratmeter groß und 800 Kilogramm schwer. ›Z 4‹ war noch gewaltiger und lieferte nach Berichten von Zeitzeugen ›unter heillosem Gerassel exakte Lösungen für komplizierte Aufgaben‹. Die

Mammut-Rechenmaschinen von Zuse gelten als die ersten funktionstüchtigen Computer der Welt.

In Dörgenhausen (Němcy), am südlichen Stadtrand von Hoyerswerda gelegen, gibt es eine Bockwindmühle zu sehen. 1707 erbaut und 1920 modernisiert, wurde hier bis 1941 Getreide gemahlen. Ein hübsches Fachwerkgebäude im Dorf lädt zum Verweilen ein, das Gasthaus Elstergrund in der Dorfstraße 36. Sonntags ist es jedoch geschlossen.

Auf dem Krabat-Wanderweg von Schwarzkollm nach Wittichenau

Unsere Wanderung beginnt in Schwarzkollm, einer kleinen Gemeinde vor den westlichen Toren Hoyerswerdas (Bahnhaltepunkt Strecke Horka-Falkenberg). Aus Hoyerswerda steuern die Busse Nr. 107 und 228 unseren Ausgangspunkt an.

Denkmal für Krabat auf dem Markt von Wittichenau

Schwarzkollm (Čorny Chołmc) ist ein typisches Straßendorf. Als interessante Zeugen mittelalterlicher Gerichtsbarkeit blieben an der Dorfstraße mehrere Steinkreuze erhalten. Auf dem Weg zum Tagesziel Wittichenau folgen wir ein gutes Stück der gelben Markierung. Nahe des Ortsteils Koselbruch entdeckt man einen großen Findling, den Teufelsstein. Er soll einst dem Teufel als Ruheplätzchen gedient haben.

Kurz vor Koselbruch lohnt ein Abstecher zur Schwarzen Mühle. Heute zum Wohnhaus umgebaut, ist dies der Ort, an dem der Überlieferung nach Krabat nicht nur als Müllerbursche arbeitete, sondern auch das Zaubern lernte. Hier stahl er das Zauberbuch des Schwarzen Müllers. Der Kinderbuchautor Ottfried Preußler hat die Geschichte neu aufgeschrieben.

Der Weg nach Bröthen (Brětnja) wird von Kiefernwäldern gesäumt. Am westlichen Ortsrand ist eine Wassermühle aus dem vorigen Jahrhundert zu bestaunen, der Ort selbst ist ein

Zentrum des sorbischen Brauchtums. Vorbei an der Feriensiedlung Bröthener See erreichen wir nach dem Überqueren der Bundesstraße 97 das Dorf Michalken mit dem gemütlichen Gasthaus ›Zum Mühlengrund‹.

Weiter südlich gelangt man auf einem breiten Fahrweg an den Nordrand des Naturschutzgebietes Dubringer Moor. Es gilt als eines der bedeutendsten Durchströmungsmoore Mitteleuropas und weist auf die Urlandschaft der Lausitz vor der Besiedlung hin. Beinah überall in der Lausitz verschwanden die Feuchtgebiete im Verlaufe der letzten Jahrhunderte, hier blieb ein etwa 400 Hektar großes Moor erhalten. Das Gebiet gehört zum Grundbesitz des Klosters St. Marienstern in Panschwitz-Kuckau. Im 17. Jahrhundert wurden am Rande des Moores mehrere Teiche zur Fischzucht angelegt. Zwischen Lilien- und Mittelteich verläuft der Wanderweg geradewegs zu Dr. Zelders Fischspezialitätenrestaurant, Telefon 0 37 25/7 03 33. Die kleine Seenplatte heißt bei den Einheimischen einfach Zelders Teiche, sie ist aber auch als Neudorfer Teiche bekannt.

Ab hier verlassen wir die gelb markierte Route, um die reizvolle Teichlandschaft weiterhin genießen zu können. Selbst in der kalten Jahreszeit – die Fischteiche werden nicht trockengelegt – kann man viele Wasservögel beobachten, denn längst nicht alle überwintern in südlichen Gebieten. Prächtig sind auch die einzeln stehenden mächtigen Bäume am Wegesrand, zumeist knorrige Eichen. Bald erblickt man die Türme und Dächer von Wittichenau.

Zurück nach Hoyerswerda gelangt man mit dem Linienbus.

Länge: 12 Kilometer.

PLZ: 02977.
Vorwahl: 0 35 71.
Stadtinformation Hoyerswerda, Schloßplatz 1, Tel. 45 69 20, www.hoyerswerda.de.
Tourismus GmbH – Land und Leute, Dr.-Werner-Külz-Str. 1, Tel. 40 80 30, www.lausitz-tourismus.de.

Akzent Congresshotel und Restaurant Colosseum, Dr.-Wilhelm-Külz-Str.1, Tel. 46 30, www.congresshotel-hoyerswerda.de.
Hotel Zur Mühle, An der Mühle 4, Tel. 47 70.
Hotel Achat und Allee-Restaurant, Bautzener Allee 1a, Tel. 47 00, www.achat-hotel.de.

Ratskeller, Markt 1, Tel. 60 66 30, Di–So 11–14.30 und 17–23 Uhr.
Restaurant und Weingarten Zum Wasserturm, Am Wasserturm 1, Tel. 60 19 59, www.zumwasserturm.de.
Restaurant und Biergarten Lessing's, Str. am Lessinghaus 1, Tel. 40 84 86, täglich ab 11 Uhr.

s. Knappen- und Silbersee (S. 183).

Schloß, Tel. 45 64 90, April bis September Di–So 10–12 und 13–17 Uhr, Oktober bis März

Di–Fr 10–12 und 13–16 Uhr, Sa/So–17 Uhr.
Trachtenhaus Jatzwauk, Di–Fr von 9–13 und 14–16 Uhr oder nach vorheriger Absprache, Tel. 41 65 50.
Konrad-Zuse-Museum, Industriegelände LAUTECH, Di–Do 9–13, Fr 9–11 Uhr, Tel. 42 94 15.
Schuhmacherwerkstattmuseum, Lange Str. 1, Tel. 41 52 54, Mo–Fr 8–12 u. 13–17 Uhr.
Zoo, täglich ab 9 Uhr, schließt je nach Jahreszeit zwischen 16 und 18.30 Uhr.

Musikfestttage (April/Mai). Zoofest (Juli). Brunnenfest (August).

Palm Springs Lausitzbad, Am Gondelteich 1, www.lausitzbad.de.

Wittichenau (Kulow) und Umgebung

Der Ort Wittichenau wurde 1248 erstmals erwähnt und bereits 1286 als Stadt (civitates) genannt. Heute hat das Städtchen etwa 5000 Einwohner. Der sorbische Name Kulow bedeutet ›Rundort‹. Sehenswert ist die hübsche Pfarrkirche mit einem barocken Hochaltar (1722/23). Es ist ein Werk von Matthias Wenzel Jäckel, der 1655 hier geboren wurde und zwischen 1707 und 1709 auch drei Plastiken für die weltbekannte Prager Karlsbrücke schuf.

An der Pfarrkirche unter dem Sanctusglöcklein begegnen wir wahrhaftigen Spuren des Zauberers Krabat. Es ist die Grabstelle des Kroatenoberst Johann Schadowitz. Er stand in kursächsischen Diensten, und von ihm wird behauptet, er sei Krabat (=Kroat) gewesen. Am Kirchenpfeiler steht ein kurzer Auszug aus dem Totenbuch von 1704: ›Den 29. Maij ist in Serchen alhier in der Kirchen den 2. Junij begraben worden unterhalb des Presbytorij am Gläkel der gnädige Herr H. Obrist Johannes Schadowitz in Croatien von Agram gebürtig‹.

Im Dorf Eutrich auf halber Strecke zwischen Königswartha und Ralbitz soll er tatsächlich geboren sein. Heute stellt Krabat die bedeutendste sorbische Sagenfigur dar, er wird gern als sorbischer Faust bezeichnet, denn auch er wollte auf freiem Grund mit freiem Volke stehen. Der Gänsehirt gelangte zur Zeit der Türkenkriege mit Zauberkünsten zu Reichtum, den er an die Armen und Bedürftigen verteilte. Im 17. Jahrhundert bekam der Kroate Johann Schadowitz für seine Verdienste im Türkenkrieg vom sächsischen Kurfürsten das Vorwerk Groß Särchen geschenkt, das heute am Ostufer des Knappensees liegt. Die Sage behauptete später, er wäre der Zauberer Krabat gewesen. Wie auch immer: Auf dem Wittichenauer Markt blickt sein Standbild von einer Säule herab.

Ein besonderes Erlebnis bietet sich Gläubigen und Zaungästen am Ostersonntag. Dann reiten über 700 Männer singend und betend zum 20 Kilometer entfernt liegenden Dorf Ralbitz und verkünden die Osterbotschaft von der Auferstehung Christi. Schon seit 1541 wird das Osterreiten zwischen beiden Kirchorten gepflegt. Die Reiter tragen Gehrock und Zylinder, an der Spitze des langen Zuges befinden sich Kruzifix- und Fahnenträger. Die Pferde sind mit Muschelgeschirren und einer Seidenschleife mit Blumenornamenten am Schweif geschmückt.

In der Wittichenauer Stadtbrauerei werden im Auftrag des Klosters St. Marienstern Panschwitz-Kuckau zwei Biersorten nach alten Rezepturen gebraut; nach Anmeldung, Telefon 03 57 25/7 02 61, kann man die Brauerei besichtigen und eine Bierprobe genießen. Zu einer stilvollen Unterkunft wurde die einstige Kober Mühle umgebaut. Das Landhotel Kober Mühle in der Särchener Str. 2, erreicht man telefonisch unter 03 57 25/7 02 44 oder im Internet über www.kobermuehle.de. Doppelzimmer gibt es ab 46 Euro.

Die nordöstlich von Wittichenau gelegene Gemeinde Spohla (Spale) blieb bis heute als Angerdorf erhalten, das heißt die Höfe wenden ihre Front dem Dorfanger zu. Ein ähnliches Bild zeigt sich in der unmittelbaren Umgebung von Hoyerswerda noch in Bergen (Hory), Neuwiese (Nowa Łuka), Seidewinkel (Židźino) und Schwarzkollm (Čorny Chołmc).

Zeißholz – an einer Haltestelle der mittlerweile stillgelegten Lausitzer Grubenbahn – besitzt ein Dorfmuseum in einem Dreiseithof. Das Wohnhaus, 1401 in Blockbauweise errichtet, baute man später zum Fachwerkhaus um. In der einstigen Schlafstube zeigt man heute eine geologische und naturkundliche Sammlung. Auf der Wiese hinter dem Hof entstand eine Schauanlage, die an die Zeißholzer Bergbaugeschichte erinnern soll, die hier um 1840 begann. Die Kohle lag so günstig, das sie anfangs von den Bewohnern per Hand gewonnen wurde.

Wanderung von Wittichenau auf dem Naturlehrpfad ins Dubringer Moor

Das Naturschutzgebiet Dubringer Moor liegt westlich von Wittichenau, zwischen den Ortschaften Zeißholz, Michalken und Dubring. Am Ortsausgang Wittichenau beginnt ein Wanderweg dorthin.

Zuerst gelangen wir zur um 1500 erbauten Schowtschickmühle, der einzigen erhalten gebliebene Wassermühle im Gebiet. Sie ist mit einem oberschlächtigen Wasserrad ausgestattet. Das Moor ist mit 400 Hektar eines der größten Mitteleuropas. Es gilt als beinahe letzter Rest der Lausitzer Urlandschaft, denn der Name Lausitz geht sprachgeschichtlich auf die Bezeichnung Łužica zurück, was soviel wie Sumpfland bedeutet. Hinter einer Schranke beginnt der knapp fünf Kilometer lange Natur- und Waldlehrpfad. Die Markierung führt anfangs am

Mühlgraben entlang zu den Pasternackwiesen, 26 Schautafeln machen mit der Entstehungsgeschichte, den Pflanzen und Tieren vertraut.

Die Torfmächtigkeit erreicht stellenweise fünf bis sechs Meter. Hier gedeihen Arten wie Vielstengliges Sumpfried, Mittlerer Sonnentau und Glockenheide. Auch die Kreuzotter ist im Moor heimisch

An der Lokalität ›Radischo‹ soll einst ein Schloß gestanden haben, das im Moor versunken ist. Heute erfreuen uns an Ort und Stelle uralte Eichen. Etwa hundert Meter weiter künden Rotbuchen, Eschen und Weymouthskiefern vom einstigen Pflanzgarten des Klösterlichen Forstreviers Neudorf.

Die Markierung weist bald nach rechts, wo größere Waldflächen durch Staunässe abstarben. Die genußvolle Entdeckungstour wird am Rand des nun folgenden Wiesenmoores durch herrlich würzigen Duft gesteigert. Vorbei an den Städtischen Teichen steht man nach wenigen Schritten wieder an der Schowtschickmühle.

Länge: 7 Kilometer (Rundweg).

Biehla und Grüngräbchen

Das Dorf, gut vier Kilometer nördlich von Kamenz an der Landstraße nach Bernsdorf gelegen, besaß bis 1945 ein Schloß. Es wurde abgerissen, und nur der Schloßpark mit schönem alten Baumbestand und ein zweites Herrenhaus überdauerten die Zeit.

Der Ort eignet sich als Ausgangspunkt für Streifzüge ins Naturschutzgebiet Biehla-Weißiger Teichgebiet. Schützenswert sind hier die artenreiche Fauna und Flora in vernäßten Wäldern, Moorwiesen und Fischteichen. Vom Biehlaer Ortszentrum führt ein grün markierter Wanderweg über fünf Kilometer durch das Naturschutzgebiet bis nach Weißig.

Der Ort Grüngräbchen wurde 1993 zum schönsten Dorf Sachsens gekürt, ist aber vor allem wegen seiner Rhododendren-Großkulturen weithin bekannt. Der königliche Hofgärtner Johann Heinrich Seidel begann hier, etwa sechs Kilometer westlich von Bernsdorf, schon im Jahr 1744 mit ersten Zuchtversuchen, 1807 waren sieben neue Sorten im Angebot. Bis heute ist die Gärtnerei Seidel in Familienbesitz, mittlerweile werden auf idealen moorigen Standorten auch Alpenrosen und Azaleen herangezogen.

Das Naturschutzgebiet Erlenbruch/Oberbusch, ein Waldschutzgebiet auf feuchtem Standort, und das Naturschutzgebiet Lugteich mit einem zum Teil verlandeten, 1746 künstlich angelegten Teich sowie Moorvegetation und Feuchtheide grenzen unmittelbar an den Ort an und gehören zur bemerkenswerten Landschaft.

Kamenz (Kamjenc)

Die Lessing-Stadt liegt an der Schwarzen Elster, am nördlichen Rand des Nordwestlausitzer Berglandes. Zu den Sehenswürdigkeiten zählen etwa die acht spätgotischen Flügelaltäre. Zwei sind in der Marienkirche zu bewundern, fünf in der früheren Klosterkirche und einer in der Begräbniskirche St. Just. Alle Altäre stammen aus der Zeit um 1500.

Der Ortsname ist vom Altsorbischen abgeleitet und bedeutet ›Ort am Stein‹. Kamenz wurde 1225 erstmals urkundlich erwähnt. Der Ort verdankt sein Wachsen zu einer größeren Siedlung der Lage an einer Furt über die Schwarze Elster. Hier stand eine deutsche Grenzburg, die die Hohe Straße schützte, eine wichtige Handelsstraße zwischen Flandern und Polen. Ende des 12. Jahrhunderts erhielt

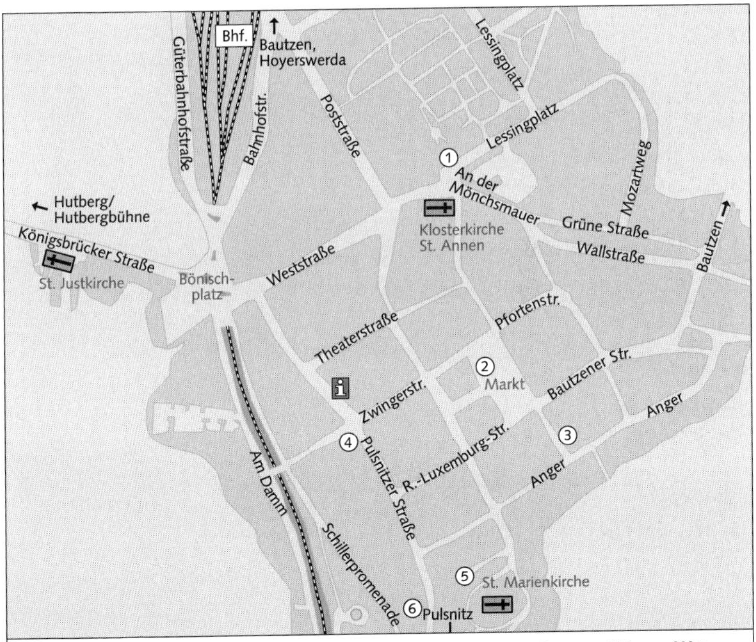

Kamenz

Legende

1 Lessingmuseum
2 Rathaus
3 ›Steinerner Mönch‹ und Feuerhaus
4 Museum der Westlausitz
5 Lessing-Gedenkstätte
6 Roter Turm

Renaissance-Schmuckstück: das Rathaus in Kamenz

Bernhard von Vesta die Stadt als Lehen und begann mit einem planmäßigen Aufbau. Ein verheerendes Feuer vernichtete 1213 den Ort. Der Sohn Bernhards, Bernhard II. von Kamenz, baute die Stadt wieder auf und verlegte das neue Zentrum auf eine Hochfläche am Fuße des Hutberges. Kamenz besaß einen ansehnlichen Marktplatz mit 3344 Quadratmetern und war dank seiner militärstrategisch günstigen Lage in das Verteidigungssystem von Bautzen einbezogen.

Die Mitgliedschaft im Oberlausitzer Sechsstädtebund (ab 1346) brachte bis in das 16. Jahrhundert Aufschwung und Wohlstand. Danach aber stagnierte die Entwicklung. Zwei große Stadtbrände – 1707 und 1842 – richteten verheerende Schäden an, und die Lage abseits neuer Verkehrswege führte dazu, daß Kamenz ab dem 19. Jahrhundert nur ein Provinzstädtchen kleiner Händler und Handwerker blieb.

Untrennbar ist Kamenz mit dem Namen Gotthold Ephraim Lessing verbunden. Am 22. Januar 1729 wurde hier der große deutsche Dichter und Aufklärer geboren. Anläßlich seines 200. Geburtstages wurde zwischen 1929 und 1931 das Lessing-Museum erbaut. Vor dem Museum steht eine bronzene Lessingbüste. Das Gebäude auf dem Lessingplatz 3 im Norden der Altstadt ist kein verstaubtes Memorialmuseum, sondern ein lebendiges ›Haus der Literatur und des Lesens‹ mit bibliophiler Werkschau des Dichters und gemütlichem Lesecafé. Im Januar und Februar finden hier die Lessing-Tage statt, mit Lesungen, Aufführungen und Diskussionsrunden.

Die benachbarte spätgotische Klosterkirche St. Annen (1493–1499) ist neben der angrenzenden Mönchsmauer der erhalten gebliebene Rest des bis zum Stadtbrand 1842 hier befindlichen Franziskanerklosters. Gottfried Semper leitete die späteren Reparatur- und Umbauarbeiten. Im Inneren haben fünf Schnitzaltäre aus dem 16. Jahrhundert überdauert.

Auf dem Weg zum Markt ist das Klostertor an der Straßenkreuzung Klosterstraße/Theaterstraße sehenswert. Das beeindruckende Rathaus am Markt wurde nach dem großen Stadtbrand von 1842 in den Jahren zwischen 1847 und 1850 nach Plänen des Zittauer Baumeisters Carl August Schramm, einem Schüler Karl Friedrich Schinkels, im Stil italienischer Renaissance neu errichtet und ähnelt seitdem einem venezianischen Palazzo. Das gegenüberliegende Hotel ›Zum Goldenen Hirsch‹ (Markt 10) ist eines der wenigen Häuser, die von der Feuersbrunst verschont blieben. Der Andreasbrunnen (1570) trägt seinen Namen zum Gedenken an den Stifter, den Kamenzer Bürgermeister Andreas Günther. Den Brunnen schmücken ein Standbild der Gerechtigkeit, das einstige Reichswappen (Doppeladler), das böhmische Wappen (Löwe) sowie das Kamenzer Stadtwappen.

Neben dem hinteren Teil des Rathauses, in der Kirchstraße, ist ein restaurierter Arkadengang zu sehen, die Fleischbänke. Bis zum Anfang des 20. Jahrhunderts boten Fleischer hier ihre Ware feil. In der auf der südlichen Marktplatz-

Denkmal für den berühmtesten Sohn der Stadt – Gotthold Ephraim Lessing

seite einmündenden Kurzen Straße finden sich interessante Gebäude, so das Eckhaus Nummer 1, im Volksmund Steinerner Mönch genannt, und die Nummer 6, das Feuerhaus. Letzteres zeigt auf einem Wandbild über dem Renaissance-Portal den Stadtbrand von 1707. Das Haus gehörte zu Beginn des 18. Jahrhunderts Johannes Haberkorn, dem Leibarzt König August des Starken. Auf der Nummer 1 ist eine reliefartige Grabplatte angebracht. Darauf ist ein Oberältester der Schusterinnung abgebildet. Diese Innung stiftete den Altar in der St. Annenkirche und unterstützte das ansässige Kloster. So könnte die Bezeichnung ›Steinerner Mönch‹ entstanden sein.

Westlich vom Rathaus, über die Zwingerstraße zu erreichen, beherbergt das Ponickauhaus heute das Museum der Westlausitz ›Elementarium‹. Das stattliche Gebäude in der Pulsnitzer Straße besitzt eine barocke Fassade (1745) und ein großes Korbbogentor. Die Dauerausstellung ermöglicht eine Expedition: Anhand von sechs Themenwelten wird die Entwicklung der Erde anschaulich dargestellt. Eine Attraktion ist der fünfstufige Erdbebensimulator, auf dem man die Erschütterungen der Naturgewalten empfinden kann – bisher einzigartig in Deutschland.

Geht man die Zwingerstraße neben dem Museum noch ein Stückchen weiter, gelangt man zum einzig erhaltenen Basteiturm (Pichschuppen) der ehemaligen Stadtbefestigung, die 1835 geschliffen wurde. Nebenan steht das 400 Jahre alte Malzhaus.

Der Rote Turm an der Pulsnitzer Straße ist ein Überbleibsel des alten Pulsnitzer Stadttores. Im benachbarten schmalen Lessinggäßchen erinnert eine Gedenktafel an den Standort des Geburtshauses von Lessing, der hier bei seinen Eltern zwölf Lebensjahre verbrachte. Lessings Vaterhaus wurde im Jahr 1842 durch den Stadtbrand vollkommen vernichtet. Jetzt befindet sich am selben Ort eine kleine Lessinggedenkstätte.

Am Rand der südlichen Altstadt ragt die spätgotische St. Marien-Kirche empor, die größte Kirche der Stadt. Sie wurde zwischen 1400 und 1480 aus Lausitzer Granit und sächsischem Sandstein auf den Resten eines Vorgängerbaus errichtet. Der große Marienaltar (1510–1520) gilt als wertvollster Teil der erhaltenen mittelalterlichen Innenausstattung. Michaelisaltar (1498), Kreuzigungsgruppe im Triumphbogen, der aus einem Lausitzer Granodioritblock gearbeitete Taufstein (14. Jahrhundert), Kanzel (1566) sowie das Chorgestühl sind beachtenswert. Die Sakristei schmücken drei Votivgemälde, ein kleiner Flügelaltar (1505) und ein böhmischer Reliquienschrein aus dem 14. Jahrhundert.

Südöstlich der Hauptkirche befindet sich die Katechismuskirche, eine Wehrkirche, die in die einstige Stadtbefestigungsanlage integriert war. Die gotische St. Justkirche, nordwestlich der Altstadt in der Königsbrücker Straße, besitzt die ältesten Wandmalereien auf dem Gebiet der Oberlausitz. Sie stammen aus dem 14. Jahrhundert und wurden 1935 wiederentdeckt. Gegenüber der Kirche steht eine Postdistanzsäule (1725) mit sächsischem und polnischem Wappen.

Ein als Bodendenkmal geschützter bronzezeitlicher Ringwall (etwa 1000 v. Chr.) befindet sich am Reinhardsberg, der sich am Zusammenfluß von Langem Wasser und Schwarzer Elster erhebt.

Seit 1521 wird in der Woche um den Bartholomäustag (24. August) das Kamenzer Forstfest begangen, bei dem Schüler und Lehrer mit Blütenschmuck durch die Straßen ziehen. Das Schulfest hat seinen Ursprung in einer Legende, wonach die Eltern bei der Hussitenbelagerung ihre Kinder zu den feindlichen Heerscharen schickten, die um Gnade baten. Die Hussiten sollen beeindruckt gewesen sein und die Stadt verschont haben. Die Legende ist sympathisch, entspricht aber nicht den Tatsachen – die Stadt wurde eingenommen. Dem Fest tut das aber heute keinen Abbruch.

Drei Kilometer nordöstlich von Kamenz, nördlich der Gemeinde Deutschbaselitz, liegt Sachsens größter Teich, der Deutschbaselitzer Großteich. Das Naherholungsgebiet verfügt über Gaststätte, Campingplatz und Badestelle. Um den See führt ein markierter Rundweg (grüner Punkt, 7 km).

Wanderung auf den Hutberg (Pastwina hora), nach Lückersdorf und zurück

Der Hutberg, 294 Meter hoch, liegt westlich der Kamenzer Altstadt und ist über die Königsbrücker Straße auf einem mit rotem Punkt markierten Weg zu erreichen. Besonders anziehend wirkt der Berg, wenn von Mitte Mai bis Ende Juni Azaleen und Rhododendren im Parkwald des Hutberges erblühen. Insgesamt gibt es 108 verschiedene Gehölzarten zu sehen. Eine besondere botanische Seltenheit ist die hiesige Japanische Schirmtanne. Bekannt ist auch der ›Blaue Wald‹, die erste größere mit Blaufichten besetzte Fläche Deutschlands. Die gestalteten Anlagen verdanken wir Rudolf Seidel, dem ersten Züchter der Blaufichte sowie dem Gärtnermeister und Ehrenbürger Wilhelm Weiße. Die Hauptpflanzungen fanden von 1915 bis 1920 statt.

Auf dem Gipfel steht der Lessing-Turm aus dem Jahr 1864. Das Hutberghotel mit Gaststätte wurde im historischen Stil rekonstruiert und ein neues Bettenhaus mit 100 Übernachtungsplätzen hinzugefügt.

Bekannt ist die am Osthang des Hutberges befindliche Freilichtbühne. Die im Stil griechischer Amphitheater erbaute Anlage faßt etwa 10 000 Zuschauer und wurde anläßlich der 300jährigen Zugehörigkeit der Oberlausitz zu Sachsen im Jahr 1935 eingeweiht. Heute ist die Naturbühne oft Austragungsstätte von Rockkonzerten.

Über den Markweg und einen Feldweg gelangt man hinunter nach Lückersdorf (hier Gasthaus ›Schwarze Mühle‹). Ab jetzt folgt man der roten Markierung zurück nach Kamenz.

Länge: 6 Kilometer.

PLZ: 01917.
Vorwahl: 0 35 78.
Kamenz-Information, Pulsnitzer Str. 11, Tel. Tel. 7 00 01 11, www.kamenz.de.

Hotel Goldener Hirsch, Markt 10, Tel. 30 12 21, www.hotel-goldener-hirsch.de.
Hotel Stadt Dresden, Weststr. 10–12, Tel. 3 44 50, www.ihr-hotel-in-kamenz.de.
Hotel Am Flugplatz, Macherstr. 142, Tel. 34 14 19.
Pension Am Stadtwall, Wallstr. 1, Tel. 38 35 40; DZ ab 45 Euro.

Campingplatz Deutschbaselitz, Tel. 30 14 89 (April–Oktober), www.azur-camping.de

Lessingmuseum, Lessingplatz 1–3, Di–Fr 9–12 und 13–16 Uhr, Sa, So und feiertags 13–16 Uhr, Tel. 3 80 50, www.lessingmuseum.de.
Museum der Westlausitz ›Elementarium‹, Pulsnitzer Str. 16, Tel. 7 88 30, www.museum-westlausitz.de, Di–So 10–18 Uhr. Mit Wintergarten-Café und Botanischem Garten.
St. Marien-Kirche: Im Sommer für Besucher täglich von 14 bis 16 Uhr geöffnet.
›Sammelsurium‹, Macherstr. 140, Tel. 3 74 67 10, Mo–Fr 9–16 Uhr.
Roter Turm, Sa/So 14–16 Uhr (nur bei schönem Wetter geöffnet).

Forstfest (Ende August).

Königsbrück

Die Stadt an der Pulsnitz liegt am Westrand der Lausitz, 14 Kilometer westlich von Kamenz. 1248 wurde die Siedlung an des Königs Brücke über die Pulsnitz erstmals urkundlich genannt und 1331 mit Stadtrechten versehen. Eine befestigte Warte schützte die Furt an der Hohen Straße, an der damaligen Grenze zwischen der Mark Meißen und dem böhmischen Reichslehen Oberlausitz. Die Feste baute man im Laufe der Zeit zum Schloß aus.

Vom Mittelalter bis zu Beginn des 20. Jahrhunderts war Königsbrück eine Heimstatt vieler Schuhmacher, Töpfer und Tuchmacher. Ab 1907 entstand eine Militärstadt mit einem sich nördlich anschließenden, etwa 75 Quadratkilometer umfassenden Truppenübungsplatz, heute ein Naturreservat.

Der rechteckig angelegte Markt wird von Renaissance- und Barockhäusern gesäumt. Viele Stadtbrände und nicht zuletzt die Kampfhandlungen im April 1945 zerstörten viel von der alten Substanz. Trotzdem lohnt es sich, durch die Straßen zu bummeln und schöne Haustüren, Sandsteinportale sowie Schmuckreliefs zu entdecken.

Das älteste Haus befindet sich in der Hoyerswerdaer Straße, es ist das ›Weiße Roß‹ von 1522. In der Gartenstraße, Hausnummer 3, blieb das ungewöhnliche Apothekerlusthaus aus dem 18. Jahrhundert erhalten. Es ist in Form eines Pavillons mit achteckigem Obergeschoß und Mansardzeltdach erbaut worden.

Die barocke Hauptkirche (1682) steht auf einer Anhöhe; zwei alte Bäume flankieren sie: Kirchlinde und Luthereiche. Neben dem Barockaltar und spätgotischen Tafelbildern gilt der große Holzepitaph aus der Werkstatt Balthasar Permosers als besonders wertvoll.

Im Jahr 1355 wurde das einstige Schloß auf Beschluß des Oberlausitzer Sechsstädtebundes teilweise zerstört, danach immer wieder baulich verändert. Die erhalten gebliebenen ältesten Reste stammen aus dem 16. Jahrhundert, so das Rundbogentor an der Rückseite des Gebäudes. Seit 1952 dient es dem Gesundheitswesen, heute ist darin ein Krankenhaus untergebracht.

Seit 1851 wird in der Töpferei Frommhold, Weißbacher Straße 21, Geschirr nach Bunzlauer Art hergestellt. Es besteht die Möglichkeit, die Werkstatt zu besichtigen, Telefon 03 57 95/3 15 29.

Wanderung von Königsbrück zum Keulenberg und weiter nach Oberlichtenau

Der Keulenberg erhebt sich südöstlich von Königsbrück, der Wanderweg auf den sagenumwobenen Gipfel ist vom Bahnhof Königsbrück-Ost mit rotem Balken markiert und mit sieben Kilometern ausgewiesen. Anfangs ist die Markierung

Das Barockschloß in Oberlichtenau

jedoch etwas verwirrend. Am besten läuft man anfangs etwa hundert Meter die Straße Richtung Reichenau entlang und biegt dann gleich am nächsten Weg nach rechts ab. Der Pfad führt nun geradewegs zum Mahnmal für die KZ- und Kriegsopfer auf den Scheibischen Berg. Von der dortigen Aussichtsterrasse überblickt man das Stadtgebiet und seine waldreiche Umgebung. Hoch über dem Pulsnitztal verläuft der Weg um den Scheibischen Berg herum, viele Sitzbänke laden zu Ruhepausen ein, und man sieht von einem Punkt aus auch schon den Keulenberg mit dem markanten Turm.

Kommt man ins Pulsnitztal, führt der Weg in das Naturschutzgebiet Tiefental, wo die Pulsnitz ein tiefes schluchtartiges Tal schuf und größtenteils Wildbachcharakter besitzt. Man kann am Ufer der ›wilden‹ Pulsnitz Richtung Reichenau wandern.

Wir verbleiben auf dem kleingepflasterten Weg und stehen bald am Ortseingang Gräfenhain. Auffällig sind die vielen Trockenmauern aus Naturstein. Seit dem Mittelalter wurden sie in Generationen angelegt, um das Kerbtal auf Terrassen besiedeln zu können. Die großen Steine sitzen mit Hilfe der Zwicker, kleinen Steinen mit Keilwirkung, noch heute fest. Wenn es regnet, kann das Wasser die Trockenmauern durchfließen und füllt die Hohlräume immer wieder mit Bodenmaterial aus. Die Mauern sind teilweise bis zu vier Meter hoch und bis zu einen Meter stark.

Die Straße führt direkt am Gedenkstein für Georg Bartisch (1535–1607) vorüber. Bartisch veröffentlichte 1583 das erste deutsche Lehrbuch über Augenkrankheiten, worauf ihm Kurfürst August 1585 den Ehrentitel ›Erster Churfürstlicher Hofoculist‹ verlieh. Neben dem Denkmal wächst die Eiche der Deutschen Einheit (wegen Wuchsschwierigkeiten erfolgte 1991 eine Nachpflanzung).

Am Ortsausgang sieht man linkerhand ein Steinkreuz aus dem 16. Jahrhundert mit einer eingeritzten Axt: zwei Zimmerleute stritten sich um ein Mädchen, wobei der eine den anderen erschlug. Von hier bis zum Keulenberg liegen noch vier Kilometer Wegstrecke durch Felder, Wiesen und Wald vor uns, auf dem letzten Viertel geht es nur noch bergan.

Der Keulenberg, 413 Meter hoch, ist ein beachtlicher Gipfel des Lausitzer Berglandes an dessen Nordwestgrenze, weshalb er auch die Bezeichnung ›Wächter der Westlausitz‹ trägt. Fast 27 Jahre, von 1962 bis 1989, war das Bergplateau Sperrgebiet, Dienststellen von NVA, Volkspolizei und Zollverwaltung waren hier ansässig. Im November 1989 eroberten beherzte einheimische Wanderfreunde den Gipfel unter der Losung ›Der Keulenberg gehört dem Volke‹ zurück. Die alte Keulenbergbaude wurde 1990 abgerissen, für das leibliche Wohl wird seither in der neuen Berggaststätte gesorgt.

Auf dem Berg existieren drei ausgeprägte Gipfelklippen. Der Aussichtsturm direkt über der Steinsäule des trigonometrischen Punktes ist ein Schwarzbau aus dem Jahr 1925, Bauherr und -firma mußten eine hohe Strafe zahlen, der Turm wurde aber nicht abgerissen. Sonnabends, sonntags und feiertags ist der Turm in der Zeit von 13 bis 17 Uhr zugänglich. Daneben stehen ein Bismarckdenkmal aus dem Jahr 1899 und gegenüber ein wiedererrichteter Granit-Obelisk.

Hinunter nach Oberlichtenau läuft man noch drei Kilometer; jetzt ist der Weg grün markiert. Der Ort nennt die schönste Residenz der weiteren Umgebung sein eigen, das 1718 erbaute Barockschloß mit kostbarem barocken Festsaal und reichen Stuckarbeiten im Obergeschoß. Voranmeldung zur Besichtigung unter sind telefonisch unter 03 59 55/4 51 43 möglich. Frühere Besitzerin war auch die berühmte Gräfin Cosel, eine geborene Reichsgräfin von Holtzendorff. Im Park blieben viele hübsche Plastiken mit Zwergen erhalten.

In der Pulsnitzer Straße 9, in einem Fachwerkhaus, hat Herr Bergmann ein kleines Bienenmuseum eingerichtet. Anmeldung unter 03 59 55/4 26 31 und 4 59 70.

Länge: 10 Kilometer.

Pulsnitz und Umgebung

Das Städtchen Pulsnitz liegt am gleichnamigen Fluß und ist von den bewaldeten Höhenzügen des Nordwestlausitzer Hügellandes umgeben. Die Pulsnitz, das heißt kriechendes oder langsam fließendes Gewässer, gab dem Ort seinen Namen. Die Siedlung gehörte im 13. Jahrhundert zum Besitz des Deutschen Ritterordens, wurde 1225 erstmals urkundlich erwähnt und 1375 von Kaiser Karl IV. mit Stadtrechten ausgestattet.

Zum Ende des 16. Jahrhunderts gründete man eine Innung der Leineweber, seit 1558 ist die Pfefferküchlerei beurkundet. Doch Stadtbrände – allein drei während des Dreißigjährigen Krieges –, eine Pestepidemie (1680) und Plünderungen während Truppendurchzügen im Krieg störten das Stadtwachstum erheblich.

Im Jahr 1745 kam es zur Gründung einer Töpferinnung. Ab 1762 arbeitete in Pulsnitz eine Bandmanufaktur, die wollene und leinerne Bandsorten produzierte. Um 1800 existierten im Stadtgebiet über 100 Bandstühle. Die Bänder waren europaweit begehrt und wurden sogar nach Amerika ausgeführt. Der Aufschwung während der Industrialisierung resultierte nicht zuletzt aus dem Anschluß an das Bahnliniennetz im Jahr 1871.

Am Markt steht ein historischer Brunnen von 1798, 1995 originalgetreu rekonstruiert, und vor dem Rathaus ein Denkmal für Ernst Rietschel. Der bekannte Bildhauer wurde am 15. Dezember 1804 in Pulsnitz geboren. Das Renaissance-Rathaus besitzt Pfeilergiebel und ein Sitznischenportal. Die einst gotische Pfarrkirche St. Nikolai unweit des Marktes wurde nach einem Kirchenbrand im Jahr 1742 teilweise durch barocke Stilelemente verändert. Im Chor fallen der Empire-Altar mit Säulen aus gebranntem Ton (1796), eine Spende der Töpferinnung, und mehrere Logen auf. In der Sakristei an der Kirchensüdseite befindet sich die Rietschel-Gedächtnis-Kapelle.

Nördlich der Kirche ist in der Goethestraße das Stadtmuseum zu finden, das abermals die Bedeutung Rietschels verdeutlicht. Er schuf unter anderem das Goethe-Schiller-Denkmal in Weimar, die Denkmale für Carl Maria von Weber und Martin Luther in Dresden und das Lessing-Denkmal in Braunschweig.

Auf zwei weitere berühmte Männer ist die Stadt stolz: Der Landwirtschaftswissenschaftler Julius Kühn (1825–1910) erwarb sich insbesondere durch die Entwicklung neuer Bekämpfungsmethoden gegen Pflanzenkrankheiten große Verdienste. Der Sprachforscher und Missionar Bartholomäus Ziegenbalg (1682–1719) gründete 1706 die erste evangelische Missionsstation in Indien,

Portal in der Görlitzer Altstadt
Portal am Löbauer Rathaus; Schmuck am Domstift Bautzen

1544

Deo PatrI et
FIlIo Et spIrItVI
sanCto
seMpIterna
LaVs Honor
et gLorIa

erlernte die Sprache der Einheimischen und veröffentlichte das Buch ›Grammatica Tamulica‹.

Auch die Traditionen des einheimischen Handwerks werden hier wachgehalten, so besonders der Pfefferküchlerei mit Pfefferkuchenmodellen aus dem 18. Jahrhundert. Von den einstmals 50 Pfefferküchlerei-Handwerksbetrieben sind heute noch neun übrig. Die Blütezeit der Pfefferkuchenbäckerei begann um die Mitte des 18. Jahrhunderts, als ein Bäcker und Küchler aus Thorn (heute Toruń/Polen) nach Pulsnitz zurückkehrte und neue Rezepte und Erfahrungen mitbrachte. Der Name des schmackhaften Gebäcks ist allerdings fälschlicherweise entstanden, denn es enthält kein einziges Gramm Pfeffer. Aber die Leute kannten damals viele fremdländische Gewürze nicht und bezeichneten sie kurzerhand als Pfeffer. Im Unterschied zu den Produkten der Konkurrenz aus Nürnberg, die aus Sofortteig entstehen, wird der Pulsnitzer Teig erst bis zu sechs Wochen gelagert und dann verbacken.

Südlich der Altstadt breitet sich zwischen Schloßteich und Großröhrsdorfer Straße ein Schloßpark im englisch-französischen Stil aus. Durch Schloßtor und Torhaus aus dem 17. Jahrhundert gelangt man zum Alten Schloß. Es wurde im 16. Jahrhundert im Renaissancestil als Herrschaftssitz derer von Schlieben errichtet und besitzt ein sehenswertes Sitznischenportal mit zwei Wappen aus dem 17. Jahrhundert.

Im barocken Neuen Schloß (1718) mit gelber Fassade finden Lungenkranke Linderung und Heilung, in der Neurologischen Rehabilitationsklinik wirkt die Wittgensteiner Kuranstalt GmbH. Für Besucher werden im Schloß Ausstellungen und Schloßabende geboten, Telefon 03 59 55/50.

Ein befestigter Bauernspeicher aus dem Jahr 1420 steht in der nordwestlich vom Markt liegenden Pulsnitzaue im Ortsteil Meißner Seite. Er ist über die Bachstraße zu erreichen. Der Wanderweg ist rot markiert, von der kleinen Brücke gelangt man über eine Wiese auf einem Trampelpfad hierher.

Der zweigeschossige Fachwerkbau ist einer der wenigen in Deutschland erhalten gebliebenen bäuerlichen Verteidigungsbauten. Er entstand zum Schutz des Eigentums vor hussitischen Heerscharen, die 1429 in Pulsnitz einfielen, und trägt auch die Bezeichnungen Perfert und Hussitenhäuschen. Zwischen 1958 bis 1965 wurde das Baudenkmal rekonstruiert. Hinein kommt man allerdings nur, wenn man sich einer Stadtführung anschließt.

In der Blaudruckwerkstatt Thieme wird originaler Blaudruck in überlieferter 300jähriger Handwerkstradition hergestellt. Gegründet 1633 in Stei-

Böhmischer Löwe im Klosterhof Marienstern
Schloß Czocha

Das Pulsnitzer Rathaus im Renaissancestil

nau/Schlesien und seit 1946 in Pulsnitz, ist sie heute die älteste in Sachsen, die noch produziert.

In der Töpferei Jürgel ist der Kasseler Langofen (von 1742 bis 1959 in Betrieb) als technisches Denkmal zu besichtigen, und man kann dem Meister während der Arbeit über die Schulter schauen. Die Oberlausitzer Volkskunstkeramik Gebr. Lehmann bietet Kurse und Schautöpfern an, sie ist wegen ihrer ›Hörnchenmalerei‹ bekannt.

Am Julius-Kühn-Platz sieht man einen steinernen Wassertrog (1794), der von einem imposanten Brunnenaufsatz mit Gnomen gekrönt wird. Sehenswert ist auch die Löwenapotheke; der Löwe über dem Eingang ist vermutlich ein Werk Ernst Rietschels.

Auf dem Wettinplatz am Schützenhaus steht eine Postmeilensäule aus dem Jahr 1731.

Das langgestreckte Dorf Steina nördlich von Pulsnitz liegt am Nordhang des Schwedensteins. Da das Ortszentrum auf etwa 300 Meter Höhe liegt, wird es auch als ›Himmelreich‹ bezeichnet. Das Modell der 1910/11 erbauten Dorfschule in Obersteina erhielt auf der Brüsseler Weltausstellung eine Goldmedaille. Neben einigen hübschen Fachwerkhäusern gibt es an der Hauptstraße 85 einen sehenswerten Vierseithof mit Rundbogentor zu sehen. Der Ort eignet sich als Ausgangspunkt für eine Wanderung auf den Schwedenstein mit einem Aussichtsturm.

Spaziergang von den Gickelsberghäusern auf den Schwedenstein

Östlich von Pulsnitz erhebt sich der Schwedenstein (418 m). Früher trug die Erhebung des Westlausitzer Berglandes den Namen Gickelsberg. Als aber 1832, anläßlich des 200. Todestages des schwedischen Königs Gustav Adolf, in einen der hiesigen Gesteinsblöcke die Inschrift ›Gustav Adolf Rex 1632‹ eingemeißelt wurde, setzte sich der neue Name durch. Der Schwedenkönig selbst ist aber nie auf dem Berg gewesen.

Am bequemsten ist der ein Kilometer lange Aufstieg, wenn man von Pulsnitz über Ohorn zu den Gickelsberghäusern fährt. Auf dem Gipfel lädt das Bergrestaurant ›Schwedenstein‹, Telefon 03 59 55/4 05 61, ein, und man kann den Aussichtsturm von 1898 besteigen. Der große dunkelglänzende Stein am Fuß des Turmes besteht aus nordischer Hornblende. Das Inlandeis transportierte diesen Riesen zum Schwedenstein.

Geologisch interessierte Wanderer wird es auch hinüber zum 500 Meter entfernten Hirschberg (415 Meter) ziehen. Dort kann man in alten Steinbrüchen Grauwacke mit eingelagerten Erzadern entdecken, für die Oberlausitz eine Seltenheit. In Ohorn, am Hang des Schleißberges, steht die 1936 erbaute Jugendherberge, Telefon 03 59 55/7 27 62.

Wanderung zum Sibyllenstein

Das Hotel Forsthaus Luchsenburg, Telefon 03 59 55/7 23 14 oder Internet www.forsthaus-luchsenburg.de, bietet Doppelzimmer ab 42 Euro an. Von dort führt ein markierter Wanderweg zum Sibyllenstein, mit 449 Metern die höchste Erhebung des Nordwestlausitzer Hügellandes. Er wird auch als Hochstein bezeichnet. Bekannt sind die bis zu acht Meter hohen Gipfelklippen aus Granodiorit. Sie entstanden durch Druckentlastung im Gestein und kamen später, nach der Verwitterung der Lößlehm-Schuttdecken, ans Tageslicht.

Auf die im 18. Jahrhundert eingehauenen Treppen kann man hinaufsteigen und die Aussicht in südlicher und westlicher Blickrichtung genießen. Im höchsten Felsbereich sind deutlich drei Vertiefungen zu sehen – des Teufels Hohlmaße, wie die Sage berichtet. Ihr zufolge hat er hier die von Kaufleuten und Müller benutzten Maße überprüft und Betrüger entlarvt.

Am Nordosthang entspringt inmitten eines Blockmeeres in einer Höhe von 320 Metern die Schwarze Elster; das Flüßchen mündet nach knapp 200 Kilometern in die Elbe. Seit 1977 ist im Gebiet Muffelwild beheimatet.

Länge: 2 Kilometer.

PLZ: 01896.
Vorwahl: 03 59 55.
Pulsnitz-Information im Haus des Gastes mit Pfefferkuchenschauwerkstatt Mo–Fr 10–18 Uhr und Schaubackstube Di–Do 10–11, 12–13, 14–15 und 16–17 Uhr. Am Markt 3, Tel. 4 42 46. www.pulsnitz.de.

Gasthof Schützenhaus, Wettinplatz 1, Tel. 4 47 92, www.schuetzenhaus-pulsnitz.de. Pension Weitzmann, Schulstr. 16a, Tel. 4 45 51.

Stadtmuseum, Goethestr. 20a, Tel. 4 40 06; Di–Mi 9–15 Uhr, Do 9–17 Uhr, Fr 9–12 Uhr sowie jeden 1. und 3. Sonntag im

Monat 14–17 Uhr.
Oberlausitzer Volkskunstkeramik Gebr. Lehmann, Gartenstr. 5, Tel. 3664; Mo–Fr 9–18 Uhr, Sa 9–12 Uhr.
Töpferei Werner Schmidt, Bachstr. 14, Tel. 3458.
Töpferei von Michael Jürgel, Julius-Kühn-Platz 4, Tel. 2468.
Blaudruckwerkstatt Alfred Thieme, Bachstraße 7, Tel. 73873; Mo–Fr 8–12 und 13–17 Uhr, Sa 9–12 Uhr.
Brunnenfest (Mai).
Nikolausfest (Dezember).

Elstra und Umgebung

Die Kleinstadt am Oberlauf der Schwarzen Elster ist wegen ihrer interessanten Straßenranordnung einen Besuch wert. Hier kreuzen sich die Straßen noch im auffälligen Maße rechtwinklig, die Stadtanlage blieb von der Gebäudeanordnung so erhalten, wie sie im Zuge der deutschen Ostkolonisation planmäßig gegründet wurde.

Mitten auf dem Marktplatz steht eine Gerichtslinde, unweit davon eine Postmeilensäule von 1725. Auffällig wirkt der achteckige Dachreiter von 1717 auf dem Rathaus. Die barocke Stadtkirche, zwischen 1717 und 1726 erbaut, besitzt einen Altar aus Marmor und Sandstein sowie eine schöne Kanzel aus dem 18. Jahrhundert. Von der Orgel blieb nur der mit vielen Schnitzereien versehene Prospekt erhalten. Einige Bürgerhäuser lohnen einen Bummel durch die Straßen, so in die Pfarrgasse 1, wo ein Renaissance-Sitznischenportal aus Sandstein zu sehen ist. Barocke Fassaden entdeckt man beispielsweise in der Bachgasse 9 und der Parkgasse 2.

Von Elstra lassen sich einige interessante Rundwandertouren planen, so über Rauschwitz zum Sybillenstein, zurück am Aussichtspunkt ›Rehndorfer Linden‹ vorbei (14 Kilometer) und zum Schwarzen Berg mit Abstieg zu den ›Rehnsdorfer Linden‹ (7 Kilometer). Ein anderer Weg führt östlich über sechs Kilometer nach Ostro (Wotrow), wo mit der Ostroer Schanze das bedeutendste Bodendenkmal der Oberlausitz zu besichtigen ist. Es handelt sich hierbei um einen Burgringwall der Lausitzer Kultur (etwa 800 v. Chr.). Heute steht an dessen Ostseite ein sehenswerter Fachwerk-Vierseithof.

Panschwitz-Kuckau (Pančicy-Kukow)

Der große Anziehungspunkt im kleinen Ort südöstlich von Kamenz ist das Zisterzienserinnenkloster St. Marienstern mit seiner Schatzkammer. Seit dessen Gründung als Frauenkloster im Jahr 1248 hat es trotz zahlreicher Beschädigungen alle Stürme der Zeit überdauert.

Der Überlieferung zufolge hatte sich der spätere Klosterstifter, Bernhard III. von Kamenz, im Moor verlaufen. Da erschien ein heller Stern mit Marienantlitz, dem er folgte und so wieder herausfand. Diese Rettung war der Grund für die Klosterstiftung.

Im Tal des Klosterwassers, damals noch eine Sumpfaue, begann man 1248 mit den Bauarbeiten im gotischen Stil. In der Blütezeit des Klosters gehörten zwei Städte, 49 Dörfer und 12 Dorfteile mit etwa 2000 Untertanen dazu. Das heutige Erscheinungsbild zeigt überwiegend böhmischen Barock in kräftigem rotbraun-weißen Farbkontrast im Stil des 18. Jahrhunderts. Die spätgotische dreischiffige Abteikirche, 1260 bis 1290 errichtet, wurde in den 1960er Jahren stilgerecht renoviert. Die wertvolle Innenausstattung umfaßt einen Hochaltar aus Marmor von Franz Lauermann aus Prag mit vergoldeten Holzstatuen von Ignaz Platzer sowie ein Altarbild Maria Himmelfahrt von F. K. Palko, drei spätgotische Flügelaltäre und die strahlende Mondsichelmadonna aus dem 17. Jahrhundert. Links neben dem Hauptaltar ist das gotische Hussitenfenster zu bewundern, besonders eindrucksvoll anzusehen, wenn früh die ersten Sonnenstrahlen hineinscheinen. Einzig diese Glasmalereien (um 1375) überstanden den Kirchenbrand während der Hussitenkriege (1429), daher die Bezeichnung Hussitenfenster. Im südlichen Seitenschiff stehen auf der Brüstung der Chorgasse zwölf überlebensgroße barocke Heiligenfiguren aus Holz, die vermutlich Mathias Wenzel Jäckel schuf. Wahrscheinlich stammen auch die Kunstwerke im Klosterhof von ihm: Mariensäule, Johann-von-Nepomuk-Säule und Dreifaltigkeitssäule.

Die Abteikirche des Zisterzienserinnenklosters

Im ersten Stock des alten Klostergästehauses (Bernhardhaus) befindet sich die Klosterschatzkammer. Diese Ausstellung ist das Ergebnis der ersten sächsischen Landesausstellung ›Zeit und Ewigkeit‹. Für 128 Tage war 1998 – erstmalig nach 750 Jahren – die Klausur für Besucher geöffnet. Für Fachleute war das Sichten der Schätze eine Sensation, niemand hätte sie hier vermutet. Die Experten sind sich einig, daß es sich um einen der bedeutendsten erhaltenen Kirchenschätze Mitteleuropas handelt, der dem des St. Veitsdoms in Prag kaum nachsteht. Die Ausstellung umfaßt neun Räume mit rund 150 Werken der Malerei und Plastik, Goldschmiedekunst, Textilien, Handschriften, Glas und Mobiliar. Die Ausstellung in der Klosterschatzkammer ist von Montag bis Donnerstag von 10 bis 16.30 Uhr und Sonnabend und Sonntag von 12 bis 16.15 Uhr geöffnet. Informationen erhalten Sie telefonisch unter 03 57 96/9 94 44.

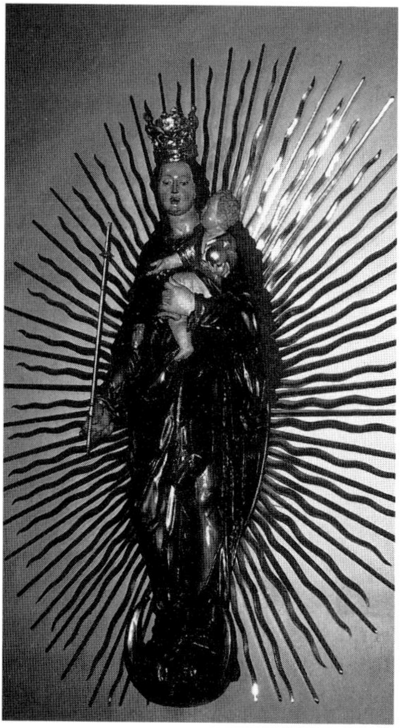

Mondsichelmadonna in der Abteikirche des Klosters Marienstern

Der hiesige Löwenbrunnen kündet von der jahrhundertelangen Zugehörigkeit der Lausitz zur böhmischen Krone. Allgegenwärtig ist die Abkürzung CSAM für Cordula Sommer am Marienstern. Sie ist als bauende Äbtissin in die Klostergeschichte eingegangen. An der Südseite des Klostergeländes steht das Maria-Martha-Heim, in dem deutsche und sorbische Nonnen seit 1973 behinderte Mädchen pflegen, betreuen und fördern.

Auf dem Gelände der ehemaligen Klostergärtnerei entstand ein Umwelt- und Lehrgarten mit einer agrarhistorischen Ausstellung. Die alten Gerätschaften und Maschinen verdeutlichen, wie mühselig der Weg vom Korn zum Brot für unsere Vorfahren war. Schulklassen können nach Anmeldung an Ort und Stelle Brot backen und verkosten. Die Ausstellung ist von April bis November von 10 bis 17 Uhr göffnet. Darüber hinaus sind Terminabsprachen sind unter 03 57 96/ 9 62 19 möglich.

Im Park am Klosterwasser, der von den Einheimischen Lippe genannt wird und südöstlich an das Kloster angrenzt, befindet sich ein Denkmal für den sorbischen Dichter Jakub Bart-Ćišinski (1856–1909). Mit seinem Schaffen erwarb er sich große Verdienste bei der Entwicklung der sorbischen Nationalliteratur.

Gepflegte Speisen und Getränke, so das St. Mariensterner Schwarzbier und der Kloster-Likör, kommen in Klosterkeller und -stübel auf den Tisch (täglich 11–21 Uhr, Tel. 03 57 96/9 65 30), auch Klosterladen und -bäckerei erwarten Kundschaft.

Das Osterreiten zwischen dem Kloster Marienstern und der Nachbargemeinde Crostwitz zieht viele Gäste an. Da der Crostwitzer Pfarrer 1790 die Prozession untersagte und den Gläubigen die Kirchenfahnen vorenthielt, wurden kurzfristig neue Fahnen genäht. So sieht man heute immer noch zwei verschiedene Fahnenpaare.

Der eingemeindete Ortsteil Schweinerden (Swinjarnja) steht komplett unter Denkmalschutz, da hier ein typisch sorbischer Rundling mit Gasthof, ehemaliger Schmiede und Bauerngehöften erhalten blieb.

Gut zwei Kilometer nordwestlich von Panschwitz-Kuckau steht am Rande des Dörfchens Miltiz (Miłoćicy) der Froschstein, ein Findling, der einem hockenden Frosch ähnelt. Der Froschstein besteht aus Granodiorit und wurde während der Elsterkaltzeit durch das Inlandeis abgeschliffen. Heute gilt er als der eindrucksvollste Rundhöcker der Oberlausitz.

Räckelwitz (Worklecy) und Crostwitz (Chróśćicy)

In dem kleinen Ort befindet sich ein Malteserstift. Gräfin Monika, Ordensfrau in Belgien, erbte das Herrenhaus der Grafen Stollberg-Stollberg und beauftragte Ende des 19. Jahrhunderts den Malteserorden, dort ein Krankenhaus zu schaffen, dem Herrn zu huldigen und den Bedürftigen zu dienen. Der Grundstein für die prächtige Kapelle im Beuroner Stil wurde 1883 nach Plänen von P. Desiderius Lenz gelegt. Besonders eindrucksvoll sind die Buntglasfenster, die aus Birmingham stammen. Vor der Kapelle steht eine Maria-Immaculata-Säule von 1904. Der Bau wurde 1980 renoviert. Heute existiert nur noch im Donaukloster Beuron ein ebenbürtiger Bau, die Mauruskapelle. Die gepflegten Parkanlagen des Stifts laden zum Spaziergang ein. Hier steht ein Gartenhaus mit Mansardendach aus dem 18. Jahrhundert.

Im Ort wurden die sorbischen Schriftsteller Michał Hórnik (1833–1894) – Denkmal an der westlichen Dorfgrenze – und Jurij Brězan (1916) geboren. Letzterer veröffentlichte viele Romane, Erzählungen sowie Kinderbücher und 1995 den vielbeachteten Roman ›Krabat oder die Bewahrung der Welt‹.

Das Dorf Crostwitz (Chróśćicy) hat seinen ländlichen Charakter, der durch eine imposante Barockkirche (1769–1772) und viele Bauernhöfe in Fachwerk- und Umgebindebauart geprägt wird, bewahren können. Deshalb wurde es seit 1995 zum Austragungsort des Internationalen Folklorefestivals Lausitz gewählt, das Besucher alle zwei bis drei Jahre fünf Tage lang begeistert (www.folklore-festival-lausitz.de).

Am Haus Hornikstraße 25 erinnert eine Gedenktafel an die Neugründung der Domowina, des Bundes der Lausitzer Sorben, am 10. Mai 1945. Die Organisation war 1912 in Hoyerswerda ins Leben gerufen und 1937 von den Nazis verboten worden.

Auf einem Hügel steht das 1980 erbaute, sieben Meter hohe Denkmal für 2000 polnische Gefallene. Sie gerieten im April 1945 im Talkessel der Lippe bei Panschwitz-Kuckau in ein mörderisches Gefecht mit deutschen Truppenverbänden.

Rosenthal (Róžant) und Ralbitz (Ralbicy)

Der Rittergutsbesitzer Luzian aus Zerna (Sernjany) fand der Legende nach Ende des 15. Jahrhunderts in der Höhlung einer Linde eine kleine Marienfigur und ließ an Ort und Stelle eine kleine hölzerne Kapelle erbauen. Seit 1516 ist ein erster Marienaltar bekannt, eine massive Kapelle ab 1537. Äbtissin Luzia Günther von Marienstern ließ um 1600 neben der Kapelle ein Kirchlein erbauen, 1628 wurde für die Madonna ein erster Altar geweiht. Die freistehende weithin sichtbare barocke Wallfahrtskirche wurde von 1776 bis 1778 errichtet und entwickelte sich nach der Reformation zum Zentrum des Marien-Kultes in der katholischen Lausitz. Die Kirche wurde am 1. Mai 1945 beschossen und brannte bis auf die

Der sorbische Friedhof in Ralbitz steht unter Denkmalschutz

Umfassungsmauern aus. Der damalige Administrator rettete die Marienfigur aus der brennenden Kirche, die bis 1947 wieder aufgebaut wurde.

Innen ist die gediegene hölzerne Ausstattung bemerkenswert. Im Mittelpunkt des Interesses steht ›Maria von der Linde‹, eine etwa 30 Zentimeter große Lindenholzfigur der Mutter Gottes mit dem Jesuskind aus dem 15. Jahrhundert im barocken Hauptaltar. Der Altar stammt aus dem Kloster St. Marienthal.

Gläubige Wallfahrer zieht es viermal jährlich nach Rosenthal, am Dienstag nach Ostern zum Dankgottesdienst der Osterreiter, am Pfingstmontag, zu Mariä Heimsuchung (2. Juli) sowie zu Mariä Geburt (8. September). So kann man am Pfingstmontag in den Prozessionszügen junge Mädchen (Druschken) in ihrer Festtracht bewundern.

Nördlich der Kirche entspringt hinter dem Pfarrhaus, am Kirchsteig nach Piskowitz, die wundertätige Marienquelle. Das jetzige Brunnenhäuschen stammt aus dem Jahr 1909. Im Dorf selbst blieben einige schöne Fachwerkhäuser erhalten.

In der kleinen Gemeinde Ralbitz (Ralbicy), 14 Kilometer nordöstlich von Kamenz gelegen, befindet sich ein unter Denkmalschutz stehender sorbischer Friedhof. Jeder Einwohner, egal ob reich oder arm, wird hier auf gleiche Weise bestattet, mehr als 300 einheitlich weiß gestrichene Holzkreuze mit ornamentalen schlichten Schmuckmotiven kann der Besucher zählen. Holz symbolisiert die Vergänglichkeit alles Irdischen, weiß ist die traditionelle Trauerfarbe.

Die beeindruckende katholische Grabstätte ist in Europa einmalig. Am Ostersonntag ist der Friedhof das Ziel der Osterreiter aus Wittichenau. Die Ralbitzer selbst begeben sich zur Prozession nach Wittichenau.

Königswartha (Rakecy) und Milkel (Minakał)

Königswartha ist neben Peitz in der Niederlausitz das zweite große Binnenfischereizentrum im Südosten Deutschlands. Eine beabsichtigte Stadtgründung in der Periode böhmischer Herrschaft, als hier eine königliche Domäne existierte, scheiterte, als Mitte des 13. Jahrhunderts der König das Gut abgab. Deshalb findet man zwar einen Marktplatz, das Rathaus sucht der Besucher jedoch vergeblich. Aber die königliche Befestigung (Straßenwarte) am Weg von Prag über Bautzen nach Hoyerswerda gab dem Ort seinen heutigen deutschen Namen: Königswartha. Nach der krebsreichen Umgebung aber nannte man die Siedlung sorbisch Rakecy (zu rak = Krebs).

Die frühbarocke Dorfkirche, Ende des 17. Jahrhunderts auf gotischen Grundmauern erbaut, besitzt im Innern hölzerne Emporen als galerieartiges Obergeschoß, einen reich geschnitzten Kanzelaltar aus der Renaissance, zwei mit Bild-

Auffällig am Schloß Königswartha sind die großen Sandsteinplastiken

nissen geschmückte Wandepitaphe im Chor sowie einen barocken Taufengel. Ein sehr ungewöhnlicher Imbißgastraum steht an der östlichen Kirchhofsmauer: Das war früher der Eingang zur jetzt zugemauerten Dallwitzschen Gruft.

Das klassizistische Schloß am Nordrand des Landschaftsparks im englischen Stil ließ Johann Friedrich Reichsgraf von Dallwitz um 1780 erbauen. Die sechs Sandsteinplastiken an der Hauptfront stammen aus der Werkstatt des berühmten Bildhauers Balthasar Permoser, weitere vier Plastiken sieht man an der Südseite des Schlosses. Seit 1949 wird das Gebäude als Fischereischule genutzt und ist nicht zugänglich. Das schlichte rekonstruierte Gebäude in östlicher Nachbarschaft war ursprünglich eine Orangerie.

Das Schloß in Milkel, neun Kilometer östlich von Königswartha, gilt als das ›Moritzburg der Lausitz‹, denn der barocke Prunkbau wurde 1720 nach dem Vorbild des Jagdschlosses Moritzburg erbaut und war Sitz der Grafen von Holstein. Auf dem rechten Schloßturm fühlt sich ein Weißstorchenpaar wohl, das jedes Jahr regelmäßig für Nachwuchs sorgt. Ein fünf Hektar großer Landschaftspark umgibt das Schloß. Es ist für die Öffentlichkeit nicht zugänglich.

Neschwitz (Njeswačidło)

Hauptanziehungspunkt in Neschwitz ist das Barockschloß. Auf einem künstlich angelegten Hügel stand ursprünglich eine Residenz im Renaissancestil. 1721 wurde der österreichische Herzog Friedrich Ludwig von Württemberg-Teck, der im Dienst des Sachsenkönig August des Starken stand, neuer Besitzer. Er ließ das alte Schloß abbrechen und mit Hilfe königlich-sächsischer Baumeister bis 1723 ein prächtiges Barockschloß erbauen. Wertvoll ist der mit pompejanischen Wandmalereien ausgeschmückte zweigeschossige Festsaal. Kunstkenner genießen von Mai bis September zahlreiche Konzertveranstaltungen. Im Schloß befindet sich auch eine Kleine Galerie, die sonntags von 10 bis 12 und von 13 bis 17 Uhr sowie von montags bis freitags nach Vereinbarung geöffnet hat. Weitere Informationen bekommt man telefonisch unter 03 59 33/52 71.

Im Jahr 1930 richtete Arnold Freiherr von Vietinghoff-Riesch im Schloßareal eine Vogelschutzwarte ein, die bis zum Kriegsende bedeutsame Forschungsarbeit auf den Gebieten Ornithologie und Forstzoologie in Bezug auf biologische Schädlingsbekämpfungsmethoden leistete. Von 1953 bis 1970 war Neschwitz erneut Sitz einer Vogelschutzwarte. Seit 1999 ist im Herrenpavillon die Sächsische Vogelwarte Neschwitz mit Naturschutzausstellung untergebracht – eine von nur vier Einrichtungen dieser Art in Deutschland (www.naturschutz-neschwitz.de).

Der Park besteht aus zwei verschiedenen Teilen. Vor dem Schloß sieht man den französischen Barockgarten mit drei von ehemals vier Pavillons und schönen Sandsteinplastiken, der Neue Park nahe des Dorfes ist im englischen Stil erhalten und besitzt viele fremdländische Gehölze und mehrere Teiche.

Auf dem Kirchfriedhof erinnert seit 1994 eine Gedenkplatte an Jurij Mjeń (1727–1785), Pfarrer, Dichter und Schriftsteller. Er gilt als Begründer der sorbischen gelehrten Dichtung sowie weltlichen Prosa und war in jener Zeit ein Verteidiger der sorbischen Sprache.

Noch ein schönes Schloß: Neschwitz

Bautzen (Budyšin)

Bautzen mit seiner großartigen Stadtsilhouette, die Stadt der Türme, besitzt etwa 1500 Baudenkmäler, die zu einem Großteil aus der Barockzeit stammen. Bautzen profitierte in dieser Zeit in besonderem Maße von der Nähe zur Residenzstadt Dresden. Viele prominente Architekten und Künstler arbeiteten auch für hiesige Auftraggeber. Zuvor hatte es mehrere Stadtbrände gegeben, die fast alle Holzhäuser in Asche gelegt hatten. Das ›neue‹ Bautzen entstand als steinernes Kleinod im Sächsischen Barock. Während des Zweiten Weltkrieges blieben hier im Unterschied zu Dresden die meisten Gebäude nahezu unbeschädigt.

Beim Stadtbummel verliebt man sich in die Altstadt mit ihren kopfsteingepflasterten Gassen, herausgeputzten Bürgerhäusern, historischen Gaststuben und Cafés. Die Bautzner Innenstadt weist mehr als 120 gastronomische Adressen auf, das ist nach Düsseldorf die zweitgrößte Dichte in Deutschland! Bautzen ist gleichzeitig das Zentrum der sorbischen Kultur in der Oberlausitz und reizvoll am Ufer der Spree zwischen nördlichem Lausitzer Bergland und südlicher Oberlausitzer Heide- und Teichlandschaft gelegen.

Es gibt also viele Gründe, die Stadt zu besuchen. Die Autobahn 4 (Dresden–Görlitz) streift sie, Bahnanschluß besteht in Richtung Dresden, Görlitz und mit Bad Schandau in der Sächsischen Schweiz, nach Berlin nur über den Umweg Dresden/Neustadt oder Görlitz und Cottbus.

Die einstige Burgwallanlage war um 600 n. Chr. der Stammsitz der slawischen Milzener. Ende des 10. Jahrhunderts nahm Eckehardt II., Markgraf von Meißen, das Milzenerland in Besitz. Im Jahr 1002 wurde Bautzen als ›civitat Budissin‹

Legende

1 Domstift
2 Barockhäuser
3 Reichenturm
4 Rathaus
5 Nationalitätenrestaurant Wjelbik
6 Lauenturm
7 Hexenhäusel
8 Alte Wasserkunst
9 Ortenburg
10 Sorbisches Museum
11 Puppentheater
12 Matthiasturm
13 Nikolaiturm
14 Ruine der Nikolaikirche/ Nikolaifriedhof
15 Gerberbastei
16 Stadtmuseum
17 Panoramaausblick von der Friedensbrücke
18 Bautz'ner Senfladen
19 Villa Weigang
20 Gedenk- und Begegnungsstätte Bautzen II

urkundlich erwähnt, schon damals war es eine ansehnliche Siedlung aus Feste, sakralem Zentrum und Marktviertel. Zwei wichtige Handelswege führten hier vorüber, die Hohe Straße Halle–Breslau und die Straße Prag–Ostsee. König Bolesław Chrobry eroberte Teile der Lausitz, die mit dem Frieden zu Bautzen von 1018 bis 1031 an die polnische Krone fielen. König Konrad II. gelang die Rückeroberung, Bautzen kam zum Markgrafentum Meißen. Mit Stadtrechten wurde Bautzen vermutlich um 1240 ausgestattet. Von 1254 bis 1319 brandenburgisch, gehörte die Stadt zusammen mit dem überwiegenden Teil der Lausitz mit nur kurzen Unterbrechungen von 1319 bis 1634 zu Böhmen, zwischen 1469 und 1490

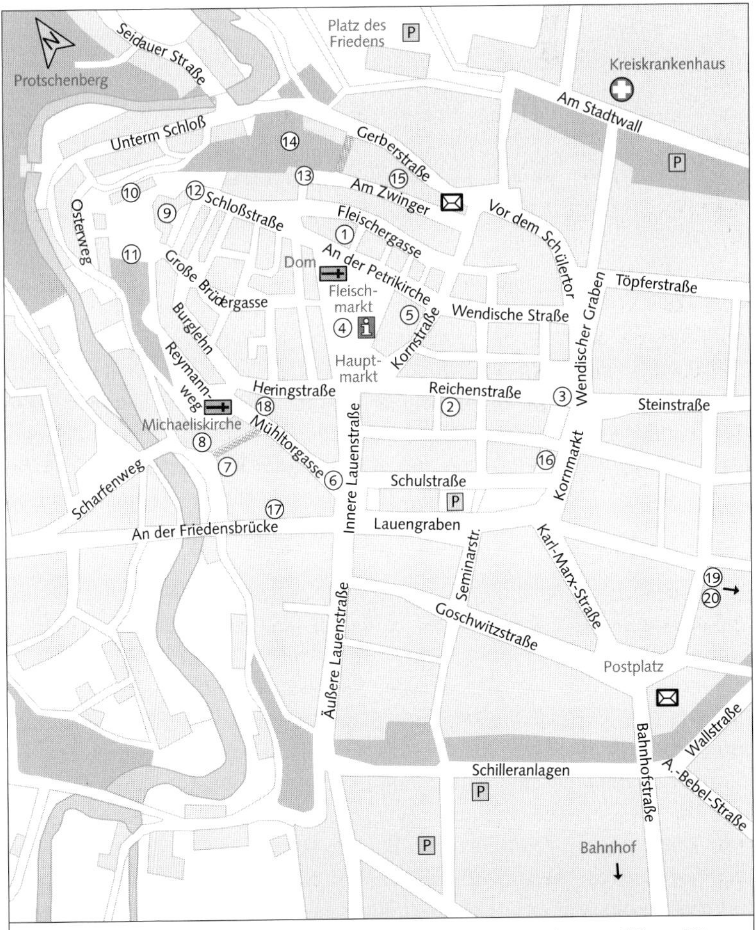

Bautzen

Blick von der Friedensbrücke auf Bautzen

zum Reich des Ungarnkönigs Matthias Corvinus; die Hussiten hatten Bautzen 1429 und 1431 dagegen erfolglos belagert.

Mit der Gründung des Oberlausitzer Sechsstädtebundes im Jahr 1346 wurde Bautzen zur Hauptstadt des Bundes gewählt. Der Handel erblühte und Tuchmacher-, später Leineweberzunft, Kürschnerei, Töpferei, Gerberei sowie Schuhmacherei waren im Mittelalter wichtige Stützen des Wohlstandes. Vom 13. bis 16. Jahrhundert wurden die Befestigungsanlagen ständig erweitert und vervollkommnet. 1400 und 1405 gab es Handwerkeraufstände, die blutig niedergeschlagen wurden.

In die Zeit des Dreißigjährigen Krieges fielen zahlreiche Verwüstungen und verheerende Stadtbrände (1620 und 1634). Ab 1634 gehörte die Oberlausitz zu Sachsen.

Zwar wurden nach erneuten Bränden Ende des 16. und Anfang des 17. Jahrhunderts viele Gebäude im Barockstil wieder aufgebaut, Unruhen verhinderten jedoch fast 200 Jahre lang einen neuen wirtschaftlichen Aufschwung. Erst mit dem Beginn des Frühkapitalismus und dem Anschluß an das Bahnnetz Richtung Dresden (1846) begann ein neue erfolgversprechende Epoche. 1868 fand die amtliche Umbenennung von Budissin in Bautzen statt. In die Geschichtsbücher ging die Stadt auch ein, weil am 20. und 21. Mai 1813 in der Schlacht bei Bautzen zwischen napoleonischen und preußisch-russischen Verbänden etwa 30 000 Soldaten starben.

Im April 1945 zur Festung erklärt, erlitt die Stadt am Ende des Zweiten Weltkrieges schwere Zerstörungen, glücklicherweise aber fast ausschließlich außerhalb des Zentrums.

Die Bautzener Gefängnisse (Bautzen I, auch als ›Gelbes Elend‹ bekannt) und Bautzen II wurden zwischen 1900 und 1906 errichtet. Von 1933 bis 1945 saßen hier viele politische Gefangene, so der KPD-Führer Ernst Thälmann. Bautzen I wurde von 1945 bis 1950 als sowjetisches Internierungslager genutzt, Bautzen II diente von 1956 bis 1989 als Stasi-Untersuchungshaftanstalt. Unter den Insassen waren so prominente Häftlinge wie der geschaßte Ulbricht-Weggenosse Walter Janka und der Schriftsteller Erich Loest.

Insbesondere seit den 1970er Jahren wurden große Bereiche der historischen Altstadt dem Verfall preisgegeben, in den 1980er Jahren verließen tausende Bürger mit Ausreiseanträgen die Stadt Richtung Westdeutschland.

Die Wende brachte ein Ende der Tristesse. 1991 wurde der Sechsstädtebund neu ins Leben gerufen und in Bautzen konstituierte sich die ›Stiftung für das sorbische Volk‹, ab 1993 folgte die rasante Wiedergeburt des alten Bautzen. Bis 2001 wurden Fördergelder von 60 Millionen Euro verbaut, dazu kamen private Investitionen. Der Einsatz von Staats- und Landesfördermitteln hat für die Bautzener einen angenehmen Nebeneffekt. Die Mieten dürfen nur sehr moderat steigen, viele Einheimische, auch mit kleinerem Geldbeutel, wohnen nach wie vor in bester Lage. 2002 war die Wiederherstellung der Altstadt größtenteils abgeschlossen, und man feierte das ganze Jahr über ›1000 Jahre Bautzen‹.

Relief vom Kaiser Rudolf II. am Reichenturm

Bautz'ner Senf

Nach der Wende mochten die Ostdeutschen weder in Bautzen noch anderswo weiterhin wirklich gern im Trabbi sitzen. Aber der Bautz'ner Senf taugte weiterhin als DDR-Identitätsobjekt. Nachdem man all die neuen Sorten jenseits der Elbe probiert hatte, war klar: Die einen sind zu süß, die anderen zu scharf. Der Mittelscharfe wird noch immer nach dem Originalrezept des ehemaligen VEB Lebensmittelbetriebes Bautzen im Werk vor den Toren der Stadt produziert, heute Develey Senf & Feinkost GmbH. Der Münchener Mutterbetrieb konnte bereits mit dem berühmten süßen Senf aus Bayern nicht über Zuspruch klagen, zumal ein Teil der Produktion auch bei McDonalds landet. Aber mit dem Kauf der Bautzener Markenrechte faßten die Süddeutschen auch im Osten Fuß.

Der Bautz'ner Senf bringt es zwischen Kap Arkona und Fichtelberg auf stolze 55 Prozent Marktanteil. Die kleinen Plastikbecher aus Bautzen haben viele deutsche Haushalte erobert und das ›Knastimage‹ ihrer Heimat ein wenig in den Hintergrund gerückt. Aus Anlaß der Tausendjahrfeier taten sich Hersteller und Stadtväter zusammen. Das Ergebnis der Beratungen war simpel und genial zugleich. Das bislang freudlose Senf-Etikett ziert seither eine Silhouette der Altstadt.

Im Bautz'ner Senfladen, Heringstraße 13, kann man alle Sorten in vielen Packungsgrößen kaufen, auch am Wochenende, Telefon 0 35 91 / 53 07 17.

Der Klassiker

Ein Stadtrundgang

Vom Markt zum Petridom

Mittelpunkt der Altstadt ist der Hauptmarkt, an dem auch das Touristenbüro seinen Sitz hat. Am Platz imponiert das in Gelb erstrahlende barocke Rathaus, 1729 bis 1732 erbaut. Am Rathausturm sieht man drei verschiedene Uhren.

Der Markt wird von eindrucksvollen Bürgerhäusern flankiert, darunter dem Hardtmannschen Haus an der Ecke Lauenstraße/Heringstraße. Das dreistöckige Haus war einst Herberge für die High Society vergangener Jahrhunderte, unter anderen waren König Friedrich II. von Preußen, Kaiser Napoleon und Zar Alexander I. zu Gast. Gegenüber sieht man das Gewandhaus (1882–1883) mit gotischen Gewölben an der Südseite. Ein Schmuckstück ist das Hotel Goldener Adler am Hauptmarkt 4.

Etwa in der Mitte des Platzes, auf dem gelb abgegrenzten Pflasterweg am kleinen Hydrantendeckel, findet man einen Pflasterstein mit Malteserkreuz: An dieser Stelle wurden 1406 nach einem Aufstand der Handwerker 14 Männer auf Befehl König Wenzels von Böhmen geköpft.

Im Jahr 999 weihte ein Meißner Bischof an Stelle des heutigen Doms St. Petri das erste Gotteshaus; ein Amtsbruder ließ es gut zweihundert Jahre später abreißen. Ab 1213 wuchs die monumentale Hallenkirche St. Petri. Der Kirchenraum blieb seit der Reformation von 1524 zweigeteilt. Im Chor finden katholische Gottesdienste statt, während sich im Langhaus die Protestanten zur Andacht versammeln. In Westdeutschland ist das nichts besonderes, doch im Osten ist St. Petri die einzige Simultankirche. Der spätgotische Dom wuchs unter der Regie vieler bekannter Baumeister: Meister Heinrich, Wolf Riediger, Wenzel Röhrscheidt, Martin Pötzsch.

Die dreischiffige Haupthalle mit gotischen Maßwerkfenstern auf der Südseite, Netzgewölben und schlanken Achteckpfeilern vermittelt dem Besucher ein bemerkenswertes Raumerlebnis. Bedeutendes Inventar im evangelischen Lang-

Alte Wasserkunst und Michaeliskirche

haus sind der hölzerne Südaltar von 1644 im Renaissancestil, die reich geschnitzte Fürstenloge im Südwestteil, die zwischen 1673 und 1674 vom Bautzener Tischler C. Neumann geschaffen wurde, sowie eine Jugendstilorgel der Firma Eule aus dem Jahr 1909 mit 4000 Pfeifen. Manchmal werden Konzerte zu zwei Orgeln, Eule-Orgel im evangelischen und Kohl-Orgel im katholischen Bereich, geboten.

Im katholischen Chor gilt das große barocke Holzkruzifix von Balthasar Permoser von 1713 als bedeutendes Barockkunstwerk. Der schmuckvolle Hochaltar (1722) besteht aus sächsischem Marmor und Pirnaer Sandstein, das Gemälde ›Schlüsselübergabe an Petrus‹ schuf der Italiener Pellegrini. Daneben sieht man den kleinen gotischen Marienaltar von 1540.

Protestanten und Katholiken verstanden sich zwar unter einem gemeinsamen Dach, doch am Ostersonntagmorgen ließen die Protestanten seit jeher den Katholiken den Vortritt zum Gottesdienst in St. Petri. So recht wußten die evangelischen Gläubigen nichts mit der freien Zeit anzufangen. Am nahen Protschenberg begannen sie sich die Langeweile zu vertreiben, indem sie Steinchen ins Spreetal kullern ließen. Um herbeigeeilten Kindern eine Freude zu bereiten, folgten bald hartgekochte Eier. Jahr für Jahr fanden sich mehr Kinder und Schaulustige ein. In den 1920er Jahren erfreute sich der Brauch des Eierschiebens ungeahnter Beliebtheit und zieht heute am Ostersonntag wieder bis zu 15 000 Zuschauer an.

In unmittelbarer Nachbarschaft, An der Petrikirche 6, erblickt man das prächtige, zwischen 1753 und 1755 im böhmischen Barock erbaute Portal zum Domstift. 1221 gegründet, stammen die heutigen Gebäude des Stifts aus dem 17. Jahrhundert. Besucher kommen vor allem, um die Domschatzkammer St. Petri im ersten Stock zu besichtigen. Zu den wertvollsten Stücken zählen die kunstvoll bestickten Meßgewänder, das Benno-Reliquiar von 1923, das eine Rippe des hl. Bischofs Benno von Meißen beinhaltet, und Bischofsstäbe, eine spätgotische Monstranz (1520) des Bautzener Goldschmiedes Hans Ochs, zwei große Engelsfiguren von Balthasar Permoser sowie die Holzplastik des hl. Sebastian aus der Permoserschule. Es finden auch wechselnde Sonderausstellungen statt.

Kirchenbaumeister Bähr zeigte in der vom Hauptmarkt nach Osten führenden Reichenstraße, daß er auch großartige Barockhäuser entwerfen konnte. Eines ist in ocker gehalten, das andere in ziegelrot; beide sind mit überschwenglichem Stuck verziert. Im gegenüberliegenden Jeans- und Schuhladen findet sich noch ein originales frühmittelalterliches Tonnengewölbe. Hier liegen die Textilien auf alten Steintischen des einstigen Braukellers. In der Reichenstraße gab es zu jener Zeit dreiunddreißig Brauereien. Wie der Lichthof im Laden beweist, war das Haus später im Besitz eines Tuchhändlers, hier wurde die Ware bei Tageslicht begutachtet. So kann es der Kunde auch heute noch halten.

Die Reichenstraße führt zum Reichenturm, dem Schiefen Turm der Lausitz. Er neigt sich 1,44 Meter aus dem Lot. Das Dilemma begann um 1715, als man die

Im Wjelbik begrüßt die Chefin Veronika Mahling ihre Gäste

Holzhaube durch eine steinerne ersetzte. Mitte der 1950er Jahre wurde auf dem anstehenden Fels ein neues Turmfundament gegossen, womit dem Spuk ein Ende bereitet war. Vom Buttermarkt ist die Schieflage besonders gut zu sehen, vom Turm aus die Altstadt gut zu überblicken.

Am Turmfuß befindet sich ein Relief des Kaisers Rudolf II., auf dem Thron sitzend, Zepter und Reichsapfel haltend. Geschaffen wurde es 1577 von Bildhauer Martin Michael anläßlich eines Besuches des Kaisers. Sehenswert sind auch die erneuerten kursächsischen und das Bautzener Wappen: Zinnenmauer, Spangenhelm und Federbusch.

In der historischen Altstadt rund um das Rathaus laden originelle Gaststätten ein. Im historischen Gewölbe des Nationalitäten-Restaurants ›Wjelbik‹ in der Kornstraße gibt es sorbische Spezialitäten wie das Hochzeitsessen. Besucher werden von Veronika Mahling mit ›Witajće k nam!‹ – Herzlich Willkommen! – empfangen. Nach altem Brauch reicht sie den Gästen Brot und Salz. Die Chefin bedient in typisch Bautzener Tracht mit schwarzem Häubchen. ›Dajće sebi słodźeć‹ – Lassen Sie es sich gut schmecken.

Wer vom Hauptmarkt die andere Richtung, nach Süden, einschlägt, erreicht über die Innere Lauenstraße den Lauenturm (1400–1402). Auf dieser kurzen Wegstrecke offenbart sich die Ähnlichkeit Bautzens mit dem barocken Dresden am deutlichsten. Flankiert von prächtigen Gebäuden und mit Blick auf Rathaus und Dom, erscheint der Pflasterweg wie eine Miniatur der einstigen Prager Straße. Diese Pracht versank an der Elbe im Zweiten Weltkrieg für immer.

Den Lauenturm, den ältesten Stadtturm, krönt eine Barockhaube, an der Südseite sieht man ein Denkmal für König Albert von Sachsen. Nur wenige Schritte weiter zeigt sich Bautzen von seiner schönsten Seite: Von der Friedensbrücke präsentiert es sich als oft fotografiertes, unvergeßliches Panorama.

Am Lauenturm beginnt die Mühltorgasse. Folgt man ihr, führen Stufen Richtung Spree (Fischerpforte). Geht man ein Stück hinab, steht man bald vor dem hölzernen Hexenhäusel. Es überstand den großen Stadtbrand von 1634, Neider bezichtigten den Besitzer später, mit Hexen im Bunde gestanden zu haben. Die Mühltorgasse führt weiter zum Wendischen Kirchhof. Die Michaeliskirche stammt aus dem 15. Jahrhundert, sie wurde aus Dankbarkeit für die angebliche Hilfe des Erzengels Michael bei der Abwehr einer Hussitenbelagerung erbaut und rief sorbisch-evangelische Gläubige umliegender Dörfer zum Gebet. Sie rühmt sich des mit reichem Schnitzwerk ausgestatteten Altars.

Nebenan steht eines der Bautzener Wahrzeichen, die Alte Wasserkunst, die nach 1558 unter Leitung von Wenzel Röhrscheidt erbaut wurde. Als Teil der Stadtbefestigung diente das fünfstöckige Bauwerk vor allem der Wasserversorgung. Am Spreewehr wurde die Energie zum Antrieb des Mühlrades gewonnen, das ein Pumpwerk in der Wasserkunst in Bewegung setzte. Von hier aus floß das Spreewasser in den Sammelbrunnen und anschließend über eine Druckleitung in das oberste Stockwerk der Wasserkunst, von dort nahm es durch Holzröhren seinen Weg in die Altstadt. Heute ist die Alte Wasserkunst ein Museum, in dem die historische Technik wieder funktionstüchtig ist. Es finden hier aber auch wechselnde Kunst- und stadtgeschichtliche Ausstellungen statt. Am Mühltor (1606) beginnt der Reymannweg, der zur Ortenburg führt. Ab hier kann man auf dem Osterweg weiter um die äußere Stadtbefestigung laufen.

An der Ortenburg am Burgplatz fallen die reichgeschmückten Renaissancegiebel auf. Der Grundstein für das heutige Erscheinungsbild der Burg wurde 1483 gelegt, nachdem der Vorgängerbau bei einem Brand zerstört worden war und der ungarische König Matthias Corvinus einen Neubau aus riesigen Natursteinquadern veranlaßt hatte. Im Inneren gelten die prächtigen Stuckarbeiten (1662) der italienischen Meister Vinetti und Comeotan im einstigen kurfürstlichen Audienzsaal als bedeutendes Kunstwerk. In neun Feldern werden hier Bilder aus der Lausitzer Geschichte gezeigt, von der Epoche Karl IV. bis zum sächsischen Kurfürsten Johann Georg I.

Im gegenüberliegenden ehemaligen Salzhaus ist heute das Sorbische Museum (Serbski muzej) beheimatet. Es gilt zurecht als Schaufenster der sorbischen Kultur. Die Ausstellungsgegenstände stammen aus der Zeit von den Anfängen der Besiedlung im 6. und 7. Jahrhundert bis in die Gegenwart. Zu den eindrucksvollsten Stücken zählen die farbenfrohen, mit aufwendigen Stickereien versehenen Trachten. Bekannt ist auch die kleine ständige Schau kunstvoll verzierter Ostereier. Zu Ostern wird in Schauvorführungen gezeigt, wie mit Wachs-, Kratz- und Ätztechnik die farbenfrohen Ostereier entstehen. Für Kinder gibt es einen Kreativraum, wo sie sich der sorbischen Kultur spielerisch nähern können, im großen Festsaal mit seinen klassizistischen Wandmalereien finden regelmäßig Konzerte statt. Auf der hiesigen Empore kann der Besucher eine umfangreiche Bibliothek sorbischer Werke nutzen. Wechselnde Sonderausstellungen finden statt.

Gegenüber steht das neu erbaute Burgtheater (Dźiwadło na hrodźe), in dem das Kinder- und Jugendtheater, das Puppentheater sowie die kleine Form des Schauspiels ein neues Zuhause geunden haben. Bemerkenswert ist die Integration eines auch von außen sichtbaren Figurenfrieses mit der Figurengruppe ›Allegorie der Tragödie‹. Sie wurde 1840 von Ernst Rietschel geschaffen. Schräg gegenüber vom Burgtheater eröffnete das kleine Burghotel seine Pforten, auf der Westseite des Burgplatzes erhebt sich der ehemalige Burgwasserturm. Im Volksmund ist das Bauwerk auch als Karasekturm bekannt, da hier um 1800 der berühmte Räuberhauptmann Karasek gefangen gehalten wurde.

Durch den spätgotischen Matthiasturm kann man das Burgareal zur anderen Seite verlassen. Am Turm ist eine Reliefdarstellung des Ungarnkönigs Matthias Corvinus aus dem Jahre 1486 zu sehen. Stolz tritt König Corvinus mit einem Fuß auf den böhmischen Löwen – auch Böhmen war ihm zu jener Zeit Untertan. Es soll das gelungenste Porträt des Königs sein, der Meister war sechsmal in Buda, um die Gesichtszüge zu studieren. Die vortreffliche Arbeit wurde drei Mal kopiert und existiert heute noch in der Slowakei (Kralova Lhota) sowie in Ungarn (Budapest, Szeged).

Über Schloßstraße und Nikolaipforte gelangt man zum Nikolaiturm (1522) und weiter zum Nikolaifriedhof. Die Nikolaikirche ist seit dem Stadtbrand von 1634 eine Ruine. Seit dem Jahr 1734 wurden nicht nur auf dem Nikolaifriedhof, sondern auch im Inneren der Kirchenruine Gräber angelegt – ein romantischer Anblick. An der Nordseite der Ruine ist ein historischer Wehrgang zu besichtigen.

Bautzen besitzt eine urige Jugendherberge. Junioren und Senioren nächtigen in der 500jährigen Gerberbastei, Teil der ehemaligen nördlichen Stadtbefestigung mit bis zu drei Meter dicken Mauern.

Von hier bis zurück zum Markt, dem Ausgangspunkt des Rundgangs, ist es nur noch ein Katzensprung. Man kann aber auch über die Nikolaistufen ins Spreetal absteigen. Am anderen Ufer gelangt man über die Seidauer Straße – hier ist am Spreeufer die Hammermühle zu sehen – über Stufen zum Protschenberg. Vom hiesigen Friedhof erschließt sich eine ganz neue Perspektive auf die Bautzener Altstadt mit Spreebogen und den Häusern ›Unterm Schloß‹, die sich wie Schwalbennester um die Ortenburg schmiegen.

Wanderung von Bautzen zum Mönchswalder Berg und Abstieg nach Wilthen

Obwohl zwischen dem Bautzener Stadtgebiet und dem markanten Höhenzug des Mönchswalder Berges gut zehn Kilometer liegen, gehört er für die Bewohner einfach mit zur Stadt. Schließlich begrenzt der Berg mit seinen bewaldeten Ausläufern den südlichen Blickhorizont der Stadt auf reizvolle Weise. So nennen ihn die Bautzener liebevoll ihren ›Mönsche‹.

Vom Bahnhof, südlich des Stadtzentrums, folgen wir anfangs der Bleichenstraße durchs Bahnviadukt hinunter zur Spree. Ihrem schlängelnden Lauf werden wir über mehrere Kilometer unmittelbar am Ufer folgen. Direkt am Weg liegt auch das Spreebad, das von Mai bis September geöffnet ist. Ab hier ist die Route bis ins Bergland durchgängig rot gekennzeichnet.

Das Spreetal verengt sich zusehends, und zerfurchte Granitsteinfelswände treten zutage. Selbst im Flußbett versperren riesige Felsbrocken dem Wasserlauf den Weg. Doch bald weicht das Engtal mit grünem Blätterdach einer offenen Wiesenlandschaft, die ersten Häuser von Grubschütz werden erreicht. Hier lockt das traditionsreiche Hotel Spreetal zur Einkehr. Bald wartet die Landschaft mit neuen Schönheiten auf, parkartig mutet der Wegabschnitt von Grubschütz/Ortsausgang bis kurz vor Schlungwitz an. Über Singwitz erreichen wir Oberguhrig. Die Böhmische Brücke von 1724, wegen ihrer malerischen Ansicht auch ›Himmelsbrücke‹ genannt, nahm bis Anfang der 1990er Jahren den gesamten Verkehr auf. Heute ist sie Fußgängern und Radfahrern vorbehalten.

Die letzten Häuser von Oberguhrig schmiegen sich beinahe bis an die nördlichen Ausläufer des Mönchswalder Berges. Über den stetig ansteigenden Fuchsweg erreichen wir auf kürzester Route die Waldgaststätte Jägerhaus, Telefon 0 35 92/3 31 68. Die meisten Besucher fahren mit dem Autos bis zum Parkplatz und laufen nur 5 Minuten hinauf zum Mönchswalder. Die rustikale Bergbaude in Blockbauweise und der massive Aussichtsturm stehen hier seit 1886, Telefon 0 35 92/29 49.

Hinunter nach Wilthen stehen mehrere Abstiegsrouten zur Auswahl; sie sind allesamt mit knapp drei Kilometern ausgewiesen. Zurück nach Bautzen gelangt man mit der Bahn (Strecke Bad Schandau – Bautzen).

Länge: 14 Kilometer.

PLZ: 02625.
Vorwahl: 03591.
Bautzen-Information, Hauptmarkt 1, Tel. 42016, www.bautzen.de. Öffentliche Stadtführungen finden von Mai bis Oktober mittwochs um 14 Uhr, Sa 11 Uhr ab Bautzen-Information am Hauptmarkt statt.
Sorbische Kulturinformation Bautzen, Haus der Sorben, Postplatz 2, Tel. 42105, www.sorben-wenden.de.

Hotel und Restaurant Schloß-Schänke, Burgplatz 5, Tel. 304990, www.schloss-schaenke.net, täglich ab 11 Uhr. Zauberhaft von innen und außen, 1334 erstmalig erwähnt, Freiluftplätze, Hochzeitszimmer mit Himmelbett.
Holiday Inn, Wendischer Graben 20, Tel. 4920; DZ ab 82 Euro.
Traditionshotel Goldener Adler, Hauptmarkt 4, Tel. 48660, www.goldeneradler.de; DZ ab 87 Euro. Am Rathaus, Gewölbeweinkeller.
Hotel Grubschütz Zur guten Einkehr, Teichritzer Str. 2, Tel. 393039, www.landhotel-grubschuetz.de. Am Wanderweg Bautzen–Spreetal–Grubschütz, ruhig gelegen, sorbisch-sächsische Küche.
Hotel Villa Antonia, Lessingstr. 1, Tel. 501020, www.hotel-villa-antonia.de; DZ ab 70 Euro.
Garni-Hotel Husarenhof, Käthe-Kollwitz-Platz 1, Tel. 602430, www.hotel-husarenhof.com.
Hotel Rendezvous, Niederkainaer Str. 3, Tel. 67000.
Spree Hotel Bautzen, An den Steinbrüchen 4, Tel. 21300, www.spreehotel.de.
Spreepension, Fischergasse 6, Tel. 48960, www.spree-pension.de.
Pension und Restaurant Le Petit, Steinstr. 35, Tel. 43598.
Jugendherberge, Am Zwinger 1, Tel. 40347.
Gut Sommereichen bei Gaußig, www.gut-sommereichen.de. Urlaub auf dem Bauernhof – einziger sächsischer ›Ferienhof des Jahres 2003‹.

Campingplatz An den Steinbrüchen (April bis Oktober), Tel. 21430.

Sorbisches Nationalitätenrestaurant Wjelbik, Kornstr. 27, Tel. 42060, www.sorbisches-hotel-dom-eck.de.
Mönchshof, Burglehn 1, Tel. 490141, täglich ab 11.30 Uhr.

Reichenturm, April bis Oktober, 10–17 Uhr, letzter Einlaß 30 Minuten vor Schließung.
Alte Wasserkunst, April bis Oktober 9–12 und 13–17 Uhr.
Sorbisches Museum an der Ortenburg, Tel. 42403, www.museum.sorben.com; April bis Oktober Mo–Fr 10–17 Uhr, Sa/So bis 18 Uhr, November bis März Mo–Fr 10–16 Uhr, Sa/So 10–18 Uhr.
Domschatzkammer St. Petri, An der Petrikirche 6, Tel. 44102, Mo–Fr 10–12 und 13–16 Uhr.
Stadtmuseum Bautzen/Regionalmuseum der sächsischen Oberlausitz, Kornmarkt 1, Tel. 49850,

Mi–So 10–17 Uhr.
Gedenk- und Begegnungsstätte Bautzen II, Weigangstr. 8a, Tel. 4 04 74, www.gedenkstaette-bautzen.de, Di–So 10–16 Uhr.
Villa Weigang, Weigangstr. 1, Tel. 53 26 26, www.villa-weigang.de. Prächtige Fabrikantenvilla von 1902/03, die einst weltweit agierende Firma lieferte Druckartikel für Zigarrenkisten, nur nach Voranmeldung geöffnet.
Deutsch-Sorbisches Volkstheater, Seminarstr. 12, Tel. 58 42 25, www.theater-bautzen.de.
Sorbisches National-Ensemble, Äußere Lauenstr. 2, Tel. 35 80, www.sne-gmbh.de
Michaeliskirche, Mühltorgasse. Führungen können unter Tel. 4 22 01 angemeldet werden.
Ostereiermarkt (März).
Osterreiten auf der Strecke Bautzen–Ratibor (Ostersonntag).
Jugendmusiktage (April).
Stadtfest ›Bautzener Frühling‹ (Mai).
Bautzner Theatersommer (Juli/August, www.theater-bautzen.de).
Herbstsingen Lausitzer Chöre (1. Sa im Oktober).
Weihnachtsmarkt (Dezember).

Kleinwelka (Mały Wjelkow)

Etwa fünf Kilometer nördlich von Bautzen, an der Bundesstraße 96 gelegen, ist ein virtueller Ausflug in das Erdmittelalter möglich. Franz Gruß, Maler und Betonunternehmer, schuf hier einen Saurierpark. Da es im eigenen Garten bald zu eng wurde, modellierte der Meister ab Anfang der 1980er Jahre auch im nahen Park nach wissenschaftlichen Vorlagen viele Saurierplastiken in Lebensgröße. Die detailgetreue Gestaltung der ungewöhnlichen Tiere, die vor etwa 250 Millionen Jahren die Erde bevölkerten, ruft Bewunderung hervor, so etwa der Diplocus-Diona-Saurus, der mit seinem extrem langen und schlanken Hals bis zu 30 Meter groß wurde und damit das gewaltigste Landlebewesen der Erde war. Oder der Brachiosaurus, der hier eine Höhe von 13 Meter aufweist. Die Cro-Magnon-Menschen, als Plastiken im Privatgarten des Künstlers nachgebildet, lebten vor etwa 40 000 Jahren. Seit 1994 führt Thomas Stern die Arbeiten fort.

Nebenan wurde 1992 der größte deutsche Irrgarten mit einer Fläche von 2601 Quadratmetern eröffnet und 3500 immergrüne Koniferen gepflanzt. Der kürzeste Weg zum Ziel in der Mitte des Labyrinths ist etwa 350 Meter lang. Es gibt zwar keine Sackgassen, aber dafür viele Umwege. Neueste Attraktion ist eine Seilbahn.

700 Figuren sind inmitten einer Mini-Oberlausitz im Miniaturenpark von Thomas Gloß anzuschauen. In fünfjähriger Bauzeit schuf der Künstler ein bemer-

Im Saurierpark

kenswertes Museum. Die Miniaturstuben umfassen sorbische Bauernstube, Töpferei, Uhrmacherwerkstatt, Reifendreherei, Hufschmiede, Drechsler- und Radiowerkstatt, Weihnachtsstube, Blumenladen. Im mechanischen Dorf entdeckt man Schule, Bäckerei, Schusterei und Dorfteich.

Für die vier Objekte – Saurierpark-Urzoo, Sauriergarten Gruß, Irrgarten, Miniaturenpark – wird eine Sammeleintrittskarte angeboten. Öffnungszeiten für alle vier Objekte: von 9 bis 18 Uhr im Juli und August, ansonsten bis 16 Uhr, von November bis Februar bis 15 Uhr. Weitere Informationen findet man im Internet unter www.saurierpark.de, www.sauriergarten.de, www.irrgarten-kleinwelka.de, oder www.miniaturenpark.de.

Im Jahr 1751 wurde das Rittergut Kleinwelka der Herrnhuter Brüdergemeine als neues Missionszentrum überlassen. Der Friedhof der ›Kolonie Kleinwelka‹ mit seinen in langen Reihen liegenden gleichartigen Grabplatten legt davon Zeugnis ab.

Ab 1831 nahm die Glockengießerei Gruhl die Produktion auf. Ihre Glocken läuten heute noch in vielen Orten der Lausitz und Schlesiens, so das Fünfergeläut im Bautzener Petridom.

An der östlich gelegenen Talsperre Bautzen liegt Niedergurig (Delnja Hórka). Am Ziegelteich, nahe der Bundesstraße 156 am südlichen Ortsrand, steht die älteste Eiche der Oberlausitz, ihr geschätztes Alter beträgt zwischen 600 und 800 Jahren. Erst die ausgestreckten Arme von neun Erwachsenen und vier Kindern vermögen den Baum zu umfassen.

Hochkirch (Bukecy) und Pommritz

Das Dorf ging wegen einer blutigen Schlacht, die hier im Siebenjährigen Krieg stattfand, in die Geschichtsbücher ein. Am 14. Oktober 1758 gelang den österreichischen Truppen unter Feldmarschall von Daun ein Überraschungsangriff gegen hier lagernde preußische Truppenverbände unter Feldmarschall von Keith. Letztere wurden vernichtend geschlagen, 15 000 Soldaten starben.

Die Dorfkirche mit barockem Turm (1717–1720) weist im Innern zweietagige Emporen, einen klassizistischen Altar sowie sieben Herrschaftslogen auf. Die Lehnsche Gruft im Renaissancestil wurde an der Südseite angelegt. An der alten Kirchentür blieben Einschußlöcher der Schlacht von 1758 zurück. König Friedrich II. stiftete das Marmordenkmal hinter dem Altar zum Gedenken an den gefallenen Befehlshaber von Keith. In den Wänden der Kirche befinden sich mehrere eingemauerte Kanonenkugeln.

Am Kirchhoftor, 1758 Zentrum des Gemetzels, steht ein schwarzer Obelisk zum Gedenken an Major von Langen. Unter seinem Befehl verteidigte man das Areal gegen eine zehnfache österreichische Übermacht. Da das Blut der Gefallenen wie ein Strom die nahe Gasse hinunterfloß, heißt der Weg an der Kirchhofmauer seit jenem tragischen Ereignis Blutgasse.

Während der Befreiungskriege war die Wegverbindung zwischen Löbau und Bautzen eine wichtige Heeres- und Kriegsstraße. Bei seinem Rückzug aus Schlesien übernachtete Napoleon vom 4. zum 5. September 1813 in der Hochkircher Pfarrei.

Wer sich für Details der Schlacht von 1758 interessiert, sollte sich unbedingt einer geführten Wanderung des Kulturhistorischen Vereins ›Alter Fritz‹ anschließen.

Gut einen Kilometer nördlich von Hochkirch liegt Pommritz, mit Bahnstation auf der Strecke Bautzen–Löbau. Im dortigen ›Lebensgut‹ wohnen und arbeiten Wissenschaftler, Bauern und junge Leute, die aus vielen Ecken Deutschlands, aber auch aus Österreich stammen. Sie alle eint der Wunsch, Alternativen zum gegenwärtigen, in ihren Augen selbstzerstörerischen Umgang der Menschheit mit der Umwelt vorzuleben. Das Projekt wurde lange Zeit vom ehemaligen sächsischen Ministerpräsidenten Kurt Biedenkopf finanziell unterstützt.

Wer länger in Hochkirch bleiben möchte, findet im Hotel und Gasthof Zur Post, Schulstr. 1, Telefon 03 59 39/82 40 oder Internet unter www.hochkirch.de

Schild an der Kirchhofmauer von Hochkirch

oder im Gasthaus mit Pension Aßmann im Ortsteil Steindörfel, Telefon 03 59 39/8 13 63 und Internet www.pension-assmann.de, eine Bleibe.

Hochkirch ist ein beliebter Ausgangsort für Wanderungen auf den Hochstein (7 Kilometer, 2 Stunden) und den Czorneboh (8 Kilometer, 2,5 Stunden).

Weißenberg (Wóspork)

Im Jahr 1228 erhielt Weißenberg das Stadtrecht vom böhmischen König Ottokar I. Heute leben im idyllischen Städtchen, zwischen Bautzen und Görlitz gelegen, nur rund 1000 Einwohner.

Seine Berühmtheit verdankt der Ort der ehemaligen Pfefferküchlerei von Paul Opitz. Im Alter von 73 Jahren schenkte 1937 der letzte Nachkomme einer über Jahrhunderte in der Stadt ansässigen Pfefferküchlergeneration seinen Besitz der Stadt – bis auf die geheimen Rezepte, die er 81jährig mit ins Grab nahm. Seit 1941 ist im Gebäude aus dem 17. Jahrhundert das einzige Museum der Pfefferküchlerei Europas zu besichtigen. Innen duftet es das ganze Jahr über nach Anis, Zimt, Honig und Mandeln. Um Weihnachten (dritte Woche im Dezember bis Anfang Januar) können die Besucher am Neujährchenbacken ›nowe lětka‹, einem sorbischen Brauch, teilnehmen. Aus einem Brotteig entsteht dabei ein Glücksbringer für das kommende Jahr. Gebildgebäck wird jeweils in der dritten Februar-, Juli- und Oktoberwoche gebacken.

Im Hinterhaus stehen ein originaler Backofen und Kupfergefäße, in denen Sirup und Honig gelagert wurden, sowie historische Waagen. Daneben gefallen die mit wunderbaren Motiven verzierten Pfefferkuchenbackformen (Modeln) aus Weißenberg und aus Böhmen.

Für die gelungene Rekonstruktion des Gebäudekomplexes erhielt das Museum 1992 das Verdienstdiplom von Europa Nostra, dem Interessenverband für den Schutz des europäischen architektonischen und natürlichen Erbes. Geöffnet ist das Museum von Di enstag bis Freitag von 8 bis 12 und von 13 bis 16 Uhr, Sonnabend und Sonntag von 13 bis 17 Uhr. Am ersten Wochenende im Monat ist geschlossen, Telefon 03 58 76/4 04 29.

Am Markt steht das von wildem Wein umrankte barocke Rathaus (1788). Um den Fuß des Rathausturmes wurde eine überdachte Wendeltreppe erbaut. Die Pfarrkirche, auf romanischen Grundmauern errichtet, besitzt einen kostbaren Altar des Zittauer Meisters Michael Bubenick (1666).

Wanderung von Weißenberg nach Gröditz

Vom Rathaus in Weißenberg gehen wir die Straße südwärts zur Brücke über das Löbauer Wasser, wenden uns dann nach rechts, laufen an der ehemaligen Bahnstrecke Weißenberg–Baruth bis zum Wuischker Weg, überqueren die einstige Bahntrasse und kommen zum Eingang zur Skala. Skala bedeutet im Sorbischen Fels oder Felstal. Das Löbauer Wasser hat hier im Laufe der Zeit in einer Grauwackenscholle ein Engtal geschaffen, dessen Felswände bis zu 40 Meter aufragen.

Das 42 Hektar umfassende Naturschutzgebiet in einem Laubmischwald wurde schon 1938 ins Leben gerufen. Der schmale Pfad dicht am Flüßchen ist strecken-

Das Museum Alte Pfefferküchlerei bietet Einblicke in das alte Handwerk

Die Alte Pfefferküchlerei

weise völlig verwachsen, Brennesseln martern die kurzbehosten Beine. Abwechselnd geht es über Felsbrocken, Stufen und umgestürzte Bäume. Mancherorts erweckt der Wanderweg den Eindruck, als wäre hier jahrelang niemand mehr vorbeigekommen.

Länge: 4 Kilometer; zu Fuß (festes Schuhwerk und lange Hose!) ein reizvoller Weg, für Radler vollkommen ungeeignet.

Kleinsaubernitz

Im Sommer sind die Strände am glasklaren Olbasee mit Naturcampingplatz, Telefon 03 59 32/3 02 32, stets dicht umlagert. Ab 1865 wurde an Ort und Stelle Braunkohle abgebaut. Anfang Oktober 1927 brach unter Tage ein Feuer aus, Stollen und Gänge wurden geflutet. Im Jahr 1932 war die heutige Wasserhöhe erreicht. Die Insel mitten im See birgt den ehemaligen Burgwall Radisch, darf aber wegen Einbruchgefahr nicht betreten werden.

Am Süd- und Westufer des Olbasees führt ein Rad- und Wanderweg nach Wartha. Am Info-Zentrum und Pflegehof des Biosphärenreservates biegen wir links ab. Die Route windet sich entlang der Guttauer Teiche bis in den gleichnamigen Ort. Der ›Gewässererlebnispfad‹ besitzt einen Aussichtsturm, ein Versteck zum Beobachten von Wasservögeln und mehrere Informationstafeln.

Das Lausitzer Bergland

Das Lausitzer Bergland als kleines Mittelgebirge im Süden der Oberlausitz breitet sich auf einer Länge von nur 25 Kilometern aus. Bei Bischofswerda geht es in das Nordwestlausitzer Hügelland über, im Osten reicht es bis Ebersbach und Neugersdorf. Drei bewaldete Bergrücken mit lieblichen Tälern ziehen sich in Ost-West-Richtung hin. Markante Berge sind der Valtenberg (589 Meter), der Czorneboh (561 Meter) und der Bieleboh (499 Meter).

Das Lausitzer Bergland ist ein typisches Granitbergland. Die wichtigsten Gesteinsarten sind Lausitzer Granodiorit und Lausitzer Zweiglimmergranodiorit.

Im 16. und 17. Jahrhundert siedelten sich hier im Zuge der Gegenreformation viele Glaubensflüchtlinge aus Böhmen und Mähren an. Wirtschaft und Handel erblühten.

Bischofswerda

Die Stadt an der Wesenitz liegt zwischen Kloster- und Butterbergmassiv und bildet die westliche Eingangspforte in die Oberlausitz. Hier beginnen die sanften Höhenzüge des Nordwestlausitzer Hügellandes.

Bischof Bruno II. von Meißen verdankt die Stadt ihre erste urkundliche Erwähnung im Jahr 1227, seit dem Jahr 1361 ist sie im Besitz der Stadtrechte. Bis 1559 war Bischofswerda dem Bistum Meißen unterstellt. Johann IX. von Haugwitz, letzter Bischof des Bistums, schenkte die Besitzungen Kurfürst August von Sachsen. Dank der guten Verkehrsverbindungen wuchs die Bedeutung als Handelsplatz stetig; insbesondere Fische, Leinwand und weißes Garn wurden in der Umgebung produziert und hier umgeschlagen. Mit der Inbetriebnahme der Eisenbahnstrecke Görlitz–Dresden (1847) entstanden neue Industriezweige.

Zwischen 1429 und 1813 zerstörten sieben Brände die Bausubstanz, die Kampfhandlungen während der Napoleonischen Befreiungskriege 1813 ließen nur drei Häuser in der Alten Gasse unversehrt. Der planmäßige Wiederaufbau wurde im klassizistischen Baustil verwirklicht, nach Plänen des sächsischen Hofbaumeisters G. F. Thormeyer sowie des Bürgermeisters H. G. Süssmilch. Dieses Stadtbild ist erhalten und steht geschlossen unter Denkmalschutz.

Auf dem Altmarkt bilden das dreigeschossige klassizistische Rathaus von 1818 mit Freitreppe, der davor stehende Adam-und-Eva-Jugendstilbrunnen und die östlich benachbarte spätgotische Christuskirche aus dem 15. Jahrhundert – umgebaut 1814–1818 – ein sehenswertes Ensemble. In der Kirche gefallen die logenartigen Holzemporen, barocke Grabdenkmäler vom Bürgermeister B. Daxfenger (gestorben 1623) und in der Sakristei das Gemälde ›Das Jüngste Gericht‹ des Malers O. Schindler mit Selbstdarstellung und dem Abbild weiterer Bürger der Stadt Bischofswerda.

Weitere Sehenswürdigkeiten sind die katholische Kirche (1923) mit einem Denkmal des Stadtgründers, Bischof Benno von Meißen, an der Johann-Sebastian-Bach-Straße und Deutschlands kleinster Tierpark in der Lutherstraße, der 1957 eingerichtet wurde. Obwohl er nur eine Fläche von knapp einem Hektar einnimmt, sind über 450 Tiere in 80 Arten zu sehen, darunter Braunbären mit Nachwuchs, Wölfe, Dingos und Damwild. Schließlich kann auch die Töpferei Meyer, Bautzener Str. 49, nach Voranmeldung besichtigt werden, Tel. 0 35 94/71 60 14.

Nordwestlich der Stadt erreicht man über den Goldbacher Weg den Napoleonstein (334 Meter). Seinen neuen Namen erhielt der einstige Goldbacher Berg nach 1813, da der Feldherr Napoleon von hier auf die Stadt geblickt haben soll. Heute kommen die meisten Besucher hinauf, um die schöne Aussicht zu genießen, die nach Nordosten bis Bautzen, nach Südwesten bis zur Burg Stolpen reicht.

PLZ: 01877.
Vorwahl: 0 35 94.
Stadtinformation, Altmarkt 1, Tel. 78 62 41, www.bischofswerda.de.

Hotel Evabrunnen, Altmarkt 30, Tel. 75 10, www.hotel-evabrunnen.de; DZ 67 Euro.
Hotel Goldener Engel, Altmarkt 25, Tel. 70 33 25; DZ ab 55 Euro.
Hotel-Pension Gutshof, Alte Belmdorfer Str. 33, Tel. 70 52 00, www.gutshofhotel.de. Elsässisch-französische und deutsche Küche.
Pension Felsenkeller, Neustädter Str. 10, Tel. 70 52 16.
Berggasthof Butterberg, Butterberg 1, Tel. 70 30 34, www.butterberg.com, täglich ab 11 Uhr.

Rammenau

Unter den gut 1000 sächsischen Schlössern, Burgen und Gärten gehört das Barockschloß Rammenau, fünf Kilometer nordwestlich von Bischofswerda gelegen, zu den lieblichsten und ist daher ein touristischer Anziehungspunkt.

Es versteckt sich etwas hinter hohen Mauern und offenbart seine Schönheiten erst, wenn man das Terrain durch ein wappenverziertes Torhaus betritt. Dann überquert man den Rittergutshof mit seinen Kavalierhäusern zu beiden Seiten. Wem der Ruhm als Baumeister eines der schönsten Beispiele des ostdeutschen Dorfbarock gebührt, ist heute nicht mehr dokumentiert, alle originalen Bau-

Rammenau ist ein Kleinod unter den zahlreichen sächsischen Schloßanlagen

zeichnungen sind verloren gegangen. Doch das im Auftrag von Kammerherrn und Appelationsrat Ernst Ferdinand von Knoch zwischen 1721 bis 1735 errichtete Gebäude trägt nach Expertenmeinung ganz eindeutig die Handschrift des Dresdener Oberlandbaumeisters Johann Christoph Knöffel.

Der prachtvolle Bau war bald nach seiner Vollendung beliebter Treffpunkt des sächsischen Adels. Auch der Dichter Theodor Körner und der Philosoph Johann Gottlieb Fichte hielten sich häufig im Schloß auf. Fichte wurde am 19. Mai 1762 in Rammenau geboren, dem Andenken des bedeutenden Vertreters der klassischen deutschen Philosophie ist im Erdgeschoß des Schlosses eine Dauerausstellung gewidmet. Neben dem Spiegelsaal sind bulgarisches und chinesisches Zimmer, Kornblumen-, Vogel- und Jagdzimmer sowie mehrere Salons besonders kostbar.

Der Schloßbau verschlang sehr viel mehr Geld, als Herr Ernst Ferdinand von Knoch aufbringen konnte. Als man beim Einrichten des Pompejanischen Zimmers 1744 Konkurs anmelden mußte, wurde es dem Satan gewidmet. Noch heute trägt das Gemach im Volksmund den Beinamen ›Teufelszimmer‹. Die nächsten Besitzer hatten wieder Geld. Unter ihnen war ein preußischer Rittmeister, Friedrich von Kleist, ein Angehöriger des Malteserordens. Er ließ Decken- und Wandmalereien anfertigen und kaufte kostbare Leinwandtapeten. Centurius Hoffman von Hoffmannsegg übersetzte auf dem Schloß Werke von Friedrich Schiller ins Italienische und züchtete in seinen Gewächshäusern Orchideen. Das Schloß ist täglich von 10 bis 18 Uhr, im Winter bis 16 Uhr geöffnet. Informationen erhält man telefonisch unter 0 35 94/70 35 59 oder im Internet unter www.barockschloss-rammenau.de.

Freunde klassischer Musik finden sich heute im Spiegelsaal zu regelmäßig stattfindenden Konzerten ein, Liebhaber regionaler und französischer Küche in der Schloßgaststätte; viele Gäste zieht es in den hübschen Park. Er wurde im 18. Jahrhundert im Stil englischer Landschaftsgärten angelegt.

Demitz-Thumitz

Durchreisenden Bahnfahrern bleibt das älteste Eisenbahnviadukt Ostsachsens verborgen – sie fahren darauf. Es wurde 1845/46 erbaut und überspannt eindrucksvoll Teile des Ortes im Tal des Schwarzwassers. Mit 230 Meter Länge und 17 Meter Höhe gehört das Bauwerk zu den größten Steinbrücken der Lausitz. Im einstigen Rittergut Thumitz blieb ein Barockschloß aus dem 18. Jahrhundert erhalten.

Am Nordfuß des Klosterberges gelegen, gilt der Ort als Zentrum des Oberlausitzer Granitabbaus.

Wanderung von Demitz-Thumitz über den Klosterberg nach Neukirch

Vom Bahnhof in Demitz-Thumitz gehen wir durch eine Unterführung zuerst zum Viadukt. Die grünen Markierungszeichen geleiten noch ein Stück durch den Ort, bis der Wanderweg stetig durch Mischwald hinauf zum Klosterberg führt (2,5 Kilometer). Ab 1413 gehörte der Berg jahrhundertelang dem Kloster St. Marienstern. Die Bergbaude steht den Gästen seit 1980 offen, der Vorgängerbau (1904) mit Aussichtsturm (1906) wurde am 6. Mai 1945 von Wehrmachtsverbänden gesprengt. Nur knapp hundert Meter von der Baude entfernt, liegt am Wanderweg Richtung Neukirch der Dreisesselstein mit Hohlsitzen. Der Stein markierte einst den Punkt, an den drei Besitzungen grenzten: die der Rittergüter Döbschke und Thumitz sowie des Klosters St. Marienstern.

Bald kommen wir zu Granitsteinbrüchen, in denen heute noch abgebaut wird. Ab 1845 waren sie die größten Deutschlands. Der anstehende Demitzer Granodiorit zeichnet sich durch hervorragende Spaltbarkeit und hohe Druckfestigkeit aus. Polierte Platten, Pflaster, Bausteine und Splitt entstehen aus dem hiesigen Rohmaterial. Selbst die Stadtväter im brasilianischen Manos wollten nur bestes Material für ihren neuen Marktplatz und bestellten Demitzer Kleinpflaster.

Bald lichtet sich der Wald, und wir laufen an dessen Rand an einem großen Feld entlang, mit Blick auf die Dächer des Dorfes Tröbigau. Nach der Überquerung der Straße Putzkau–Gaußig verläuft die Route über eine Wiese mit schönem Fernblick bis zu den Bautzener Türmen. Durch den nahen Hochwald führt der

Weg später zwischen Neukircher Berg und Hohem Hahn ins Tal von Neukirch und auf der Straße bis zum Bahnhof Neukirch-West, einem Ausgangspunkt für Wanderungen auf den Valtenberg.

Länge: 10 Kilometer.

Neukirch

Einst als Waldhufendorf angelegt, erstreckt sich Neukirch heute auf fünf Kilometer Länge im Tal der Wesenitz am Fuße des Valtenberges. Der Ort ist sehenswert wegen der rund 40 erhaltenen Umgebindehäuser, aber auch Gemälde, historische Möbel aus dem 1949 abgerissenen Herrenhaus sowie Fahrräder aus der Zeit unserer Großeltern. bekannt dank des Neukirchner Zwiebacks, der erstmals im Jahr 1900 in der Oberlausitzer Landbäckerei Max Hultsch gebacken wurde. Geliefert wird heute auch nach Kuwait und Kanada.

1759 entstand die erste Töpferei. Drei Handwerker ermöglichen eine Betriebsbesichtigung: Heinke, Zittauer Str. 46, Kannegießer, Südstr. 10 und Lehmann, Dammweg 26. Populär ist das Töpferfest. Es findet am ersten Oktoberwochenende mit Markttreiben, Schauvorführungen der Töpfer und Kulturangeboten statt. Als Initiator dieser Veranstaltung hat sich Karl-Louis Lehmann verdient gemacht, der 1984 anläßlich des 150jährigen Firmenjubiläums erstmals rund um seine Werkstatt eine Töpferkirmes organisierte. Heute steht im Hof der größte Steintopf Deutschlands.

Im kleinen Heimatmuseum der Gemeinde sind Ausstellungen zum Töpfer- und Weberhandwerk zu besichtigen.

Wanderungen rund um Neukirch

Neukirch ist der westliche Ausgangsort für Touren auf dem Oberlausitzer Bergweg, der auf insgesamt 112 Kilometern die reizvollsten Orte und Berggipfel des Lausitzer Berglandes und die des Zittauer Gebirges mit dem Ziel Zittau verbindet.

Von Neukirch aus führen mehrere Wege zum Gipfel des Valtenberges. Wer für Auf- und Abstieg nicht den selben Weg benutzen möchte, sollte ab Bahnhof Neukirch-West wandern. Unterwegs ermöglichen Lichtungen weite Ausblicke Richtung Norden bis zu den Türmen der Bautzener Altstadt.

Auf dem Gipfel des Valtenberges befindet sich eine kleine Bergwirtschaft, Telefon 03 59 51 / 3 15 69, sowie der 25 Meter hohe König-Johann-Turm aus dem Jahr 1856. Mit 587 Metern ist der Valtenberg die höchste Erhebung im Lausitzer Bergland.

Der frühgeschichtliche Ringwall wurde beim Bau des Aussichtsturms leider zerstört. Die sorbische Bevölkerung strömte früher alljährlich am Johannistag in die Gipfelregion, um hier die Wurzeln des Weißwurzes auszugraben. Den daraus entstandenen Amuletten wurde Wunderkraft zugesprochen.

Ein markierter Pfad führt vom Gipfel zur Quelle der Wesenitz. Die Quellfassung liegt auf 515 Meter Höhe inmitten von Buchenhochwald. Heute mag es kaum jemand für möglich halten, aber an Ort und Stelle wurde jahrhundertelang nach Gold gesucht, erste Aufzeichnungen dazu datieren aus dem Jahr 1333. Glücksritter aus ganz Europa, vorwiegend aus Frankreich, Spanien und Italien, betrieben zusammen mit Einheimischen an die 40 Gold- und Silbergruben. Das bekannteste Goldgräberzentrum führte über den ›Valentin-Erb-Stollen‹, direkt an der Wesenitzquelle, ins Innere des Berges. Das jetzige Erscheinungsbild stammt aus dem Jahr 1928, gestaltet vom Gebirgsverein Valtenberg. Trotz erheblichen Kostenaufwandes wurde kein Gold gefunden. Es existieren aber einige Geschichten über spektakuläre Funde, der letzte soll in den 1960er Jahren gemacht worden sein.

Die südliche Abstiegsroute führt an der Hohwaldschänke, an der Straße von Langenburkersdorf nach Steinigtwolmsdorf, vorbei. Als die Grenze zu Österreich-Ungarn noch ganz in der Nähe der Schänke verlief – heute zu Tschechien –, war sie ein Ort friedlicher Koexistenz zwischen Zöllnern und Schmugglern.

Zurück nach Neukirch führt eine breite Forststraße, vorbei am Waldschlößchen (hier nimmt schräg gegenüber am Parkplatz ein Waldlehrpfad seinen Lauf) und dem etwas abseits liegenden Valtenberghaus, in reichlich einer Stunde nach Oberneukirch zurück.

PLZ: 01904.
Vorwahl: 03 59 51.
Fremdenverkehrsbüro Neukirch, Hauptstr. 20, Tel. 194 33, www.neukirch-lausitz.de.

Heimatmuseum, jeden 1. Sa und 3. So im Monat 14–17 Uhr.

Hotel Hofgericht, Hauptstr. 24, Tel. 38 80.
Hotel Oberland, Hauptstr. 2, Tel. 315 80.
Gasthof Erbgericht, Dresdener Str. 1, Tel. 324 48.
Gasthof Waldschlößchen, Karl-Berger-Str. 17, Tel. 31487, www.waldschlösschen-neukirch.de.
Naturfreundehaus Valtenberghaus, Karl-Berger-Str. 16, Tel. 314 84.

Steinigtwolmsdorf und Weifa

Der Ort Steinigtwolmsdorf wurde im 13. Jahrhundert an der einst wichtigen Handelsstraße von Bautzen ins Böhmische als Waldhufendorf deutscher Siedler gegründet. Urlauber schätzen die besonders schöne Lage im Lausitzer Bergland.

Die Dorfkirche wurde Mitte des 19. Jahrhunderts erneuert, nur der Turm mit achteckiger Schieferhaube stammt noch aus dem 17. Jahrhundert. In der Dorfstraße stehen Umgebindehäuser mit Schmuckmotiven, eine Sehenswürdigkeit auch des nördlichen Nachbarortes Ringenhain, wo etwa 50 Häuser dieser Bauart erhalten blieben. Neusiedler aus Südwestdeutschland errichteten Fachwerkhäuser, ein sehr schönes mit Walmdach findet man am Steinigtwolmsdorfer Dorfteich (Grenzstr. 8).

Im Ortsteil Birkguthäuser steht die größte Linde der Oberlausitz, mit einem Stammumfang von 7,4 Meter, einer 30 Meter breiten Krone und einem geschätzten Alter von 500 Jahren; an der Straße nach Weifa lädt ein Erlebnisfreibad zum Abkühlen ein.

Die Ortsbezeichnung Weifa deutet noch heute auf den früheren Haupterwerbszweig der Bewohner hin, die Hausweberei: Eine Weife, das heißt die Haspel, diente zum Aufwickeln der Wolle von der Spule.

Der gesamte Ort steht unter Denkmalschutz, viele hübsche Umgebindehäuser, teils mit Schieferverkleidung, sind erhalten. In der Lindenstraße 5 befindet sich das Geburtshaus des Heimatdichters Karl Gude, an der Hauptstraße eine Säule, die an die Reformation erinnert.

Wanderung von Steinigtwolmsdorf zum Valtenberg

An der oberen Dorfgrenze, an der Straße nach Langburkersdorf, befindet sich ein markanter, lindenumsäumter Platz, die Sieben Linden. Man blickt von hier oben auf die Dächer von Steinigtwolmsdorf, Weifa und Ringenhain und kann auf Bänken oder in einer Schutzhütte rasten.

In früher Vorzeit befand sich an dieser Stelle ein germanischer Ringplatz. Für die Namensgebung gibt es zwei Deutungen: Bei der Geburt jedes seiner sieben Kinder ließ der Gutsherr einen Baum pflanzen. Andere Quellen sprechen davon, daß die Lindengruppe aus Freude über den Frieden zum Ende des Siebenjährigen Krieges angelegt wurde.

Der nun folgende kurze Wegabschnitt über die sich nördlich der Sieben Linden angrenzende Wiese ist nicht markiert. Man folgt dem ausgetretenen Pfad bis zum nächsten Fahrweg, vorbei an Viehweiden und hält sich dann links, bis man auf einen markierten Weg zum Valtenberg gelangt.

Länge: 8 Kilometer.

Sohland/Spree und Wehrsdorf

Die Ortsgründung Sohlands erfolgte im 11. Jahrhundert. Ab dem 17. Jahrhundert kamen verstreute Siedlungsteile hinzu, weshalb der Ort bald ›fuffzehn Zippel‹ besaß. Seit der Gebietsreform Mitte der 1990er Jahre besteht die Einheitsgemeinde aus den Ortschaften Sohland, Wehrsdorf und Taubenheim mit insgesamt 15 Ortsteilen. Die Gemeindefläche beträgt annähernd 40 Quadratkilometer.

Wahrzeichen ist die malerische Himmelsbrücke, die 1796 als Spreeübergang aus Granitbruchsteinen errichtet wurde. Seit der Spreeverlegung im Jahr 1947 überspannt sie nur noch den Dorfbach. Auf die Brücke nahe der Straße Richtung Taubenheim gelangt man, wenn man hinter dem Bahnviadukt links in die Himmelsbrückenstraße abbiegt. Der benachbarte Stausee wurde zwischen 1937 und 1941 angelegt. Auf der 15 Hektar großen Wasserfläche kann man Ruderboote ausleihen oder an einer Gondelausfahrt teilnehmen. Für die Kleinen lohnt sich der Besuch des nahegelegenen Abenteuerspielplatzes.

Die Waldbühne Sohland wurde 1990 nach 60jähriger Ruhepause wiederbelebt. Die Aufführungen von Anfang Mai bis Mitte September, sonntags im vierzehntägigen Rhythmus jeweils 15 Uhr, erfreuen sich großer Beliebtheit.

Rast vor dem Heimatmuseum in Sohland/Spree

Die evangelische Kirche stammt aus dem Jahr 1824 und weist eine spätklassizistische Innenausstattung auf. Im Kirchhof sieht man die klassizistische tempelartige Böhmesche Gruft (1843), die jetzt eine Gedenkstätte für Kriegsopfer ist. Im 18. Jahrhundert ließ Reichsgraf Franz Xaver zu Solms das nahegelegene Schloß mit Schloßpark errichten. In einem der ältesten Umgebindehäuser der Oberlausitz, in einem ehemaligen Weberhaus aus dem Jahr 1750, ist das Heimatmuseum mit original erhaltener Weberstube zu besichtigen.

Für Sternengucker ist die Volks- und Schulsternwarte Bruno H. Bürgel in der Nähe des Schützenhauses donnerstags ab 19 Uhr geöffnet. Der Sohländer Planetenweg ist ein räumliches Modell unseres Sonnensystems im Maßstab 1:1,4 Milliarden, beginnt am Sternwartenberg und endet nach einer Wegstunde an der Prinz-Friedrich-August-Baude, Telefon 03 59 36/71 06.

Südwestlich des Ortes liegt im Tännicht ein Wintersportzentrum mit Sprungschanze und der Schanzenbaude Tännicht. Ausflügler zieht es das ganze Jahr über zum Prinz-Friedrich-August-Turm und der gleichnamigen Bergbaude.

Der Fußgänger- und Radfahrergrenzübergang Sohland-Rožany ermöglicht Touren in den benachbarten böhmischen Schluckenauer Zipfel (Šluknovsko).

In Wehrsdorf, eingemeindet zu Sohland/Spree, sind sehr viele Umgebindehäuser mit interessanten Details an Türen und Umgebindeständern zu entdecken. Das schönste Ensemble steht im Oberdorf (Hausnummern 62, 63 und 64). Die Barockkirche stammt aus dem Jahr 1725, der Turm wurde erst 1859 angefügt.

Im Sommer bietet das Waldbad willkommene Abkühlung, am nördlichen Dorfrand kann man auf dem Naturlehrpfad am Steinbruch wandern.

PLZ: 02689.
Vorwahl: 03 59 36.
Fremdenverkehrsamt Sohland/Wehrsdorf, Bahnhofstr. 26, Tel. 3 98 22, www.sohland-spree.de.

Residenzhotel Trüggelmann Erbgericht Wehrsdorf, Oppacher Str. 1, OT Wehrsdorf, Tel. 45 00, www.wehrsdorfer-erbgericht.de. 250jährige Gastwirtschaftstradition, drei Saunen.
Hotel Hospoda, Hauptstr. 11, Tel. 3 73 33.
Gasthaus Stiebitz, Am Markt 11, Tel. 3 71 37.
Gasthof und Pension Oberschmiede, Hainspacher Str. 42, Tel. 3 76 20.
Schanzenbaude Tännicht, Tel. 3 00 10.

Heimatmuseum Sohland/Spree, Hainspacher Str. 19, So 15–18 Uhr.

Infos zur Waldbühne Sohland über Tel. 03 59 36/3 98 22.

Taubenheim

Taubenheim am Oberlauf der Spree weist eine ungewöhnlich große Anzahl an Sonnenuhren auf: 20 Exemplare, davon 6 mit historischen Motiven. An den Häusern befinden sich Hinweistafeln zu den Sonnenuhren. Den Großteil von ihnen schuf der Grafiker Martin Hölzel, so auch das besonders sehenswerte steinerne Exemplar von 1983 gegenüber dem Gemeindeamt. Nicht nur für Zeitmesser wird die Sonne genutzt, auch das Wasser im Erlebnisfreibad wird von Sonnenkollektoren beheizt. Das Freibad ist täglich von 10 bis 20 Uhr geöffnet.

Im Zumpeweg 2 und in der Sohlander Str. 50 stehen Häuser mit sehenswerten ›Blitzschlangen‹ am Hausgiebel. Diese Häuser wurden vom Blitz getroffen und sollen künftig davor bewahrt bleiben. Die Dorfkirche aus dem 18. Jahrhundert weist eine spätklassizistische Innenausstattung auf und besitzt an der Außensüdwand sehenswerte Reliefgrabplatten. Der ›Sechskinderstein‹ von 1674 stellt die sechs Kinder der Pfarrersfrau Anna Maria Pietzschmann dar. Sie starben bei der Geburt oder kurze Zeit später.

Taubenheim ist für seine Sonnenuhren bekannt

In der ehemaligen Obermühle, Zumpeweg 3, verlebte Herrmann Zumpe (1850–1903) seine Jugend. Er komponierte an der Seite von Richard Wagner in Bayreuth und wurde später zum Königlich-Bayerischen Generalmusikdirektor in München ernannt.

Fast 60 erhaltene Umgebindehäuser erinnern an die Epoche, in der die Leineweberei in Taubenheim weit verbreitet war. Das Karasek-Haus mit einer Sonnenuhr war einst Unterschlupf und zugleich Liebesnest des berühmten böhmischen Räuberhauptmanns bei seinen Streifzügen im Sächsischen.

Wanderung von Taubenheim zum Wachtberg und zurück

Der 363 Meter hohe Wachtberg ist vulkanischen Ursprungs. Die Kuppe besteht aus Basalt, der bis in die 1930er Jahre abgebaut wurde. Da hier seltene Pflanzen- und Insektenarten heimisch sind, wurde das Terrain als Flächennaturdenkmal unter Naturschutz gestellt. Vom Gipfel bietet sich eine weite Aussicht in das obere Spreetal. Die Taubenheimer selbst nennen den Hügel Wacheberg. Als sich die deutschen Siedler hier niederließen, standen dort Wachtposten zum Schutz vor Überfällen.

Länge: 2 Kilometer.

Wanderung von Taubenheim rund um den Taubenberg

Der Taubenberg erhebt sich südlich des Ortes nahe der böhmischen Grenze. Vom Parkplatz am Erlebnisfreibad führt der Weg an einer Bungalowsiedlung vorüber. Der Rundweg ist gleichzeitig Naturlehrpfad mit vielen Informationstafeln zur hiesigen Fauna und Flora. Fischgut, eine ehemalige Forellenzuchtanlage, und Bettelstein – angeblich wurde hier ein Bettler beerdigt – sind die nächsten Stationen. Der Schalenbruch war bis in die 1930er Jahre bedeutendster Granodiorit-Steinbruch um Taubenheim. Heute bietet sich von hier eine weite Aussicht Richtung Sohland und nach Böhmen.

An der Weggabelung (Abzweig Grünhut) verbleiben wir auf dem Naturlehrpfad und steigen zum Taubenberg auf. Eine Säule, die einstige ›Station der königlich-sächsischen Triangulierung‹ von 1864, markiert den Gipfel des Taubenberges (458 Meter). Die nahe Teufelskanzel setzt sich aus übereinanderliegenden Granodiorit-Blöcken zusammen. Wer genauer hinschaut, erkennt das aus verschiedenen Gesteinseinschlüssen zusammengesetzte Teufelsbildnis. Zurück zur Weggabelung, geht es am Südhang steil hinunter nach Grünhut, einer ehemaligen Steinbrucharbeitersiedlung.

Länge: 3 Kilometer.

Schirgiswalde

Das Städtchen mit etwa 3000 Einwohnern liegt in einem reizvollen Engtal am Oberlauf der Spree und wird von Kennern auch als ›Perle der Oberlausitz‹ bezeichnet. In Schirgiswalde wurden der Geschichtsforscher Carl Swoboda (1896–1978) und der Mundartdichter Joseph Vogt (1881–1959) geboren, der Ort ist aber gerade auch aufgrund seiner ungewöhnlichen Vergangenheit bemerkenswert.

In der Mitte des 13. Jahrhunderts gründeten deutsche Siedler das Waldhufendorf, seit 1451 war es im Besitz der böhmischen Adelsfamilie von Luttiz. 1635, nach dem Frieden zu Prag, kam die Oberlausitz unter sächsische Hoheit. Schirgiswalde verblieb jedoch bei Böhmen, erhielt 1665 die Stadtrechte und war bis 1809 eine böhmische Enklave. Nach dem Frieden von Schönbrunn (1809) sollte Schirgiswalde dem Königreich Sachsen einverleibt werden, was jedoch 36 Jahre lang wegen Streitigkeiten im Übergabeprotokoll zwischen Österreich-Ungarn und Sachsen nicht geschah. Von 1809 bis 1845 war die Stadt ein kleiner Stadtstaat und als ›Republik Schirgiswalde‹ bekannt. In dieser abenteuerlichen Periode lenkten ein Stadtrichter, zwei Gerichtsbeisitzer, 20 Communrepräsentanten und ein böhmischer Justizamtmann die Geschicke des Städtchens. Steuerfreiheit, Abschaffung des Militärdienstes, die Aufnahme politischer Flüchtlinge, Spielerlaubnis für das in Sachsen verbotene ›Böhmische Lotto‹ sowie der Schmuggel mit zollfrei eingeführten Waren über die sächsische Grenze förderten den Aufschwung.

Ein Aufruhr unter der Bevölkerung gegen einen mißliebigen böhmischen Justitiar führte zu neuen Verhandlungen zwischen der Monarchie Österreich-Ungarn und Sachsen. Am 4. Juli 1845 fand die feierliche Übergabe der Mini-Republik an das Königreich Sachsen statt. Die Kirche unterstand jedoch noch bis 1894 dem böhmischen Bistum Leitmeritz.

Die jahrhundertelange Verbindung zu Böhmen ist noch heute an vielen Gebäuden zu erkennen. Die imponierende katholische Pfarrkirche wurde von 1739 bis 1741 im Stil des böhmischen Landbarock erbaut, die beiden Türme kamen aber erst zwischen 1866 und 1868 hinzu. Im Inneren blieb die originale Erstausstattung weitgehend erhalten; die Kanzel stammt wahrscheinlich aus der Werkstatt des Prager Schülerkreises um Kilian Ignaz Dientzenhofer. In der Kirche sind die alten Grabplatten und -denkmäler aus der Hand von Franz Pettrich und Jacob Delenka bemerkenswert. Am Aufgang zur Kirche steht die Ecce-Homo-Statue von Franz Biener (um 1760).

Böhmische Elemente zeigt auch der Marktplatz mit zwei Laubenhäusern. Das klassizistische Rathaus stammt aus dem Jahr 1818. Ursprünglich war es das Haus eines reichen Leinwandhändlers. Das Alte Rathaus am Obermarkt sollte als

Unübersehbar dominiert die Pfarrkirche den Ort

›Regierungssitz‹ des Stadtstaates noch erweitert werden. Dazu kam es aber nicht mehr, weil die Mini-Republik nach Sachsen einverleibt wurde.

Das einstige domstiftliche Herrenhaus am Fuße des Kirchberges, das St.-Pius-Haus, beeindruckt den Besucher im Inneren, so in drei Räumen mit handbedruckten Bildtapeten, die unter anderen die Motive ›Aufstand in Mexiko‹ und ›Olympische Feste‹ zeigen. Sie entstanden um 1830.

An den östlichen Fuß der Weifaer Höhe grenzt der denkmalgeschützte Stadtteil Neudorf (Neuschirgiswalde), der nach dem Ende des Dreißigjährigen Krieges gegründet wurde. Er ist durch eine große Zahl an Umgebindehäusern geprägt.

Auch das überlieferte Brauchtum erinnert an die böhmische Epoche der Stadt. Das Fronleichnamsfest wird mit einer Prozession begangen, im Dezember kommen viele Gäste zum Nikolausmarkt. Die Weihnachtskrippenausstellung mit etwa 100 Exemplaren im Elisabethsaal der katholischen Kirche unmittelbar in der Nähe des Marktplatzes wird jedes zweite Jahr organisiert. Die Krippen kommen nicht nur aus Schirgiswalde, sondern auch aus Tschechien und Österreich. Die böhmische Krippentradition wurde aus der Schluckenauer Gegend, heute Šluknovsko, übernommen. Die nordböhmische Krippenkunst zeigt die Geburt Christi vor orientalischer Kulisse, bei erzgebirgischen Krippen überwiegen dagegen heimatliche Motive.

Bekannt ist der große Faschingsumzug. Von Karfreitag bis Ostermontag ertönen keine Kirchenglocken, stattdessen Holzklappern, die die Menschen an ihre Vergänglichkeit erinnern sollen.

Schirgiswalde besitzt einen Obstbaumlehrpfad. Rund um die Stadt laden zwei Routen – ›Großer Rundweg‹ (13 Kilometer) und ›Rund um Schirgiswalde‹ (6 Kilometer) – zum Wandern ein. Die schönste Aussicht auf das Städtchen genießt man dabei von den höchstgelegenen Häusern im Ortsteil Neuschirgiswalde.

Über die Spreebrücke am Gondelteich führt der mit einem roten Punkt markierte Weg zum östlich gelegenen Kälberstein (485 Meter). Die Gipfelklippen aus Granodiorit sind bis zu acht Meter hoch, eine von ihnen kann man als natürlichen ›Aussichtsturm‹ besteigen. Der Rückweg ist auch über Crostau möglich.

PLZ: 02681.
Vorwahl: 03592.
Tourist-Information, Sohlander Str. 3a, Tel. 34897, www.schirgiswalde.de.

Hotel Am Lärchenberg, Lärchenbergweg 2, Tel. 3660, www.hotel-am-laerchenberg.de.
Gasthof Schirgiswalder Marktstuben, Markt 4, Tel. 3730; Restaurant täglich 11.30–23 Uhr.
Pension Thürmchen, Marienplatz 5, Tel. 380322, www.landhotel-thuermchen.com.

Heimatmuseum Carl Swoboda, Hauptstr. 11a, Tel. 386623, Di 14–16 Uhr, Do 10–12 und 14–16 Uhr.

Kirschau

Kirschau ist der südlichste sorbische Siedlungsort im Lausitzer Bergland und wurde schon vor über tausend Jahren gegründet. An einer damals wichtigen Kreuzung der Handelsstraßen Bautzen–Prag und Zittau–Halle entstand auf einem Felsvorsprung aus einem sorbischen Ringwall ein Wachthaus, das später zur Burg Körse ausgebaut wurde. Bis 1250 wurde die Feste verstärkt und erweitert. Der Meißner Vorposten auf der Burg mißfiel Kaiser Karl IV., König von Böhmen und Landesherr der Lausitz, und die Truppen des soeben ins Leben gerufenen Oberlausitzer Sechsstädtebundes erstürmten 1352 unter Führung Bolko von Schweidnitz die Burg und schleiften sie anschließend. So sind heute nur wenige Überbleibsel der Burg erhalten, darunter Ringmauerreste um den Burghof, ein teilrestauriertes Doppeltor und ein Schacht des Bergfrieds. Im Burgmuseum sind Grabungsfunde und eine textile Schauwerkstatt mit Webstuhl ausgestellt.

Am Westrand des Ortes, an der Kesselwiese, steht der Dreiländerstein von 1746. Er markiert den zu jener Zeit gültigen Grenzpunkt zwischen Schirgiswalde (Böhmen), Kirschau (Lausitz) und Wilthen (Meißen).

Durch die um die Mitte des 19. Jahrhunderts einsetzende Industrialisierung wuchs Kirschau zum deutschen Hauptproduktionsort von Grobgarn aus Textilabfällen. Das historische Ortsbild wich seitdem größtenteils Neubauten. Erhalten blieben aber drei alte Webstühle aus dem 18. Jahrhundert. Sie können in der Handweberei im Gewerbehof an der Lessingstr. 7 besichtigt werden, Telefon 3 82 20.

Die Körse-Therme in Kirschau, Badweg 5, ist von 11 bis 23 Uhr geöffnet. Weitere Informationen findet man im Internet unter www.koerse-therme.de.

Wilthen

Wilthen liegt langgestreckt im Tal am Butterwasser. Das Butterwasser erhielt seinen Namen, weil die Frauen die Butter, bevor sie auf dem Bautzener Markt zum Verkauf kam, im Bach frisch hielten.

Das Landhotel Erbgericht im Ortsteil Tautewalde hat sich mitsamt seiner Gourmetküche in den letzten Jahren einen exzellenten Ruf erworben. Durch eine Glaswand können die Gäste das Geschehen in der Küche verfolgen. Das Gebäude wurde sehr behutsam rekonstruiert, Altes und Neues geschickt miteinander kombiniert. Das Erbgericht Tautewalde stammt aus dem Jahr 1842. Der heutige Weinkeller mit prächtigem Tonnengewölbe aus Lausitzer Granit wurde einst zum Lagern der Bierfässer genutzt, heute können Gäste unter 160 Weinen auswählen.

Erbgerichtshöfe entstanden in Sachsen unter der Regentschaft König August des Starken als dörfliches Schiedsgericht und Schlichtungsstelle für kleinere Vergehen und Streitigkeiten. Da sich die Klärung der Streitfälle oft über mehrere Tage hinzog, gab es für den eingesetzten Untertan auch die Erlaubnis zum Ausschank, und die Schlichter wurden so gleichzeitig zum Gastwirt. Das königliche Gerichtsprivileg wurde auf den Sohn vererbt – daher der Name. Im Sorbischen heißt das Erbgericht Kretscham. Beiden Namen begegnet man noch in vielen Orten der Oberlausitz.

In den Bergen um Wilthen war Pumphut, der Hexenmeister der Oberlausitz, allgegenwärtig. Sein Markenzeichen war ein breitkrempiger hoher Hut. Der Sohn armer sorbischer Bauern zog einst als Müllergeselle durch die Lausitz, doch seine derben Späße mit geizigen und hartherzigen Menschen brachten ihm in der Überlieferung bald den Rang eines Hexenmeisters ein. In lebensgroßer Statur grüßt er heute als bunte Schnitzfigur in der Wilthener Bahnhofsstraße sowie gegenüber vom Jägerhaus am Mönchswalder Paß.

Vom Nordostzipfel des Städtchens Wilthen führt ein grün gekennzeichneter Weg auf Mönchswalder Berg, die kürzeste Distanz beträgt vier Kilometer. Dabei müssen in anderthalb Stunden etwa 150 Höhenmeter überwunden werden. Auf dem Gipfel steht eine rustikale Baude aus dem Jahr 1885 mit Aussichtsturm. Zurück ins Wilthener Tal steigt man bequem, vorbei am westlich benachbarten Jägerhaus, auf der rot markierten Route oder auf der Paßstraße Obergurig–Wilthen ab.

Die gelbe Markierung führt von Tautewalde in etwa einer halben Stunde auf den Großen Picho zur Pichobaude. Wanderer erklommen den Gipfel, als er noch mit Urwald bedeckt war. Der Erste soll gerufen haben: ›Bech jow‹. Das sprach man hier bich jow und heißt ›Ich war da‹. Dieser Ausruf gab dem Berg seinen heutigen Namen.

Im Weinkeller des Erbgerichts Tautewalde

Wilthener Weinbrand

Die Wilthener Weinbrennerei ist eine der größten und ältesten Deutschlands. 1842 gründete Christian Traugott Hünlich das Unternehmen als Apfelwein- und Fruchtsaftpresserei, die bald durch Bierbrauen und die Herstellung des Wilthener Branntweins ergänzt wurde. Karl Albert Hünlich, der Nachfolger des Firmengründers, gilt als Begründer des deutschen Weinbrandes. 1896 hob er zusammen mit Hugo Aßbach den Verband der deutschen Cognac-Weinbrennereien aus der Taufe. Schon auf der Pariser Weltausstellung im Jahr 1900 wurden die Hochprozentigen aus der Oberlausitz mit einer Goldmedaille gewürdigt, das noch erhaltene Eichenholzfaß mit 12 300 Liter Fassungsvermögen erhielt eine Silbermedaille.

›Hünlich bleibt Hünlich‹, ein alter Werbespruch, sorgt auch heute für hohe Qualität und guten Absatz, auch unter dem Dach der Hardenberg-Wilthen AG. Die ›Wilthener Goldkrone‹ ist deutschlandweit die meistverkaufte Spirituose.

Nach der eineinhalbstündigen Betriebsführung, bei der man neben einer historischen Destillationsanlage auch an vielen der etwa 10 000 Eichenfässer vorbei kommt, trinkt man seinen ›Wilthener‹ mit größerem Genuß, weil man nun von einigen Geheimnissen aus erster Hand erfahren hat.

Historische Destillieranlage in der Weinbrennerei Wilthen

Zu den Betriebsgebäuden zählt auch eine originale Zeppelinhalle, in der einst Luftschiffe gebaut wurden. Am alten Ort auseinander genommen, wurden die Einzelteile in Wilthen wieder zusammengesetzt. An der Wand einer Produktionshalle schuf die Malerin Antoinette das größte Wandbild der Oberlausitz. Auf 300 Quadratmetern sind Gestalten aus der sorbischen Mythologie dargestellt.

PLZ: 02681.
Vorwahl: 0 35 92.
Fremdenverkehrsamt Wilthen, Bahnhofstr. 8, Tel. 38 54 16,
Fax 38 54 99, www.wilthen.de.

Landhotel Erbgericht Tautewalde, OT Tautewalde 61,
Tel. 3 83 00, www.tautewalde.de.

Jägerhaus, Mönchswalder Paß, Tel. 3 31 68; Fr–Mi 10–22 Uhr, im Winter bis 20 Uhr.
Berggaststätte Mönchswalder Berg, Tel. 3 30 24; Mi–So 11–20 Uhr.
Gasthaus Schöne Aussicht (mit Pension), OT Sora, Tel. 3 36 42.
Pichobaude auf dem Berg Picho, Tel. 3 29 53; So–Do 11–20 Uhr, Fr–Sa 11–22 Uhr.

Wilthener Weinbrennerei, Thälmannplatz 8, Tel. 38 40; Betriebsführung mit Verkostung 3 Euro.
Heimatstube, Bahnhofstr. 8, Di 14–16 oder nach Vereinbarung.

Oberlausitzer Hunderter, ein international beachteter Wanderwettbewerb (Oktober).

Crostau und Cunewalde

Für die evangelische Dorfkirche Crostau gab Gutsbesitzer Christian Heinrich von Watzdorf 1732 eine Silbermann-Orgel in Auftrag. Mit 21 klingenden Registern und 1255 Pfeifen ist sie die einzige des berühmten Orgelbaumeisters Johann Gottfried Silbermann, die in der Oberlausitz zu finden ist. Eine Besichtigung ist nach Voranmeldung möglich, Telefon 0 35 92/3 43 16. Schloß und Park Crostau ließ der kurfürstliche Staatsminister, Reichsgraf Christoph Heinrich von Watzdorf, um 1700 anlegen und erweitern.

Am Rand des Bergwaldes, südöstlich von Obercrostau, lohnt der Aussichtspunkt ›Isabella‹, umgeben von uralten Linden, einen Abstecher. Im Ortsteil Obercrostau blieben einige zweigeschossige Umgebindehäuser erhalten.

Der beliebte Urlaubsort Cunewalde im Lausitzer Bergland breitet sich in West-Ost-Richtung auf acht Kilometer Länge im Cunewalder Tal aus, das im Norden vom Czorneboh- und im Süden vom Bieleboh-Höhenzug begrenzt wird.

Cunewalde wurde um 1200 auf Rodungsflächen gegründet und konnte seinen Waldhufendorfcharakter bis heute erhalten. Knapp die Hälfte der Wohnbebauung besteht aus Umgebindehäusern. Einige von ihnen besitzen ein mit Schiefer geschütztes Obergeschoß, wie das Haus schräg gegenüber vom Gasthaus ›Blaue Kugel‹, das zusätzlich am Giebel noch ein bunter Schützenadler ziert. Heute ist hier das Polenzmuseum untergebracht. Der Schriftsteller Wilhelm von Polenz (1861–1903) ist der berühmteste Sohn der Stadt. Schon 1909 wurde ihm ein Denkmal gesetzt. Der Granodioritblock mit bronzenem Reliefbild ist gegenüber

Im Cunewalder Tal

dem Gemeindeamt zu finden, am einstigen Rittergut Obercunewalde. Polenz' wichtigstes Werk ist der Roman ›Der Büttnerbauer‹ (1895), den Leo Tolstoi als ›ein wahrhaft künstlerisches Meisterstück‹ lobte.

Die Barockkirche (1780–1787) mit 3000 Sitzplätzen gilt als größte Dorfkirche der Oberlausitz. Am Sportzentrum 11 befindet sich das Erlebnisfreibad Cunewalde.

Wanderung von Halbau auf den Czorneboh und Abstieg nach Cunewalde

Um die bewaldete Czornebohkette in ihrer ganzen Vielfalt zu erleben, sollte man im etwa drei Kilometer nordöstlich von Cunewalde gelegenen Halbau mit dem Aufstieg beginnen.

Vorbei am Gasthaus ›Am Hochstein‹ gehen wir noch ein Stück die Straße nach links, bis der Polenzweg (grüner Punkt/ gelber Balken) einmündet. Nach einem stetigen aber sanften Anstieg ist der ruhige Hochwald schnell erreicht. Durch naturnahen Bergmischwald steigen wir zum Kamm auf. Rechts ermöglicht ein Abzweig einen Aufstieg zum Hochstein, links führt die Markierung (blauer Punkt) weiter Richtung Czorneboh. Am Parkplatz finden bei schönem Wetter am Wochenende oft gar nicht alle Autos Platz. Von der Straße biegt nach 250 Meter jedoch ein Weg links ab, so daß man dem Trubel kurzzeitig entfliehen kann.

Der Berggasthof auf dem 561 Meter hohen Czorneboh ist teilweise in Blockbauweise erhalten. Der Aussichtturm wurde 1852 eröffnet und ist damit der

Der Aussichtsturm auf dem Czorneboh

älteste in der Oberlausitz. Der Blick auf Bautzen und die sich nördliche anschließende bis zum Horizont reichende flache Heide- und Teichlandschaft ist überwältigend.

Auf dem Gipfel gibt es interessante geologische Sehenswürdigkeiten zu entdecken, darunter das ›Teufelswaschbecken mit Seifendose‹ westlich des Czornebohs am Bergsattel am Cunewalder Weg, das ›Teufelsfenster‹ und die für viele Kuppen des Gebirges charakteristischen Felsburgen, Klippen und Blockmeere.

Es gab schon viel Streit um die Herkunft des Namens Czorneboh. Forscher wiesen nach, daß die Slawen den Berg einst Čorny bok – die schwarze Seite – nannten, abgeleitet von der oft dunkel erscheinenden nördlichen Bergflanke. In der Romantik wurde das falsch zu Čorny Bóh, der schwarze Gott, umgedeutet.

Kaum sind hundert Meter Abstieg auf der Südseite hinab Richtung Cunewalde, auf dem rot markierten Weg, absolviert, ist der Weltenlärm völlig verstummt. Bis nach Obercunewalde hinunter werden auf etwa zwei Kilometer Wegstrecke immerhin 270 Meter Höhenunterschied bewältigt.

Länge: 6 Kilometer (von Halbau auf den Czorneboh) und 2 Kilometer (Abstieg nach Cunewalde).

Wanderung von Cunewalde zum Bieleboh und Abstieg nach Oppach

Das Ziel liegt zum Greifen nahe, doch etwa eine Stunde dauert der Aufstieg zum Bieleboh dann doch. Wir durchwandern dabei den südlichen Teil des Cunewalder Tales. Schaut man zurück, schweift der Blick zum gegenüberliegenden bewaldeten Höhenzug zwischen Czorneboh und Hochstein. Auf der Nordseite des Berges, kurz unterhalb des Gipfelplateaus, befinden sich kleinere Blockmeere. Die Bergwirtschaft ›Bieleboh‹ befindet sich auf 499 Höhenmetern und ist von dienstags bis sonntags 11 Uhr geöffnet, Telefon 03 58 77/8 89 40. Daneben kann man einen Aussichtsturm erklimmen. Der Weg hinunter nach Oppach, Ortsteil Eichen, verläuft mühelos.

Länge: 2 Kilometer (von Cunewalde zum Bieleboh) und 5 Kilometer (Abstieg nach Oppach).

PLZ: 02733.
Vorwahl: 03 58 77.
Haus des Gastes, Blaue Kugel, Hauptstr. 97, Tel. 8 08 88, www.cunewalde.de.

Hotel Alter Weber, Oberlausitzer Str. 13, Tel. 8 89 00, www.hotel-alter-weber.de.

Blaue Kugel, Hauptstr. 97, Tel. 8 07 70, täglich außer Mi ab 11 Uhr.

Berggasthof auf dem Czorneboh, Tel. 2 43 25, Mi–So 11–18 Uhr. Bergwirtschaft ›Bieleboh‹, Tel. 88940, www.biebeloh.de, täglich ab 11 Uhr.

Kraftfahrzeug- und Technikmuseum im Dreiseithof, Sa 14–17 Uhr, So 10–12 und 14–16 Uhr oder nach Vereinbarung (Haus des Gastes). 70 Fahrzeuge, historische Tankstelle, Rennsportwagen. Wilhelm-von-Polenz-Museum, Am Gänseberg 7, So 9–12 Uhr. Schaubauanlage mit historischem Zimmermannswerkzeug, Sägewerk Leuschner, Klipphausen 1–2. Barockkirche Cunewalde, Besichtigungsvoranmeldung über das Pfarramt, Kirchweg 1, Tel. 03 58 77/2 74 31.

Zum Tag des offenen Denkmals können private Umgebindehäuser, Kirche und Polenzgruft besichtigt werden (September).

Neusalza-Spremberg und Umgebung

Spremberg wurde um 1200 beiderseitig der Spree als Waldhufendorf gegründet, Neusalza erst im 17. Jahrhundert als Handwerkerstädtchen durch böhmisch-mährische Glaubensflüchtlinge. Im Januar 1670 beantragte Rittergutsbesitzer Christoph Friedrich von Salza beim sächsischen Kurfürsten Johann Georg II. eine Genehmigung zum Bau einer neuen Stadt; ihr wurde stattgegeben.

Anziehungspunkt des Städtchens ist neben dem Markt mit seinen hübschen Giebelhäusern und der Dorfkirche das Reiterhaus, das sich an der Bundesstraße 96 findet. Es stammt aus der ersten Hälfte des 17. Jahrhunderts und wurde später erweitert. Heute ist das schilfgedeckte Umgebindehaus eines der ältesten und schönsten in der Oberlausitz. Eine bunte Reiterfigur am Hausgiebel gab dem Gebäude den jetzt gebräuchlichen Namen. 1874 wurde es in Lauba von der Tochter des Hausbesitzers beim Reiterstechen, einem Kirmesspektakel, gewonnen. Das Gebäude dient heute als Museum, mit Wohn- und Arbeitsraum eines Oberlausitzer Handwebers, einer Neusalzener Schusterstube sowie einer bäuerlichen Schlafkammer. In den Monaten Mai bis Oktober von mittwochs bis freitags von 14 bis 17 Uhr, an Wochenenden von 10 bis 12 Uhr und von 14 bis 17 Uhr und im November, Februar und April an den Wochenenden von 13 bis 16 Uhr geöffnet.Weitere Informationen erhält man unter der Telefonnummer 03 58 72/3 29 57.

Die Siedlung Oppach breitet sich in einem langgestreckten Tal mit mehreren Ortsteilen aus und ist auf drei Seiten von bewaldeten Höhenzügen umgeben.

Durch den industriellen Strukturwandel der letzten Jahre sind in der Region viele Arbeitsplätze, vor allem in der Textilbranche, verlorengegangen. Nun setzen die freundlichen Sachsen allerorten auf den Tourismus. Oppach bietet seinen Gästen einige unter Denkmalschutz stehende Umgebindehäuser und eine gotische Dorfkirche. Sie wurde 1346 erstmals urkundlich erwähnt, ein letzter Umbau datiert auf die Jahre von 1785 bis 1787. Die Grabplatten an der Außenwand gelten als älteste ihrer Art auf dem Gebiet der Oberlausitz (1514, 1553 und 1555).

Die ergiebigen Mineralquellen des Ortes nutzt man zur Herstellung alkoholfreier Getränke, die überall in der Lausitz einen ausgezeichneten Ruf genießen.

Wanderung von Neusalza-Spremberg auf den Kottmar und Abstieg nach Kottmarsdorf

Vom Reiterhaus sind noch etwa 100 Meter an der Bundesstraße 96 zurückzulegen, dann biegen wir mit dem Abzweig nach Schönbach/Lawalde links ab, kurz darauf rechts in den Wald. In Lawalde steht der einzige freistehende Glockenturm der Oberlausitz sowie ein Museum in der wasserbetriebenen Niedermühle aus dem 16. Jahrhundert, Telefon 0 35 85/40 48 99. Der blau gekennzeichnete Pfad führt dann über Wiesen und Felder, den Kottmar oft als Tagesziel im Blickwinkel. Der Kottmar (583 Meter) ist in vielerlei Hinsicht interessant. Geologisch betrachtet, ist er ein Vulkan aus der Zeit des Tertiärs und das nördlichste großflächige Phonolithvorkommen der Oberlausitz. Hydrologisch gesehen, befindet sich hier eine Wasserscheide zwischen Ost- und Nordsee. Vom touristischen Standpunkt schließlich ist er ein attraktives Wander-, Sport- und Erholungsgebiet.

Das Reiterhaus ist eines der schönsten Umgebindehäuser in der Oberlausitz

Rast am Reiterhaus

Die allseits freie Lage des Berges führte in der Vergangenheit zu schweren Sturmbruchschäden, insbesondere in den Fichtenmonokulturen. Nun ist man wieder angehalten, die teils noch bestehenden Reste des einstigen Bergmischwaldes mit artenreichen Anpflanzungen zu erneuern. Etwa auf der Hälfte des Aufstieges gelangt man an der Spreequelle vorüber. 1921 wurde die Phonolithsteinmauer um die Quellfassung errichtet, hier sind die Heimatorte von Gefallenen des Ersten Weltkrieges eingemeißelt, die Mitglieder im Heimat- und Gebirgsverein Lusatia waren. Schon 1957 saniert, überdauerte die schlichte Anlage auch den Sozialismus unbeschadet.

Die Berggaststätte auf dem Gipfelplateau ist von Mittwoch bis Sonntag von 10 bis19 Uhr göffnet, Telefon 035 86/70 25 16. Sie besitzt im Inneren schöne Deckenmalereien eines Malers aus Niederoderwitz. Der 15 Meter hohe Aussichtsturm aus dem Jahr 1881 ist zugänglich; zum Abstieg nach Kottmarsdorf folgt man der mit einem roten Punkt versehenen Markierung.

Zum Abschluß der Tour winkt noch ein besonderes Erlebnis: Die Besichtigung der historischen Bockwindmühle Kottmarsdorf. Sie stammt aus dem Jahr 1843 und war genau hundert Jahre in Betrieb. Nun dient sie musealen Zwecken und präsentiert auf drei Etagen die alte Technik. Bockwindmühlen werden mittels eines langen Balkens in die Windrichtung gedreht. Die hiesige Flügelspannweite beträgt 17 Meter. Die Besichtigungszeiten sind von April bis Oktober dienstags bis sonnabends von 14 bis 16 Uhr, sonntags und an Feiertagen ab 10 Uhr. Von Juni bis August bis 17 Uhr. Pfingsten wird hier, wie in ganz Deutschland, das Mühlenfest begangen. Dann findet auch das Backen in der Schaubackstube statt. Über Termine kann man sich unter 03 58 75/6 23 95 informieren. Nebenan befindet sich die Gaststätte ›Müllerstübchen‹, täglich ab 11 Uhr geöffnet.

4000 Exponate aus der Friseurgeschichte sind in einem Friseursalon aus dem Jahr 1910 bei Ullrich Lück, Dorfstraße 20, an den Wochenenden von 10 bis 16 Uhr, zu bestaunen. Weitere Informationen kann man telefonisch unter 035 86/70 26 91 bekommen.

Länge: 14 Kilometer (von Neusalza-Spremberg auf den Kottmar), 3 Kilometer (Abstieg nach Kottmarsdorf)

Noch 370 Kilometer bis Berlin – der Spreeradweg

›Wull'n mer de Berliner fubb'm, brauch mer ock de Spree zu stubb'm‹, sagen die Oberlausitzer. Doch hier tut sich ein Problem auf, denn die Spree hat nicht nur eine, sondern gleich drei Quellen. Und so gab es schon viel Streit um die eine, die wahre Quelle. Die Spreequelle am Kottmar bei Walddorf ist eingerahmt von alten Buchen, der zweite Spreearm entspringt in Ebersbach. Generalfeldmarschall von Moltke ordnete im Jahr 1887 an, daß der Ebersbacher Spreeborn die wahre Spreequelle sei. Das Wasser sprudelt unter einem gußeisernen Pavillon hervor. Am Eingang zum Neugersdorfer Volksbad liegt die dritte Spreequelle. Wer keine der drei verpassen möchte, startet im Kottmarwald. Von hier sind es noch 370 Kilometer bis nach Berlin. Über Bautzen, Spremberg, Cottbus, den Spreewald und das Heide- und Seengebiet um Beeskow und Fürstenwalde führt der Spreeradweg ins quirlige Berlin.

Anreise: Mit der Bahn bis Bautzen, Löbau oder Görlitz, weiter nach Ebersbach, Neugersdorf oder Eibau.

Beginn: Spreequelle am Kottmar im Oberlausitzer Bergland

Ziel: Fürstenwalde/Berlin

Route: Feld-, Wald- und Asphaltwege, teilweise auch verdichteter Schotter. Abschnittsweise sehr gut zum Skaten geeignet, so z.B. ein Rundkurs um den Spremberger Stausee (18 km) und vom Stadtrand Cottbus (ehemaliger Flugplatz/Merzdorfer Weg) bis nach Burg/Spreewald (12 km).

Karte: Radtourenbuch Spree-Radweg (mit Detailkarten im M 1: 75 000), biteline.

Auskünfte: Tourismusverband Oberlausitz-Niederschlesien e.V., Taucherstr. 23, 02625 Bautzen, Tel. 0 35 91/4 87 70, E-Mail: info@oberlausitz.com, www.oberlausitz.com, organisiert Radtouren mit Gepäcktransport.

Auf dem Weg nach Berlin

Ebersbach

Ebersbach liegt in zwei Quellarmtälern der Spree nahe der Grenze zu Tschechien mit Eisenbahnanschluß auf den Strecken Dresden–Löbau, Dresden–Zittau sowie ins böhmische Jiříkov. Der Ort entstand um 1200 als Waldhufendorf, und wie vielerorts im Süden der Oberlausitz zogen in der Mitte des 17. Jahrhunderts böhmische Glaubensflüchtlinge zu. Aus jener Zeit stammen die ältesten der vielen Umgebindehäuser. Die Haustüren werden zumeist von Türstöcken aus Granit mit eingemeißelter Jahreszahl und Initialen geschmückt. Besonders sehenswert ist das Hugenottenhaus in der Oststraße 30, es ist etwa 400 Jahre alt. Das Faktorenhaus ›Alte Mangel‹ von 1782 ist heute das Heimatkabinett.

Die imposante Barockkirche am nördlichen Talhang wurde zwischen 1682 und 1685 erbaut, sie mußte jedoch wegen der vielen böhmischen Aussiedler erweitert werden (1726–1733). Im Inneren gefallen insbesondere die dreigeschossigen Emporen mit barocken Ständern. Böhmische Einflüsse zeigen die Malereien an oberer Empore, Pfeiler und Decke (1730), die untere Empore schmücken 54 Bilder aus der biblischen Geschichte. Frühklassizistischer Baldachinaltar (1787), hölzerner Tauftisch (1725) und die mit reichem Schnitzwerk versehene Orgel (1684) auf der Westempore verdienen besondere Aufmerksamkeit. Die Orgel stand ursprünglich in der Zittauer Johanniskirche, wurde aber

Auf der Straße zum Beckenberg

1738 von den Ebersbacher Stadtvätern gekauft. Der alte Orgelprospekt blieb erhalten, als 1994 eine neue Eule-Orgel eingeweiht wurde.

Zwischen Neustadt und Staatsgrenze erhebt sich der bewaldete Schlechteberg (586 Meter). Hier liegt das einzige Jagdgebiet Deutschlands inmitten einer Stadt. Am Nordhang befinden sich Abfahrtspiste und Skilift. Auf dem Gipfel wurde 1998 ein neuer Aussichtsturm mit einer Höhe von 20 Metern erbaut, unterhalb des Gipfels steht die Humboldtbaude. In ihr befindet sich das Berggasthaus. Es ist von Montag bis Freitag ab 14.30 Uhr und am Wochenende ab 11 Uhr geöffnet, Telefon 0 35 86/76 58 37. Außerdem gibt es in der Baude ein Heimat- und Humboldtmuseum mit der Originalausstattung einer Weberstube sowie zoologischen, urgeschichtlichen, geologischen und folkloristischen Exponaten. Da die Baude 1912 vom ortsansässigen Humboldtverein als Sammlungs- und Forschungsstätte erbaut wurde, erhielt sie auch den Namen des großen deutschen Gelehrten. Geöffnet ist das Museum von Mittwochs bis Donnerstags von 10 bis 18 Uhr, Freitag von 10 bis 15 Uhr und an den Wochenenden und Feiertagen von 14 bis 18 Uhr, Telefon 0 35 86/36 55 04. Unterhalb der Baude befindet sich der Alpengarten. Er wurde 1913 angelegt und seitdem mehrfach erweitert.

An der Grenze zwischen Ebersbach und Neugersdorf entspringt südöstlich vom Schlechteberg im Stadtteil Spreedorf einer der drei Quellarme der Spree im Spreeborn. Dieser befindet sich unter einem gußeisernen Pavillon (1896) mit den Stadtwappen aller 14 Spreestädte und den Länderwappen von Deutschland, Österreich, Sachsen und Preußen.

Neugersdorf

Neugersdorf hat eine bewegte Vergangenheit. Deutsche Kolonisten gründeten um 1200 die Siedlung, Hussitenheere zerstörten sie im Jahr 1429. Die Dorfwüstung blieb etwa 200 Jahre unbewohnt und erlebte erst durch den Zuzug von böhmischen und mährischen Zuwanderern ab der Mitte des 17. Jahrhunderts eine neue Blüte, vor allem durch die Ausbreitung der Webkunst. Seit 1924 besitzt Neugersdorf Stadtrechte.

In der Stadt hat wurde der Heimatdichter der Oberlausitz, Rudolf Gärtner (1875–1952), geboren: im Kantorat, Breitscheidstraße 4. Sehenswert sind die zahlreichen Umgebindehäuser und die barocke Kirche von 1738 mit ihrem Rokoko-Schnitzaltar. Der Bismarckturm an der Grenze nach Böhmen bietet herrliche Ausblicke auf Neugersdorf und hinein in den Schluckenauer Zipfel. Die Öffnungszeiten sind: sonnabends von 14 bis 16 Uhr, sonntags und an Feiertagen von 10 bis 11 Uhr und von 14 bis 16 Uhr. Man kann sich telefonisch über 0 35 86/70 26 62 anmelden .

Am Eingang zum Volksbad (in der Saison täglich 9–20 Uhr) befindet sich eine der drei Spreequellen. Die eigentliche Quelle sprudelte einst auf den Pfarrwiesen an der heutigen Spreequellstraße und wurde 1888 mit einer Fassung und Gußeisengeländer versehen. Als das Volksbad 1926/27 erweitert wurde, verlegte man die Quelle an den heutigen Platz, das Quellwasser strömt über ein Rohr hierher. Vom Ortszentrum gelangt man über die Brandström- und Volksbadstraße dorthin.

Ende Juli, Anfang August wird hier der Jakobimarkt gefeiert, der älteste Jahrmarkt der Oberlausitz. Dann findet ein Armbrustschießen, das ›Gier'schdurfer Schiss'n ‹, mit Wahl des Schützenkönigs statt. Das Fest hat seinen Ursprung im Jahr 1728, als die privilegierte Schützengesellschaft die Genehmigung erwirkte, am Jakobustag parallel zum Schützenfest einen Jahrmarkt zu veranstalten. Im 19. Jahrhundert war der Markt so populär, daß er in Sachsen nur von der Leipziger Messe überboten wurde.

Eibau und Oderwitz

Im 17. und 18. Jahrhundert arbeiteten in Eibau sehr viele Hausweber. Ihre Auftraggeber, die Leinwandhändler, wurden Faktoren genannt. Sie kauften die Rohmaterialien und verkauften das feine Leinen bis nach Übersee. Die Großhändler kamen zu Reichtum und Wohlstand und zeigten ihren Geschäftserfolg im Faktorenhaus. Ein prächtiges Beispiel dafür ist der Dreiseithof an der Hauptstraße 214. Die Anlage aus dem 18. Jahrhundert umfaßt Faktorenhaus (Herrenhaus), Gesindehaus sowie eine Scheune. Das Herrenhaus überrascht im Obergeschoß mit üppiger barocker Pracht. Im Prunkzimmer geben sich heute Brautpaare das Ja-Wort, in der Diele, heute der Festsaal, gefallen die Deckenmalerein mit Pflanzenornamenten. Das Faktorenhaus ist heute Sitz der Touristinformation Eibau, nebenan lädt der Gasthof ›Zur Scheune‹ ein, von dienstags bis sonntags ab 10.30 Uhr geöffnet. Weitere Informationen bekommt man telefonisch unter 0 35 86/78 91 25 oder im Internet unter www.faktorenhof.de.

Seit 1810 wird im Ort das bekannte Eibauer Schwarzbier gebraut, das in vielen Gasthäusern der Lausitz auf den Tisch kommt. Alljährlich Ende Juni, Anfang Juli wird der Historische Bier- und Traditionszug zwischen Eibau und dem benachbarten Walddorf organisiert. Die Tradition dieses Heimatfestes geht auf den Streit um Braurechte im 17. Jahrhundert zurück. Die Stadt Löbau eröffnete 1667 in Walddorf einen Bier-, Wein- und Salzschank, was die Zittauer Konkurrenz erboste. In Eibau wurden in der Folgezeit drei Schenken eröffnet, in denen ausschließlich Zittauer Bier gezapft wurde. Doch die Eibauer mochten lieber das Löbauer Bier trinken, und so zogen sie am 25. März 1693 demonstrativ nach Walddorf, um dort ihren Durst zu stillen. Der Festumzug erinnert mit Dutzenden gestalteten Bildern und etwa 20 Pferdegespannen an diese historische Begebenheit. Daneben finden Wettkämpfe wie das Bierkastenklettern statt.

Vom nordöstlichen Ortsrand führt eine schmale Straße auf den Beckenberg (409 Meter). Hier oben befindet sich die gleichnamige Baude mit Gaststätte und Fremdenzimmer, im benachbarten ehemaligen Wirtschaftsgebäude hat das Heimat- und Humboldtmuseum seinen Sitz.

Schon seit dem Jahr 1864 währt die Sammelleidenschaft der Eibauer. Durch die unmittelbare Nähe zur Brüdergemeine Herrnhut waren auch viele Missionare aus Eibau weltweit tätig. Von ihnen stammen die schönsten Gaben. In der Ausstellung sind eine Weberstube, Völkerkundeexponate, Tier- und Pflanzenpräparate sowie zwei bewegliche Krippenspiele zu sehen.

Der freistehende Berg ermöglicht eine schöne Rundsicht, zum Jeschken und Tannenberg in Böhmen sowie zum Hochwald und zur Lausche.

Der Ort Oderwitz, vor den östlichen Toren Eibaus gelegen, besitzt gleich drei Bockwindmühlen, Berndt-, Neumann- und Birkmühle. Die beiden letzteren kann man besichtigen; die Neumannmühle nur nach Anmeldung, die Birkmühle befindet sich nahe der Ausflugsgaststätte ›Zur Birkmühle‹ in der Birkmühlstraße. Sehenswert sind die vielen hübschen Umgebindehäuser im Ort, die man am besten auf dem ausgewiesenen Umgebindewanderweg besichtigt.

Der bekannteste Meteorologe Deutschlands, Jörg Kachelmann, unterhält im ehemaligen Gemeindeamt Oberoderwitz, Hintere Dorfstraße 15, das ARD-Wetterstudio ›Zittauer Gebirge‹, das auch für Besucher offen steht.

Ein markierter Wanderweg führt von Oderwitz in einer Dreiviertelstunde auf den Oderwitzer Spitzberg (511 Meter). Zuerst wird die Sommerrodelbahn am Nordfuß des Spitzberges erreicht. Die Ganzjahresanlage ist 600 Meter lang. Weiter geht es 20 Minuten auf dem Nordweg sehr steil bergan. Von den beiden Gipfelklippen aus Phonolith reicht die Sicht oft bis zu den Felstürmen und Tafelbergen des Elbsandsteingebirges und in Rübezahls Reich, das Riesengebirge. Die neu erbaute Spitzbergbaude wurde 1997 eröffnet.

PLZ: 02739.
Vorwahl: 035 86.
Tourist-Information Eibau, Hauptstr. 214a, Tel. 70 20 51, www.eibau-oberlausitz.de.

Eibau: Gasthof Zum Hirsch, Hauptstr. 118, Tel. 70 23 92.
Berggasthof Beckenbergbaude, Beckenbergstr. 5, Tel. 38 76 73, www.beckenbergbaude.de; täglich außer Mi ab 11 Uhr.
▶ Oderwitz: Jugendherberge, Zur Lindenallee 5, Tel. 03 58 42/2 65 44.
Spitzbergbaude, Tel. 03 58 42/2 79 90.

Eibau: Faktorenhof Eibau, Hauptstr. 214a,

Tel. 70 20 51, www.faktorenhof-eibau.de.
Heimat- und Humboldtmuseum auf dem Beckenberg, Mo, Di, Do u. Fr 9–12 u. 13–17 Uhr, Sa/So 13–18 Uhr, Tel. 38 70 73, www.beckenberg.de.
▸ Oderwitz: Neumannmühle, Tel. 03 58 42/3 93 79.
Birkmühle, April bis Oktober So und Feiertage 14–16 Uhr, Tel. 03 58 42/2 65 60.
Wetterkabinett ›Zittauer Gebirge‹, Hintere Dorfstr. 15, Tel. 03 58 42/ 2 07 90, Mo–Do 9–17, Fr 8–13, So 13–15 Uhr, Juni–Oktober.
Sommerrodelbahn, Tel. 03 58 42/2 62 73, täglich 10–18 Uhr, Juli und August 10–22 Uhr.

Obercunnersdorf

Der Ort wurde im 13. Jahrhundert von deutschen Siedlern, fränkischen und thüringischen Kolonisten am Nordfuß des Kottmars gegründet. Ab Mitte des 17. Jahrhunderts fanden hier viele böhmische Exilanten eine neue Heimat. Obercunnersdorf gehört mit über 260 denkmalgeschützten Umgebindehäusern zu den Kostbarkeiten der Oberlausitz. Der staatlich anerkannte Erholungsort wurde 1995 im Bundeswettbewerb der schönsten Dörfer Deutschlands und 2001 im Wettbewerb ›Entente florale‹ als schönstes Blumendorf Europas ausgezeichnet.

Das ›Schunkelhaus‹ scheint beinahe umzufallen

Obercunnersdorf ist ein bewohntes Freilandmuseum, jedes der ein- bis zweigeschossigen Häuser überrascht mit neuen liebenswerten Details; besonders bemerkenswert sind die schönen Schieferverkleidungen. Ein Kleinod ist das 300 Jahre alte ›Schunkelhaus‹ in der Klippelgasse 2. Den Schlüssel zu diesem Häuschen – bis 1991 bewohnt und heute Museum –, verwahrt Korbmachermeister Heinrich gegenüber. Man muß bei der Besichtigung etwas aufpassen, denn die Dekkenhöhe beträgt in der Blockstube im

Erdgeschoß gerade mal 1,65 Meter. Die Erbauer haben das Haus auf neunzig Quadratmeter Grundfläche der Schräge des Bodens und des Bachufers angepasst. Und in der Blockstube hat sich der Rahmen etwas gesenkt. So entsteht für den Betrachter von außen der Eindruck, das Haus schaukele und werde bald umfallen.

Wie ein Umgebindehaus nach modernen Gesichtspunkten von innen ausgebaut werden kann, läßt sich im Haus des Gastes in Augenschein nehmen. Hierher lädt auch eine Heimatstube mit Schuster- und Stellmachwerkwerkstatt ein. Sie ist von Montag bis Freitag von 9 bis 17 Uhr geöffnet.

Das Innere der barocken Dorfkirche aus dem 17. Jahrhundert beeindruckt wegen der reichen Bemalungen im Stil des Bauernbarocks. Die Emporen werden von einer Bilderbibel geschmückt, das Gestühl von reizenden Blumenmotiven. Eine wehrhafte Kirchenmauer zeugt von der einstigen Doppelfunktion des Bauwerks in kriegerischen Perioden.

Vom Vorhof der Barockkirche genießt man eine schöne Aussicht in die Dorfaue, wo sich Umgebindehaus an Umgebindehaus reiht, und zu den sieben Bögen des Eisenbahnviaduktes von 1848, das Teil der Strecke von Löbau nach Zittau ist.

In Niedercunnersdorf befinden sich in einem Faktorenhaus von 1794 die Alte Webstube mit einer Ausstellung zur Be- und Verarbeitung von Flachs und Baumwolle sowie ein Feuerwehrmuseum.

PLZ: 02708.
Vorwahl: 03 58 75.
Haus des Gastes, Hauptstr. 114, Tel. 6 09 54, www.obercunnersdorf.de. Hier auch Anmeldung für den Besuch des ›Schunkelhauses‹ möglich, Führung durch den Ort Do 10 Uhr.

Landhotel und Gasthaus Altes Schützenhaus, Am Ferienheim 9, Tel. 6 03 72.
Gasthof Zum Bahnhof, Hintere Dorfstr. 11, Tel. 6 02 24.

Alte Webstube in Niedercunnersdorf, Niedere Hauptstr. 37, jeden 2. und 4. Sa/So 14–16 Uhr, Juli und August bis 17 Uhr.
Feuerwehrmuseum in Niedercunnersdorf, An der Aue 8.

Dorffest mit Handwerkermarkt (Juni).
Am Tag des offenen Denkmals stehen einige private Umgebindehäuser offen (September).

Erlebnisbad, Kottmarsdorfer Str. 37, Mai bis August 9.30–21 Uhr, September bis Oktober 13–21 Uhr, Tel. 6 09 55.

Das Umgebindehaus

In vielen Dörfern der Oberlausitz hat sich seit dem 16./17. Jahrhundert eine typische Volksarchitektur entwickelt. Es ist die Umgebindebauweise, die in verschiedenen Varianten entstand.

Die spezielle Stützkonstruktion vereinigt die Vorzüge von drei Hausbautechniken in einem. Die ansässigen Slawen bauten zumeist Blockhäuser, die seit der Ostkolonisation in die Oberlausitz strömenden Deutschen kannten das Fachwerkgebäude. Der Vorteil des Blockhauses liegt in der Wärmedämmung, durch Fachwerk kann man ein Wohnhaus mit weniger Holz in kurzer Zeit errichten. Dorfhandwerker ersannen deshalb das Umgebindehaus, um beide Vorteile zu nutzen. Vor allem mußte beachtet werden, daß das Holz in der Längsachse beim Blockhaus wesentlich stärker schrumpft als bei einer Fachwerkkonstruktion.

Die Blockstube wurde deshalb als selbständiger Teil in ein Fachwerkhaus integriert. Dach oder noch weitere Etagen stellte man auf das sogenannte Umgebinde, das die gesamte Last auf das Fundament überträgt. Das Umgebinde besaß zur Bauzeit einige Zentimeter Abstand von der Blockhausstube, damit Setzungen und das Schrumpfen des Holzes keine Schäden an der Gebäudekonstruktion anrichten konnten. Massivbauweise mittels Mauerwerk fand am Umgebindehaus Verbreitung, um Feuchtigkeitsschäden im Flur- oder Stallbereich auszuschließen. Als architektonische Besonderheit wurde in Böhmen die Blockstube auch in das Obergeschoß gesetzt. Besonders Leineweber erkannten die Vorzüge der Umgebindehäuser. Die Blockstube schuf ein ausgleichendes Raumklima, ohne plötzliche große Temperaturschwankungen, was auch der Qualität der Leinwand zugute kam.

In einigen Gegenden, so in Waltersdorf unter der Lausche, besitzen viele Häuser herrliche Sandsteinportale, sogenannte Türstöcke. Mit Ornamenten, Wappen und Figuren verziert, zeugen sie noch heute von der Meisterschaft einheimischer Bildhauer und Steinmetze. Auf den Türstöcken ist oft das Baujahr vermerkt. Ende des 18. Jahrhunderts entstanden besonders viele Türstöcke im Barockstil.

Außerhalb der Oberlausitz findet man gleichartige Häuser in größerer Anzahl nur noch in Nordböhmen, ansonsten wenige in Schlesien (Südwestpolen), im Vogtland, in Süd- und Westböhmen sowie in der Gegend um Jena und Altenburg. Das Umgebindehaus ist noch heute ein Beweis für die hohe Meisterschaft früheren Handwerks, ein ausgeklügeltes Gemeinschaftswerk von Zimmermannsleuten, Maurern, Dachdeckern, Steinmetzen, Tischlern und Schmieden. Von Uniformität dennoch keine Spur: Kaum ein Haus gleicht dem anderen im Detail.

Typisches Oberlausitzer Umgebindehaus, hier mit Schieferverkleidung

Herrnhut

Nur rund 2000 Einwohner leben heute in dem kleinen Städtchen Herrnhut. Es nimmt dennoch eine Sonderstellung in der Oberlausitzer Kulturgeschichte ein und ist als Ursprungsort der weltweiten Brüder-Unität weit über die Landesgrenzen hinaus bekannt.

Im Jahr 1722 ermöglichte Nikolaus Ludwig Reichsgraf von Zinzendorf evangelischen Glaubensflüchtlingen aus Böhmen und Mähren, den ›Böhmischen Brüdern‹, die Ansiedlung auf seinen hiesigen Gütern. Die Geschehnisse in deren Heimat waren von der Gegenreformation bestimmt, die der evangelischen Brüdergemeine arg zusetzte; in Prag fanden sogar Hinrichtungen statt. Der Name Herrnhut für den neu entstehenden Ort wurde gewählt, weil sich die Aussiedler bewußt ›unter des Herrn Hut‹ stellen wollten. Das Zusammenleben zwischen den Ansässigen der Umgebung, den zugezogenen Christen anderer Glaubensrichtung aus deutschen Ländern sowie den böhmisch-mährischen Neusiedlern war anfangs von Zwistigkeiten geprägt. Reichsgraf Zinzendorf ließ deshalb am 13. August 1727 in der Berthelsdorfer Kirche eine gemeinsame Abendmahlfeier aller Gruppen abhalten. Tief beeindruckt und verständigungsbereit verließen die Anwesenden das Gotteshaus. Der Grundgedanke, den anderen mehr zu achten als sich selbst, wurde von nun an aus Herrnhut in die Welt getragen, Gottes Lehren sollten nicht nur gepredigt, sondern vor allem mit Leben erfüllt werden. Der 13. August wird noch heute als alljährlicher Festtag begangen, gilt er doch als Auftakt der ›Erneuerten Brüder-Unität‹.

Von 1732 bis heute zogen etwa 3500 Missionare zu Sklaven auf den Kleinen Antillen, zu Indianerstämmen Amerikas, zu den Inuit (Eskimos) Grönlands, Labradors und Alaskas, zu Bergbewohnern West-Tibets im Himalaja, zu Ureinwohnern im Südhochland von Tansania und zu vielen weiteren Völkergruppen. Es waren anfangs zumeist Handwerker, später auch Kaufleute, Lehrer, Krankenschwestern und Theologen – und oft nahmen sie ihre ganze Familie mit. Die Missionare fanden sehr schnell Anhänger. Heute zählt die Brüder-Unität, mittlerweile der Evangelischen Kirche zugehörig, etwa 620 000 Gläubige. Nur zehn Prozent der Mitglieder der Brüdergemeine leben in Europa. Nach wie vor ist Herrnhut aber das Zentrum der Gemeine. Hier werden alljährlich die Losungstexte für jeden Tag des Jahres gezogen. Dieses Losungsbüchlein, eine evangelische Andachtsschrift, wird von Christen in aller Welt dankbar angenommen. Das

Schloßkapelle Guteborn
Am Oybin; ›Steinstock‹ in Königshain

30
LUCKAU

äußere Bild Herrnhuts ist vom barocken Baustil geprägt. Mittelpunkt des Ortes ist der Zinzendorfplatz, ihn bestimmt die barocke Kirche der Brüdergemeine. Die Herrnhuter bezeichnen ihre Kirche als großen Gemeinsaal. Die Kirche wurde 1756 nach Plänen von Siegmund August von Gersdorf errichtet. Am 9. Mai 1945 brannte sie bis auf die Umfassungsmauern aus. Die Rekonstruktion wurde bis 1956 abgeschlossen, weitere Sanierungsmaßnahmen fanden 1986/87 statt. Die Innenausstattung ist ganz in weiß gehalten und sehr schlicht. Sie kündet vom Gleichheitsgedanken der Brüdergemeine ebenso wie der Standort des Predigers: Er verkündet das Wort des Herrn nicht von einer erhöhten Kanzel aus, sondern steht vor den Versammelten.

Auf der Westseite des Platzes, an der Einmündung der August-Bebel-Straße, sind als besondere Gebäude das Pilgerhaus (Nr. 1, von 1864), das als Wohnhaus für Missionare während eines Heimataufenthaltes oder im Ruhestand diente, und das gegenüberliegende Witwenhaus hervorzuheben.

In der Comeniusstraße befinden sich das Kultur- und Fremdenverkehrsamt sowie das Heimatmuseum. Das Barockhaus wurde 1764 errichtet, hier wohnten viele Jahre Gerichtsdirektor und Gemeinvorsteher. In den beiden Seitenflügeln wurden die Pferdekutschen untergestellt. Heute erlebt der Besucher hier die Schönheit der einstigen Herrnhuter Wohnkultur. Die Alt-Herrnhuter-Stuben umfassen zwei Räume mit gediegenen ›Herrnhuter Schränken‹, die einst von mährischen Tischlern gefertigt wurden, sowie Biedermeier-Mobiliar, farbenprächtige Sonnenrollos, originale Tapeten und die von Buchbindern hergestellten Bilder aus Menschenhaar. Die jüngsten Besucher interessiert eher die Altherrnhuter Kinderstube mit Spielzeug aus dem 18. und 19. Jahrhundert. Im Innenhof sind der Rosengarten und ein schmuckes Gartenhäuschen im chinesischen Stil zu sehen.

Auch die Exponate im Völkerkundemuseum in der Goethestraße sind mit dem Wirken der Brüdergemeine verbunden. Hier werden Zeugnisse der Kulturen anderer Völker gesammelt, die von der weltweiten Missionstätigkeit der Herrnhuter künden. In der Dauerausstellung sind Streiflichter aus dem Leben, den Sitten und Bräuchen der Indianer Nord- und Südamerikas, der Bewohner Surinams, der Inuit Grönlands, Labradors und Alaskas sowie der Einwohner von Ladakh (Nordwest-Indien) zu erleben. Auch wechselnde Sonderausstellungen werden geboten.

Zurechtgestutzte Linden säumen den Weg zum Aussichtsturm auf dem nahen Hutberg. Die Gräber der Brüdergemeine – etwa 6000 Grabplatten liegen sämtlich zu ebener Erde – symbolisieren die Gleichheit nach dem Tode. Frauen und Männer

Sühnekreuz bei Wittichenau
Luckau, Barockgiebel am Markt

Der Friedhof der Brüdergemeine

ruhen getrennt, nur für die Angehörigen der Zinzendorf-Familie wurde eine Ausnahme gemacht. Deren sterbliche Überreste sind in Sandsteinsarkophagen bestattet. Bisher wurde noch kein Grabstein entfernt, so daß sich Inschriften aus vier Jahrhunderten entziffern lassen. Alljährlich am Ostermontag findet hier eine Gedenkveranstaltung für die Verstorbenen der Gemeinde statt. Vom Altan, dem ältesten Aussichtturm dieser Art in Sachsen (1790), hat man einen weiten Blick über den Friedhof, die Dächer von Herrnhut bis zu den Gebirgen der Lausitz, Schlesiens und Böhmens.

Östlich der Kirche erblickt man das Comeniushaus, auch als Herrschaftshaus ein Begriff. Als Wohn- und Arbeitsgebäude des Reichsgrafen Zinzendorf wurde es 1725 im Fachwerkstil erbaut und 1781 im Barockstil völlig verändert. Es brannte 1945 völlig ab und wurde bis 1977 wieder errichtet. Seitdem beherbergt der Gebäudekomplex ein Förderzentrum für geistig Behinderte. Dahinter breitet sich der Herrschaftsgarten aus, der zwischen 1728 und 1731 angelegt wurde. Die Jubelallee, 1822 eingeweiht, führt von hier aus zum Gedenkstein. Er trägt die folgende Inschrift: ›Am 17. Juny 1722 wurde an dieser Stelle zum Anbau von Herrnhut der erste Baum gefället‹.

Am Ortsausgang der Chaussee nach Ruppersdorf entstehen das ganze Jahr über die berühmten ›Herrnhuter Sterne‹. Zur Weihnachtszeit erstrahlt die papierne Nachbildung des Sterns von Bethlehem auf zahlreichen Kirchtürmen und in vielen Lausitzer Stuben. Um 1850 bastelte in Herrnhut ein Mathelehrer mit seinen

Schülern in Geometriestunden zum Veranschaulichen von Polyedern und Pyramiden viele Exemplare aus Papier: Setzte man jeweils einen Polyeder (vielflächigen Körper) und eine Pyramide zusammen, entstand daraus ein wunderbarer Stern. Das Zufallsprodukt wurde zu einer Leidenschaft, und fortan wollten viele Herrnhuter immer zur Weihnachtszeit den ›Stern von Bethlehem‹ basteln. Jährlich werden etwa 60 000 Sterne, noch immer in Handarbeit, in 60 verschiedenen Varianten produziert. In der kleinen Schauwerkstatt kann man zusehen, wie neue Sterne entstehen.

Nicht alles in Herrnhut ist der Brüdergemeine verpflichtet: Der ehemalige Bahnhof an der Bahnstrecke Löbau–Zittau wurde zum Kunstbahnhof verwandelt. Hier fand europäische Gegenwartskunst eine Heimstatt, hier treffen sich Künstler aus dem Dreiländereck zu Symposien.

Wanderung von Herrnhut über Walddorf zum Kottmar

Der Wanderweg vom Herrnhuter Stadtzentrum in südlicher Richtung ist gelb markiert und folgt anfangs ein paar hundert Meter der Chaussee nach Ruppersdorf. Bald schwenkt der Weg von der Straße nach rechts zu den Kottmarhäusern ab. Über sechs Kilometer verläuft die Tour nun ruhig und landschaftlich abwechslungsreich, über Felder und Wiesen und durch Wald. Die Kottmarschenke (Tel. 0 35 86/70 26 20, täglich außer Do ab 11 Uhr) ist wohl das bekannteste Gebäude der Kottmarhäuser von Walddorf. Schon seit 1732 werden Gäste bewirtet. Damals hatte der Wirt auch das Recht, herumstreunendes ›liederliches Gesindel‹ dingfest zu machen. Dafür besaß er eine Holzbank mit Fußschellen. Der heutige Besitzer kümmert sich nur noch um das Wohl der Besucher und bietet neben Speisen und Getränken auch Unterkunft an.

Gegenüber der Kottmarschenke beginnt der blau markierte Turmweg, der ohne Umschweife direkt zum Gipfel des Kottmar, vorbei an der hölzernen Sprungschanze (1964–1968) führt.

Länge: 9 Kilometer.

PLZ: 02747.
Vorwahl: 03 58 73.
Kultur- und Fremdenverkehrsamt Herrnhut, Comeniusstr. 6, Tel. 22 88, www.herrnhut.de. Hier wird auch der Schlüssel für den Hutberg-Altan ausgeliehen.

Tagungs- und Erholungsheim der Evangelischen Brüder-Unität, Comeniusstr. 8, Tel. 3 38 40.
Pension Alt Herrnhuter Haus, Comeniusstr. 4, Tel. 27 89, www.pension-clemens.de.

Wochenmarkt vor dem Löbauer Rathaus

Völkerkundemuseum, Goethestr. 1, Tel. 24 03; Di–Fr 9–17 Uhr, Sa/So 9–12 und 13.30–17 Uhr.
Heimatmuseum, Comeniusstr. 6, Tel. 22 88; Di–Sa 10–12 und 14–17 Uhr, Sa/So sowie Feiertage 10.30–12 und 14–16 Uhr.
Kunstbahnhof Herrnhut (Kulturforum Dreiländereck), Löbauer Str. 55, Tel. 3 06 88, Di–So 14–18 Uhr.
Schauwerkstatt Herrnhuter Sterne GmbH, Oderwitzer Str. 8, Tel. 3 64 11, www.herrnhuter-sterne.de; Mo–Fr 10–15 Uhr, Sterne-Ausstellung und Verkauf in der Löbauer Str. 21, Mo–Fr 8–19 Uhr, Sa 8–12 Uhr.

Stadtfest (September).

Löbau

Geographischer Mittelpunkt der Oberlausitz ist Löbau. Die Stadt liegt am Fuß des Löbauer Berges in einem Talkessel, an den Bundesstraßen 6 und 178 sowie an den Bahnstrecken Dresden–Görlitz, Bautzen–Löbau und Zittau–Löbau.

Die Stadt wurde während der deutschen Ostkolonisation auf Weisung des böhmischen Königs Ottokar I. planmäßig als Handelszentrum erbaut und im Jahr 1221 erstmals erwähnt. Von dieser Funktion kündet noch heute der große Marktplatz, der damals ein Fünftel der Stadt umfaßte.

Am 21. August 1346 wurde in Löbau der Oberlausitzer Sechsstädtebund besiegelt; fast 500 Jahre lang war die Stadt Tagungsort dieses Bündnisses. Bis 1547 wuchsen Reichtum und Wohlstand durch Marktprivilegien, Bierbraurecht und Leineweberei. Auf der anderen Seite hemmten die Hussitenbelagerung von 1431, mehrere verheerende Stadtbrände und der sogenannte Pönfall die Stadtentwicklung nachhaltig: Der Oberlausitzer Sechsstädtebund, die Bürgerschaft war protestantischen Glaubens, verweigerte dem katholisch gebliebenen Kaiser Ferdinand I. ihre Unterstützung in der entscheidenden Schlacht während des Schmalkaldischen Krieges bei Mühlberg im Jahr 1547. Die Städte wurden des Hochverrats bezichtigt und mußten – so auch Löbau – je 20 000 Gulden Geldstrafe zahlen, verloren Privilegien und Grundbesitz.

Seit dem 17. Jahrhundert war die Leineweberei Haupterwerbsquelle der Bewohner. Nach dem letzten großen Stadtbrand 1710 entstanden zahlreiche Repräsentationsbauten des aufstrebenden Bürgertums. Diese prägen noch heute das Stadtbild, das allein 500 unter Denkmalschutz stehende Objekte aufweist. Große Teile der Stadtbefestigung wurden im 19. Jahrhundert geschleift.

Ab Mitte des 19. Jahrhundert wuchs die Textilherstellung zum bestimmenden Wirtschaftszweig heran. Seit 1846 besitzt Löbau Bahnanschluß. Das schöne Bahnhofsgebäude aus jener Zeit kündet noch von den Glanzzeiten der Eisenbahn. Heute ist vor allem das Flügel- und Pianobauunternehmen August Förster zu nennen. Seit 1859 ist es in der Jahnstraße nahe dem Bahnhof beheimatet, und jedes Jahr verlassen etwa 90 Flügel und 150 Klaviere die Manufaktur.

Ein Stadtrundgang

Auf dem Altmarkt dominiert das barocke Rathaus von 1711. Die Grundsubstanz stammt aus dem Mittelalter, früher diente es gleichzeitig als Kaufhaus. In den vorderen Arkaden befanden sich die Läden, hinten waren die Fleischbänke. Durch den Brand von 1710 stark beschädigt, wurde das Rathaus nach einem Modell des

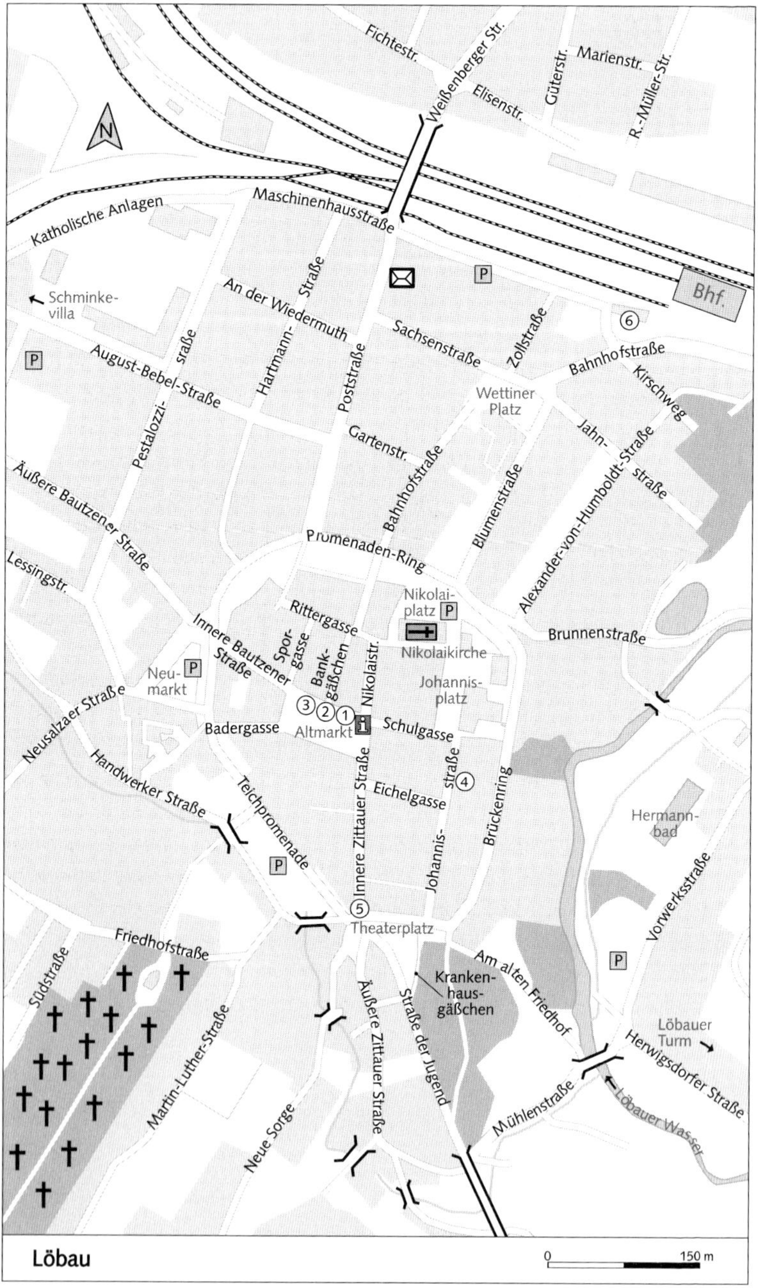

Fichtestr.
Weißenberger Str.
Güterstr.
Marienstr.
R.-Müller-Str.
Elisenstr.
Maschinenhausstraße
Katholische Anlagen
Bhf.
Schminke-villa
An der Wiedermuth
Hartmann-Straße
Sachsenstraße
Zollstraße
Bahnhofstraße
Kirschweg
August-Bebel-Straße
Pestalozzi-straße
Poststraße
Wettiner Platz
Gartenstr.
Jahn-straße
Alexander-von-Humboldt-Straße
Bahnhofstraße
Blumenstraße
Äußere Bautzener Straße
Promenaden-Ring
Lessingstr.
Nikolai-platz
Rittergasse
Brunnenstraße
Innere Bautzener Straße
Spor-gasse
Bank-gäßchen
Nikolaistr.
Nikolaikirche
Neu-markt
Johannis-platz
Neusalzaer Straße
Badergasse
Altmarkt
Schulgasse
Handwerker Straße
Teichpromenade
Innere Zittauer Straße
Eichelgasse
Johannis-straße
Brückenring
Hermann-bad
Vorwerksstraße
Theaterplatz
Friedhofstraße
Südstraße
Am alten Friedhof
Kranken-haus-gäßchen
Martin-Luther-Straße
Äußere Zittauer Straße
Straße der Jugend
Löbauer Turm
Herwigsdorfer Straße
Mühlenstraße
Löbauer Wasser
Neue Sorge
Löbau
0
150 m

Zittauer Bauinspektors Heinrich Prescher neu erbaut; das Modell kann im Stadtmuseum besichtigt werden. Für den Wiederaufbau sammelte man Geld in ganz Deutschland, es reichte aber nur bis 1712. Um den Bau vollenden zu können, mußte die Bürgerschaft Schulden aufnehmen.

Über dem Portal erblickt man das kursächsisch-polnische Doppelwappen, über der Tür das Löbauer Stadtwappen mit dem doppelschwänzigen böhmischen Löwen. Den zinnenbekränzten frühgotischen Turm, Rest des Alten Rathauses, zieren vier Uhren. Die Zeiger der Rathausuhr auf der Marktseite sind auf einem Judutenkopf montiert, dessen Mund sich alle 15 Minuten öffnet und schließt. Der Judute gilt als Hüter der Gerechtigkeit in der Stadt Löbau. Über dem Kopf befindet sich eine Mondphasenkugel aus Kupferblech. Sie ist halbseitig vergoldet, was der beleuchteten Seite entspricht, und dreht sich analog dem Mond auf der Grundlage jährlicher astronomischer Messungen. Seit 1992 wacht eine Funkhauptuhr über die Genauigkeit. Die zwei Sonnenuhren entwarf und berechnete der Taubenheimer Sonnenuhrenspezialist Martin Hölzel. Auf der Ostseite zeigt sie – sofern die Sonne scheint – Vormittagszeit, auf der Südseite die Nachmittagszeit an.

Schöne Fassaden besitzen zwei Häuser am Altmarkt neben dem Rathaus. Das ›Goldene Schiff‹ wurde 1712 als Großhandelshaus der Firma Schlucker-Lucke erbaut, die mit dem weltweiten Leinwandhandel viel Geld verdiente. Daneben steht das gleichaltrige Haus ›Schlockwerder‹, ebenfalls ein Wohn- und Handelshaus.

Auf der gegenüberliegenden Seite des Altmarkts blieb beim großen Stadtbrand 1710 eine Häuserzeile erhalten, die die ursprüngliche Bebauung Löbaus im Mittelalter zeigt.

Im Oberlausitzer Sechsstädtebund- und Handwerksmuseum in der Johannisstraße befinden sich Ausstellungen zur Stadtgeschichte, Geologie, Ur- und Frühgeschichte, gezeigt werden Oberlausitzer Bauernschränke, Schuhmacherwerkstatt, sakrale Bildhauerplastiken und eine Waffensammlung. Auch der Sechsstädtepokal wird ausgestellt. Bei Tagungen des Bundes machte er, mit drei Flaschen Wein gefüllt, die Runde im Konvent.

Die Nikolaikirche aus dem 13. Jahrhundert am gleichnamigen Platz wurde 1884/85 nach Plänen von Ludwig Möckel neugotisch umgebaut. Dabei blieb von

Legende

1 Rathaus
2 Stadthaus ›Goldenes Schiff‹
3 Haus ›Schockwerder‹
4 Oberlausitzer Sechsstädtebund- und Handwerksmuseum
5 Postmeilensäule
6 Busbahnhof

der mittelalterlichen Substanz kaum etwas erhalten. Dagegen haben Teile der alten Stadtbefestigung die Zeiten überdauert. Reste der Stadtmauer finden sich am Brücknerring und an der Teichpromenade am Westrand der Altstadt.

Nicht weit davon, auf dem Neumarkt, steht eine originale Postmeilensäule, die 1725 unter der Regentschaft König August des Starken aufgestellt wurde. Nach früheren Vorlagen entstanden an Theaterplatz und Nikolaiplatz zwei weitere Postmeilensäulen in alter Schönheit.

Am Eckgebäude Bahnhofstraße/Brunnenstraße leuchtet golden eine große Merkurfigur in der Sonne. Der Schutzpatron der Händler wurde Anfang des 20. Jahrhunderts angebracht und soll daran erinnern, daß sich hier einst ein Handelshaus befand.

Auf dem Alten Friedhof, südlich des Altstadtzentrums, überdauerten sehenswerte Grabmäler im Barock-, Rokoko- und Empirestil, so die Luckesche Gruft.

Die Schminke-Villa entwarf der berühmte Architekt Hans Scharoun

Man findet Soldatengräber aus der Zeit der Napoleonischen Befreiungskriege von 1813. Auch der Geldgeber des Löbauer Turms, Bäckermeister Bretschneider, wurde hier beerdigt.

Auch außerhalb des Zentrums sind einige Sehenswürdigkeiten von überregionaler Bedeutung zu finden, so die Villa des Nudelfabrikanten Schminke in der

Kirschallee. Das Haus Schminke, ein Bau des bekannten Architekten Hans Scharoun, zählt zu den bedeutendsten Bauten der modernen Architektur des 20. Jahrhunderts und wurde kürzlich saniert. Scharoun wuchs in Bremerhaven auf, und bereits als Kind äußerte er den Wunsch: ›Wenn ich einmal Häuser baue, dann auch eins wie ein Schiff‹. Nur in Löbau konnte er sich zwischen 1931 und 1933 seinen Kindheitstraum erfüllen, denn der Auftraggeber ließ ihm freie Hand. »Das Haus, was mir das Liebste war, ließ sich der Fabrikant Schminke in Löbau in Sachsen bauen«, so Scharoun. Einst gab es einen Gartenteich vor der Villa, in der Spiegelung lagen ›Ober- und Unterdeck‹ des Hauses wahrhaftig im Wasser. Details, wie das Drahtgeflecht der Brüstungen und die äußere Stahltreppe, unterstreichen den Eindruck eines Schiffes. Der Auftraggeber wünschte sich ›ein modernes Haus für zwei Eltern, vier Kinder und gelegentlich ein bis zwei Gäste, leichte Bewirtschaftung, praktische Fußböden, einfach und leicht zu reinigende Bäder, Schlaf- und Waschräume, Möglichkeiten zur Blumenpflege.‹ Die meisten Räume befinden sich hinter großen Glasfenstern auf der Südseite und ermöglichten das intensive Erleben der vier Jahreszeiten. Die Erbengemeinschaft verzichtete auf ihre Ansprüche zugunsten der Stadt Löbau, wünschte aber eine dauerhafte Zugänglichkeit. Somit ist die Schminke-Villa das einzige von Scharoun gebaute Wohnhaus, das Besuchern offen steht.

Nördlich der Villa befindet sich eine weitere Attraktion des Ortes: Werners Gartenbahn, eine Feldbahndampflokomotive Krauss 7790 aus dem Jahr 1924, wird nur zu Sonderfahrten in Betrieb genommen, Besichtigungen sind am Wochenende möglich.

Der gußeiserne Turm auf dem Löbauer Berg ist das Wahrzeichen der Stadt. Für den Auf- und Abstieg dorthin stehen mehrere Routen zur Auswahl. Der bequemste Weg führt aus dem Stadtzentrum anfangs durch den Friedenshain. Auf der schmalen Lindenallee, vorbei an einem Basalt-Obelisken zum Gedenken an den Deutsch-Französischen Krieg von 1870/71, geht es sanft auf den 447 Meter hohen Gipfel. Der Aufstieg dauert etwa eine Dreiviertelstunde. Parkplätze befinden sich vor der Schranke an der Versorgungsstraße am Südfuß des Löbauer Berges. Der weitere Fußweg führt im letzten Abschnitt über den idyllischen Prinzensteig und die Prinzentreppe.

Der Löbauer Turm ist der einzige gußeiserne Aussichtsturm in Europa und stammt aus dem Jahr 1854. Auftraggeber war der Löbauer Bäckermeister Friedrich August Bretschneider, Architekt sein Sohn. Das Kunstwerk kostete 25 000 Taler; dafür hätte Bretschneider über anderthalb Millionen Dreipfundbrote verkaufen müssen. Er verschuldete sich, mußte mehrere Häuser verkaufen und hat sich finanziell nie wieder erholt. Gewidmet wurde der Turm dem sächsischen König Friedrich August. Doch der König erlebte die Einweihung nicht, kurz vor seinem 57. Geburtstag verunglückte er in den Alpen tödlich.

Das siebzig Tonnen schwere Bauwerk besteht aus 1000 Einzelteilen und wurde in nur zehn Wochen gefertigt. In die Jahre gekommen und Mitte der 1960er Jahre nur notdürftig repariert, verschwand der Turm im September 1993 komplett zur vollständigen Rekonstruktion. Seit der 140-Jahr-Feier im Jahr 1994 ist der ›Gußeiserne‹ wieder in voller Schönheit zugänglich.

›Je weiter der Blick, desto freier das Herz‹ hieß die Losung zur feierlichen Einweihung 1854. Über die Wendeltreppe führen 120 Stufen auf die dritte Plattform. Die Fernsicht ist überwältigend, die Aussicht reicht weit ins sächsisch-schlesische Land: Hochwald, Lausche, Czorneboh, Bieleboh, Königshainer Berge und die Landeskrone bei Görlitz sind zu sehen, das Löbauer Stadtbild ohnehin.

Der Löbauer Berg entstand durch Vulkantätigkeit im Tertiär und stellt das größte quellkuppenartige Basaltvorkommen der Lausitz dar, es ist etwa hundert Meter mächtig.

Wanderung von Zoblitz auf den Rotstein und über den Löbauer Berg nach Löbau

Sohland liegt an der Bundesstraße 6 und ist ein günstiger Ausgangsort für Wanderungen auf den Rotstein. In Obersohland entspringt der Schwarze Schöps. Die Haubnermühle – eine Holländerwindmühle –, die Bachmann-Mühle – eine Bockwindmühle – und auch das Schloß in Niedersohland lohnen den Besuch.

Zoblitz ist mit der Bahn aus Richtung Dresden–Löbau oder Görlitz zu er reichen. Von der Bahnstation wandern wir entlang einer Apfelbaumallee an den

Die Haubnermühle in Sohland am Rotstein

nördlichen Fuß des Rotsteins, wo sich Sachsens ältestes Naturschutzgebiet befindet. Der grün markierte Weg führt geradewegs auf das Bergmassiv. Im Unterschied zu den benachbarten lang gestreckten Höhenzügen des Lausitzer Berglandes weist der Rotstein eine Hufeisenform auf. Der Grundstock besteht aus Lausitzer Granit, der von einer etwa 30 Meter mächtigen Basaltdecke überzogen ist. Diese unterschiedlichen geologischen Verhältnisse bilden eine der Voraussetzungen dafür, daß der Rotstein zu den artenreichsten Naturschutzgebieten Sachsens gehört. Über 500 verschiedene Pflanzen haben Botaniker hier registriert. Darunter sind seltene Bäume wie die Weißtannen und Eiben. Letztere können unter günstigen Standortbedingungen über 1000 Jahre alt werden, wachsen aber extrem langsam. Schon vor dem Ersten Weltkrieg erregte der Rotstein das Interesse der Natur- und Heimatfreunde, ebenso der Behörden. Um die einmalige Flora und Fauna künftigen Generationen zu erhalten, wurde er schon 1912 unter Schutz gestellt. Das Bergrestaurant und -hotel, Telefon 03 58 28/7 07 77, ist täglich außer montags geöffnet.

Vier Wanderwege kreuzen sich hier oben: Der Fernwanderweg Görlitz–Greiz mit einer Länge von 340 Kilometern (rot), der regionale Wanderweg Zoblitz–Rotstein–Herrnhut (grün), der Oberlausitzer Ringweg (roter Punkt) und ein Naturlehrpfad rund um den Rotstein. Im Jahr 2000 wurde auf dem Gipfel ein neuer Aussichtsturm eröffnet.

Beim Abstieg nach Bischdorf folgen wir der grünen Markierung. Der Südfuß des Rotsteins wird landwirtschaftlich genutzt und ermöglicht so eine weite Aussicht auf den dunklen Wall des Isergebirges, zum Jeschken und zu den Bergen im Zittauer Gebirge. Direkt gegenüber sehen wir den Löbauer Berg. Aber bis wir mit dem Aufstieg beginnen, liegen noch 10 Kilometer Wegstrecke durch Bischdorf und Herwigsdorf. Für Wanderer, die es eiliger haben, besteht vom Westfuß des Rotsteins eine direkte Wegverbindung zum Löbauer Berg über Niederbischdorf.

Länge: 16 Kilometer.

PLZ: 02708,
Vorwahl: 0 35 85.
Löbau-Information, Altmarkt 1, Tel. 45 01 40, Fax 45 01 41, www.loebau.de.

Hotel Stadt Löbau, Elisenstr. 1, Tel. 86 18 30, www.hotel-stadt-loebau.de. Jugendstilgebäude von 1913 nahe dem Bahnhof mit Blick zum Löbauer Berg, Restaurant mit deutscher Küche, DZ ab 52 Euro.

Pension Steffi, Herwigsdorfer Str. 27, Tel. 40 23 75.

Turmgaststätte Löbauer Berg, Tel. 83 25 90, www.loebauerberg.de. Gaststube, Biergarten und Übernachtung auf dem Löbauer Berg neben dem gußeisernen Aussichtsturm.

Restaurant König-Albert-Bad, Blumenstr. 2,

Tel. 41 58 74, www.koenig-albert-bad.de. Im historischen Gebäude des ehemaligen Stadtbades von 1875, 2002 eröffnet, Restaurant, Brunnenzimmer, Sonnenterrasse, am Wochenende Abendessen mit Musik vom Förster-Flügel.
Gasthaus Zum Mönch, Altmarkt 11, Tel. 46 88 66. Gutbürgerliche Küche, Di–So ab 11 Uhr.
Gasthaus Zum Stadtschreiber, Schulgasse 6, Tel. 40 14 02. Gutbürgerliche Küche, kleiner Gastraum, Di–Sa 11–22 Uhr, So 11–14 Uhr.
Haus Schminke, Kirschallee 1b, Tel. 86 21 33, www.haus-schminke.de; täglich 10–17 Uhr, auch Übernachtung für 10 Euro/Person.
Oberlausitzer Sechsstädtebund- und Handwerksmuseum, Johannisstr. 5, Tel. 40 41 16.
Löbauer Turm, Mai bis September 9–19 Uhr, Oktober bis April 10–16 Uhr.
Werners Gartenbahn, Lauchaer Weg 1, Sa/So 10–17 Uhr.
Historische Ratsaktenlesung (nur auf Vorbestellung bei mindestens 15 Personen).
Badfest im Hermannbad (August).
Stadt- und Turmfest (September).

Reichenbach und Markersdorf

Die ersten schriftlichen Erwähnungen des kleinen Städtchens Reichenbach stammen aus dem Jahr 1238. Kriege und Brände sowie die unmittelbare Nachbarschaft zu den Städten Görlitz und Löbau verhinderten den wirtschaftlichen Aufschwung. Von der historischen Bausubstanz blieben die als Wehrkirche konzipierte Pfarrkirche St. Johannis aus dem 15. Jahrhundert und die Kapelle St. Anna erhalten.

Eine gewisse historische Bedeutung kann Reichenbach für sich beanspruchen, da Kaiser Napoleon in den Jahren 1812 und 1813 einige Tage in der barocken Adler-Apotheke am Markt wohnte, und im Mai 1813 die Umgebung von Reichenbach und Markersdorf Schauplatz eines Gemetzels zwischen napoleonischen und russischen Verbänden war.

Der acht Kilometer vor den westlichen Toren der Stadt Görlitz, an der Bundesstraße 6 gelegene Ort Markersdorf ist vor allem wegen des 1992 eröffneten Schlesisch-Oberlausitzer Dorfmuseums sehenswert. Der Gebäudekomplex, ein vor 250 Jahren errichteter Vierseithof, ermöglicht einen Einblick in das frühere Leben der Bauern, die hier um die letzte Jahrhundertwende wohnten und arbeiteten. Die Rekonstruktion von Wohnhaus, Scheune, Stall und Brunnenhaus gelang perfekt und erweckt den Eindruck, der Hof sei noch immer bewohnt, Telefon 03 58 29/6 03 29.

Der Gußeiserne Turm auf dem Löbauer Berg

Königshain

Das lang gestreckte Straßendorf, 1326 erstmalig erwähnt, liegt etwas abseits der großen Straßen, weist jedoch mehrere interessante Kulturzeugen auf. Der Ortsname geht auf den Waldbesitz des damaligen Herrschers, den böhmischen König, zurück.

Der ›Steinstock‹ ist das älteste Gebäude im Raum Görlitz. Die Grundmauern stammen aus dem 10./11. Jahrhundert, später wurde das Gebäude zu einem kleinen Schlößchen umgebaut. Heute können Interessierte hier wechselnde Ausstellungen besuchen.

Im benachbarten Neuen Schloß lebte Carl Adolph Gottlob von Schachmann (1725–1789). Er erwarb sich große Verdienste als Altertums- und Naturforscher, Maler, Numismatiker und Kupferstecher. Schon 1771 und damit 40 Jahre vor den Steinschen Reformen hob Schachmann die Erbuntertänigkeit der Bauern auf. Sein Landbesitz galt daher als Mustergut.

Die Königshainer Berge gehören zum Ostlausitzer Hügelland. Zuweilen findet man in Karten auch die Bezeichnung Königshainer Gebirge – eine Name, der wegen der Lage der Berggruppe im ansonsten beinahe flachen Umland durchaus berechtigt erscheint.

Der Weg zum Hochstein führt durch stattlichen Buchenwald. Etwa auf halber Strecke mündet der Natur- und Steinbruchlehrpfad ein, der zum Granitmuseum führt. Dort sind unter freiem Himmel zahlreiche Gebäude, Werkzeuge und

Hochsteinbaude in den Königshainer Bergen

Maschinen zu besichtigen. Ein Abstecher könnte von dort zu den wassergefüllten Brüchen mit imposanten Wänden führen. Der Firstenbruch mit der sogenannten Kolosseum-Wand beeindruckt am stärksten. Auf dem Hochsteingipfel steht die Tür zur Hochsteinbaude schon seit einigen Jahren wieder täglich außer dienstags von 11 bis 18 Uhr offen. Es gibt auch Fremdenzimmer, Telefon 03 58 26/6 0116. Auf der Freiluftterrasse sitzt es sich bei sommerlichen Temperaturen sehr angenehm. Lohnenswert ist ebenso ein Aufstieg zum Aussichtsturm, denn das Panorama gehört zu den attraktivsten in der Oberlausitz. Iser- und Riesengebirge scheinen zum Greifen nahe, obwohl sie doch 50 bis 70 Kilometer entfernt sind. Dem Gebirgswall der Sudeten liegt Görlitz mit der Landeskrone zu Füßen. Im Süden grüßt die Lausche, weiter westlich erheben sich Czorneboh und Bieleboh.

Auf den Hochsteinfels führen Stufen, Baumwipfel verhindern hier jedoch jegliche Aussicht. Am Fels liest man auf einer Gedenkplatte: ›Hier stand im Juni 1844 der König von Preußen Friedrich Wilhelm IV., der Freund und Beschützer vaterländischer Naturschönheit‹. Die einzelnen Granitfelsen sind nur ein kümmerlicher Rest von ehemals fast einhundert Felsklippen, -türmen oder -burgen. Die gute Spaltbarkeit, Härte und enorme Beständigkeit in Form und Farbe machten den Königshainer Stockgranit zu einem begehrten Gut. Den Namen bekam das Gestein, weil es vor Urzeiten den Lausitzer Hauptgranit durchbrach und als geologisch jüngerer ›Stock‹ zu Tage trat. Mit dem Abbau der freistehenden Felsen wurde im 16. Jahrhundert begonnen, erste Steinbrüche wurden vor etwa zweihundert Jahren aufgeschlossen. Der Leuchtturm am Kap Arkona auf Rügen besteht aus hiesigem Gestein, das neue Fichtelberghaus, ebenso unzählige Denkmäler, Treppenstufen, Straßenpflaster und Bürgersteige Deutschlands. Zum Bau der großen Uferschutzmauer an der Helgoländer Westküste verwendete man von 1911 bis 1914 dreitausend Kubikmeter Königshainer Granit. Der Abbau wurde erst 1975 unwirtschaftlich und schließlich eingestellt.

Um die Beschaulichkeit der Königshainer Berge zu bewahren, wurden am nördlichen Fuß des kleinen Gebirges bei Thiemendorf über drei Kilometer der neuen Autobahn A 4 (Dresden–Görlitz) unterirdisch geführt. Nach dem Rennsteigtunnel ist dies der zweitlängste Straßentunnel Deutschlands.

Motel Schlesierland, An der Kanone, 02829 Markersdorf, Tel.03 58 28/ 7 65 00.
Hotel Zum Firstenstein, Dorfstr. 222, 02829 Königshain, Tel. 03 58 26/ 6 02 85.

Schlesisch-Oberlausitzer Dorfmuseum, 02829 Markersdorf, Tel. 03 58 29/6 03 29, Mai bis Oktober Do–Fr 13–17 Uhr, November bis April bis 16 Uhr, Sa/So 10–17 Uhr.

Görlitz

Görlitz ist nur die östlichste Stadt Deutschlands, sondern auch eine der schönsten. Sie kam unbeschadet durch die Stürme der Zeit, und heute erlebt man Görlitz als ein einzigartiges Nebeneinander verschiedener Baustile im Original. Alle Phasen der Stadtentwicklung haben ihre Spuren hinterlassen, viele Bauten gelten als Solitäre, und zusammen ergeben sie ein Flächendenkmal, das dennoch mit Leben gefüllt ist.

Im Jahr 1071 wurde das sorbische Dorf Gorelic erstmals erwähnt. Deutsche Kolonisten gründeten 1220 eine Siedlung an der wichtigen Handelsroute, der

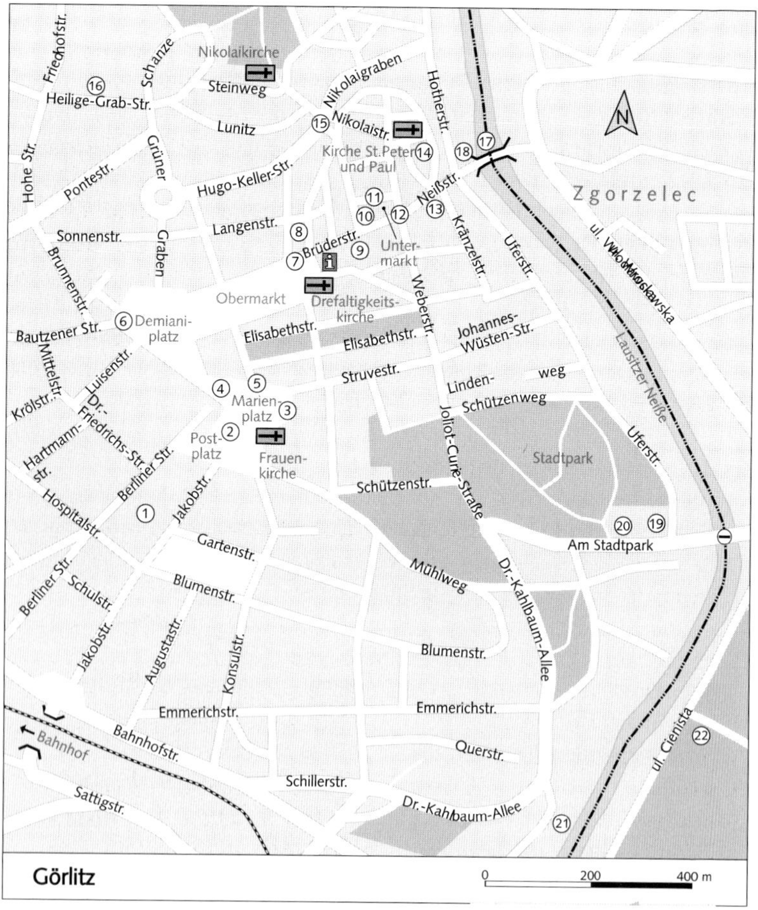

Görlitz

Via regia. 1303 bekam Görlitz das Stadtrecht verliehen. 1346 schlossen Görlitz, Bautzen, Zittau, Lauban, Löbau und Kamenz den Oberlausitzer Sechsstädtebund. 1329 erhielten die Görlitzer Hersteller und Händler das Zollfreiheitsvorrecht für den gesamten böhmischen Herrschaftsbereich. Mit dem Wiener Kongreß 1815 kam das sächsische Görlitz zum Königreich Preußen und wurde Bestandteil der Provinz Niederschlesien.

Seit der Inbetriebnahme der Berlin-Görlitzer Eisenbahn 1867 entwickelte sich die Stadt zum bedeutenden Eisenbahnknotenpunkt. Waggon- und Maschinenbau wuchsen zum wichtigsten Industriezweig heran, der bis heute bedeutsam blieb. Waren es damals die ›Fliegenden Hamburger‹, die mit Geschwindigkeitsrekorden auf der Bahnstrecke Berlin–Hamburg für Furore sorgten, so kommen heute die geräumigen Doppelstockwagen aus Görlitz, die im deutschlandweiten DB-Nahverkehr nicht mehr wegzudenken sind.

Die Görlitzer Firma Honkis wurde 1896 gegründet, seitdem sind ihre ›Liebesperlen‹ ein Exportschlager: Das süße Naschwerk wird gegenwärtig in 22 Länder verkauft.

Mit einem Grundbesitz von 310 Quadratkilometern war Görlitz die landreichste Stadt Deutschlands.

Görlitz hat den Zweiten Weltkrieg beinahe unbeschadet überstanden, angloamerikanische Bombergeschwader verschonten die Neißestadt, die aber 1945 geteilt wurde. Der östliche Stadtteil Moys fiel an Polen und heißt seitdem Zgorzelec.

1995 eröffnete das US-Textilunternehmen Malden Mills bei Görlitz das weltweit erste und einzige Tochterwerk. Fast alle der begehrten Polartec-Stoffe für Europa werden heute von Görlitzfleece GmbH produziert.

Legende

1 Straßburgpassage
2 Muschelminna
3 Karstadt-Warenhaus
4 Museum für Naturkunde
5 Dicker Turm
6 Kaisertrutz
7 Napoleonhaus
8 Verrätergasse
9 Schönhof
10 Rathaus
11 Flüsterbogen
12 Café Ratsapotheke
13 Städtische Kunstsammlungen und Biblisches Haus
14 Waidhaus
15 Nikolaiturm
16 Heiliges Grab
17 Altstadtbrücke
18 Gasthaus Vierradenmühle
19 Stadthalle
20 Meridianstein
21 Minibrauerei und Gasthaus Obermühle
22 Oberlausitzer Gedenkhalle

Görlitz – Größtes Flächendenkmal Deutschlands

Rund 4000 Gebäude stehen in Görlitz unter Denkmalschutz. Damit ist die Neißestadt das größte Flächendenkmal Deutschlands. Von der Gotik über Renaissance, Barock und Gründerzeit bis hin zum Jugendstil blieb alles original erhalten.
Würde man sich für die Betrachtung von Details bei jedem Baudenkmal nur fünf Minuten Zeit nehmen, man wäre hier 14 Tage und Nächte nonstop beschäftigt.
Der Vorstandsvorsitzende der Deutschen Stiftung Denkmalschutz, Prof. Dr. Kiesow, nannte Görlitz die schönste Stadt Deutschlands.
Prächtig seien auch Bamberg, Heidelberg oder Regensburg, aber: ›Es gibt hierzulande keine ähnliche unzerstörte gewachsene Bausubstanz aus mehreren Jahrhunderten in dieser Dichte.‹
Bereits um die Wende vom 19. zum 20. Jahrhundert war Görlitz als anmutigste und attraktivste Provinzstadt Deutschlands weithin bekannt. Zahlreichende wohlhabende Pensionäre verbrachten hier ihren Lebensabend.
Die jahrzehntelange Vernachlässigung zu DDR-Zeiten führte zwar zu argen Bauschäden, ließ das historisch gewachsene Stadtbild aber unangetastet. Drohendes Unheil läßt ein DDR-Städteführer nur erahnen: »Großzügige Projektierungen dürfen sich nicht von einer kleinlichen Altertümelei leiten lassen, sondern haben der Perspektive der gesamten gesellschaftlichen Entwicklung zu entsprechen.« Zum Glück für die Stadt kam dann die Wende.
Seit 1991 konnte sich Görlitz als eine von fünf Modellstädten in Ostdeutschland über zusätzliche Gelder freuen und profitierte seitdem von Fördermitteln der Deutschen Stiftung Denkmalschutz, seit 1995 vom Förderprogramm Städtebaulicher Denkmalschutz. Etwa die Hälfte aller Denkmalschutzarbeiten in der Innenstadt sind bisher vollendet – doch noch bleibt viel zu tun. Baukräne und Gerüste werden in der Altstadt noch für einige Zeit allgegenwärtig sein.
Die guten Kontakte zur polnischen Schwesterstadt Zgorzelec, das ist der frühere Stadtteil Görlitz-Moys, haben das Ausrufen der gemeinsamen Europastadt ermöglicht. Gemeinsam wurde auch Anfang 2003 die Aufnahme in die Weltkulturerbeliste der UNESCO beantragt. Görlitz als ein ›Bilderbuch der Baustile‹ gibt einzigartige Einblicke für das Wachsen einer Stadt seit dem Mittelalter.
Für das Jahr 2010 haben sich Görlitz und Zgorzelec als gemeinsame Kulturhauptstadt Europas beworben.

Blick vom Rathausturm

Ein Stadtrundgang

Die Altstadt liegt nicht im Zentrum, sondern am nordöstlichen Rand. So ist der Ortsunkundige anfangs vielleicht enttäuscht, wenn er vom Bahnhof die Berliner Straße hinunter läuft.

Einen Großteil des Görlitzer Denkmalbestandes machen die Gebäude des Historismus und Jugendstils aus, zwei Drittel davon sind Wohnquartiere in der Innenstadt. Prächtig ausgemalte und stuckverzierte Hauseinfahrten und Treppenaufgänge, parkähnliche Hofbereiche und großzügige Wohnungen mit Stuckdecken, Schmuckparkettfußboden und wertvollen Einbauten sind baukünstlerisch bedeutsam.

Moderne und gesichtslose Konsumtempel verschandeln viele deutsche Innenstädte. Nicht so in Görlitz: Hier lohnt der Besuch, auch ohne etwas einzukaufen. Die Straßburgpassage verbindet die Berliner mit der Jakobstraße. Der maurisch beeinflußte Warenhauskomplex mit Lichthöfen und Hallen entstand 1908 im Auftrag des Kaufmanns Otto Straßburg. Denkmalpfleger halten den Bau für wertvoller als Specks Hof und die Mädlerpassage in Leipzig.

Von Blumenbeeten umrahmt, plätschert am Postplatz ein Brunnen. Von der hübschen Muschelminna wird behauptet, sie sei die schönste Brunnenfigur Schlesiens.

Auf dem Görlitzer Untermarkt

Auf den Relikten einer Sühnekapelle entstand im 15. Jahrhundert die spätgotische Frauenkirche. Hohe schlanke Pfeiler tragen das Netzgewölbe. Schlußsteine zeigen unter anderem Szenen aus dem Leben Marias und Symbole für die vier Evangelisten: Stier (Lukas), Löwe (Markus), Engel (Matthäus), Adler (Johannes). Besonders prächtig erscheint das filigrane Brüstungsgeländer aus Sandstein an der Orgelbühne.

1913 wurde am Marienplatz das Luxus-Kaufhaus Strauß eröffnet. Es verherrlicht noch heute frühe deutsche Warenhausarchitektur und erstrahlt als einziges original im Jugendstil, nur die Kronleuchter sind Kopien. Wegen des wundervollen Lichthofes mit bemalter Glaskuppel besitzt es nur kleinere Verkaufsflächen. Für das dürftige DDR-Sortiment reichte es allemal. Die ewige Mangelwirtschaft war rückblickend ein Glück, denn nur deshalb blieb das schönste Kaufhaus Deutschlands erhalten. Nach 1990 im Besitz von Karstadt, gab es mehrfach die Absicht, den Lichthof durch das Einziehen von Zwischendecken zu schließen, um mehr Verkaufsfläche gewinnen zu können. Als Baudenkmal ausgewiesen, konnten Denkmalsschützer dieses Ansinnen ein für allemal abwehren.

Am benachbarten Demianiplatz stehen Theater (1850 erbaut und 1927 umgestaltet) und der Reichenbacher Turm mit sieben Geschossen inklusive Dokumentation über die mittelalterliche Stadtbefestigung. 1490 wurde das Befestigungsrondell Kaisertrutz errichtet, im Dreißigjährigen Krieg trotzten hier die Schweden dem Ansturm kaiserlicher Truppen. In den wehrhaften Mauern sind heute die Städtischen Kunstsammlungen untergebracht. Ausgestellt werden sakrale Kunst sowie 80 Werke deutscher Malerei, darunter ein Spitzweg-Original. Eines der Stadtmodelle wurde auf der Weltausstellung 1904 präsentiert. Gegenstände aus der Zeit des Zunftwesens erzählen Stadtgeschichte.

Das Museum für Naturkunde vermittelt Kenntnisse über den tropischen Regenwald, Gesteinskunde sowie zu Fauna und Flora der Oberlausitz. Gegenüber wacht seit dem 13. Jahrhundert der Dicke Turm. Das Monumentalrelief des Stadtwappens, schon 1477 gefertigt, schmückt die Fassade erst seit 1852. Nördlich des ›Dicken‹, in der Steinstraße, sind in der Annenkapelle meisterhafte Heiligenfiguren ausgestellt. Das einstige Gotteshaus ist seit 1865 in städtischem Besitz.

Die Steinstraße mündet auf den Obermarkt. Die Nordseite wird von Bürgerhäusern im Stil des Hochbarock gesäumt. Die einst prächtigste Fassade schmückt das Haus Nr. 29 aus dem Jahr 1719, zur Zeit bröckelt leider der Farbanstrich. Gäste des Hauses waren König August der Starke, Zar Alexander I., mehrmals Kaiser Napoleon sowie König Friedrich Wilhelm III.

Die Ostseite wird von der Dreifaltigkeitskirche mit malerischem Kreuzgang und Barbarakapelle aus dem 14. Jahrhundert beherrscht. In der nördlich zum Markt einmündenden Verrätergasse, Haus Nummer 25 mit Tor, lebte der Rädelsführer Peter Liebig. ›D V R T 1527‹ steht auf einer steinernen Tafel geschrieben. Das warnende Kürzel steht für ›Der verräterischen Rotte Tür‹. Unzufriedene Handwerker planten im Jahr 1527 einen Aufstand. Der Obrigkeit sollte es an den Kragen gehen. Keiner weiß warum, doch zum Glück für die Stadtherren schlug die Turmuhr jene Mitternachtsstunde sieben Minuten zu früh an. Die Umstürzler wähnten sich in Sicherheit, aber noch war der Nachtwächter im Dienst. Während seines Rundgangs entdeckte er die Umstürzler und meldete argwöhnisch den Vorfall. Die Absichten der Verdächtigen kamen ans Tageslicht. Für die Sünder hieß es ›Kopf ab‹ oder ›Vierteilen‹. Um Nachahmer abzuschrecken, nannte man die Seitengasse am Obermarkt fortan Verrätergasse. Böse Zungen behaupten, der Stadtschreiber habe veranlaßt, daß es von nun an immer vorzeitig zur vollen Stunde läuten solle. Als Warnung für Andersdenkende. Doch die Bürger blieben aufsässig, wenn es um die Machtfrage ging. 1998 wählten die Bürger in einem Volksentscheid ihren ungeliebten Oberbürgermeister vorzeitig ab.

Vom Obermarkt gelangt man durch die Brüderstraße zum Untermarkt. Am Untermarkt versammeln sich herrliche Gebäude. 1525 legte ein Stadtbrand den Untermarkt in Schutt und Asche. Der Wiederaufbau wurde in die Hände von Wendel Roskopf gelegt. Als Meisterschüler des Stararchitekten Benedikt Ried war er zuvor mit Arbeiten auf der Prager Burg betraut. An der Moldau perfektionierte Roskopf seine Kenntnisse. Die strahlende Wiedergeburt der Neißestadt in einer erstaunlichen Einheitlichkeit und Großzügigkeit ist vor allem ihm zu danken. Der Schönhof, Untermarkt 6–8, sorgte um 1526 für großes Aufsehen. Roskopf errichtete hier das erste Renaissancehaus in Deutschland. Mit seiner kunstvollen Fassade, rotbraun getüncht, der üppigen Bauplastik und den verzierten Balkendecken gibt das Stadtpalais noch heute einen Eindruck von der Lebensart und dem Reichtum des alten Görlitz wieder. Der Schönhof war stets im Besitz der vornehmsten Familien, meist waren es Kaufleute. Nahe dem Rathaus gelegen, war das Palais Herberge für hohe Gäste, darunter Könige mit ihrem Hofstaat. Auch in Zukunft schaut der Schönhof glanzvollen Aufgaben entgegen. Im Jahr 2005 wird hier das Schlesische Museum eröffnen. Dafür gibt es kein passenderes Domizil. Seit 1945 ist Görlitz die größte Stadt des deutsch gebliebenen Teils von Niederschlesien.

Am Untermarkt findet man die für Görlitz so typischen Hallenhäuser. Einst führte die Via regia (Hohe Straße) durch die Stadt, die Spanien mit Rußland verband. Fernhändler besaßen hier riesige Lager- und Stapelräume. In ihren Braukellern verdienten sie zusätzliches Geld. Die schönen Kaufmannshäuser besitzen Laubengang, Eingangs- und Zentralhalle, Schatzkammer, die gleichzeitig als Hauskapelle diente, sowie schöne Renaissancezimmer, oft mit bemalter Zimmerdecke aus Holz. Von der Balustrade der Zentralhalle bis ins Erdgeschoß wurden edle Stoff- und Tuchballen ausgerollt: Kaufinteressierte konnten sich so von der Qualität am besten überzeugen. Die stattlichen Häuser wirken wie kleine Paläste, im Sommer fühlt man sich in manchen Höfen sogar nach Italien versetzt. Gelegenheit zum Besichtigen bietet eine

Führung mit dem Stadtwächter: Die eineinhalbstündige Tour endet in einem der Hallenhäuser mit einem kleinen Umtrunk. Als Abschiedsgeschenk erhalten die Teilnehmer den in Handarbeit gefertigten Trinkbecher.

Zum Rathaus sind fünf Gebäude zusammengefügt. Die geschwungene Rathaustreppe mit Verkündkanzel, 1537 bis 1538 von Wendel Roskopf d. Ä. geschaffen, wird von Justitia bewacht, Sinnbild für die hohe Gerichtsbarkeit im Mittelalter. Nur in Görlitz trägt sie keine Augenbinde.

Rechts über der Treppe erinnert ein Wappen an den König von Böhmen und Ungarn, Matthias Corvinus. Der Magyar regierte von 1469 bis 1490 auch über die Lausitz.

Die kunstvollen Rathausuhren stammen aus dem Jahr 1524. Die untere wurde 1584 von Bartholomäus Scultetus, Mathematiker, Kartograph, Historiker, Bürgermeister und Humanist in einer Person, mit zwölfstelligem Ziffernblatt versehen. Damit wurden die Zwölfteilung des Ziffernblattes, zuvor waren es 24, und der Gregorianische Kalender in der Lausitz eingeführt.

Der Baumeister des Ratsarchivs war Wendel Roskopf d. Ä.: Das Renaissancekunstwerk hat seine Aufgabe nie verloren. Heute bewahrt man hier wertvolle kommunale Archivalien auf. Der akribischen Arbeit der Stadtschreiber ist es zu danken, daß Stadtbücher, Gerichtsprotokolle und Rechnungsbücher des Rates seit dem Ende des 14. Jahrhundert nahezu geschlossen überliefert wurden. Das ›Stadtgedächtnis‹ wird auch von vielen privaten Interessenten genutzt. Seit dem Siegeszug des Internet häufen sich E-Mail-Anfragen aus aller Welt. Insbesondere melden sich US-Amerikaner mit dem Familiennamen Görlitz, um Fragen ihrer Herkunft zu klären.

Die Ratsapotheke besitzt zwei Sonnenuhren. Das Eingangsportal zeigt die originale Renaissancefarbigkeit. Die unter Putz gefundenen Farbreste wurden in der Fachwelt als Sensation angesehen. Statt einer Apotheke lädt heute im Erdgeschoß ein stilvolles Café zum Verweilen ein.

Der Flüsterbogen ganz in der Nähe ermöglicht ein mittelalterliches Telefonat, denn die Hohlkehle im Eingangsportal des Hauses Nr. 22 überträgt selbst leiseste Töne. Das bleibt auch im Zeitalter der Telekom eine Attraktion.

Die Ratswaage nahe dem Neptunbrunnen schmücken Konsolsteine mit Porträtbüsten, zu sehen ist der Stadtbaumeister Wendel Roskopf mit einem Zirkel, der Waagemeister mit einem Gewicht und im Verein mit grimmig dreinschauenden Soldaten auch ein keckes Liebespaar.

In der Neißstraße, der Fortsetzung der Brüderstraße, stehen Biblisches Haus (1570) mit Reliefs aus dem Alten und Neuen Testament, sowie das herrliche Barockhaus mit einem Teil der Städtischen Kunstsammlungen. Die hiesige Oberlausitzische Bibliothek der Wissenschaften wurde 1779 gegründet. Im Büchersaal des Westflügels beeindruckt die imposante ›Triumphstraße der Wissenschaft‹:

Unzählige renovierte Fassaden prägen die Altstadt

Fünf Bücherregale wurden wie Kulissen hingestellt. Vom Bestand der 120 000 Bände sind etwa 80 Prozent historisch. Darunter befinden sich Raritäten und Kostbarkeiten, so Inkunabeln, Pergamenthandschriften und etwa 3000 historische Karten und Atlanten. Die gesammelten Schätze sind Interessierten im Lesesaal zugänglich. Doch leider sind die Räumlichkeiten beschränkt, so daß unangemeldete Besucher manchmal abgewiesen werden müssen.

Die Petersstraße wird von schönen Renaissancebauten gesäumt. So sollte man unbedingt einen Blick in den arkadengeschmückten Innenhof, Petersstr. 4, werfen: In das Haus lädt das neu eröffnete Restaurant Rasputin ein. An der Ecke steht das heutige Romantikhotel Tuchmacher.

Von der St. Peter-und-Pauls-Kirche führt ein Kreuzweg mit 14 Stationen über Nikolai-, Lunitz- und Heiligen-Grab-Straße zum Heiligen Grab, vorbei am Nikolaiturm von 1305. Hier lädt die traditionsreiche Gaststätte Destille, Nikolaistraße 6, zur Einkehr. Als Attraktion kann ein jüdisches Bad aus dem Mittelalter besichtigt werden.

Vorbei an der Nikolaikirche (1452–1520) mit dem Friedhof, auf dem Grabdenkmäler im barocken und klassizistischen Stil stehen, und weiter durch den

Steinweg, gelangt man zum Heiligen Grab. Der Eingang befindet sich etwas unscheinbar gegenüber der Straßenbahnhaltestelle ›Heiliges Grab‹. Eine nichtstandesgemäße Liebschaft beglückte Görlitz mit einem neuen Erdenbürger und einem mittelalterlichen Schatz gleichermaßen. 1464 schwängerte der Bürgermeistersohn Georg Emmerich die Tochter einer verfeindeten Familie. Vater Emmerich versagte seinem Sohn die Heirat. Er schickte den Sünder auf Pilgerfahrt nach Jerusalem. Georg brachte exakte Pläne des Heiligen Grabes mit und stiftete als Dank für die glückliche Heimkehr eine Nachbildung im maurischen Stil. 1808 beschädigte ein Brand das Heilige Grab in Jerusalem, es wurde im Zeitgeschmack erneuert. Die Görlitzer Anlage, zwischen 1481 und 1505 errichtet, behielt ihr Aussehen, 300 Jahre älter und authentischer als diejenige im Nahen Osten. Zwar zählt man hierzulande weitere fünfzehn Kopien, doch ist die Görlitzer das unbestrittene Prunkstück.

Der Komplex umfaßt Kreuzigungskapelle, Salbhaus (mit einer aus Sandstein gefertigten Darstellung ›Die Beweinung Christi‹), Grabkapelle sowie Ölberggarten und Kidrontal.

Auf einem felsigen Hügel über der Neiße thront die St. Peter-und-Pauls-Kirche. Das Gotteshaus gilt wegen seiner Größe und Raumwirkung als einer der bedeutendsten spätgotischen Sakralbauten in Ostdeutschland. Die Kirche wurde im 13. Jahrhundert auf spätromanischen Grundmauern erbaut, später ergänzt und verändert. Unter dem Chor liegt eine prächtige Hallenkrypta (1457). Erst 1890 setzte man die neugotischen Türme auf. 1691 gelangten die brandauslösenden Funken durch das ›Sonnenloch‹ ins Kircheninnere und vernichteten 36 Altäre und andere sakrale Schätze. Nur das Renaissance-Gitter der Taufkapelle (1617) und einige Epitaphe überstanden die Katastrophe. Von den farbigen Kirchenfenstern blieb nur eines erhalten. Die Neuausstattung ist barock geprägt, darunter die goldgeschmückte Sandsteinkanzel von 1693 und der marmorierte Altar aus dem Jahr 1695. Die wundervolle Sonnenorgel wurde 1703 von Eugen Kaspar geschaffen. Die Pfeifen sind strahlenförmig um goldene Sonnengesichter angeordnet. Der Sorauer Orgelbauer legte sich nach einer Italienreise den Künstlernamen Eugenio Casparini zu.

Das Waidhaus neben der St. Peter-und-Paulskirche ist der älteste Profanbau in Görlitz, um 1400 erbaut. Im Mittelalter wurde hier Färberwaid gestapelt. Aus der Pflanze Waid konnte man einen blauen Farbstoff zum Färben von Tuchen herstellen. Heute üben hier Handwerker und Architekten in einer ›Lehrwerkstatt für Profis‹ historische Restaurierungskünste.

Unterhalb der St. Peter- und Paulskirche lädt die östlichste Gaststätte Deutschlands ein. Als Clou in der Vierradenmühle ermöglicht ein Glasboden den Blick auf die umweltfreundliche Technik des Wasserkraftwerkes. Auf der Sonnenterrasse über der Lausitzer Neiße genießt man einen schönen Ausblick. Ein polnischer

Gastwirt liefert hier mittels der ›Piroggenschaukel‹ Spezialitäten vom östlichen Ufer der Neiße.

Noch 2004 soll die Altstadtbrücke unterhalb der St. Peter-und-Paulskirche, zwischen Vierraden- und Dreiradenmühle auf dem polnischen Neißeufer, als Grenzübergang für Fußgänger wieder eröffnet werden. SS-Einheiten hatten die Vorgängerbrücke im Frühjahr 1945 gesprengt.

Die Ochsenbastei ist ein erhaltener Rest der ehemaligen Stadtbefestigung und schräg gegenüber der Vierradenmühle zu erreichen. 1962/63 wurden hier Blumenbeete im Barockstil angelegt.

Den benachbarten Stadtpark gestaltete Peter Joseph Lenné. Neben der Stadthalle wurde 1961 ein Meridianstein zum Kennzeichnen des 15. Längengrades aufgestellt, der genau durch Görlitz verläuft. Die 1905 bis 1910 nach Plänen des Berliner Architekten Bernhard Sehring errichtete Stadthalle mit 2700 Sitzplätzen besitzt mit der Sauer-Orgel ein wertvolles Orgelwerk. Im Juni finden hier alljährlich Schlesische Musikfestspiele statt.

Zurück zum Bahnhof kann man durch die Dr.-Kahlbaum-Allee gehen. Hier lohnt ein kurzer Abstecher auf dem Inselweg zur Obermühle mit Brauhaus am Neißeufer mit Blick zum imposanten Neißeviadukt. Das Eisenbahnviadukt ist 455 Meter lang und besitzt dreißig Bögen. Es wurde von 1844 bis 1847 erbaut und war eines der ersten in Deutschland. Von Wehrmachtsverbänden 1945 gesprengt, erfolgte der Wiederaufbau in den Nachkriegsjahren durch polnische Bauarbeiter.

Der Inselweg führt weiter zur Parkbahn. Auf einem 700-Meter-Rundkurs verkehrt eine Nachbildung der ersten deutschen Eisenbahn von 1835, die auf der Strecke Nürnberg–Fürth fuhr. Betriebszeiten sind von April bis Oktober.

In der benachbarten Zittauer Straße lädt der Görlitzer Tierpark mit einem Alpen-Gehege ein. Auf Felsblöcken, über die auch ein Wasserfall rauscht, fühlen sich Alpensteinböcke, Murmeltiere und Gänsegeier wohl.

In Görlitz bestellt man kein Bier, sondern ein Landskron: Der Hausberg gab der östlichsten Brauerei ihren Namen, die Backsteingemäuer der Landskronbrauerei stehen unter Denkmalschutz. Brauereibesichtigungen können telefonisch unter 0 35 81/46 51 00 vereinbart werden. Die Landskron Kulturbrauerei ist ein sehr beliebter Ort für Tanzfreudige mit bis zu 30 000 Gästen im Jahr.

Ein Ausflug zur Landeskrone

Die Landeskrone überragt mit ihren 420 Metern die Neißestadt. Der Görlitzer Hausberg entstand vor etwa 30 Millionen Jahren als Vulkan. Er besteht bis zur Mitte aus Granit, die eigentliche ›Krone‹ aber ist aus Basalt. Letzterer besitzt einen hohen Eisendioxidgehalt, weshalb er für Bauzwecke nicht geeignet war und vom Abbau verschont blieb. Eine weitere Besonderheit: Kompaßnadeln spielen an verschiedenen Gipfelbereichen verrückt.

Anfangs war der Berg vor allem militärstrategisch interessant. In der frühen Eisenzeit flüchteten die Bewohner umliegender Siedlungen bei drohenden Raubzügen auf den Gipfel, da ein Ringwall und der damalige Urwald guten Schutz boten.

Die slawische Befestigungsanlage Businec und spätere deutsche Burganlage wurde zwischen dem 9. und dem 13. Jahrhundert mehrmals ausgebaut und erweitert, später aber geschleift. Trotzdem war das Gipfelareal bis zur Mitte des 19. Jahrhunderts in der Hand der Militärs, die hier eine Artilleriestellung unterhielten. Der Wald wurde regelmäßig abgeholzt, in Friedenszeiten nutzte man die Wiesen als Schafweide. 1796 erbauten Heimatfreunde den noch heute erhaltenen massiven Aussichtsturm, 1844 eröffnete das erste Berggasthaus.

Vom Stadtzentrum gelangt man mit der Straßenbahnlinie Nr. 2 (Endhaltestelle Biesnitz) an den Fuß der Landeskrone. Viele Wege führen den Wanderer von dort auf den Berg. Die bequemste Route verläuft auf der schmalen Fahrstraße. Botanisch, geologisch oder archäologisch interessierte Besucher werden auf dem Naturlehrpfad nach oben streben. Am eindrucksvollsten ist der Aufstieg bis zur ›Gürtellinie‹ über 107 Stufen, den prächtige, 1844 angepflanzte Linden säumen.

Auf dem Weg zur Landeskrone

Wenn die Fahrstraße auf halber Höhe erreicht ist, werden die dunklen, bis zu einem Meter starken Basaltsäulen sichtbar. Der aufmerksame Naturfreund findet hier eine Vielzahl seltener Pflanzen, das 55 Hektar große Gebiet steht seit 1953 unter besonderem Schutz.

Auf dem Gipfel laden Berggasthof und Burghotel ein. Vom Aussichtsturm bietet sich ein Blick auf Görlitz, die Königshainer Berge, das Lausitzer Bergland und das Zittauer Gebirge. Bei guter Fernsicht sind Iser- und Riesengebirge und auch der höchste Gipfel der Sudeten, die Schneekoppe, deutlich zu sehen.

Auch das steigende Wasser im ehemaligen Tagebau Berzdorf ist von der Landeskrone gut zu beobachten. Ab 2007 soll das neue Naherholungsgebiet als Badeparadies eröffnet werden.

PLZ: 02826.
Vorwahl: 035 81.
Görlitz Tourismus und Marketinggesellschaft mbH, Brüderstr. 1, Tel. 4 75 70, www.goerlitz.de.
Stadtführungen mit Treffpunkt Görlitzinformation: Von März bis Oktober Mo–Sa 14 Uhr, So 10.30 Uhr, November bis Februar Mi, Fr u. Sa 14 Uhr, Dezember So 10.30 Uhr.
Ratsarchiv Görlitz, Untermarkt 6–8, Tel. 67 16 15, s.hoche@goerlitz.de.

Romantik-Hotel Tuchmacher, Peterstr. 8, Tel. 47310, Fax 47 31 79, www.tuchmacher.de; EZ 79, DZ 105 Euro. 4-Sterne-Hotel in einem Renaissancebürgerhaus im Herzen der Altstadt zwischen Untermarkt und St. Peter- und Paulskirche, Restaurant Schneiderstube.
Sorat Hotel, Struvestr. 1, Tel. 40 65 77, Fax 40 65 79, www.sorat-hotels.com/gormain.htm; EZ 77–98, DZ 98–118 Euro. Restauriertes Kaufmannshaus im Jugendstil nahe dem Jugendstilkaufhaus.
Mercure Parkhotel Görlitz, Uferstr. 17f, Tel. 66 20, Fax 66 26 62; EZ 55–98, DZ 69–114 Euro. Ruhig an Stadtpark und Neißeufer gelegen, die Altstadt ist zu Fuß schnell erreichbar.
Hotel und Gasthof Dreibeiniger Hund, Büttnerstr. 13, Tel. 42 39 80, Fax. 42 39 79; EZ 46, DZ 66 Euro. Barockes Handwerkerhaus in der Altstadt, stilvolles Mobiliar aus der vorletzten Jahrhundertwende, Biergarten, Hausbrauerei.
Berghotel Landeskrone, Fahrstr. 1, Tel. 7 43 20 mit Restaurant Burgkeller; täglich ab 10 Uhr.
Gutshof Hedicke, Neißetalstr. 53, Görlitz-Ludwigsdorf, Tel. 3 80 00, www.gutshof-hedicke.de; DZ ab 77 Euro. Denkmalgeschützter Dreiseithof, 10 Minuten Autofahrt vom Zentrum entfernt, Gartenpark, Gewölberestaurant.
Jugendherberge Görlitz, Goethestr. 17, Tel./Fax 40 65 10; Ü/F Junior 12,30, Senior 15 Euro. Hüb-

sche große Turmvilla am südlichen Stadtrand in einem kleinen Park, 20 Minuten Fußweg vom Bahnhof.

St. Jonathan, Peterstr. 16, Tel. 42 10 82, täglich 12–15 und ab 18 Uhr. In einem Patrizierhaus gegenüber vom Café Alte Ratsapotheke mit Gewölbe und Deckenmalerei, Steak und Ente sowie mediterrane Küche.

Restaurant und Pension Rasputin, Peterstr. 4, Tel. 31 52 22; Di–So ab 11.30 Uhr. 1570 bis 1614 wohnte hier Bartholomäus Scultetus. Nahe dem Untermarkt, russische Spezialitäten und russisches Starkbier, serviert wird im Zaren- und Kaminzimmer sowie in der Bauernstube. Der herrliche Innenhof bietet im Sommer stilvolles Ambiente.

acanthus, Neißstr. 20, Tel. 66 18 10, Mo–Fr ab 18 Uhr, Sa/So 11.30–14.30 und ab 18 Uhr. Gotisches Kellergewölbe.

via regia, Neißstr. 19, Tel. 40 20 70, täglich ab 18 Uhr.

Schankhaus zum Nachtschmied, Obermarkt 18, Tel. 41 16 57. Barocksaal von 1720 und altdeutsche Gaststube um 1870.

Wirtshaus Faltenrock, Obermarkt 16, Tel. 40 00 90; Mo 11–14.30 Uhr, Di–Sa 11–14.30 und 17–23 Uhr, So Ruhetag.

1. Görlitzer Kartoffelhaus, Steinstr. 10, Tel. 41 27 02, www.1kartoffelhaus.de; täglich ab 11 Uhr.

Vierradenmühle, Hother Straße 20, Tel. 40 66 61, www.vierradenmuehle.de, Mo–Do 11–24 Uhr, Fr/Sa 11–01, So 10–22 Uhr.

Brauhaus-Obermühle, Tel. 87 98 32; täglich ab 12 Uhr. Idyllisch im Neißetal am Oder-Neiße-Radweg mit Blick zum Bahnviadukt gelegen, Freiluftplätze, Bootsverleih.

›die Scheune‹ – Theater und Restaurant auf dem Gutshof Hedicke, Görlitz-Ludwigdorf, Neißetalstr. 53, Tel. 3 80 00, www.die-scheune.de.

Städtische Sammlungen für Geschichte und Kultur, Platz des 17. Juni 1, Tel. 67 13 55; Di–So 10–17 Uhr mit Oberlausitzischer Bibliothek der Wissenschaften, Neißestr. 30; Di, Mi 10–13 und 14–18 Uhr, Do–17 Uhr, Tel. 67 13 50, lb@goerlitz.de.

Kaisertrutz, Demianiplatz 1, Mai bis Oktober Di–So 10–17 Uhr.

Naturkundemuseum, Annengasse, Mai bis Oktober Di–So 10–17 Uhr.

Schlesisches Museum, Brüderstr. 8, Tel. 8 79 10, www.schlesisches-museum.de, Di–So 10–17 Uhr.

Frauenkirche, Mo–Do 11–18 Uhr, Fr und Sa 10–18 Uhr.

Heiliges Grab, Jochmannstr. 4, Tel. 31 58 64.

Naturschutz-Tierpark, Zittauerstr 43, 8–18 Uhr

Schlesische Musikfeste (Juni). Internationales Straßentheaterfest (Anfang Juli).

Schlesischer Tippelmarkt auf dem Obermarkt (Ende Juli).

Museumsnacht (August).

Altstadtfest (September).

Ostritz/St. Marienthal

An der Lausitzer Neiße, etwa 20 Kilometer flußaufwärts von Görlitz, liegt das Städtchen Ostritz/St. Marienthal mit gleich mehreren Superlativen: einem Bahnhof in Polen, einer Selbstversorgung mit Ökostrom zu 100 Prozent, dem östlichsten Weinberg im Land und dem ältesten Frauenkloster des Zisterzienserordens in Deutschland, das seit seiner Gründung ununterbrochen besteht.

Die Bahnlinie von Görlitz nach Zittau durchs Neißetal verläuft streckenweise am polnischen Flußufer. Die Ostritzer und ihre Besucher müssen über Polen anreisen, sie nutzen den Fußgängergrenzübergang am Bahnhof Krzewina Zgorzelecka (Grunau).

Die etwa 3500 Einwohner sind unabhängig von Energiekonzernen, der Strom stammt aus Windrädern, Wasserkraft und Solaranlagen. Zusätzliche Fernwärme liefern ein Biomasseheizkraftwerk und ein Pflanzenöl-Blockheizkraftwerk, das Regenwasser wird sinnvoll als Brauchwasser genutzt und das Abwasser in einer Pflanzenkläranlage gereinigt. Die energieökologische Modellstadt war ein Vorzeigeprojekt der EXPO 2000.

Vom weitläufigen Markt bis zur Zisterzienserabtei Klosterstift St. Marienthal läuft man eine halbe Stunde. Das Kloster wurde nach Mord und Totschlag in der

Der Dreifaltigkeitsbrunnen im Kloster St. Marienthal

Familie gegründet, als Sühnestiftung von Königin Kunigunde, Gemahlin König Wenzels von Böhmen. Die Schenkungsurkunde wurde 1234 in Prag unterzeichnet. Drei Jahre später wurde die Abtei anerkannt und in den Zisterzienserorden aufgenommen.

Der Legende nach soll an dieser Stelle der Neiße einem Mädchen das Marienbild vor Augen erschienen sein; daher der Name St. Marienthal. Die Abtei wurde 1258 dem böhmischen Ordensgebiet angeschlossen. Mehrere Brände zerstörten sie, und so gestaltete man den gesamten Komplex zwischen 1638 und 1744 im Stil des böhmischen Barock um. Die prächtige Ausstattung beeindruckt auch heute noch.

Derzeit amtiert die 55. Äbtissin. Gegenwärtig sind 15 Ordensschwestern im Konvent tätig. Noch immer – seit nunmehr 700 Jahren – lautet die Maxime: Ora et labora, beten und arbeiten in der Gemeinschaft. Die Klostergärtnerei sichert die Selbstversorgung der Nonnen mit Obst und Gemüse, einen Teil der Ernte verkaufen sie im Klosterladen. Zum Klosterbesitz zählen 300 Hektar Felder und Wiesen, die verpachtet wurden, sowie fast 900 Hektar Klosterwald, der in Eigenregie bewirtschaftet wird. Seit 1955 pflegen die Nonnen im Abteigebäude geistig behinderte Frauen.

Das Klostertor führt in den ehemaligen Wirtschaftshof mit dem schönen Dreifaltigkeitsbrunnen von 1704. Die Kreuzkapelle ist innen im Rokokostil ausgestattet und wurde 1756 geweiht. Michaelisaltar und ein überlebensgroßer Kruzifixus im Strahlenkranz dominieren den Raum, Deckengemälde schmücken die Kuppel der Kreuz- und Michaeliskapelle. Es wird behauptet, daß die Gemälde aus der Hand des Bruders von Casanova stammen: Giovanni Battista Casanova war seinerzeit Akademieprofessor in Dresden.

Unter der Kapelle liegt eine Gruft verborgen, in der die sterblichen Überreste der Sängerin Henriette Sontag (1806–1854) ruhen. Sie war eine der vielen Geliebten von Hermann Fürst von Pückler-Muskau, der ihr im Branitzer Park bei Cottbus ein Denkmal setzte. Auch Carl Maria von Weber, Ludwig van Beethoven, Hoffmann von Fallersleben und Johann Wolfgang von Goethe waren von ihr sehr angetan. Die Gruft kann während der Führungen besichtigt werden.

Im Bibelgarten hinter dem Gästehaus St. Hedwig gedeihen Dufthecken aus Lavendel, historische Rosensorten, seltene Laubbäume wie Amberbaum, Maulbeere und Holzapfel sowie viele Heilpflanzen. In der ehemaligen Klostermühle ist die Dauerausstellung ›Energie-Werk-Statt‹ mit Multimedia-Elementen installiert, unter anderem mit einem rekonstruierten Schausägewerk und einer 110-KW-Wasserturbine von 1910. In der Propstei (1663) und ehemaligen Wirtschaftsgebäuden entstand das Internationale Begegnungszentrum mit Gästehaus, im Gasthaus Gesindestube findet man ein Plätzchen zum Verweilen, hier kommt auch Kuchen aus der hauseigenen Bäckerei auf den Tisch.

Der Kapitelberg am Kloster ist seit 1945 der östlichste Weinberg Deutschlands. Ein Dutzend Hobbywinzer kümmert sich um die Rebsorten Müller-Thurgau und Goldriesling. Die Ernte füllt selbst in guten Jahren kaum 1000 Flaschen. Eine Gelegenheit zum Verkosten bietet sich nur am Ostersonntag im Klosterhof.

Wanderung vom Klosterstift St. Marienthal nach Hirschfelde

Im engen Durchbruchstal der Neiße können Starkniederschläge rasch zu Hochwassern führen, in Rosenthal und Marienthal finden sich Häuser mit entsprechenden Wasserstandsmarken.

Der Weg nach Hirschfelde folgt über etwa sechs Kilometer dem Schlängellauf der Neiße. Mitunter treten links oder rechts des Flusses steile Granitfelshänge zutage. Nach jeder Biegung eröffnet sich dem Betrachter ein neues Bild. Häufig erscheint die Neiße düster, dann aber tauchen wieder Stromschnellen oder liebliche Wiesen auf. In Rosenthal begrüßen uns kleine Fachwerkhäuser, am Markt von Hirschfelde einige hübsche Vorlaubenhäuser, die neben vielen Umgebindehäusern erhalten blieben.

Das inzwischen stillgelegte Kraftwerk Hirschfelde, 1911 in Betrieb genommen und damit ältestes Braunkohlekraftwerk Deutschlands, wurde zum Technischen Museum umgestaltet. In Hirschfelde wird ›Fit‹ produziert, das bekannteste Spülmittel Ostdeutschlands.

Von Hirschfelde zurück nach Ostritz (Bahnhof Krzewina Zgorzelecka in Polen, Personalausweis nicht vergessen!) verkehrt die Lausitzbahn beinahe im Stundentakt.

Länge: 9 Kilometer.

PLZ: 02899.
Vorwahl: 03 58 23.
Touristinformation, Markt 2, Tel. 8 76 03, www.ostritz.de.
Gästeempfang St. Marienthal, Tel. 7 72 38, www.kloster-marienthal.de.

Internationales Begegnungszentrum im Kloster St. Marienthal, Tel. 7 72 30, www.ibz-marienthal.de; Pension 15 Euro pro Person im DZ, Frühstück ab 5 Euro. Gästehaus, Pension 12–17 Euro pro Person im DZ.
Hotelgaststätte Neißeblick, Bahnhofstr. 2, Tel. 8 74 99.

Gesindestube, Tel. 8 02 94, täglich 11–18 Uhr, im Winter bis 16 Uhr.
Klosterschenke, Tel. 8 77 15, täglich 11–22 Uhr. In einem hübschen Fachwerkhaus aus dem Jahr 1740 vor dem Klostertor.
Brauhaus Ostritz, Brauhausstr. 3,

Tel. 7 91 71, www.brauhaus-ostritz.de.

Klosterführungen, Mitte April bis Ende Oktober täglich um 15 Uhr. Klosterkonzerte, Termine in der Touristinformation erhältlich.
Klosterkirche, täglich 7–19.30 Uhr.
Bibelgarten, täglich 9–18 Uhr.
Energie-Werk-Statt, Di–So 10–12 und 14–17 Uhr, das Schausägewerk wird jeden 2. Sa um 14.30 Uhr in Betrieb genommen.

Osterreiten zwischen Ostritz und Klosterstift (Ostersonntag).

Bahnviadukt über die Lausitzer Neiße bei Görlitz

Das Zittauer Gebirge

Mit nur knapp 50 Quadratkilometern ist das Zittauer Gebirge das kleinste Mittelgebirge in Deutschland. Auf beeindruckend kleinem Raum findet man hier Felswände aus Kreidesandstein in teils bizarren und skurrilen Formen, aber auch hochaufragende markante Phonolith- und Basaltkuppen, die ihre Entstehung dem Vulkanismus im Tertiär verdanken. In den Siedlungen am Fuß des Gebirges blieben viele Architekturzeugen vergangener Jahrhunderte bewahrt, vor allem malerische Umgebindehäuser. Bergsteiger finden im Zittauer Gebirge etwa 80 Kletterfelsen.

Ein weit verzweigtes, gut markiertes Wegenetz erschließt dem Wanderer das Gebirge, unter anderem auf dem Oberlausitzer Bergweg (blauer Balken). Besonders zu empfehlen sind die liebevoll gestalteten Wanderkarten des Zittauer Gebirges (Östlicher und Westlicher Teil im Maßstab 1: 10000) von Rolf Böhm.

Zittau

Zittau liegt im Dreiländereck Deutschland-Polen-Tschechien an der Mündung der Mandau in die Lausitzer Neiße. Im Süden blickt man auf die nahen Höhenzüge des Lausitzer Berglandes, des Zittauer Gebirges, des Jeschken- und Isergebirges. Von Zittau besteht Bahnanschluß auf den Strecken Zittau–Dresden, Zittau–Löbau–Görlitz, Zittau–Hirschfelde–Görlitz sowie in die Tschechische Republik über Hrádek nad Nisou nach Liberec sowie von Zittau nach Varnsdorf. Ins Zittauer Gebirge, nach Jonsdorf und Oybin, fährt außerdem eine dampflokbetriebene Schmalspurbahn. Zittau bietet sich also als Ausgangspunkt für die Erkundung des Zittauer Gebirges an, ist aber allein ebenso einen Besuch wert.

Etwa um 1000 eroberten Deutsche das Zittauer Land, es wurde dem Markgrafentum Meißen einverleibt. Das Gründungsjahr Zittaus blieb unbekannt, erst-

Legende

1 Dornspachhaus
2 Klosterkirche/Stadtmuseum
3 Marstall
4 Schwanenbrunnen
5 Herkulesbrunnen
6 Samariterinnenbrunnen
7 Rolandbrunnen
8 Schleifermännchenbrunnen
9 Fleischerbastei
10 Blumenuhr/Meißner Porzellanglockenspiel
11 Johanneum/Konstitutionssäule
12 Stadtbad/Brunnensäule

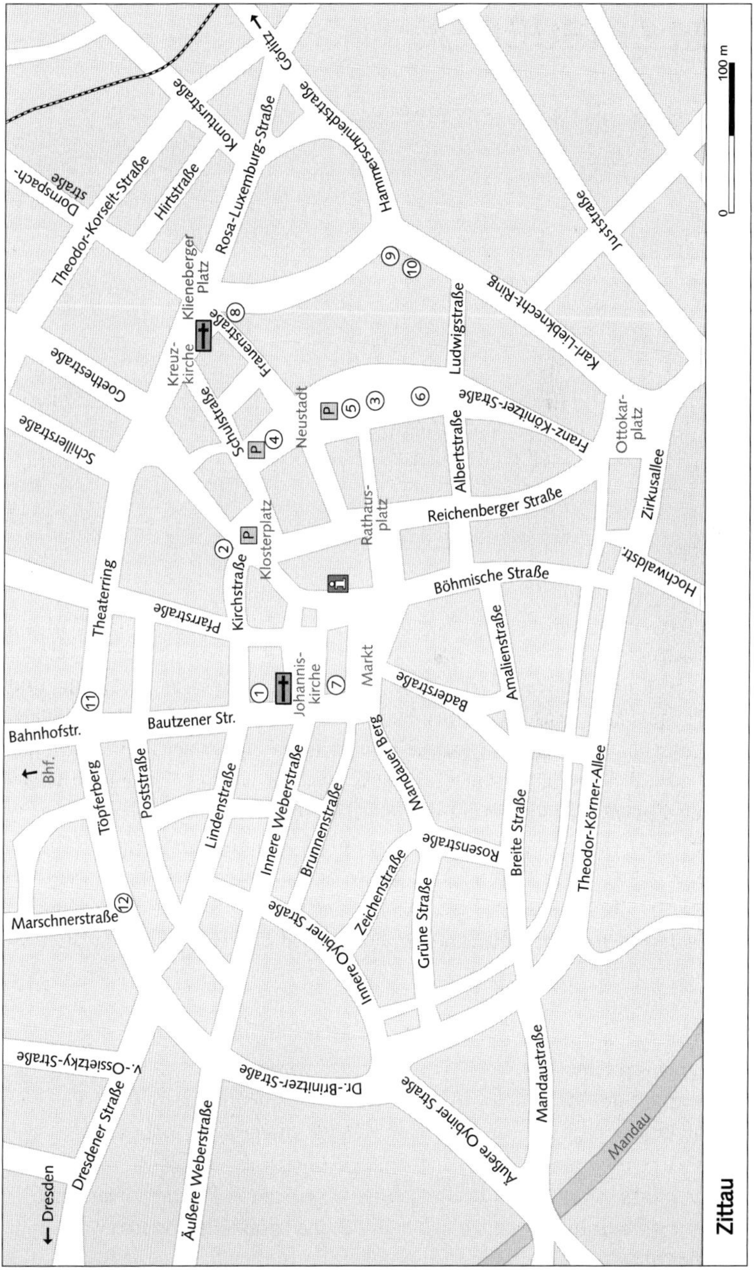
Zittau
0
100 m
Görlitz
Dresden
Bhf.
Dornspach-straße
Theodor-Korselt-Straße
Komturstraße
Hirtstraße
Rosa-Luxemburg-Straße
Hammerschmiedtstraße
Juststraße
Karl-Liebknecht-Ring
Klieneberger Platz
Kreuz-kirche
Frauenstraße
Goethestraße
Schillerstraße
Schulstraße
Neustadt
Ludwigstraße
Franz-Könitzer-Straße
Albertstraße
Ottokar-platz
Zirkusallee
Reichenberger Straße
Rathaus-platz
Klosterplatz
Kirchstraße
Theaterring
Pfarrstraße
Böhmische Straße
Hochwaldstr.
Amalienstraße
Johannis-kirche
Markt
Baderstraße
Bahnhofstr.
Bautzener Str.
Töpferberg
Poststraße
Lindenstraße
Innere Weberstraße
Brunnenstraße
Mandauer Berg
Breite Straße
Theodor-Körner-Allee
Rosenstraße
Zeichenstraße
Grüne Straße
Marschnerstraße
Innere Oybiner Straße
v.-Ossietzky-Straße
Dr.-Brinitzer-Straße
Dresdener Straße
Äußere Weberstraße
Äußere Oybiner Straße
Mandaustraße
Mandau
1
2
3
4
5
6
7
8
9
10
11
12

Blick von der Johanniskirche

malig wird die Siedlung 1238 als Sitavia urkundlich erwähnt. Zusammen mit großen Teilen der Lausitz gehörte Zittau von 1158 bis 1635 als deutsches Reichslehen den böhmischen Königen. Der böhmische König Ottokar II. verlieh Zittau 1255 Stadtrechte und verfügte zahlreiche wichtige Privilegien: Zollfreiheit in Böhmen, Markt- und Münzrecht, Salzstapelrecht, Gerichtsbarkeit. Kaiser Karl IV. förderte die Stadtentwicklung durch die Anlage von Schutzburgen an den Handelsstraßen nach Süden sowie den Bau zweier Kaiserhäuser (Zittau und Oybin). 1346 wurde Zittau in den Oberlausitzer Sechsstädtebund aufgenommen. Die Stadt trug während der Mitgliedschaft im Städtebund den Beinamen ›die Reiche‹. Blühender Fernhandel, Tuchmacherei und Bierbrauerei waren dafür die wesentlichen wirtschaftlichen Grundlagen, im 16. Jahrhundert kam die Leinenweberei hinzu.

Durch den Pönfall (s. Löbau) im Jahr 1547 wurden Zittau alle Privilegien aberkannt und die Stadt verlor ihren gesamten Grundbesitz. Durch den Fleiß der Bürger konnte die Stadt aber innerhalb weniger Jahrzehnte sämtliche Privilegien und verlorenen Grundbesitz wieder zurückkaufen.

Einschnitte brachte der Dreißigjährige Krieg durch Plünderungen und Zerstörungen. Nach 1620 siedelten sich in Zittau und seinen Ratsdörfern evangelische Glaubensflüchtlinge aus Böhmen und Mähren an. Sie brachten aus ihrer Heimat die

Tuchmacherei in die Stadt, in die Dörfer die Leineweberei. Um die Mitte des 18. Jahrhunderts galt Zittau als die wohlhabendste Stadt im Sechsstädtebund. Zittau war eine prächtige Barockstadt, die größte Stadt zwischen Görlitz und Prag.

Österreichische Truppen schossen Löbau im Juli 1757 während des Siebenjährigen Krieges in Brand, 75 Prozent aller Bauten fielen den Flammen zum Opfer. Die Napoleonische Herrschaft von 1806 bis 1813 und die Teilung der Lausitz nach dem Wiener Kongreß behinderten den Warenaustausch mit den traditionellen Handelspartnern. Andererseits profitierte Zittau von der Industrialisierung und dem in diesem Zusammenhang erfolgten Anschluß ans Eisenbahnnetz, insbesondere die Textilbranche. 1848 wurde die Strecke Löbau–Zittau vollendet, 1859 der Schienenweg nach Reichenberg.

Der Fremdenverkehr hat in und um Zittau eine lange Tradition. Sie begann um 1840 mit dem Bau einer Kaltwasserheilanstalt nach dem Vorbild von Vinzenz Prießnitz in Alt-Jonsdorf. Prießnitz betrieb im Altvatergebirge ein weltbekanntes Bad. Wirtschaftliche Bedeutung besaß auch der Braunkohleabbau. Man betrieb ihn im 18. und 19. Jahrhundert im nördlichen Stadtgebiet, von 1812 bis 1991 auch bei Olbersdorf.

Der Zweite Weltkrieg verursachte in der Stadt nur geringe Schäden. Ein Substanzverlust entstand in der Altstadt bis 1989 allerdings durch Mangelwirtschaft und eine verfehlte Baupolitik. Durch die Neubelebung des Sechsstädtebundes im Jahr 1991 erlebte der Tourismus einen Aufschwung; zahlreiche Baudenkmäler wurden seitdem renoviert und zeigen sich in neuer Schönheit.

Dennoch hat Zittau, von der Deindustrialisierung nach der Wende besonders betroffen, in den letzten zehn Jahren einen dramatischen Bevölkerungsverlust hinnehmen müssen: 1990 lebten hier 43 000 Einwohner, 2003 gerade noch 26 000.

Ein Stadtrundgang

Guter Ausgangspunkt für einen Rundgang ist der Markt. Hier dominiert das Rathaus. Der klassizistische Prachtbau entstand von 1840 bis 1843 nach Plänen von Karl Friedrich Schinkel unter Leitung seines Zittauer Schülers Carl August Schramm. Das Gebäude erinnert an einen italienischen Palazzo. Der Turm mit Zinnenkranz ist 50 Meter hoch, das Eingangsportal flankieren die Sandsteinfiguren der Themis und Sophia. Im Bürgersaal finden mehrmals jährlich Konzertabende statt. Eine Gelegenheit, das Rathaus auch von innen zu besichtigen, besteht bei einer Führung jeden Mittwoch um 15 Uhr.

Den Markt umsäumen stattliche Barockhäuser, so auf der Südseite die ehemalige Fürstenherberge (Nr. 13) und der einstige Gasthof ›Zur Sonne‹ (Nr. 9). Auf der Nordseite gefallen besonders die Stadtapotheke im Rokokostil (Nr. 10) und das Noacksche Haus (Nr. 4). An der Westseite steht der Rolandsbrunnen von 1585. Die Rolandsfigur hob seinerzeit die städtischen Privilegien und die eigene Gerichtsbarkeit hervor. Hinter dem Brunnen steht das barocke und reich gegliederte Alte Amtsgericht aus dem Jahr 1678.

Nördlich vom Marktplatz erhebt sich die St. Johanniskirche mit zwei ungleichen Türmen. Schon 1291 stand an dieser Stelle eine Pfarrkirche. Um 1485 im gotischen Stil erweitert, erlitt der Bau im Laufe des 17. Jahrhunderts durch Brände und Kriegseinwirkungen starke Schäden. Von 1834 bis 1837 wurde die Johanniskirche daher nach Entwürfen von Schinkel im klassizistischen Stil wiederaufgebaut – es ist übrigens der einzige Kirchenbau des Berliner Architekten in Sachsen. Die Vollendung übernahm wiederum sein Meisterschüler Schramm. Bis zur Wende war die Kirche dem Verfall preisgegeben, ab 1992 fanden umfassende Rekonstruktionsarbeiten statt. Im Inneren finden 1200 Kirchgänger Platz, besonders hervorzuheben ist die Schinkelsche Kasettendecke aus 800 Einzelteilen. Der Südturm ist 60 Meter hoch. Exakt 266 Stufen führen hinauf zu Aussichtsgalerie und Türmerstube. Der Türmer bläst täglich um 11.55 Uhr, nur im Sommer auch 17.55 Uhr in alle vier Himmelsrichtungen.

Nördlicher Nachbar ist das Dornspachhaus im Renaissancestil mit Erker, Arkaden und Loggien (1553). Es war einst Wohnhaus des Bürgermeisters Nicolaus von Dornspach (1515–1580), der sich große Verdienste um den Wiederaufstieg Löbaus nach dem Pönfall von 1547 erwarb. Das Grabmal an der Hausmauer des Alten Gymnasiums erinnert an ihn. Das Dornspachhaus diente als Apotheke, Sitz des Ratsuhrmachermeisters, Lesehalle und Bibliothek. Heute ist es ein gemütliches Wirtshaus. Der herrliche Innenhof mit Säulengang verzaubert die Gäste im Sommer mit seiner mittelalterlichen Kulisse, auf den Freiluftplätzen mit Blick auf den Turm der Johanniskirche fühlen sich Gäste um Jahrhunderte zurückversetzt. Auf Vorbestellung serviert man hier das Konventsessen. Das kam einstmals auf den Tisch, als sich der Landadel hier zu Beratungen des Oberlausitzer Sechsstädtebundes traf.

In der Kirchstraße 17 lädt das Dr.-Curt-Heinke-Museum zum Besuch ein. Man zeigt hier Mineralien, Gesteine und Fossilien der südlichen Oberlausitz.

Auf dem Klosterplatz, nordöstlich vom Markt, überragt der 70 Meter hohe Turm der gotischen Klosterkirche die Dächer der Stadt. Das auch als Petri-Pauli-Kirche bekannte Gotteshaus gehörte einst zum Komplex eines Franziskanerklosters. An der Kirchensüdseite wurden von 1696 bis 1748 mehrere Betstuben angebaut. Der Hauptaltar aus dem 13. Jahrhundert ist den Aposteln Petrus und Paulus geweiht. In der Kirche finden auch Konzerte statt.

Auf den Grundmauern des Klosterrefektoriums entstand im 17. Jahrhundert der berühmte Heffterbau. Der prächtige Spätrenaissancegiebel auf der Nordseite

Marstall und Alte Schmiede

ist heute ein Wahrzeichen von Zittau. Der Heffterbau, der nach dem Bürgermeister Heinrich von Heffter benannt ist, wurde zum steingewordenen Zeugnis für den wirtschaftlichen Aufschwung nach dem Dreißigjährigen Krieg. Seit 1691 diente das Gebäude als Gebetsraum für böhmische Glaubensflüchtlinge, bis 1846 fanden Predigten in tschechischer Sprache statt. Von 1977 bis 1991 war das Gebäude wegen Einsturzgefahr geschlossen, 2002 wurde der Bau im Rahmen einer viel beachteten Habsburg-Ausstellung wieder eröffnet.

Eine Eichenholzwendeltreppe im Treppenturm führt in den Barocksaal im zweiten Obergeschoß. Ab 1709 diente der Saal als erste Ratsbibliothek von Zittau. 1840 wurde hier hinter einem Bücherregal das Große Zittauer Fastentuch wiederentdeckt, das heute in der Kreuzkirche besichtigt werden kann. Im Saal ragt das mystische Deckengemälde ›Pandora vor den Göttern des Olymp‹ heraus. Der Maler spielte mit dieser Szene auf die Tatsache an, daß in den Büchern der Ratsbibliothek so viel Wissen angehäuft war, daß kluge Menschen damit viel Ungemach beseitigen konnten. Der Saal dient heute als kleiner Festraum für Konzerte.

Heffterbau, Klosterkirche und Ostflügel bilden einen romantischen Innenhof. Hier befand sich einst der Franziskanerfriedhof. Später errichten an dieser Stelle reiche Zittauer Bürger üppig geschmückte Barockgrabkapellen. Am Kreuzgang blieben gotische Fenster erhalten.

Zu den wertvollen Ausstellungsstücken des Stadtmuseums, ursprünglich ein Franziskanerkloster, zählen die Zittauer Maurerkanne aus Zinnguß (1562), eine Sammlung Zittauer Fayencen und das Kleine Zittauer Fastentuch von 1573. Das Tuch befand sich in der Johanniskirche. Damals wurde hier ein Nebenaltar eingeweiht. Nach der Reformation waren die alten Tücher eigentlich verpönt, aber die Zittauer waren traditionsverbunden: Das Motiv auf dem Kleinen Zittauer Fastentuch verdeutlicht den evangelischen Glauben, einen armen Christus mit Tempera auf Leinen. Rundherum sind in einem breiten Rahmen 35 Leidenswerkzeuge seiner Passion zu sehen: So Dornenkrone, Grabtuch sowie Riemen und Ruten, mit denen Christus gefoltert wurde. Man sieht die Nägel, mit denen Jesus ans Kreuz geschlagen wurde, die Leiter zur Kreuzabnahme sowie den Kopf des Judas mit einem Geldbeutel des Verräterlohnes. Man kann hier auch eine mittelalterliche Folterkammer besichtigen. Neben wechselnden Sonderausstellungen finden während des Zittauer Kultursommers im Klosterhof auch Theateraufführungen, Chorkonzerte und Kammermusikabende statt.

Vor dem Ostflügel steht der Grüne Born: Mit einem kunstvollen Schmiedeeisengitter ist es der schönste Brunnen Zittaus, 1679 wurde er gefertigt. Vom Rathausplatz an der Ostseite des Palazzos führen Frauenstraße und Theatergäßchen in die Neustadt.

Der Marstall stammt von 1511. Ursprünglich stand hier bereits seit 1389 eine Salzkammer, da Zittau das Salzstapelrecht zuerkannt worden war. Das Gebäude besitzt acht Geschosse und ein barockes Mansardendach. Es ist der größte städtische Marstall Deutschlands. Heute verbirgt sich hinter sanierter Fassade ein kleines Einkaufszentrum in schönen Gewölberäumen.

An der Südseite des Marstalls befand sich die Alte Schmiede (1713), heute das Eiscafé Cappelli. Davor steht der Samariterinnenbrunnen mit vier wasserspeienden Delphinen. Am Herkules-Brunnen von 1709 schwingt Herkules eine Keule, um den mehrköpfigen Hund Zerberus zu töten. Ganz in der Nähe sieht man den Schwanenbrunnen von 1710 mit Schwanenplastik auf einem Muschelhügel.

Im 18. Jahrhundert verfielen die Stadtmauern. Die Stadtväter entschlossen sich, an deren Stelle eine Parkanlage anzulegen. Sie ist heute als Grüner Ring bekannt. Mittendrin, an der Frauenstraße, steht die Kirche zum Heiligen Kreuz. Sie wurde um 1410 im Übergang von der Hoch- zur Spätgotik errichtet. Sehr wahrscheinlich ist die Bauausführung Meistern der Prager Dombauhütte um Peter Parler zu verdanken, worauf Steinmetzzeichen hinweisen, die man auch am Prager St. Veitsdom findet. Wertvoll sind das reich gegliederte Hauptportal, die Sakristei mit Kreuzgewölbe, ein vollständig erhaltenes mittelalterliches Maßwerkfenster im Chorraum sowie Reste von ursprünglichen Wandmalereien. Das Kirchenschiff ist fast quadratisch und besitzt eine zwölf Meter hohe Mittelstütze. Der so entstandene Raum mit Gewölbedecke ähnelt einem riesigen aufgespannten Regenschirm. Diese sogenannten Einstützenkirchen waren im Böhmischen weit verbreitet. Die Zittauer Kreuzkirche ist aber eine der größten Kirchen dieser Bauart, die noch existieren. Sie brannte während des Dreißigjährigen Krieges aus. Alle vorhandenen Holzeinbauten wie Altar, Kanzel, Empore und Gestühl stammen daher aus den Jahren 1651 bis 1654.

Die Kirche war auch Begräbnisraum, 83 Gräber und zahlreiche Gedenktafeln für die Verstorbenen sind erhalten. 1972 war die evangelisch-lutherische Gemeinde zu klein geworden, um die Kirche noch zu unterhalten. Sie wurde entwidmet und zugeschlossen, vorhandene Kunstwerke brachte man in andere Zittauer Kirchen. Jugendliche nutzten das Bauwerk als Abenteuerspielplatz. Mitte der 1980er Jahre war der Verfall so weit fortgeschritten, daß Einsturzgefahr bestand. Die Stadt Zittau erwarb die Kreuzkirche im Jahr 1993 für eine symbolische Mark. Außen und innen vollständig renoviert, ist sie seit Juni 1999 ein Museum mit der Dauerausstellung ›Großes Zittauer Fastentuch‹. Auf dem Friedhof der Kreuzkirche blieben kunstvolle Grabmähler und Gruftkapellen im Barockstil erhalten. Auf der anderen Seite der Frauenstraße steht der Schleifermännchen-Brunnen aus dem 19. Jahrhunderts. Am Karl-Liebknecht-Ring entlang erreicht man das blühende Wahrzeichen Zittaus: Die Blumenuhr wird seit 1908 bepflanzt. Daneben steht seit 1966 ein Meißener Porzellanglockenspiel. Die Fleischerbastei aus dem 16. Jahrhundert ist die einzige Befestigungsanlage, die von den einst 13 Basteien erhalten blieb. Heute ist sie Insel böhmischer Gastronomie in Sachsen.

Das Große Zittauer Fastentuch

Fastentücher werden erstmals um das Jahr 1000 erwähnt. Anfangs waren sie schmucklos, später wurden die Gewebe immer aufwendiger gestaltet. Jene Tücher waren für die Quadragesima bestimmt, die 40tägige vorösterliche Fastenzeit. Die Seelen der Menschen waren angeblich durch Sünden von Gott entfremdet. Deshalb wurden die Gläubigen bis zur Sühne durch den Tod Christus damit bestraft, das Allerheiligste – Altar und Reliquien – nicht anzuschauen zu dürfen. Alle Messen fanden hinter dem Tuch statt. Die Gemeinde saß vor dem Tuch und war von allem getrennt, was sie sonst sah und anbetete. Den Gläubigen wurde somit nicht nur ein körperliches, sondern auch ein seelisch-geistiges Fasten auferlegt. So sollten die Sünden besser erkannt und bereut werden, um danach Gott wieder ruhig ins Auge schauen zu können. In vielen katholischen Kirchen wird der Gebrauch von Fastentücher übrigens heute wieder neu belebt.

Das Große Zittauer Fastentuch ist einmalig in Deutschland, weitere 14 derartige Tücher existieren in Österreich, zwei in der Schweiz, allerdings sind sie teilweise nur als Fragmente erhalten. Das Zittauer Exemplar ist dem weltberühmten Fastentuch des Doms zu Gurk in Kärnten ebenbürtig. Es ist 6,80 Meter breit und 8,20 Meter hoch.

Im Jahr 1472 stiftete Jacob Gürtler das Große Zittauer Fastentuch für die Johanniskirche. Der Zittauer Bürger hatte es als Gewürz- und Getreidehändler zu Reichtum gebracht. Von 1472 bis 1672 war das Tuch in Gebrauch, dann war es so verstaubt, daß es abgenommen wurde. Es blieb hinter dem Altar liegen, Ende des 17. Jahrhunderts galt es als verschollen. 1840 fand man das Tuch hinter einem Bücherregal in der Ratsbibliothek im Heffterbau. Bereits 1842 wurde es im Altertumsmuseum Dresden präsentiert. Auf zwei Rollen mit Kurbel gespannt, konnte es 34 Jahre lang täglich im Detail bestaunt werden. Das Tuch überstand die Strapazen ohne Schaden, was für die hohe Qualität des Leinen spricht. 1876 kam das Kunstwerk zurück nach Zittau und war hier bis 1933 in sieben Sonderausstellungen zu sehen. Zu Kriegsende schaffte man das Tuch aus Sicherheitsgründen in das Burgmuseum Oybin. Dort fanden es Soldaten der Roten Armee. Es wurde zerschnitten und als Vorhang einer Höhle genutzt. Teile davon dienten für 14 Tage auch zum Abdichten einer Dampfbadestube. Noch heute sind die Schäden auf dem Tuch sichtbar. Die Bildzeilen drei bis sechs sind durch Wasserdampf verblichen, die unterste Bildzeile durch das Abdichten.

Bis zu diesem Zeitpunkt hatte das Große Zittauer Fastentuch als das am besten erhaltene Tuch der Welt gegolten. Als Glück im Unglück ist zu werten, daß kein sowjetischer Kunstexperte den Wert des Tuches erkannte. Ansonsten wäre es wohl als Beutekunst für Deutschland verloren gewesen. Ein Oybiner sah die Tuchreste im Wald, erkannte den kostbaren Fund und brachte die Einzelteile ins Zittauer Museum. In der Folgezeit gab es aber nur zaghafte Versuche, das Tuch zu restaurieren. Nach 1990 fragten ältere Zittauer nach dem Verbleib des Fastentuches und brachten es in das Bewußtsein der Öffentlichkeit zurück. 1991 wurde das in 17 Teile zerrissene Tuch erstmals im Zittauer Theater ausgelegt; glücklicherweise fehlte kein einziges Stück. Das bemalte und über ein halbes Jahrtausend alte Leinen strahlte trotz der gottlosen Verwendung eine erhabene Schönheit aus. Im Herbst 1992 wurden die Zittauer Experten mit der Abegg-Stiftung in Riggisberg bei Bern bekannt. Die Spezialwerkstatt hatte bereits das berühmte Turiner Grabtuch begutachtet.

Die Zittauer Tücher waren in einem Zustand, der eine Restaurierung erlaubte. 1994 beschloß die Stiftung, das Große Fastentuch kostenlos zu restaurieren. Bald darauf übernahmen die Schweizer auch die Kosten für die Arbeit am Kleinen Zittauer Tuch. 1994/1995 wurden die beiden Zittauer Fastentücher, nun wieder hergestellt, in der Schweiz und später in Köln der Öffentlichkeit gezeigt.

Das Zittauer Fastentuch befindet sich in der größten Glasvitrine der Welt. Die Tragekonstruktion besitzt eine Höhe von 11,50 Metern und eine Breite von 7,60 Metern, die Tiefe beträgt 3,10 Meter. Die Glasscheiben haben ein Maß von 9,60 Meter Höhe und 2 Meter Breite. Das Plexiglas ist 15 Millimeter stark, eine Scheibe wiegt 336 Kilogramm, alle Scheiben zusammen bringen es auf zwei Tonnen. Die Luftfeuchtigkeit im Inneren beträgt konstant 60 Prozent. Das Tuch ist sehr lichtempfindlich, 2700 Lichtlinsen sorgen für eine nur dezente Beleuchtung. Zwischen 40 und 60 Lux Lichtstärke sind auf Dauer zuträglich. An Sonnentagen würden ohne Jalousien vor den Kirchenfenstern bis zu 11 000 Lux einstrahlen.

Das Fastentuch besteht aus sehr grobem Flachsleinen und wurde in sechs einzelnen Bahnen zu einer Gesamtfläche von 56 Quadratmetern zusammengesetzt. Die Temperafarben sind original, aber heute nicht mehr so kräftig wie bis Anfang 1945. Einige Farben sind im Laufe der Jahrhunderte gänzlich verschwunden, grün erscheint heute bräunlich. Bei der Restaurierung wurden keinerlei farbliche Veränderungen vorgenommen.

Auf zehn Zeilen stellen jeweils neun Bilder eine Art Bilderbibel dar, die von links nach rechts zu ›lesen‹ ist. Die oberen fünf Zeilen zeigen Themen aus dem Alten Testament. So sieht man Gott bei der Erschaffung der

Elemente, der Tiere und des Menschen. Dann werden Eva und Adam aus dem Paradies vertrieben. Noah erbaut die Arche, die vierzig Tage Sintflut übersteht. Später legt Noah einen Weinberg an, darüber wölbt sich ein Regenbogen als Zeichen dafür, daß Gott nun mit der Entwicklung des Menschen einverstanden ist. Auf einem Bild sieht man sogar, wie Noah betrunken am Weinberg schläft. Der Turmbau zu Babel ist dargestellt, Sodom und Gomorrha sind stark verblaßt. In der fünften Zeile zieht Moses in gelobte Land. Der Tanz ums Goldene Kalb wird mit einem Erdrutsch bestraft, Gott läßt die Rädelsführer in einer Erdspalte verschwinden. Im letzten Bild in der fünften Zeile erreichen einige Menschen das gelobte Land: So erfüllt sich all das, was Moses dem Volk versprochen hatte. Die unteren fünf Zeilen sind dem Neuen Testament gewidmet. In der sechsten Zeile sieht man den Werdegang Marias und die Geburt Jesus. Die siebente Zeile zeigt Maria, Joseph und Jesus in Ägypten, ab Zeile neun wird die Leidensgeschichte von Jesus gezeigt. Die unterste Zeile behandelt das Grablegen und Auferstehen von Christus, Christi Himmelfahrt, die Ausgießung des Heiligen Geistes sowie das Jüngste Gericht.

Blatt-, Blumen- und Tierornamente zieren die Bilder wie ein Rahmen. Im unteren Teil befinden sich böhmisches und Zittauer Wappen sowie die Jahreszahl 1472. Weiter

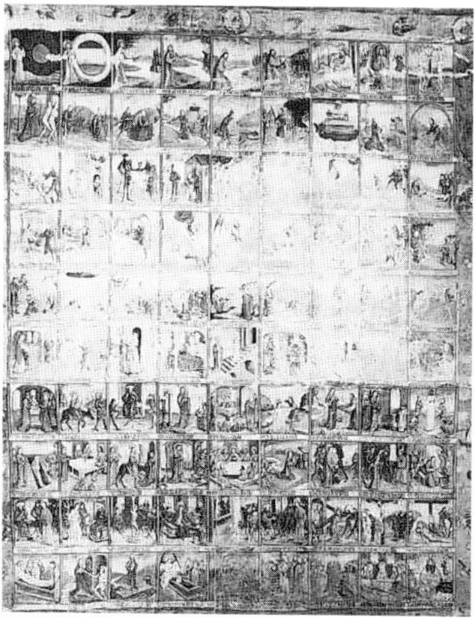

Das Große Zittauer Fastentuch

links sieht man den Stifter höchstselbst mit einer Waage in der Hand. Vor ihm stehen zehn offene Säcke, darunter sein Name: Jacob Gürtler. Es ist nicht bekannt, welcher Künstler das Große Zittauer Fastentuch schuf. Alle Dokumente, die Auskunft hätten geben können, vernichtete ein Stadtbrand im Jahr 1757. Man vermutet den Meister im Zittauer Franziskanerorden.

Vor dem Fastentuch und in der Sakristei befinden sich Ordner, die jedes Motiv zeigen und einzeln erklären. Auch die frühneuhochdeutschen Begleittexte werden übersetzt. Auf deren Inhalt hat der Zittauer Rat Einfluß genommen. Eine Fotografie zeigt das Fastentuch im Jahr 1907.

Hauptgeschäftsstraße und Promeniermeile der Zittauer ist die Bautzener Straße. Sie führt vom Markt in Richtung Bahnhof. Dabei kommt man an der Alten Post vorbei, einem Barockgebäude aus den Jahren 1745 bis 1746 (Bahnhofsstraße 6). Sehenswert ist auch das neuere Hauptpostgebäude an der Ecke Bahnhofsstraße/Poststraße.

Im benachbarten spätklassizistischen Johanneum drücken auch heute Gymnasiasten die Schulbank. Auf dem 56 Meter hohen Glockenturm des Johanneums glänzt ein goldener Engel. Der Himmelsbote war bereits Schmuckelement des hier abgebrochenen Webertores. Vor dem Eingang befindet sich der Stubben eines tertiären Mammutbaumes. Sein Alter wird auf 25 Millionen Jahre geschätzt. Das Relikt aus der Vergangenheit wurde in einer Tongrube bei Hartau freigelegt.

Vor dem Johanneum blieb die Konstitutionssäule erhalten, Ausdruck für das selbstbewußte Zittauer Bürgertum, das damit im Jahr 1833 seine Forderungen nach bürgerlichen Rechten verdeutlichte, und zum Gedenken an die Verabschiedung der ersten sächsischen Verfassung (1831).

Von der Bautzener Straße gelangt man über Post- und Milchstraße zum Stadtbad am Töpferberg 1. Das spätklassizistische Hallenbad aus dem Jahr 1873 gilt als eines der ältesten Deutschlands. Der Turm ist ein Relikt der Stadtbefestigung. Vor dem Bad steht ein korinthischer Säulenkopf, den Schinkel entworfen hat. Ursprünglich sollte er den Vorplatz der Johanniskirche zieren.

Das Geburtshaus des Komponisten Heinrich Marschner (1795–1861) steht in der Franz-Könitzer-Straße (Gedenktafel). Er schuf insgesamt 13 Opern, wovon ›Der Vampir‹ (1828) und ›Hans Heiling‹ (1831) seine erfolgreichsten Stücke wurden.

Zu den Attraktionen der Stadt zählt auch die mit Dampflokomotiven betriebene Schmalspurbahn – Spurweite 750 Millimeter – ins Zittauer Gebirge, die seit 1890 verkehrt. Ab Bertsdorf – Umsteigemöglichkeit, dort lädt im Bahnhof auch ein Erlebnisrestaurant ein – existieren zwei Streckenabschnitte, einer mit Zielbahnhof Oybin, der andere führt nach Jonsdorf. Die Zittau-Oybin-Jonsdorfer Eisenbahn (Z.O.J.E.) wird von den Einheimischen auch liebevoll als ›Zug ohne jegliche Eile‹ bezeichnet, denn für die gut zwölf Kilometer nach Oybin oder Jonsdorf benötigt der Zug knapp eine Stunde.

Von Zittau führt der Oder-Neiße-Radweg zum Dreiländereck und weiter nach Hartau mit Fußgänger- und Radfahrergrenzübergang ins Böhmische. Von Zittau bis Hartau ist man mit dem Fahrrad etwa 30 Minuten unterwegs. Auf der böhmischen Seite lädt der Kristinensee (Kristýna) zum Baden ein. Das Paradies entstand ab den 1970er Jahren aus einer zwölf Hektar großen Braunkohlengrube.

PLZ: 02763.
Vorwahl: 03583.
Tourist-Information Zittau, Markt 1 (Rathaus), Tel. 752137, www.zittau.de. Rathausführung mit Besichtigung jeden Mittwoch um 15 Uhr, Stadtführung entlang des Zittauer Kulturpfades Di 14 Uhr, Sa 11 Uhr, Führung durch Keller und Gewölbe am Zittauer Markt – ›Ein Ausflug in die Unterwelt‹ sowie ›Sagenhaft‹ - mittelalterliche Stadtführung.
Alle wichtigen Baudenkmäler sind Bestandteil des Zittauer Kulturpfades, einen Plan erhält man kostenlos in der Touristinformation. Stadtführung jeden Sa um 11 Uhr, Treffpunkt an der Touristinformation.
Schmalspurbahn: Sächsisch-Oberlausitzer Eisenbahngesellschaft mbH, Kundenbüro Zittau, Bahnhofstr. 41, Tel. 540540, www.soeg-zittau.de

Hotel Riedel, Friedensstr. 23, Tel. 6860; im Jahr 1999 modernisiert.
Hotel Dreiländereck, Bautzner Str. 9, Tel. 5550, www.hotel-dle.de; nahe Markt, DZ 64 Euro.
Pension und Gasthaus Zur Lokomotive, Eisenbahnstr. 35, Tel. 511251, täglich 11–14 und 17–01 Uhr. Zimmer im Stil der 1920er Jahre, Zimmer ab 17,50 Euro.
Ferienwohnung Familie Mauke, Neustadt 17 (am Salzhaus), Tel. 512061. Im italienischen Stil mit Dachterrasse und Küche.

Historisches Wirtshaus Dornspachhaus, Bautzner Str. 2, Tel. 795883, www.dornspachhaus.de.
Restaurant Zum Pferdestall, Neustadt 47 (im Marstall), Tel. 586330, täglich 11–24 Uhr. Sehr reichhaltige Speisekarte, auch Café.
Böhmisches Restaurant Zum König Ottokar II. in der Fischerbastei, Karl-Liebknecht-Ring 9, Tel. 696484. Böhmische Küche, böhmisches Bier und tschechische Weine, Altböhmische Stube.
Zittauer Brauhaus, Im Weinaupark 3a, Tel. 704104, www.zittauer-buergerbraeu.de. Hier wird das Zittauer Bürgerbräu gebraut.

Kirche zum Heiligen Kreuz (Dauerausstellung Großes Zittauer Fastentuch), Frauenstr. 23, Tel. 5008920, täglich 10–18 Uhr, Führungen um 10, 11, 13, 14 und 15 Uhr.
St. Johanniskirche, Türmer Herr Reinhard Rokitte, Johannisplatz 1, Tel. 795143, tuermer1@gmx.de, Aussichtsturm: Mo–Fr 12–18 Uhr, Sa/So 10–16 Uhr, November bis März Mo–Fr 10–16.30 Uhr, Sa/So 10–16 Uhr.
Museum für Naturkunde des Zittauer Landes ›Dr. Curt Heinke‹, Kirchstr. 17.

Olbersdorf südlich von Zittau ist alljährlich Start- und Zielpunkt des Zittauer Gebirgslaufes (Ende April), www.gebirgslauf.de.
Kulturveranstaltung: ›Musik in

St. Johannis‹ ist eine beliebte Konzertreihe während des Sommers.

Weitere Veranstaltungen über www.oberlausitzer-kulturkalender.de.

Olbersdorf

Zwischen Zittau und dem gleichnamigen Gebirge liegt die Gemeinde Olbersdorf. Der Ort selbst ist fast 700 Jahre alt, nahezu 200 Jahre wurde er von der Kohle geprägt. Ab dem Jahr 1800 vollzog sich die Förderung im Unter- wie auch im Obertagebetrieb, sie wurde noch durch einen Beschluß des DDR-Ministerrats 1990 eingestellt. Bis dahin hatten dem wichtigsten Wirtschaftszweig des Ortes die neogotische Kirche von 1883 und das sogenannte Niederdorf weichen müssen. Nach 1990 wurden umfassende Sanierungsarbeiten durchgeführt, 1999 fand auf dem Gelände die 2. Sächsische Landesgartenschau statt. Sie stand unter dem Motto: ›Landschaft nach dem Bergbau‹. Das rekultivierte Braunkohle-Tagebaurestloch verwandelte sich in einen 60 Hektar großen und bis zu 37 Meter tiefen See. Ein Lehrpfad mit Schautafeln rund um den neugeborenen See, zehn Kilometer lang, erläutert den eindrucksvollen Wandel.

Am Nordufer stehen das Hotel Haus am See, Telefon 0 35 83/5 54 81 00, und eine Strandgaststätte, die viele Fischgerichte anbietet. Hier befinden sich auch ein weitläufiger Badestrand sowie ein Campingplatz für Zelte und Wohnmobile, Telefon 0 35 83/69 62 92. Man kann sich auch im Internet über www.seecamping-zittau.com informieren. Am schönsten ist der Blick vom Nordufer über die Wasserfläche hin zu den Höhen des Zittauer Gebirges.

Das nordwestlich benachbarte Dorf Hörnitz besitzt ein prächtiges Schloßhotel inmitten eines Parks, Doppelzimmer gibt es ab 52 Euro, Tel. 035 83/55 00, www.schlosshotel-althoernitz.de.

Der Koitsche ist zwar mit 375 Metern nur ein Zwerg von einem Berg, doch als Aussichtspunkt übertrumpft er die meisten höheren Nachbarn. Bei entsprechendem Wetter hat man gleich vier Gebirge im Blickfeld: Zittauer Gebirge, Jeschkenkamm, Iser- sowie Riesengebirge. Eine Panoramaaussicht bietet sich auch auf den Olbersdorfer See mit der Stadt Zittau. Das Berggasthaus wirbt mit ›Balkonplätzen‹ auf der schattigen Terrasse. Neben dem Gasthaus gibt es auch Fremdenzimmer, Tel. 0 35 83/5 03 80.

Der Oder-Neiße-Radweg

So viel Ruhe und Natur abseits des Massentourismus, dazu überwiegend autofreie Wege, kann keine andere Radroute in Deutschland bieten. Dennoch braucht an Oder und Neiße niemand auf Kultur zu verzichten. Denn Experten halten Görlitz für die schönste Stadt Deutschlands, und der Muskauer Park bereichert seit dem Jahr 2004 die Weltkulturerbeliste der UNESCO. Landesgrenzen sind für Radler dabei keine Hürde. Von Tschechien führt der markierte Weg nach 60 Kilometern teilweise entlang der Neiße über den Fußgänger- und Radfahrergrenzübergang Hartau schnell ins sächsische Zittau.

An der Görlitzer Stadtgrenze verläßt der ausgewiesene Radweg das Neißeufer. Die Räder holpern abwechselnd über Betonplatten-, Schotter- und Sandwege, ehe sie später wieder auf der Neißestraße surren. Bei Steinbach führt die offizielle Route ans Neißeufer. Die Absichtserklärungen in der Lokalpresse versprechen bis 2006 einen durchgehenden Asphaltbelag, ab Podrosche wurde aus der Vision bereits Realität.

Weiter über Bad Muskau und Forst kommt Frankfurt/Oder in Sicht. Seit 2003 ist der Oder-Neiße-Radweg durch das Stadtgebiet markiert. Ein Alternativschlenker ist vom Spitzkrugmulticenter (SMC) nach Lebus ausgewiesen. Etwas holprig, dafür ganz ohne Lärm, führt der Weg durch die schöne Landschaft wieder an die Oder. In Reitwein stehen noch herrliche alte Alleebäume am Deich. Dörfler und Umweltschützer hatten sich an Linden, Ahorne und Eichen gekettet, um deren Erhalt zu erzwingen. Die Behörden wollten den Kahlschlag, weil die Baumwurzeln angeblich Sicherheitsprobleme bereiten. Weiter flußabwärts haben sie sich durchgesetzt.

Schafe sind die sanften Helfer bei der Deichpflege, ihr unersättlicher Appetit hält den Bewuchs kurz. Schäferei ist in Mitteleuropa allerdings ein Zuschußgeschäft geworden. Nur dank Subventionen und Vertragsnaturschutz sieht man die Schafe hier überhaupt noch.

Zollbrücke ist ein freundlicher Platz direkt hinterm Deich. Hier stehen noch mehrere kleine Fachwerkhäuschen, wie sie früher für das Oderbruch typisch waren. An schönen Tagen belegen Skater und Radler die Freiluftplätze vor dem Gasthaus Zollbrücke, auf den Dachfirsten trainiert der Storchennachwuchs An- und Abflug, Stolzieren und Klappern.

Bei Hohensaaten passieren wir die südliche Grenze des Nationalparks Unteres Odertal: Mit Auwaldresten, Alt- und Totarmen, Feuchtwiesen, Trockenrasen und steilen Hängen findet der Besucher hier noch eine intakte Artenvielfalt vor. Nicht nur für Störche scheint der Tisch reich

gedeckt, auch Kraniche, Graureiher, Wildgänse und Schwärme von Kiebitzen fühlen sich wohl.
Nördlich von Gartz, bei Mescherin, schwenkt die Oder auf polnisches Gebiet. Der Oder-Neiße-Radweg verläuft auf deutscher Seite weiter. Separate Fahrradwege sind ab jetzt die Ausnahme. Vom Badesee Damitzow führt eine vierreihige Kastanienallee auf grobem Kopfsteinpflaster Richtung Mecklenburg-Vorpommern. So ähnlich könnte es hier schon im Mittelalter ausgesehen haben. Ab Hintersee wurde der ehemalige Damm der Randower Kleinbahn auf über zehn Kilometer zum herrlichen Radweg umgewandelt.
Am Oderhaff mit feinem Sandstrand und klassischen Sonnenuntergang ist die Illusion von Ostsee perfekt. Informationen: oder-neisse-radweg.de.

Tadellos asphaltiert ist der Brandenburger Abschnitt des Oder-Neiße-Radweges

Seifhennersdorf

Das langgestreckte Dorf, 20 Kilometer südlich von Löbau gelegen, darf sich erst seit 1974 Stadt nennen. Viele Jahre befand sich hier, im Südostzipfel der ehemaligen DDR, der einzige Straßengrenzübergang zum südlichen Nachbarn. Heute geht es hier eher geruhsam zu. Größter Arbeitgeber ist die C. Bechstein Pianofortefabrik AG.

Um den Tourismus anzukurbeln, wurde der Räuberhauptmann Karasek ins rechte Licht gerückt, das Stadtmuseum in Karasek-Museum umbenannt. Tatsächlich finden sich im Städtchen und seiner Umgebung viele Orte, an denen seine Anwesenheit dokumentiert ist. In Gerichtsakten aus dem 18. Jahrhundert wird Karasek als ›Diebstähler, Schalk und boshafter Bösewicht‹ bezeichnet, das Volk sah in ihm eher einen Robin Hood der Lausitz.

Die unübersichtliche Grenze, verworrene politische Verhältnisse und mehrere Gebietswechsel zwischen Sachsen und Böhmen begünstigten das hiesige Schmugglerwesen. Das Museum erinnert daran, sehenswert sind auch original eingerichtete Bauern-, Schlaf- und Weberstube (um 1800), Exponate zur Stadtgeschichte, Geologie und zum Bergbau.

In der Kreuzkirche (1936) befindet sich eine Schuster-Orgel. Zu den schönsten Umgebindehäusern zählen die ehemalige Faktorei in der Rumburger Straße 46a, mit langer Freitreppe und barockem Türstock von 1754, das Haus in der Rumburger Straße 10 mit einem klassizistischen Türstock sowie das Haus im Mittelmühlweg 14, das mit prächtigem Ornamentschmuck am Türblatt und geschnitztem Holztürstock beeindruckt.

Im Stadtteil Läuterau im Mandautal verstecken sich viele schöne Umgebindehäuser, darunter das Puppenmuseum mit 1500 Puppen und 50 Puppenstuben.

Das Wald- und Erlebnisbad Silberteich liegt drei Kilometer nördlich der Stadt am Wanderweg nach Neugersdorf. Die Anlage entstand Anfang der 1930er Jahre als Sport- und Parkanlage auf zehn Hektar. Neu hinzugekommen ist das Kindererholungszentrum ›Querxenland‹ – Querxe heißen hier die Bergwichte.

Naturlehrpfad und Karasek-Ringweg führen über je 4,5 Kilometer um Seifhennersdorf. Schautafeln informieren über Fauna und Flora sowie das Leben des Räuberhauptmanns.

PLZ: 02782.
Vorwahl: 0 35 86.
Fremdenverkehrsbüro im Karasek-Museum, Nordstr. 21, Tel. 40 67 57.

Gasthof Zur Linde, Warnsdorfer Str. 10, Tel. 40 43 79, www.hotel-zurlinde.com.
Kindererholungsland Querxenland, Viebigstr. 1, Tel. 4 51 10,

www.querxenland.de. Schullandheim, Freizeitpark und Abenteuerspielplatz.

Karasek-Museum, Nordstr. 21, Tel. 40 60 75, Di–Fr 9–12 und 13–16.30 Uhr, So 13–16.30 Uhr.

Puppenmuseum, An der Läuterau 11, Tel. 40 60 75, Mi 10–12 und 14–18 Uhr, So 14–18 Uhr.

Hainewalde

Das Dorf streckt sich im Tal der Mandau, sieben Kilometer westlich von Zittau. Viele Umgebindehäuser, eine prächtige Dorfkirche im Barockstil und vor allem die Kanitz-Kyawsche Gruftkapelle von 1715 sind die Anziehungspunkte. Der quadratische barocke Gruftbau besitzt angedeutete Säulen, hohe Volutengiebel und mehrere allegorische Figuren. Als Baumeister wird Franz Bühner aus Gabel (Jablonec nad Nisou) vermutet. Die Gruftkapelle gilt als wertvollstes Beispiel barocker Grabmalkunst der Lausitz.

Das Neue Schloß wurde von 1749 bis 1753 errichtet, 1883 umgebaut, heute ist es aber dem Verfall preisgegeben. In der Talstraße von Hainewalde in Richtung Großschönau führt die ›Himmelsbrücke‹ über die Mandau. In der Obstbrennerei, Aueweg 14, kann man die Destillationsanlage besichtigen und Hochprozentigen verkosten und kaufen, Tel. 0 35 83/69 34 00.

Wanderung von Hainewalde auf den Breiteberg und zurück

Die bewaldete Phonolithkuppe des Breiteberges (510 Meter) erhebt sich südlich des Dorfes und liegt ungefähr 200 Meter über dem Tal der Mandau. Die markierte Aufstiegsroute (roter Punkt) führt am Bahnhof Hainewalde vorbei.

Seit 1881 befindet sich auf dem Gipfel ein Berggasthaus, von Mittwoch bis Freitag von 11 bis 19 Uhr und an den Wochenenden ab 11 Uhr geöffnet. Der hölzerne Ausguck wurde 1936 durch einen massiven Turm ersetzt. Das Baumaterial, Phonolithplatten, lieferte der Steinbruch auf der Südseite des Breiteberges. Bei günstiger Witterung kann man vom 13 Meter hohen Turm bis zur 60 Kilometer entfernten Schneekoppe schauen, sieht Jeschken und Valtenberg. Der Turm erhielt den Namen Dr. Curt Heinke zum Gedenken an den 1934 tödlich verunglückten Geologen, der die Südlausitz erforschte. In Zittau erinnert ein Museum an sein Leben und Werk.

Länge: 4 Kilometer.

Großschönau

Großschönau, das 1352 erstmals urkundlich erwähnt wurde, ist in das Tal der Mandau gebettet. Zunächst siedelten sich vor allem Bauern aus Franken und Thüringen an, bedeutend wurde Großschönau später als Produktionsort für die Damastweberei.

Im Jahr 1666 kehrten zwei junge Großschönauer Leineweber von einer Reise aus Holland heim. Dort hatten sie die geheime Technik des Damastwebens studiert und begannen mit der Produktion in der Oberlausitz. Die Herstellung von Damast – das sind gewebte filigrane Bilder nach orientalischem Muster – entwickelte sich schnell zum wichtigsten Erwerbszweig. Im 18. Jahrhundert zählte Großschönau zu den größten Damastproduzenten Europas, etwa 1000 Webstühle waren in Betrieb. Zum Kundenkreis gehörten Klöster und Kirchen, für die man Altardecken herstellte, aber auch namhafte Adelshäuser, die sich in Großschönau Servietten und Tafeltücher mit Wappen weben ließen. Ab Anfang des 19. Jahrhunderts löste die Baumwollweberei die Damastproduktion ab. 1839 war die erste Jacquardmaschine im Einsatz. Anfang des 20. Jahrhunderts wurde Großschönau zur Wiege der deutschen Frotteeweberei.

Gegenüber der barocken Kirche (1705), am anderen Mandauufer, beleuchtet das Deutsche Damast- und Frottiermuseum die große Vergangenheit Groß-

Am Mandauufer in Großschönau stehen schmucke Umgebindehäuser

schönaus. Das Kupferhaus, eine ehemalige Damastmanufaktur aus dem Jahr 1807, birgt unter seinem Dach einzigartige Schätze. Dazu gehören kostbare Damaste aus dem 18. und 19. Jahrhundert und auch der einzige noch funktionsfähige Damastzugwebstuhl weltweit. Der Frottierhandwebstuhl ist immerhin der einzige Deutschlands.

Mehrmals wöchentlich werden die ›Wunderstühle‹, insgesamt 27 Maschinen, in der Schauwerkstatt in Betrieb genommen. Die Handhabung des Damastzugwebstuhls mußte erst wieder enträtselt werden, da aus Konkurrenzgründen keine schriftlichen Bedienungsanweisungen überliefert waren.

Sehenswert sind weiterhin die zahlreichen schönen Umgebindehäuser an den Ufern der Mandau. Manche Gäste interessieren sich mehr für den neu entstandenen Trixi-Park. Er entstand aus dem ehemaligen Großschönauer Waldstrandbad und Campingplatz und umfaßt eine Schwimmhalle mit Saunen- und Wellnesslandschaft sowie eine Ferienhaussiedlung.

PLZ: 02779.
Vorwahl: 03 58 41.
Fremdenverkehrsamt Großschönau, Hauptstr. 54, Tel. 310 36, www.grossschoenau.de.

Gasthof Zur deutschen Eiche, Waltersdorfer Str. 67, Tel. 20 38.
Gasthof und Pension Grußschinner Eck, Gartenstr.1, Tel. 3 54 79.
Trixi-Park Zittauer Gebirge mit Ferienhaussiedlung, Jonsdorfer Str. 40, Tel. 63 10, www.trixi-park.de.

Deutsches Damast- und Frottiermuseum, Tel. 3 54 69, Mai bis Oktober Di–So 10–12 und 14–17 Uhr, November bis April Di–Fr 10–12 und 13–16 Uhr, jedes 1. und 3. Wochenende 13–16 Uhr.
Motorrad-Veteranen und Technik-Museum, David-Goldberg-Straße 27, Tel. 3 88 85, April bis Oktober Di–Fr 10–12 und 13–15 Uhr, Sa/So 10–12 und 13–17 Uhr.

Erholungsort Waltersdorf

Das typische Straßendorf streckt sich über drei Kilometer am Nordostfuß der Lausche entlang, liegt an der Grenze zu Tschechien und ist aus Zittau und Großschönau mit dem Auto oder Linienbus schnell zu erreichen. Der Ort gilt als der schneesicherste der Lausitz – die Lausche ist mit 793 Metern der höchste Berg Deutschlands östlich der Elbe. Im Ort stehen fast ausnahmslos Umgebindehäuser, insgesamt sind es 230. Viele besitzen reichgeschmückte Türstöcke (Türeinfas-

Zahlreiche Umgebindehäuser prägen Waltersdorf

sungen) aus Waltersdorfer Sandstein, die zumeist im Barock- und Rokokostil ausgeführt sind.

In einer Wassermühle nahe der Kirche lädt das Volkskunde- und Mühlenmuseum ein. Man kann eine Bauern- und Weberstube, die Getreidemühle und das Gedenkzimmer an den in Waltersdorf geborenen Komponisten Friedrich Schneider (1786–1853) im Biedermeierstil besichtigen. In der barocken Dorfkirche (1729) beeindruckt insbesondere die barocke Orgel des Zittauer Meisters Tamitius, einem Orgelbauer der Silbermannschule.

Alpine Abfahrtsläufer bevölkern bei guten Schneeverhältnissen mehrere Abfahrtshänge mit Ski-Schlepplift an der Lausche, Anfänger steigern ihre Fähigkeiten auf der Eisgasse zwischen Otto- und Weberberg. Auch hier steht ein Lift bereit. Skilangläufer nutzen die gespurten Loipen um Lausche und Weberberg.

Wanderung von Waltersdorf zum Gipfel der Lausche

Die Wache ist mit 570 Metern der höchste Punkt von Waltersdorf. Sie wurde erstmals 1418 erwähnt, und hier baute man die ersten Häuser der neuen Siedlung. Sie dienten anfangs als Zollgebäude, denn ab 1663 verlief hier eine wichtige Paßstraße nach Böhmen. Heute befindet sich an der Wache ein Fußgängergrenzübergang, das größtenteils auf böhmischer Seite liegende Lausche-Hochmoor ganz in der Nähe wurde als grenzüberschreitendes Naturschutzprojekt renaturiert.

Der Weg von der Wache zum Lauschegipfel führt anfangs durch Mischwald, später durch Buchenhochwald. Am Hickelstein verlassen wir den Hauptweg. Hier befindet sich der Lauscheborn. Die Quellfassung wurde 1826 zur Trinkwasserversorgung der Lauschebaude notwendig. Der Transport auf den Gipfel erfolgte in Fässern auf dem Rücken von Eseln.

Das Landschaftspanorama auf dem Lauscheplateau ist bei günstiger Witterung überwältigend und wird mit Aussichten von der Schneekoppe, dem Brocken oder dem Milleschauer verglichen. Markant ragen die Phonolithkuppen des Böhmischen Mittelgebirges und der Jeschken mit dem Fernsehturm empor. Im Osten erblickt man die Höhenzüge von Iser- und Riesengebirge.

Nur Fundamentreste blieben vom einstigen Berggasthof erhalten, er fiel im Januar 1946 einem Brand zum Opfer. Die böhmisch-sächsische Grenze markierte die Mitte des Gastraumes. Heute steht die Lausche unter Naturschutz.

Länge: 2 Kilometer.

PLZ: 02799
Vorwahl: 03841.
Touristinformation Waltersdorf, Dorfstr. 97, Tel. 2146, www.erholungsort-waltersdorf.de.

Aparthotel Zur Lausche, Hauptstr. 60, Tel. 63260, www.zurlausche.de. Mit französischem Restaurant.
Wanderhotel Sonnebergbaude, Hauptstr. 154, Tel. 3300, www.sonnebergbaude.de.
Rübezahlbaude, Hauptstr. 165, Tel. 3390, www.ruebezahlbaude.de.
Gasthof Auf der Heide, Hauptstr. 120, Tel. 3060, www.gasthofaufderheide.de. Urlaub im Umgebindehaus.
Hubertusbaude (Familotel und Restaurant), An der Lausche 4, Tel. 6320, www.hubertusbaude.de.
Landgasthof und Familienhotel ›Quirle-Häusl‹, Hauptstr. 51/52, Tel. 606060, www.quirle.de. Umgebindehaus mit Weinkeller, Fahrradverleih.
Jugendherberge, Am Jägerwäldchen 2 (Bertsdorf-Hörnitz), Tel. 35099.

Campingplatz Lauscheblick, Ortsteil Saalendorf, Nr.5, Tel. 36357 (Mai bis September).

Volkskunde- und Mühlenmuseum, Dorfstr. 89, Tel. 72827, Di–Sa 10–12 Uhr und 13.30–16.30 Uhr, Mai bis Oktober auch So 13.30–16.30 Uhr.

Kostümrodeln für Kinder und Skifasching (Februar). Sonnenwendfeier (Juni). Waltersdorfer Schiss'n (Juli).

Luftkurort Jonsdorf

Der erste Luftkurort der Oberlausitz liegt etwa auf halbem Wege zwischen Waltersdorf und Oybin, an der Grenze zu Tschechien. Hier befindet sich eine der beiden Endhaltestellen der Schmalspurbahn aus Richtung Zittau.

1994 wurde Jonsdorf beim 3. Bundeswettbewerb ›Familienferien in Deutschland‹ zum familienfreundlichsten Urlaubsort Sachsens gekürt. Bereits seit 1934 ist Jonsdorf ein staatlich anerkannter Kurort.

Zum Ortsbild gehören die vielen Umgebindehäuser. Ein großer Anziehungspunkt sind die Jonsdorfer Mühlsteinbrüche, Denkmal- und Naturschutzgebiet, südlich des Kurortes. Unweit des bekannten Gasthofes Gondelfahrt steht ein großer Parkplatz zur Verfügung. Ab hier können Gäste eine vielfältige Landschaft aus Felsen, Gängen, Klüften und reichhaltiger Flora erleben.

Der Naturlehrpfad wurde mit 70 Nummernschildchen versehen, die entsprechende Begleitbroschüre hält das Fremdenverkehrsamt bereit. Mit dem Heftchen in der Hand wird man zu den Pulverkammern oder dem einstigen Schnapslager geführt. In der Steenbruchschmiede (Steinbruchschmiede) wurde einst das Werkzeug der Steinbrecher bearbeitet. Der Steinbruch war von der Mitte des 16. Jahrhunderts bis 1922 in Betrieb und hatte wegen der hier abgebauten Mahlsteine mit herausragender Qualität überregionale Bedeutung. Sie wurden auch nach Rußland und England geliefert. Aus jener Zeit stammen auch die Steinkränzel, die heute noch einige Wohnhäuser, das Gemeindeamt und die Kirche schmücken. Geschickte Leute meißelten sie aus Mühlsteinwellen oder dem Achslochabfall. Es entstand eine einzigartige Feierabendkunst, die in der erzgebirgischen Holzschnitzkunst bei weit leichter zu bearbeitendem Material ihre Parallele hat.

Vom Gasthof Gondelfahrt mit Parkplatz führt der markierte Weg in die Jonsdorfer Felsenstadt. Die Kunstwerke der Natur tragen Namen wie Teekanne, Zwerg und Dackel. Anstrengend ist der Pfad zur Aussicht Alpensteig, danach kommt man an der Großen und Kleinen Orgel aus Säulensandstein vorüber, den interessantesten geologischen Sehenswürdigkeiten. Weiter führt der Weg in die Mühlsteinbrüche, nahe der Jugendherberge erreicht man wieder Jonsdorf. Diese Tour nimmt etwa zwei Stunden in Anspruch.

Am Gasthof Gondelfahrt führt auch ein Weg Richtung Waltersdorf über Zigeunerstuben und Nonnenfelsen. In den Zigeunerstuben sind die eisenerzbesetzten steilen Sandsteinwände eine Besonderheit. Auf dem Nonnenfelsen werden Besucher mit einer schönen Aussicht auf Jonsdorf und hausgebackenem Kuchen im Gasthaus belohnt. Die Bergbaude Nonnenfelsen ist täglich ab 10 Uhr geöffnet, Tel. 7 67 77.

Die in einem Zug paarweise schreitenden, von Schleiern umwehten steinernen Nonnen erkennt man am besten vom Gasthof Gondelfahrt im Tal.

Am Schmalspurbahnhof in Jonsdorf

Der Klettersteig (Abzweig Gondelfahrt/Weg zum Nonnenfelsen) ist 400 Meter lang, man überwindet bis zum Nonnenfelsen einen Höhenunterschied von 100 Metern. Das Begehen ist nur mit Klettersteigausrüstung von Mai bis November erlaubt. Einige schwierige Abschnitte, so ein großer Überhang mit wenig Steighilfen und ausgesetzte Quergänge, erfordern bereits Bergerfahrung.

Von Mitte Mai bis Anfang September lädt die Waldbühne Jonsdorf (1953/54) mit Naturkulisse zu verschiedenen Aufführungen ein. Jonsdorf besitzt auch ein Gebirgsfreibad, dessen Badewasser von Sonnenkollektoren erwärmt wird.

Anfang 2004 eröffnete das Jonsdorfer Schmetterlingshaus nahe des Freizeit- und Eissportzentrums, eine tropische Miniaturwelt unter Glas. In der Flughalle flattern rund 300 exotische Schmetterlingsarten.

Wanderung von Jonsdorf nach Oybin

Am Jonsdorfer Bahnhof führt der gelb markierte Wanderweg in den östlich benachbarten Kurort Oybin. Bis zur halben Höhe des Jonsberges ist die Wanderung etwas anstrengend, dann verläuft der breite Fahrweg längere Zeit auf gleichem Niveau. Dabei lassen Lichtungen reizvolle Aussichten ins Oberlausitzer Land zu. Bald erreichen wir auch eine Wegkreuzung, von wo der Jonsberg zu erklimmen ist.

Durch dichten Fichtenhochwald, im Ostbereich des Jonsberges, gelangen wir auf dem leicht abschüssigen Thomasweg zu den Thomassteinen, auffälligen Sandsteinformationen. Bis Oybin ist es jetzt nicht mehr weit.

Länge: 5 Kilometer.

PLZ: 02796.
Vorwahl: 03 58 44.
Tourist-Information Jonsdorf, Auf der Heide 11, Tel. 7 06 16, www.jonsdorf-kurort.de.

Gasthof Gondelfahrt, Großschönauer Str. 38, Tel. 73 60. Mit schönem Blick zum Nonnenfelsen, Gondelteich mit Bootsverleih, Biergarten, Hotelgäste können sich hier einen Fisch angeln und anschließend im Restaurant verzehren, Swimmingpool, Sauna.
Hotel Kurhaus, Auf der Heide 9, Tel. 71 10. In der Ortsmitte, Restaurant mit Freiluftplätzen, DZ 54 Euro.
Hotel Gasthof zur Dammschenke, Großschönauer Str. 65, Tel. 7 27 77, www.dammschenke.de.
Gasthof in einem rekonstruierten Umgebindehaus im Zentrum.
Hotel Zum Lindengarten, Großschönauer Str. 21, Tel. 7 06 51.
Gasthof Am Buchberg, Großschönauer Str. 3, Tel. 7 09 27.
Gasthof Weißer Stein, Zittauer Str. 4, Tel. 7 02 09.
Pension Zu den Mühlsteinbrüchen, Kroatzbeerwinkel 6, Tel. 7 04 28.
Pension Im Kroatzbeerwinkel, Kroatzbeerwinkel 3, Tel. 7 05 28.
Pension Immergrün, Großschönauer Str. 13, Tel. 7 06 51.
Jugendherberge Dreiländereck, Hainstr. 14, Tel. 7 21 30.
Freizeit- und Eissportzentrum, Zittauer Str. 120, Tel. 7 22 77.

Weberstube, Große Seite 4, Tel. 7 09 35, Di 9–12 und 14–17 Uhr.
Steinbruchschmiede, Führung mit Besichtigung ganzjährig Mo 9 Uhr.
Jonsdorfer Schmetterlingshaus, täglich 10–17.30 Uhr (November–Februar), 10–18 Uhr (März–Oktober).

Kurort Oybin

Oybin liegt zwölf Kilometer südlich von Zittau an der Grenze zu Tschechien und ist auch mit der Schmalspurbahn von Zittau zu erreichen. Von weitem erinnert der imposante Sandsteinfelsen Oybin an einen versteinerten Bienenkorb. Die Burg- und Klosteranlage auf dem Bergplateau ist heute ein attraktives Freilichtmuseum. Auch im Winter ist es geöffnet, denn die Wege werden für Besucher ständig schnee- und eisfrei gehalten. Deshalb gilt der Oybin während der Winterzeit auch als der am besten zugängliche Gipfel im Zittauer Gebirge.

Die Stufen führen an der Bergkirche vorbei. Sie ist innen und außen ein Kleinod und als Hochzeitskirche bekannt. Teile wurden in den Fels gehauen, der Fußboden besteht ebenso wie der Altartisch und die westliche Wand aus anstehendem Sandstein. Da die Kirchengemeinde kein Geld hatte und sich keinen echten Marmor leisten konnte, wurde er aus Holz und Farbe imitiert. Über der Kanzel erstrahlt das Auge Gottes, die schlichten Malereien an den Emporen und der Holzdecke zeugen vom Geschick des Malers Kuno aus Zittau. Die Bänke sind wie in einem Hörsaal angeordnet. Kunstkenner genießen in diesem Kirchlein regelmäßig stattfindende ›Abendmusik bei Kerzenschein‹, außerdem gibt es regelmäßig Kirchenführungen. Bis zum Beginn seiner politischen Karriere war übrigens hier der spätere sächsische Innenminister Heinz Eggert als Pfarrer tätig.

Burg und Kloster Oybin sind nur als romantische Ruinen erhalten und dennoch das bekannteste Natur- und Baudenkmal der Oberlausitz. Wahrscheinlich war das Bergplateau bereits zur Bronzezeit besiedelt. Mit der Herrschaft des böhmischen Königs Karl IV. begann in der zweiten Hälfte des 14. Jahrhunderts die bedeutendste Epoche. Der Regent ließ die Burg in eine repräsentative Anlage verwandeln und stiftete ein Cölestinerkloster. Während der Hussitenzeit war der Berg Oybin einer der sichersten Orte im Königreich Böhmen. Daher wurden drei Kisten aus dem Prager Dom, die mit kostbaren Reliquien prall gefüllt waren, hier

Der Oybin

verwahrt. Die Hussiten belagerten Burg und Kloster erfolglos. Das Ende besiegelten erst die Naturgewalten. Die Chronik berichtet: »Am Sonntage Judika, war der 24. März 1577, abends 6 Uhr, da schlug bei einem heftigen Donnerwetter das Wetter ein und der Strahl zündete. Nun war es Nacht und überdies viel Schießpulver verwahrt, und auch sonst gefährlich, daß sich die Einwohner des Dorfes nicht hinauf wagten, obgleich anfänglich das Feuer mit geringer Mühe hätte gedämpft werden können...«

Die Dresdner Romantiker entdeckten den Oybin im 18. und 19. Jahrhundert. Auf dem Bergfriedhof fand der Maler Caspar David Friedrich Anregungen für einige seiner Bilder. Der Oybin entwickelte sich danach zu einem der beliebtesten Ausflugsziele Sachsens – er ist es bis heute. In den vergangenen Jahren floß viel Geld in die Sicherung der Ruinen und den teilweisen Wiederaufbau. Besucher können den Rittersaal und die Zisterne sowie eine Schau mittelalterlicher Heizsysteme besichtigen. In Zukunft soll der Gipfel auch für Gehbehinderte und ältere Bürger mit einem Personenlift zugänglich werden.

Zu den etwas jüngeren Attraktionen auf dem Gipfel des Oybin zählt die Camera obscura. Von Frühjahr bis Herbst können Besucher die Umgebung auf eindrucksvolle Art beobachten. Es gibt deutschlandweit nur drei weitere ›Cameras ohne Film‹, und die Anlage auf dem Oybin ist zugleich die lichtstärkste Europas.

Ein Bergringweg erschließt das Gipfelplateau und ermöglicht reizvolle Blicke ins Tal, aber auch in die benachbarte Bergwelt. Der Berggasthof Oybin bietet Restaurant, Rittersaal und ein Gartenlokal.

Schon seit Mitte des 19. Jahrhunderts dient die romantische Bergkulisse sommerlichen Konzerten, großer Beliebtheit erfreuen sich die alljährlich von Mai bis September stattfindenden ›Mönchszüge im Fackelschein‹.

Wanderung von Oybin auf den Hochwald

Etwa 45 Minuten werden für den leichtesten und kürzesten Aufstieg auf den Hochwald vom Ortsteil Hain benötigt. Abwechslungsreich ist die längere Route (grüner Balken). Sie führt vom Bahnhof an den imposanten Rosensteinen und dem eindrucksvollen Kelchstein vorbei. Der Kelchstein gilt als größter Pilzfelsen des Zittauer Gebirges (15 Meter hoch) und schimmert durch Eisenoxidbeimengungen rötlich.

Nur ein paar Schritte weiter stehen wir auf der Ortsverbindungsstraße Oybin–Lückendorf. Wir überqueren die Straße und laufen auf dem Ankohrweg im Fichtenhochwald weiter bergauf. Wieder gibt es mehrere Pfade, die zum Gipfel des Hochwaldes hinaufführen.

Oben steht man vor der Wahl, entweder in der Hochwaldturmbaude, Telefon 03 58 44/7 02 22, oder der nahegelegenen Hochwaldbaude einzukehren. Letztere befindet sich in 749 Meter Höhe an der sächsisch-böhmischen Grenze und ist die höchstgelegene des Zittauer Gebirges. Die Gaststube ist mit Wandmalereien geschmückt, gemütliche Zimmer laden zum längeren Bleiben ein, Telefon 03 58 44/7 02 32. Die böhmische Baude gleich nebenan, wo der Gipfel den Namen Hvozd trägt, fiel einem Brand zum Opfer.

PLZ: 02796.
Vorwahl: 03 58 44.
Touristinformation im Haus des Gastes, Hauptstr. 15, Tel. 7 33 11, www.oybin.com.

Hotel Zur Alten Rodelbahn, Straße der Jugend 4, Tel. 71 20, www.parkhotel-oybin.de. Vom ADAC empfohlen: ›feines Ambiente bei sehr günstigem Preis‹, Restaurant, Salon, Hotelbar; EZ 40, DZ ab 50 Euro.
Hotel Oybiner Hof, Hauptstr. 5, Tel. 7 70.
Hotel Hubertus, Hubertusweg 10, Tel. 78 30.
Hotel Nensch, Friedrich-Engels-Str. 45, Tel. 7 04 18.
Hotel Felsenkeller, Hauptstr. 6, Tel. 7 02 35.
Gasthof Teufelsmühle, Friedrich-Engels-Str. 17, Tel. 71 70, www.teufelsmuehle-oybin.de.
Im Ortsteil Hain: Gasthof Kammbaude, Grenzstr. 7, Tel. 7 04 77.
Pension Abendröte, Jonsdorfer Str. 1, Tel. 7 03 22, www.abendroete-oybin.de.

Berggasthof Oybin, Tel. 03 58 44/7 02 71.

Burg und Kloster Oybin, Tel. 73 40, www.burgundkloster-oybin.de, Mai und Juni 9–17 Uhr, Juli und August 9–18 Uhr, Oktober bis März 10–16 Uhr.
Bahnmuseum im Schmalspurbahnhof Oybin, Tel. 7 03 55, April bis September 10–17 Uhr.
Bergkirche, Kirchenführungen Juni bis August Di 14.30 Uhr, ansonsten jeden Sa 14.30 Uhr.

Luftkurort Lückendorf

Der Ort verdankt seine Entstehung einer bedeutenden Handelsroute, der Gabeler Reichsstraße zwischen Zittau und Prag, die erst durch den Siegeszug der Eisenbahn ihre Bedeutung verlor.

Von der einstigen Burg Karlsfried, die sich in der Nähe des Lückendorfer Passes befindet, sind nurmehr kärgliche Reste erhalten. Der Bau geht auf das Jahr

Besucheransturm auf dem Scharfenstein

1357 zurück, als Kaiser Karl IV. residierte. Die Burg wurde mehrmals zerstört, so 1424 von den Hussiten, und wieder repariert; ab 1690 erfolgte schließlich der planmäßige Abbruch. Das Baumaterial wurde für die Lückendorfer Kirche und Zittauer Häuser verwendet.

Der Kurort, dessen Mittelpunkt die hübsche barocke Dorfkirche von 1690 bildet, ist der einzige auf der Südseite des Zittauer Gebirges.

Wanderung von Lückendorf durch die Große Felsengasse zum Töpfer und Abstieg nach Oybin

Anfangs laufen wir auf dem Wanderweg in Richtung Hochwald; kurz vor dem Kammloch biegen wir rechts ab. Im Nadelwald befindet sich über uns die Fürstenhöhe, sächsische Könige und der österreichische Kaiser Franz Joseph II. genossen hier die Aussicht.

Der weitere Weg führt durch die Große Felsengasse und läßt Besucher erstaunen, welche bizarren Formen der Sandstein durch Verwitterung angenommen hat.

Mit Phantasie werden Märchenfiguren oder Tiermotive lebendig. Deutlich sind Mönchskanzel und Taube zu erkennen. Die Erzablagerungen an den Felswänden sind Relikte des einstigen Vulkanismus.

Am Scharfenstein, der auch als das ›Matterhorn der Oberlausitz‹ bezeichnet wird, gibt es dann eine Klettereinlage. Der Ausblick von der Bergnadel ist der Lohn für die Anstrengung. Vom Scharfenstein kann man in etwa 20 Minuten zum Bahnhof Oybin absteigen und so die anstrengende Runde verkürzen.

Durch die Kleine Felsengasse nähern wir uns dem Töpfer. Wieder sind vielfältige Sandsteinformen zu sehen, manche liegen nur auf einem oder zwei Punkten auf und halten sich so die Waage. Die Felsen nahe dem Töpfer tragen Namen wie Papagei, Schildkröte, Einsamer Turm, Krumme Tante oder Sphinx. Ganz in der Nähe der Töpferbaude, Telefon 03 58 44/7 23 31, sitzt die ›Brütende Henne‹. Der Abstieg zur Teufelsmühle (Haltepunkt der Schmalspurbahn Zittau-Oybin) nimmt noch eine halbe Stunde in Anspruch.

Länge: 5 Kilometer.

PLZ: 02797.
Vorwahl: 03 58 44.
Fremdenverkehrsbüro, Kammstr. 34, Tel. 7 28 12, www.oybin.com.

Hotel Zum Hochwaldblick, Kammstr. 13, Tel. 76 60, www.hotel-zum-hochwaldblick.de.

Gaststätte und Pension Jeschkenblick, Kammstr. 8, Tel. 7 28 21, www.pension-jeschkenblick.de.

Gasthof Alte Schmiede, Gabler Str. 8, Tel. 7 26 62, www.alte-schmiede.net.

Gasthaus Kirchbergstübl, Kirchbergstr. 24, Tel. 7 28 68.

Markant ragen die bewaldeten Vulkankuppen des Lausitzer Gebirges in Böhmen empor. Żary, das frühere Sorau, ist heute die ›Hauptstadt der polnischen Lausitz‹.

Pücklers Gartenkunstwerk, der Muskauer Park, wurde 2004 auf die Weltkulturerbeliste der Unseco gesetzt. Der größere Teil befindet sich am polnischen Ufer der Lausitzer Neiße.

Die böhmische und die polnische Lausitz

Lužice

Der tschechische Name für die Lausitz ist Lužice. An die einstige Zugehörigkeit böhmischer Gebiete zur Oberlausitz erinnert nur wenig, so die Bezeichnung Lužické hory (Lausitzer Gebirge) für den Südteil des Zittauer Gebirges.

Auf der Landkarte fällt die merkwürdige Grenzführung zwischen Deutschland und Tschechien ins Auge: Um Schluckenau und Friedland schiebt sich die Grenze weit nach Norden. Diese Gebiete kamen im 12. Jahrhundert in die Hand deutscher Siedler, die Siedlungsinseln inmitten mächtiger Urwälder rodeten.

Im Jahr 1253 hielt der Markgraf Otto III. von Brandenburg um die Hand von Beatrix an, der Schwester des Königs Ottokar II. Der böhmische Regent war zu jener Zeit recht mittellos und konnte kein Brautgeld aufbringen, deshalb gab er die Nieder- und Oberlausitz als Pfand. Von seiner Gabe nahm er jedoch die Schluckenauer, Friedländer und Zittauer Gegend aus und verband sie mit Böhmen.

Die Grenzziehung blieb aber verworren. Eine Karte aus dem 14. Jahrhundert dokumentiert die Gaugrenzen zwischen dem Meißner Bistum und dem Erzbistum Prag. Die heutigen Schluckenauer und Friedländer ›Zipfel‹ lagen im Lande Budissin (Bautzen), also in der heutigen Oberlausitz. Dafür liegt auf jener Karte die Stadt Zittau im Böhmischen. 1319 starb der letzte Brandenburger Markgraf, die Lausitzer bekannten sich ohne Zwang als Teil von Böhmen.

Seit 1481 hat sich die Grenze zwischen der Oberlausitz und Böhmen kaum verschoben, auch nicht, als 1635 die Oberlausitz endgültig von Böhmen getrennt wurde. Nur bei Schirgiswalde und Niederleutersdorf gab es 1849 noch kleine Korrekturen.

Rumburk

Das Städtchen Rumburk (Rumburg) befindet sich im sogenannten Schluckenauer Zipfel, der weit nach Deutschland hineinragt. Hier steht die nördlichste Loreto-Kopie Europas. Das Kunstwerk entstand von 1704 bis 1707 auf dem Areal des einstigen Kapuzinerklosters im Auftrag des Fürsten Anton Florian von Liechtenstein. Der Baumeister Johann Lukas Hildebrandt hielt sich genau an die Ausschmückung des italienischen Originals. Allerdings mußte man hier mit Sandstein statt Marmor vorlieb nehmen. Die Statuen der Sybillen und Propheten sowie der Figuren auf der Balustrade sind das Werk des Schirgiswalder Bildhauers Johann Franz Bienert. Innen befindet sich eine geschwärzte Figur der Muttergottes mit dem Kind. Rund um die Santa casa führt ein Kreuzgang mit

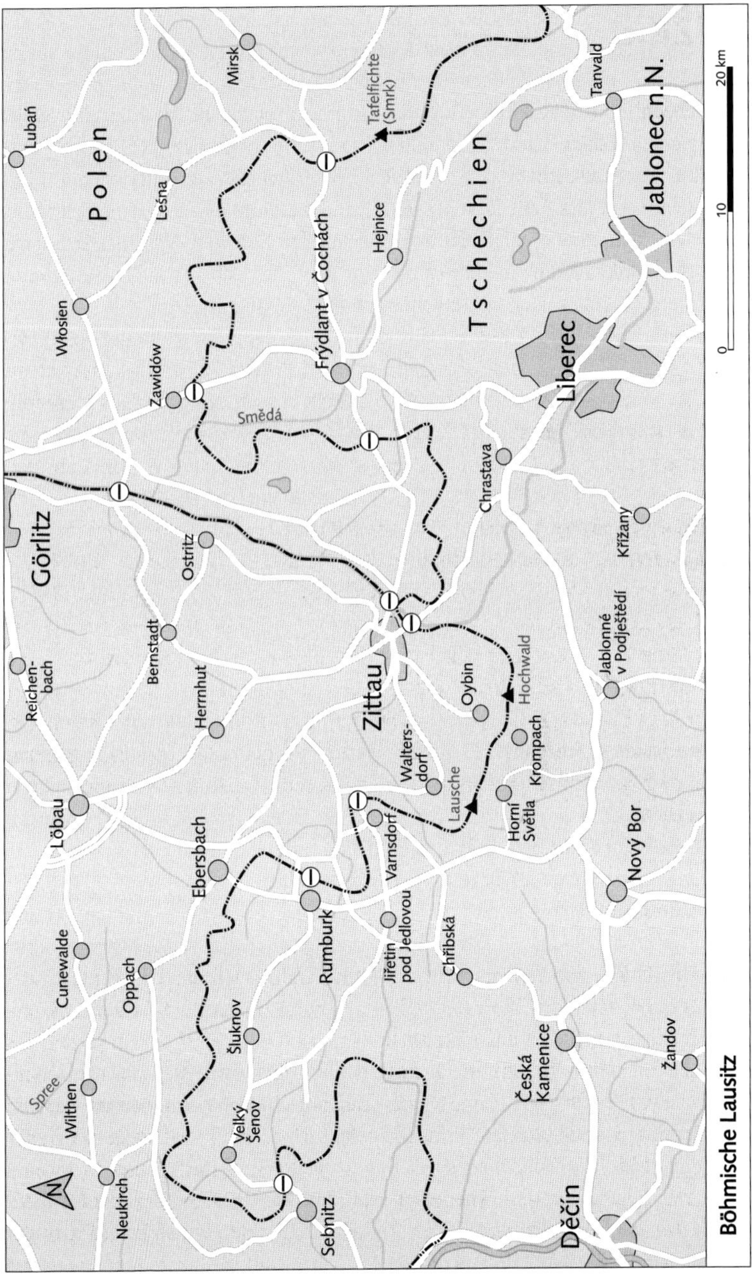

Böhmische Lausitz

14 großen Bildern, die Motive aus dem Kreuzweg darstellen. In allen vier Ecken steht ein Altar. Die zwölfte Station des Kreuzweges führt über die Heilige Stiege, auf der sich die Gläubigen einst nur auf Knien nach oben quälten, zu einer Kapelle. In der Klosterkirche zeigt das Bild des Hochaltars den Märtyrertod des Heiligen Laurentius. In der Gruft ruhen 26 Kapuzinermönche.

Nahe der Stadt erhebt sich der Rauchberg (Dymník) mit Aussichtsturm und nahegelegenem Gasthaus Dymník. Der Rundblick umfaßt viele Gipfel des Lausitzer Gebirges sowie der Böhmisch-Sächsischen Schweiz. Von hier sieht man auch die benachbarten Aussichtstürme auf dem Tannenberg (Jedlova) und dem Wolfsberg (Vlčí hora), ebenfalls lohnenswerten Ausflugszielen.

Informationszentrum Loreta Rumburk, třída 9. května 149/27, CZ-40801 Rumburk, Tel. 0 04 20/4 12 33 45 36.

Berggasthof Dymník, Tel. 0 04 20/4 12 33 22 10.

Loretoheiligtum, im Sommer täglich 8–17 Uhr, im Winter täglich außer So 8–16 Uhr, Gottesdienste Mo und Do 18 Uhr, Mi 18 Uhr.

Jiřetín pod Jedlovou

Das Bergstädtchen Jiřetín pod Jedlovou wurde 1548 als St. Georgenthal gegründet. Im Jahr 1998 wurde es als ›Ort des Jahres‹ für seine Denkmalschutzbemühungen ausgezeichnet. So ist etwa der Kreuzweg – die Stationen sind im Rokoko ausgeführt – auf den Kreuzberg (Křížová hora) mitsamt der Kapelle der Erhörung des Heiligen Kreuzes wunderbar restauriert worden.

Südlich der Gemeinde ragt die Ruine der Burg Tollenstein (Tolštejn) empor, deren Ursprünge in das 12. Jahrhundert zurückreichen. Zuvor lag hier eine sorbische Begräbnis- und Kultstätte. In den 1930er Jahren wurden drei Basteien und die Tormauer repariert. Von oben genießt man eine malerische Aussicht auf den Tannenberg und die Ortschaft Jiřetín.

Seit 1891 steht auf dem Tannenberg (Jedlová) ein steinerner Aussichtsturm mit Bergbaude. Elemente des Turms wurden den Umgebindehäusern nachempfunden, die als Markenzeichen der Oberlausitz gelten. Der Gipfel war in deutscher Vergangenheit als ›Rigi des Lausitzer Gebirges‹ weithin populär. Nach dem Zweiten Weltkrieg begann ein schleichender Verfall, aber seit 1993 ist der rekonstruierte Turm wieder ein sehr beliebtes Ziel. An den Hängen des Tannenberges tummeln sich im Winter die Abfahrtsläufer.

Informationszentrum Jiřetin pod Jedlovou, nám. Jiřího 300, CZ-40756 Jiřetín pod Jedlovou, Tel. 0 04 20/4 12 37 93 36. Burg Tollenstein (Tolštejn): www.tolstejn.cz.

Bergbaude Jedlová hora, Tel. 0 04 20/601 20 91 57, täglich 9–21 Uhr. Chata Setuza, Jedlová 26, Tel. 0 04 20/4 12 37 92 02.

Silberbergbaumuseum mit Besucherstollen (Stříbrný důl – muzejní štola), im Tal Milířka, Di–Fr 9–15.30 Uhr, Sa 9–15 Uhr.

Jablonné v Podještědí

Das Städtchen Jablonné v Podještědí (Deutsch Gabel) liegt zwischen Lausitzer Gebirge und Jeschkenmassiv an der Hauptstraße nach Liberec.

Um 1250 wurde hier das Dominikanerkloster gegründet. Stifter waren Zdislava von Löwenberg und ihr Mann Havel. Das mildtätige Leben der Frau – sie kümmerte sich aufopferungsvoll um Kranke im benachbarten Spital – brachte ihr schon zu Lebzeiten den Beinamen ›Mutter der Armen‹ ein. In der Anfang des 14. Jahrhunderts verfaßten Dalimil-Chronik ist festgehalten: »Fünf Tote erweckte sie mit Gottes Macht zum Leben, vielen Blinden gab sie das Augenlicht zurück. Sie heilte Gelähmte und Aussätzige und vollbrachte große Wunder«. Zdislava starb 1252 im Alter von 32 Jahren und wurde in der Gruft der Hl. Laurentiuskirche bestattet, später fanden hier auch Mönche, Familienangehörige derer von Berka und drei Arbeiter, die beim Bau der Kirche tödlich verunglückten, ihre letzte Ruhestätte. Die Verehrung für die ›Mutter der Armen und Patronin für Familien‹ hat sich über die Jahrhunderte erhalten. Die Pilgersaison dauert von Anfang Mai bis zum ersten Sonntag im Oktober. Papst Pius X. sprach Zdislava

Die St. Laurentiuskirche gilt als ein Juwel europäischer Barockbaukunst

1907 selig, 1995 wurde sie von Papst Johannes Paul II. heilig gesprochen und die Kirche des Hl. Laurentius und der Hl. Zdislava zur päpstlichen Basilika minor erhoben.

Stadt und Kloster wurden während der Hussitenkriege und im Dreißigjährigen Krieg schwer verwüstet. Beim Wiederaufbau des Konvents wurde auch der Bau einer neuen Kirche beschlossen. Graf Franz Anton Berka von Dauba vergab den Auftrag an den Wiener Architekten Johann Lukas Hildebrandt. Der ließ sich augenscheinlich von der Laurentiuskirche in Turin inspirieren, Kaiser Leopold I. persönlich begutachtete das Kirchenmodell für die böhmische Provinz in Wien.

Die monumentale St. Laurentiuskirche wurde zwischen 1699 und 1729 errichtet, sie gilt als ein Meilenstein in der Entwicklung mitteleuropäischer Barockarchitektur.

Am nordöstlichen Stadtrand steht das Schloß Löwenberg (Zámek Lemberk). Das Gebäude entstand um 1240 als Grenzwachburg am Handelsweg nach Zittau. Im 17. Jahrhundert wurde es umgebaut, heute befindet sich hier ein Museum der Wohnkultur.

Pension und Restaurant Český lev, nám. Míru 158, Tel. 0 04 20/4 87 76 28 00. Historisches Haus am Markt nahe der Kirche, sehr gutes Essen, täglich 10–22 Uhr.

Dominikanerkloster, Führungen von Mai bis Oktober Di–So 9, 10, 11, 14, 15 und 16 Uhr, April und Oktober nur Sa/So 13–16 Uhr, Tel. 4 87 76 21 05, farnostjvp@volny.cz.
Schloß Löwenburg, April und Oktober Sa/So 9–16 Uhr, von Mai bis September Di bis So 9–17 Uhr.

Die Lausche und Umgebung

Der höchste Gipfel des Lausitzer Gebirges (Lužické hory) ist die Lausche (Luž).

Ab der Lauschebaude (Chata Luž) in Horní Světla (Oberlichtenau) führt der Weg anfangs auf einem breiten Fahrweg, später durch Buchenhochwald und über Serpentinen zum Gipfel. Auf dem Berg mit fantastischer Aussicht, 793 Meter hoch, verläuft die böhmisch-sächsische Grenze. Heute steht die Lausche unter Naturschutz.

Das Dorf Krompach/Krombach ist durch einen Fußgängergrenzübergang mit dem sächsischen Kurort Oybin/OT Hain verbunden. Neben vielen Umgebindehäusern lassen sich hier die ältesten Bäume des Landes entdecken: An der Straße zum Hochwald stehen Eiben, deren Alter auf über tausend Jahre geschätzt wird. Auf dem Hochwald (Hvozd) steht die deutsche Hochwaldbaude. Wer sich einmietet, kann von hier prächtige Sonnenauf- und Sonnenuntergänge erleben.

Lauschebaude (Chata Luž), Horní Světla, Tel. 0 04 20/4 87 75 41 44. Gemütliches Gasthaus, gutes und preisgünstiges Essen, einfache Unterkunft mit kärglichem Frühstück, pro Person 7 Euro.
Lužická bouda, Horní Světla 81, Tel. 0 04 20/4 87 75 41 57. In einem Umgebindehaus mit kleinem Gasthaus und rustikalen Freiluftplätzen am Wanderweg nach Waltersdorf mit Fußgängergrenzübergang, pro Person 12 Euro.
Hochwaldbaude in Sachsen, Tel. 03 58 44/7 02 32.

Frýdlant v Čechách

Die Stadt Frýdlant v Čechách (Friedland in Böhmen) befindet sich am Nordwestrand des Isergebirges (Jizerské hory). Die Burg thront auf einem Basaltfelsen über der Wittig (Směda), besitzt einen 60 Meter hohen Turm und mächtige Zinnen. Es ist die älteste vollständig erhaltene Feste in Nordböhmen.

Im 16. Jahrhundert wurde am Fuß der Burg ein Renaissanceschloß erbaut. 1558 erwarb die Familie Redern die Feste, während ihrer Herrschaft entstand das Schloß unter Leitung des italienischen Baumeisters Marcus Spazzio di Lancio de Vall'd'Intelvi. Die Adligen beteiligten sich am Ständeaufstand und wurden enteignet. 1625 kamen Burg und Schloß in den Besitz des legendären Heerführers Albrecht von Waldstein (Wallenstein), der vom österreichischen Kaiser zum Herzog von Friedland erhoben wurde. Wegen ständiger militärischer Präsenz war der Herzog in neun Jahren allerdings nur viermal auf der Feste anwesend. Nach der Ermordung Wallensteins zogen die Grafen Gallas ein, ab 1759 ihre Nachkommen, die Familie Clam-Gallas.

Im Schloßhof wird der Besucher mitunter von Fanfarenklängen vom Tonband empfangen. Die Fassaden sind mit herrlichen Sgraffitos geschmückt. Das Burgmuseum ist seit über 200 Jahren für die Öffentlichkeit zugänglich und gilt damit als ältestes in Mitteleuropa. Ausgestellt werden umfangreiche Waffen-, Jagdtrophäen- und Pfeifensammlungen sowie Stilmöbel. Das Wallenstein-Porträt ist besonders interessant, denn es ist das letzte erhaltene, bei dem der Herzog Modell saß. Man sieht auch Wallensteins Lieblingspferd. Der Hofastrologe Giovanni Baptista Seni wurde durch Schillers Wallensteintrilogie bekannt. Eines seiner kunstvoll gestalteten Horoskope ist ausgestellt.

Die Gemäldegalerie besitzt Werke von Peter Brandl, Karel Škréta und W.L. Reiner. Den Besuchern sind Bade- und Kinderzimmer sowie Schloßküche zugänglich, die alljährlich stattfindenden Wallenstein-Festtage zu Pfingsten erinnern an den weltberühmten Herzog.

Das Wallensteinschloß beherrscht die Szenerie

Das hübsche Pseudorenaissance-Rathaus entstand nach Plänen von Franz von Neumann, der auch das Reichenberger Rathaus entwarf. Im Rathausturm ist das Stadtmuseum untergebracht. Am Markt stehen Giebelhäuser aus dem 16. und 17. Jahrhundert. Beachtenswert ist das sogenannte ›Trotzhaus‹ an der Mitte der südlichen Marktbegrenzung. Es wurde auf Anweisung der eigensinnigen Katharina von Redern in Abweichung der eigentlichen Häuserflucht drei Meter weiter in den Markt hinein errichtet.

Die Dekanatskirche nahe dem Markt am Ufer der Wittig besitzt einige wertvolle Grabmäler, so die Gruft der Familie Redern aus Marmor.

Im Besitz der Familie Simon befindet sich eine mechanische Weihnachtskrippe (betlém), die für Besucher in Betrieb genommen wird. Das Anwesen befindet sich fünfzig Meter nordöstlich der Hauptpost direkt am Parkplatz.

Stadtinformation, nám. T.G. Masaryka 99, CZ-46401 Frýdlant v Čechách, Tel. 0 04 20/ 4 82 31 25 52.

Hotel Garni, Nádražní 651, Tel. 0 04 20/4 82 31 21 66. In der Nähe von Bahnhof und Stadtzentrum; pro Person 3,50 bis 7 Euro.
Pension und Restaurant Ema, Lužická 767, Tel. 0 04 20/ 48 22 14 11; pro Person 12 Euro.
Pension Na větrově, Dlouhá 3050, Tel. 0 04 20/4 82 31 27 17; pro Person 12–13 Euro.
Pension Malý, Pod rozhlednou 970, Tel. 0 04 20/4 82 31 21 66; pro Person 8–10 Euro.

Autocamping Frýdlant, Hejnická, Tel. 00 42 0/4 82 31 14 45.

Schloß Friedland, April und Oktober Di–So 9–15.30 Uhr, Mai, Juni und September Di–So 9–16 Uhr, Juli und August Di–So 9–16.30 Uhr, Tel. 0 04 20/ 4 82 31 21 30, www.zamekfrydlant.cz.
Stadtmuseum, Masarykovo nám. 37, Juni bis September Di–So 9–15 Uhr, April, Mai und Oktober Mo–Fr 9–15 Uhr.

Hejnice und Lázně Libverda

Hejnice (Haindorf), zehn Kilometer südöstlich von Frýdlant gelegen, ist vor allem wegen der berühmten Wallfahrtskirche Maria Heimsuchung einen Besuch wert. Sie wurde von 1722 bis 1729 im Barockstil von Thomas Hafenecker nach Plänen von Johann Fischer von Erlach errichtet. Alljährlich in der ersten Maiwoche finden Wallfahrten statt. Die Pilger streben zur wundertätigen Holzmadonna Maria Formosa (anmutige Maria) am Hauptaltar.

Die eigenwillige Katharina von Redern entzog die Heiligenplastik den Blicke der Gläubigen; die Maria Formosa kam in das Schloß Friedland. Bald darauf, im Jahr 1615, brannte das Schloß ab, die Madonna aber blieb unversehrt. Die Kirchgänger sahen darin eine Strafe Gottes, die Madonna wurde schnell wieder in die Kirche gebracht.

In der frisch restaurierten Kirche finden öfters Konzerte klassischer Musik statt. Bemerkenswert sind die Deckengemälde des böhmischen Meisters Groll. Für seine Arbeit erhielt Groll viel Geld, das er vor allem in Alkohol investierte. Später verstarb er am Säuferwahnsinn.

Im Jahr 1637 schenkte Herzog Albrecht von Waldstein der Kirchengemeinde den spätgotischen Seitenaltar. Unter der Kirche befindet sich die Gruft der Grafen Clam-Gallas, ehemals die hiesigen Grundbesitzer. Hier steht auch eine Urne mit dem Herzen von Johann Wenzel von Gallas. Das einstige Franziskanerkloster aus dem 17. Jahrhundert besitzt einen malerischen Kreuzgang.

Der südlich gelegene Felsen Schöne Marie (Krásná Maří), das Feldschlößchen in Ferdinandsthal, heute Ferdinandov, und die Einsiedlerhöhle mit Rosenstrauch unter dem Nasenfelsen (Nos) inspirierten Carl Maria von Weber zu seiner Oper ›Der Freischütz‹ (1820).

Das Haus in Lázně Libverda (Bad Liebwerda), in dem von Weber den ›Freischütz‹ komponierte, ist leider abgebrannt. In dem kleinen Kurort nordöstlich von Hejnice werden Herz- und Stoffwechselkrankheiten mit Hilfe von alkalischen Mineralquellen und Moorbädern behandelt. Im Zentrum blieben Quellpavillons im Rokoko-Stil erhalten. Viele Besucher wollen das Riesenfaß (Obří sud) mit

In das berühmte Riesenfaß lädt ein Restaurant ein

Restaurant sehen, das 1931 oberhalb des Kurorts auf einer Bergwiese erbaut wurde.

Wanderwege führen zu den umliegenden Höhen des Isergebirges. Auf der Tafelfichte (Smrk), 1124 Meter, befand sich einst die Grenze dreier Länder: Böhmen, die Oberlausitz und Schlesien trafen hier zusammen. Erst kürzlich wurde hier ein neuer Aussichtsturm eröffnet.

Hotel U Cimpla, Hejnice-Ferdinandov 48, Tel. 0 04 20/4 82 32 23 56. Ruhig unterhalb vom Nußstein gelegen, pro Person 6 Euro.
Pension Hubert, Hejnice 24, Tel. 0 04 20/4 82 32 28 69.
Hotel Garni, Lázně Libverda, Tel. 0 04 20/4 82 36 81 11, www.lazne-libverda.cz.
Pension Protěž und Pension Wolker, Lázně Libverda, Tel. 0 04 20/4 82 32 25 73.
Restauant Obří sud, Lázně Libverda, Tel. 0 04 20/4 82 32 27 14; im Sommer 9–21 Uhr, im Winter 11–19 Uhr.

Wallfahrtskirche, täglich 9.30–17 Uhr, So 8–17 Uhr.

Łużyc

Das Gebiet östlich der Neiße bis hin zu Kweis und Bober ist seit Ende des Zweiten Weltkriegs ein Teil Polens. Diese Grenzziehung hat dazu geführt, daß das Bewußtsein darüber, daß die Gebiete an beiden Ufern über lange Zeit zusammengehört haben, heute kaum mehr vorhanden ist. Aber unzweifelhaft sind die Landschaften zwischen Gubin und Lubań ein Teil der Lausitz.

Żary, das frühere Sorau, wird auch ›Polnische Hauptstadt der Lausitz‹ genannt, und im Freilichtmuseum Buczyny (Buchenberge) bewahrt man die Volksarchitektur der östlichen Lausitz. Sehenswert ist auch der Pückler-Park am polnischen Neißeufer.

Brody (Pförten)

Kaum zehn Kilometer östlich von Forst residierte im 18. Jahrhundert der nach dem König wohlhabendste Mann Sachsens, Graf Heinrich von Brühl. Um 1670 hatte der kursächsisch-brandenburgische Standesherr Biberstein hier ein Schloß im Stil des Frühbarock bauen lassen. 1740 erwarb Graf Brühl die Besitzungen. Er betraute den königlichen Hofarchitekten Johann Christoph Knöffel mit dem großzügigen Um- und Ausbau des Schlosses. 1749 waren die Arbeiten abgeschlossen. Das Brühlsche Schloß war in der Folgezeit eine beliebte Zwischenstation des

Geschmücktes Wegkreuz am polnischen Neißeufer in der Nähe von Brody

Die Polnische Lausitz

sächsisch-polnischen Königspaars auf dem Weg zwischen Dresden und Warschau. 1758, nach dem Siebenjährigen Krieg, befahl Preußenkönig Friedrich II. aus Rache am sächsischen Premierminister Heinrich von Brühl, die prunkvolle Residenz zu plündern und in Brand zu stecken.

Der Wiederaufbau begann erst nach dem Ersten Weltkrieg und wurde 1934 vollendet. Zwischen 1945 und 1950 verfiel das Schloß erneut zur Ruine. Vor der Flucht gen Westen hatte die Familie Brühl das weltberühmte Schwanenservice aus Meißner Porzellan einmauern lassen. Plünderer fanden es, aber nur wenige Teile tauchten später auf dem Kunstmarkt auf. Seit 1997 ist der Wiederaufbau im Gang. Die beiden Kavaliershäuschen sind vollendet, heute Sitz einer Kultur- und Wissenschaftsakademie, weitere Räumlichkeiten werden als Hotel (Residenz Ambasador) und Konferenzsaal genutzt. Die Schloßanlage wird von einem Landschaftspark eingerahmt.

Łęknica (Lugknitz) und Umgebung

Noch zieht der Pücklersche Landschaftspark nicht viele Tagesbesucher an. Seit Anfang der 1990er Jahre wechselten wahre Menschenkarawanen vielmehr die Grenze, um in Łęknica den riesigen Einkaufsmarkt unter freiem Himmel aufzusuchen. Nach der deutsch-deutschen Währungsunion war er aus dem Boden gestampft worden und breitete sich zum Schrecken vieler Parkfreunde immer weiter aus. Heute geht es hier wieder ruhiger zu.

Im Mai 2004 wurde die wiederaufgebaute Doppelbrücke (most Podwódny) über die Janetteninsel nahe der Orangerie für den Grenzübergang freigegeben. So muß man nicht mehr den weiten Umweg über die Straßenbrücke nehmen, um in den polnischen Parkteil zu gelangen. Rechterhand gelangt man zum neuen Informationspavillon (Pawilon Informacyjny), zum prächtigen Viadukt am Herrenberg, zum zweiten Viadukt über Sarah's Walk und zur ehemaligen Baumschule.

Linkerhand geht es zum Pücklerstein. Der Findling mit Pücklerbildnis wurde Mitte der 1990er Jahre nahe dem Neißeufer wieder aufgestellt und das Umfeld sorgsam gestaltet: Der Standort gilt als ideeller und geographischer Mittelpunkt des Landschaftsparks. Von hier bietet sich ein schöner Blick zum Schloßpark und auf das Neue Schloß.

Das Mausoleum, die Fasanerie und das Englisches Haus wurden leider völlig zerstört und nach dem Zweiten Weltkrieg abgetragen. Bis Anfang der 1990er Jahre wurde der polnische Parkteil im Unterschied zur deutschen Seite nicht gepflegt und deshalb von der Natur zurückerobert. Seitdem wurde in deutsch-polnischer Zusammenarbeit bereits ein großer Teil des Parks wieder in alter Schönheit gestaltet.

Der Pücklerstein gilt als ideeller Mittelpunkt des Parks

Einige Kilometer weiter, an der Hauptstraße von Bad Muskau/Łęknica nach Trzebiel (Triebel), entsteht seit Mitte der 1990er Jahre das Lausitzer Freilichtmuseum (Łużycki skansen) mit einem Dutzend Schrotholzhäusern und einem wendischen Gasthaus.

Żary (Sorau)

Um 1260 wurde Sorau nach dem Magdeburger Stadtrecht am Handelsweg von Leipzig nach Breslau gegründet, 1274 ließen sich hier Franziskanermönche nieder. Die hohen Herren – sie hießen Dewin, Biberstein und Promnitz – residierten allesamt auf dem Burghügel.

Im 19. Jahrhundert war Sorau ein Zentrum der deutschen Textilindustrie. Im April 1945 wurde die Stadt durch alliierte Luftangriffe stark zerstört, offenbar waren vor allem die ansässigen Flugzeugwerke das Ziel. Manches wurde danach wieder rekonstruiert, heute ist Żary durch Verwaltung und Industrie geprägt und hat darüber hinaus im Zentrum einige schöne Bauten aufzuweisen.

Von 1704 bis 1709 war Georg Philipp Telemann als Kapellmeister auf dem Promnitzschen Hofe tätig, in dieser Zeit entstand seine ›Suita Polonaise‹. Graf Erdmann von Promnitz galt als Kunstnarr. Er leistete sich Luxus und Prunk nach dem Vorbild König Ludwigs XIV., italienische und französische Opern wurden aufgeführt, Ballettgruppen waren Dauergäste.

Das Promnitzschloß wurde vom Italiener Giovanni Simonetti im Barockstil entworfen, es ist durch einen Gang mit dem benachbarten Bibersteinschloß verbunden. Die Burg der Bibersteiner aus dem 13. Jahrhundert wurde im Zeitgeschmack der Renaissance erweitert. Heute befinden sich die ruinösen Gebäude im Besitz eines privaten Investors und sollen rekonstruiert werden.

In der gotischen Kirche des Heiligsten Herzens Jesu haben sich Reste von Vorgängerbauten aus dem 12. Jahrhundert erhalten. Besonders wertvoll ist die Promnitzkapelle aus den Jahren 1670 bis 1672.

Zu den berühmten Bürgern der Stadt zählt der hervorragende Orgelbauer Eugen Kasper, bekannter unter dem Künstlernamen Eugenio Casperini, der viele seiner Instrumente in Italien, Deutschland und Frankreich schuf.

Das Rathaus aus dem Übergang vom 14. zum 15. Jahrhundert schmückt ein kunstvoll gearbeitetes Renaissanceportal. Im Haus befindet sich das Restaurant ›Ratuszowa‹. Um den Markt blieben einige schöne Bürgerhäuser erhalten. Wo sich, in der Nähe des Marktes, einst die Niederapotheke aus dem Jahr 1680 befand, lädt heute das Restaurant ›Zum goldenen Löwen‹ ein (ul. Osadników Wojskowych).

Das Wahrzeichen der Stadt sind die Drei Getreuen – Wächterturm, Kirchturm und Glockenturm. Teile der imposanten Stadtmauer sind aus Rasenerzquadern errichtet worden. Einen Besuch ist schließlich auch die Traditionsstube der Sorauer Zünfte in der ul. Ogrodowa wert.

Żagań (Sagan)

Im 18. Jahrhundert war Sagan ein Zentrum europäischer Kunst, Kultur und Geisteswissenschaften. Man verlieh Sagan den Beinamen ›schlesisches Weimar‹. Mit dem Bau des Schlosses, das eine Residenz für den Friedländer Herzog von Waldstein (Wallenstein) werden sollte, war schon früher begonnen worden, im Jahr 1627. Doch Wallensteins Tod unterbrach das Vorhaben, erst im Jahre 1786 wurde das Barockpalais vollendet. Besitzer war der Fürst von Kurland, Peter Biron. Eine seiner vier Töchter, Dorothea, heiratete einen Adligen aus Frankreich. Dorothea von Talleyrand-Périgord ist es danken, daß viele Persönlichkeiten aus Politik und Kultur das Städtchen besuchten. Franz Liszt war hier häufig zu Gast, ebenso der Dichter E.T.A. Hoffmann. Hier erlebten Opern von Mozart ihre deutsche Uraufführung. Dorothea von Talleyrand-Périgord hatte auch freundschaftliche Kontakte zu Goethe, Alexander von Humboldt, Fürst Metternich und der Gräfin Cosel. Der Park am Palais trägt die Handschriften der großen Gartenarchitekten jener Zeit, Peter Joseph Lenné, Fürst von Pückler-Muskau und Oskar Teichert.

Nach dem Zweiten Weltkrieg gab es Streit um den Besitz: War es nach der Verschiebung der Grenzen polnischer Staatsbesitz oder adliger Grundbesitz der Franzosen? Erst 1967 einigten sich Charles de Gaulle und die polnische Regierung darauf, das französische Eigentum mit der Lieferung polnischer Steinkohle zu bezahlen. Der ungewöhnliche Handel lief bis 1983.

Bemerkenswert ist die Kirche Mariä Himmelfahrt aus dem 14. Jahrhundert, die nach einem Brand im Jahr 1730 von Martin Franz dem Jüngeren barock ausgeschmückt wurde. Zu den gotischen Elementen der Kirche gehört der 56 Meter hohe Turm. Hier wurde 1778 einer der ersten Blitzableiter in Europa angebracht. Das Gestühl im Presbyterium stammt von 1695, dessen Rückenlehnen wurden im 18. Jahrhundert mit den Gemälden und Figuren von Bischöfen gestaltet. Auf der Orgel spielte Franz Liszt bei einer Hochzeit, der schön geschnitzte Prospekt stammt aus dem Jahr 1735. In der Kirche befindet sich auch ein prächtiger Sarkophag von Heinrich IV., dem Fürsten von Glogau und Sagan. Er ist 1342 gestorben.

An der Nordseite der Kirche schließt sich das dreiflügelige Gebäude des ehemaligen Augustinerklosters an. In der Bibliothek befinden sich wertvolle Wiegendrucke aus dem 16. bis 18. Jahrhundert und zwei Globen aus dem 17. Jahrhundert. Zu dieser Zeit lebte und arbeitete im Abthaus des ehemaligen Augustinerklosters der Astronom Johannes Kepler. Ihm zu Ehren wurde 1971 eine Gedenktafel am Rathaus angebracht.

Eine weitere Sehenswürdigkeit befindet sich auf dem Friedhof neben der Kirche der Mariä Heimsuchung. Dort steht eine getreue Kopie des Heiligen Grabes Christi in Jerusalem; sie wurde 1598 erbaut. Am südlichen Stadtrand blieben Teile der mittelalterlichen Befestigungsanlagen erhalten.

An der Straße nach Görlitz, im Süden, befindet sich ein Denkmal für Kriegsgefangene der Anti-Hitler-Koalition, die in einem hiesigen Kriegsgefangenenlager zu Tausenden von den Deutschen ermordet wurden.

Zgorzelec

Zgorzelec, die heute selbständige Stadt, hieß früher Moys und war ein Stadtteil von Görlitz. Im Jahr 1950 wurde diese Veränderung festgeschrieben, denn in diesem Jahr unterzeichneten Vertreter der Regierungen Polens und der DDR das Abkommen zur Unverletzlichkeit der Oder-Neiße-Grenze, die die Nachkriegsgrenzen zwischen den beiden Staaten verbindlich festlegte.

Das heutige Kulturhaus wurde 1902 als Oberlausitzer Gedenkhalle nach Plänen des Architekten Hugo Behr erbaut. Bis 1945 befanden sich hier ein Kaiser-Friedrich-Museum, eine Gemäldegalerie und eine Abteilung für Kulturgeschichte der Oberlausitz. Während des Zweiten Weltkrieges wurden die Sammlungen

Die Oberlausitzer Gedenkhalle in Zgorzelec

ausgelagert, seitdem sind sie verschollen. Im Inneren gibt es interessante Figurengruppen zu sehen; ein kleines Restaurant lädt zum Verweilen ein.

Vom polnischen Neißeuferweg hat man den schönsten Blick auf die Görlitzer Altstadt, besonders die imposante St. Peter und Paul Kirche kommt von hier erst so richtig zur Geltung.

In der sechs Kilometer südöstlich gelegenen Gemeinde Sulików (Schönberg) blieben am Markt zwei von einst zwanzig wunderhübschen Fachwerk-Laubenhäusern erhalten.

Lubań (Luban)

Die östlichste Stadt des Oberlausitzer Sechsstädtebundes liegt 25 Kilometer östlich von Görlitz am Fluß Queis (Kwisa). Zum Ende des Zweiten Weltkrieges lag das Städtchen in Trümmern. Nur einige historische Gebäude blieben erhalten. Dazu zählt das Neue Rathaus im Renaissancestil aus dem 16. Jahrhundert mit einem meisterhaft ausgeführten Westportal. Der benachbarte gotische Krämerturm (Basta Bracka) blieb als Rest des Alten Rathauses erhalten. Die Stadtmauerüberreste mit Basteien stammen aus dem 14. Jahrhundert. Südwestlich vom Markt steht das Kornhaus (Dom Solny), das von 1537 bis 1539 aus Basaltsäulen erbaut wurde.

Zwischen 1859 und 1861 wurde die Kirche zur Hl. Dreifaltigkeit aus roten Klinkersteinen im neugotischen Stil erbaut. Altargemälde und Seitenaltäre sind sehenswert. 1715 ließ der Kaufmann Johannes Kirchhoff das ›Haus unter dem Schiff‹ erbauen. Ein Relief über dem Portal zeigt ein ansehnliches Segelschiff.

Radomierzyce (Radmeritz)

Das ehemalige Weltadelige Fräuleinstift Joachimstein (Pałac Radomierzyce) soll bis 1945 das schönste Stift der Oberlausitz gewesen sein. Es befindet sich auf einer künstlich aufgeschütteten Insel an der Einmündung der Wittig in die Lausitzer Neiße gegenüber dem sächsischen Hagenwerder.

Anstelle des alten Wasserschlosses Radmeritz wurde 1728 eine Schloß- und Parkanlage im Stil des Barock eingeweiht. Joachim Sigismund von Ziegler, ein lediger Kammerherr Augusts des Starken, gründete hier ein Stift, in dem adlige Fräulein in wirtschaftlichen Schwierigkeiten aufgenommen werden konnten. Das Stift wurde von einer Hofmeisterin geleitet. Zur Zeit des Sechsstädtebundes war es nicht ungewöhnlich, daß alteingesessene Adelsfamilien die Zeichen der Zeit verkannten und verarmten, während die Kaufleute zu Reichtum gelangt waren.

Im Siebenjährigen Krieg wählte der Preußenkönig Friedrich der Große das Schloß als Quartier. Als die Oberlausitz durch den Wiener Vertrag von 1815 geteilt wurde, war die Wittig plötzlich Grenzfluß zwischen Sachsen und Preußen. Das Schloß gehörte nun zu Sachsen, sämtlicher Grundbesitz des Stifts zu Preußen. Es drohte die Auflösung des Stifts. Doch König Friedrich August I. konnte das Weiterbestehen der wohltätigen Einrichtung sichern. Mit der Joachimsteiner Konvention von 1828 einigten sich Sachsen und Preußen.

Mit der neuen deutsch-polnischen Grenze an der Neiße endete 1945 das Bestehen des Stifts. Die Damen wurden vertrieben und das Schloß geplündert. Die Gebäude wurden nicht mehr genutzt und verfielen.

Seit dem Jahr 2003 wird das Schloß saniert, noch immer dauern die Arbeiten an. Zukünftig soll hier ein Hotel- und Kongresszentrum entstehen. Dennoch lohnt es sich schon jetzt, das ehemalige Stift von außen zu besichtigen. Der Dammweg rundherum ermöglicht wechselnde Ansichten.

Czocha (Tzschocha)

Etwa 35 Kilometer südöstlich von Görlitz steht hoch oben über dem Ufer des angestauten Flusses Queis das Schloß Tzschocha (Czocha). 1329 wurde die Grenzfeste zwischen der Oberlausitz und Schlesien erstmals urkundlich erwähnt. Wahrscheinlich wurde sie schon Mitte des 13. Jahrhunderts auf Befehl des böhmischen Königs Wenzel II. erbaut.

Umgebindehausdetail im Lausitzer Gebirge

Im Jahr 1909 kaufte der Dresdner Bankier und Zigarettenfabrikant Ernst von Gütschow die Besitzungen und beauftragte den Burgenspezialisten Bodo Ebhardt mit einer umfangreichen Rekonstruktion. Als Vorlage diente ein Kupferstich von 1703. Durch den Erhalt vieler originaler Bauelemente aus der Renaissance gelang es meisterhaft, den historischen Charakter zu bewahren. Geld war im Überfluß vorhanden, und so wurden neue Kamine aus Italien herangeschafft und auch das Innere stilgerecht und behutsam saniert. Das Schloß wurde im April 1945 nicht beschädigt, die angesammelten Kunstschätze verschwanden jedoch. Die früher an diesem Ort aufbewahrten kostbaren Wiegendrucke befinden sich heute in der Universitätsbibliothek Wrocław (Breslau).

Seit Ende der 1940er Jahre diente das Schloß als Militärerholungsheim. Heute sind Hotelgäste gern gesehen, die Außenanlagen sind frei zugänglich und im Westflügel befindet sich ein kleines Café. Die großflächigen Sgraffitos an den Wirtschaftsgebäuden beim Vorwerk stammen aus dem 17. Jahrhundert.

Unterhalb des Schlosses breitet sich die Wasserfläche der Talsperre Marklissa aus. Sie wurde von 1900 bis 1905 erbaut, ihr Fassungsvermögen beträgt 15,5 Millionen Kubikmeter.

Touristinformation Żary, ul. Chrobrego, Tel. 00 48 68/ 3 74 05 08, www.zary.pl.
▸ Stadtinformation Lubań (Punkt Informacji Turystycznej), ul. Bracka 12, Tel. 00 48 75/7 22 25 41, www.luban.pl.

Brody: Residenz Ambasador, pl. Zamkowy 9, Tel. 00 48 68/ 3 71 26 00.
▸ Żary: Park Hotel, ul. Zielonogórska 24,Tel. 00 48 68/3 74 05 56, www.park-hotel.zary.com.pl.

Żary: Restaurant Chopin im Park Hotel. Polnische und französische Küche, jeden Freitag klassische Musik, dargeboten von Schülern einer Saganer Musikschule.
Gasthof Stary Rynek, Rynek 13, Tel. 00 48 68/3 74 43 19, www.stary-rynek.strefa.pl., mit Restaurant Bagatela, täglich ab 11 Uhr.
Hotel und Restaurant Hayduk, ul. Serbska 56a, Tel. 00 48 68/ 3 74 88 18, www.hayduk.com.pl.
Lubań:
Motel Łużycki, ul. Zgorzelecka 51, Tel. 00 48 75/7 22 39 46.
Hotel Schloß Tzschocha, Tel. 00 48 75/7 21 15 53, www. zamekczocha.pl.

Lausitzer Freilichtmuseum Buczyny, Tel. 00 48 68/ 3 75 31 54.
Regionalmuseum (Muzeum Regionalne) in Lubań, Rynek 1, Di–Fr 9–15.30 Uhr, Sa/So 10–16 Uhr.

Reisetips von A bis Z

Angeln

In vielen Gewässern möglich, die gesetzlichen Bestimmungen sind zu beachten.

Anreise

Die Lausitz ist auf der Straße, auf der Autobahn und dem DB-Streckennetz aus allen Teilen Deutschlands schnell und bequem zu erreichen. Autobahnen (A4, A13 und A15) und zahlreiche Bundesstraßen stehen zur Verfügung.
Die DB unterhält RE-Verbindungen in die Lausitz auf den Strecken Dresden–Bautzen–Löbau–Görlitz sowie Berlin–Cottbus, ab hier weiter mit der Lausitzbahn Richtung Görlitz und Zittau.
www.bahn.de, www.lausitzbahn.de.

Baden

Die Lausitz besitzt zahlreiche Badegewässer mit guter Wasserqualität, viele Seen sind durch den früheren Braunkohleabbau entstanden. Besonders beliebt sind folgende Gewässer:

- ▸ Senftenberger See südlich von Senftenberg
- ▸ Schwielochsee nordwestlich von Lieberose
- ▸ Knappen- und Silbersee südöstlich von Hoyerswerda
- ▸ Talsperre Bautzen nördlich von Bautzen
- ▸ Talsperre Quitzdorf südwestlich von Niesky (mit Einschränkungen)
- ▸ Talsperre Spremberg nördlich von Spremberg (mit Einschränkungen in der Wasserqualität)
- ▸ Halbendorfer See westlich von Weißwasser
- ▸ Olbersdorfer See bei Zittau

Bergbautouren

Unter dem Motto ›Canyons, Steppe und Giganten aus Stahl‹ und ›Reise zum Mars‹ bietet die IBA zwei Tagebauerkundungen zu Fuß an, weitere Angebote auf Anfrage. Infos: Internationale Bauausstellung (IBA), Fürst-Pückler-Land GmbH, Ernst-Thälmann-Str. 26, 01983 Großräschen, Tel. 03 57 53/26 10; www.iba-see.de.

Bergsteigen/Klettern

In der Oberlausitz existieren mit dem Zittauer Gebirge und den Königshainer Bergen (westlich von Görlitz) zwei ideale Klettergebiete, die auch Profis herausfordern. Wird im Zittauer Gebirge dem Sport an Sandstein- und Granitwänden gefrönt, so klettern die Aktiven in den Königshainer Bergen in ehemaligen Granitsteinbrüchen. Einen anspruchsvollen Klettersteig gibt es im Kurort Jonsdorf am Nonnenfelsen, einen Klettergarten am Spitzberg bei Oderwitz.

Campingplätze

Campingfreunde können die jährlich aktualisierten Info-Broschüren nutzen. Die Campingplätze der Niederlausitz werden im Heftchen ›Camping im

Land Brandenburg‹ beschrieben; www.camping-in-brandenburg.de. Der Fremdenverkehrsverband Oberlausitz/Niederschlesien (Adresse: s. Informationen) gibt den Prospekt ›Oberlausitz/Niederschlesien – Camping, Baden, Wassersport und Angeln‹ heraus.
In der Lausitz werden gegenwärtig insgesamt 30 Plätze angeboten.

Grenzanliegende Staaten

Bei einem Aufenthalt in der Ober- und Niederlausitz bietet sich der Besuch einer Grenzregion Polens oder Tschechiens an. Seit Mai 2004 ist kein Reisepaß mehr erforderlich, Personalausweis genügt. An Feiertagen, Wochenenden sowie dem Beginn und Ende der Schulferien ist an den Grenzübergängen teils mit langen Wartezeiten zu rechnen (Verkehrsfunk beachten!).

Grenzübergänge nach Polen (Pkw):

- Guben-Gubin (B 97)
- Forst/Sacro-Janiszowice
- Forst/Bademeusel-Olszyna (A 15)
- Bad Muskau-Łęknica
- Podrosche-Przewóz
- Deschka-Pieńsk (geplant)
- Görlitz-Zgorzelec
- Hagenwerder-Radomierzyce
- Zittau-Sieniawka
- Zittau-Porajów

Bahngrenzübergänge:

- Forst-Tuplice
- Görlitz-Zgorzelec

Grenzübergänge nach Tschechien (Pkw, Auswahl):

- Zittau-Porajów (Polen)-Hrádek nad Nisou
- Zittau-Hrádek nad Nisou
- Seifhennersdorf-Varnsdorf
- Seifhennersdorf-Rumburk

Bahngrenzübergänge:

- Zittau-Hrádek nad Nisou bzw. Zittau-Varnsdorf
- Ebersbach-Jiřikov/Rumburk

Informationen

Touristische Informationen sind jeweils bei den Adressen im Reiseteil nachgewiesen.
Darüber hinaus existieren Gebietsgemeinschaften, die bei Anfragen und Wünschen ebenfalls konsultiert werden können.

- Niederlausitz: Tourismusverband Niederlausitz, Tel. 0 35 63/60 23 40, www.niederlausitz.de.
- Oberlausitz: Marketing-Gesellschaft Oberlausitz-Niederschlesien mbH, Taucherstr. 23, 02625 Bautzen, Tel. 0 35 91/4 87 70, Fax 48 77 48, www.oberlausitz.com.
Fremdenverkehrsgemeinschaft Zittauer Gebirge/Spreequellland e.V., Markt 1a, 02763 Zittau, Tel. 0 35 83/75 22 00, www.zittauer-gebirge-tour.de.
Touristische Gebietsgemeinschaft Oberlausitzer Bergland e.V., Sohlander Straße 3a, 02681 Schirgiswalde, Tel. 0 35 92/3 48 97, www.oberlausitzer-bergland.de.
Touristische Gebietsgemeinschaft

Neißeland e.V., Zinzendorfplatz 8, Tel. 0 35 88/2 55 80.

Informationen über Sorben und Wenden

Eine umfassende Info-Broschüre ›Angebot zur sorbischen Kultur‹ hat das Haus für sorbische Volkskultur in Bautzen herausgegeben, es enthält auch Anschriften sämtlicher sorbischer Institutionen, Einrichtungen und Volkskunstgruppen. Postplatz 2, 02606 Bautzen, Tel. 0 35 91/ 55 03 09.
Weitere Auskünfte – Termine, Veranstaltungen etc. – erteilt die Sorbische Kulturinformation Lodka im Wendischen Haus Cottbus, August-Bebel-Str. 82, 03046 Cottbus, Tel. 48 57 64 68; www.sorben.com.
Das Sorbische Museum in Bautzen sowie das Wendische Museum in Cottbus gewähren einen umfassenden Einblick in die Kultur der größten nationalen Minderheit Ostdeutschlands.

Klima

In der Lausitz herrschen, bedingt durch die Höhenunterschiede, bemerkenswerte Klimaunterschiede zwischen Nord und Süd. Der Spreewald und das etwa 130 Kilometer südöstlich entfernte Zittauer Gebirge weisen eine Höhendifferenz von 750 Metern auf. Das wirkt sich einerseits in stark abweichenden Jahresniederschlagsmengen (Zittauer Gebirge bis 900 Millimeter, Spreewald 500 Millimeter), anderseits in großen Temperaturunterschieden aus. Wenn etwa in der Niederlausitz schon der Frühling eingekehrt ist, kann man am Nordostabhang der Lausche oft noch Ski fahren.
Die Lausitz wird beinahe täglich im Deutschlandwetterbericht genannt: Entweder ist es hier am kältesten oder am wärmsten. Die Extreme haben den Meteorologen Jörg Kachelmann veranlaßt, in der Lausitz das dichteste Netz von Wetterstationen in Deutschland aufzubauen.

Medien

Die Niederlausitz und der Norden der Oberlausitz sind das Verbreitungsgebiet der ›Lausitzer Rundschau‹, in der Oberlausitz beherrscht die ›Sächsische Zeitung‹ mit verschiedenen Regionalausgaben den Tageszeitungsmarkt.
Spezielle Informationen zu Kulturveranstaltungen sowie Land und Leuten allgemein vermitteln das monatlich erscheinende Gratismagazin ›Soda‹. (Oberlausitz) und die Stadtmagazine ›Hermann‹ und ›Blicklicht‹ (Cottbus/ Niederlausitz).
Mehrere Sender besitzen in der Lausitz ein Regionalstudio, so der RBB und BB-Radio in Cottbus, der MDR in Bautzen, Radio PSR in Löbau. Radio Lausitz sendet aus Görlitz.

Museen

Für Museumsfreunde hält die Lausitz viele besondere Überraschungen bereit; vor allem Görlitz und Cottbus sind wahre Fundgruben. Die sorbische

Kultur wird im Sorbischen Museum Bautzen, dem Wendischen Museum Cottbus, dem Freilandmuseum Lehde/Spreewald sowie einigen kleineren Heimatstuben vorgestellt.
Als einzigartig gilt die Alte Pfefferküchlerei in Weißenberg.
Montags bleiben – wie fast überall – die meisten Ausstellungen geschlossen.

Öffentliche Verkehrsmittel

Das Schienennetz der Lausitz wurde seit 1990 stark ausgedünnt, vor allem in Nord-Süd-Richtung wurden viele Strecken stillgelegt. Die meisten größeren Städte der Lausitz sind jedoch noch immer miteinander verbunden. Besucher können auch ohne Auto anreisen, vor allem wenn ein Rad- oder Wanderurlaub bevorsteht. Das Busliniennetz ist an Werktagen akzeptabel. Am Wochenende und feiertags fährt in ländlichen Gebieten nahezu kein Bus, ausgenommen sind überregional bekannte Tourismus- und Naherholungsgebiete, wie zum Beispiel der Spreewald.

Reiseveranstalter

Tourismus GmbH Land und Leute, Dr.-Wilhelm-Külz-Str. 1, 02977 Hoyerswerda, Tel. 0 35 71/40 80 30, www.lausitz-tourismus.de.

Rad- und Wanderreisen Regina Küll, Ruhlander Str. 82a, 01987 Schwarzheide, Tel. 03 57 52/8 02 20, E-Mail: r.radreisen@t-online.de.

Spreewald Touristik e.V., Markt 7, 03226 Vetschau, Tel. 03 54 33/7 03 88, www.spreewald-touristik.de.

Neiße-Tours, Uhsmannsdorfer Str. 28, 02923 Horka, Tel. 01 60/1 81 88 88, www.neisse-tours.de. Bootstouren auf Lausitzer Neiße und Bober in Polen.

Albatros Outdoor – Natur – Aktivreisen, Bertholdplatz 6, 15848 Beeskow, Tel. 0 33 66/15 33 75. Kanutouren auf Spree und Neiße, Spreeradwegtouren.

Die Mecklenburger Radtour, Zunftstr. 4, 18437 Stralsund, Tel. 0 38 31/28 02 20, www.mecklenburger-radtour.de. Spreeradweg und Touren in der Niederlausitz.

Wandern/Radfahren

Die gesamte Region wird von einem dichten Wanderwegenetz durchzogen. Der Fernwanderweg E10, Ostsee–Böhmerwald–Alpen–Mittelmeer, führt durch den Spreewald, der Fernwanderweg E3, Ardennen–Eisenach–Budapest–Dukla, berührt das Zittauer Gebirge.
Einen guten Überblick der markierten Wanderwege/Radrouten vermitteln die Karten ›Niederlausitz‹ und ›Oberlausitz‹ der Seeger Kartograhie Dresden. www.radwandern-oberlausitz.de. Die Tourismusämter verschicken Broschüren, u.a.

›Radwandern in der Lausitz‹.
Der Oder-Neiße-Radweg führt über 530 Kilometer von der Neißequelle bei Jablonec nad Nisou in Tschechien bis Ueckermünde am Oderhaff.
Zittau ist gut mit der Bahn – bis Cottbus DB, dann weiter mit der Lausitzbahn – zu erreichen: Leipzig–Zittau 3,5–4 Std., Dresden–Zittau 2–3 Std.
Wer an der Neißequelle starten möchte, nutzt die Regionalbahn von Zittau nach Liberec und weiter bis Nová Ves nad Nisou (Fahrradabteile vorhanden).
Von Ueckermünde fahren moderne Connex-Nahverkehrszüge im Zweistundentakt Richtung Schwerin über Pasewalk/Neubrandenburg, ab hier DB-Anschluß nach Berlin (2–4 Std.), Leipzig und Dresden (5–6 Std.).
Wer mit dem Auto nach Zittau angereist ist, kann auch mit dem Zug dorthin zurückkehren (7–8 Std., drei bis vier Mal umsteigen).
Infos unter www.bahn.de, www.omebahn.de, www.lausitzbahn.de.
Pensionen, Jugendherbergen, Hotels und einige Campingplätze liegen in der Nähe des Radweges, Infos unter www.oder-neisse-radweg.de (Streckenabschnitte).
Tourismus-Marketing Brandenburg GmbH, Am Neuen Markt 1, 14467 Potsdam, Tel.03 31/2 00 47 47, www.reiseland-brandenburg.de.
Regionaler Fremdenverkehrsverband Vorpommern e.V., Fischstraße 11, 17489 Hansestadt Greifswald, Tel.0 38 34/89 10, www.vorpommern.de.
Bikeline Radtourenbuch ›Oder-Neiße-Radweg‹, 2. Auflage 2003.

Wassersport/Wasserwandern

Das beliebteste Wasserwandergebiet ist zweifellos der Spreewald mit mehrtägigen Tourenmöglichkeiten. Die Spree eignet sich mit Einschränkungen – häufiges Umtragen an Wehren, Untiefen – ab der Talsperre Bautzen zum Paddeln, ebenso die Lausitzer Neiße ab Görlitz. Segelbootbesitzer und Surfer kommen auf dem Senftenberger See, dem Schwielochsee, den Talsperren Bautzen, Quitzdorf und Spremberg sowie dem Olbersdorfer See bei Zittau auf ihre Kosten.
Bootstouren auf der Lausitzer Neiße und dem Bober (Bóbr) in Polen bietet Neiße-Tours von April bis Oktober.

Wintersport

Das Zittauer Gebirge ist ein relativ schneesicheres Mittelgebirge, das gleichermaßen Abfahrtspisten und Langlaufloipen bietet. Auch das Oberlausitzer Bergland hat ähnliches anzubieten. Ganzjähriges Skivergnügen bietet die Snowtropolis-Halle in Senftenberg.

Literaturhinweise

In der Ober- und Niederlausitz haben sich einige Verlage auf Heimatliteratur spezialisiert.

Der Lusatia Verlag Dr. Stübner & Co. KG gibt alljährlich das Oberlausitzer Hausbuch heraus. Jedes Jahr erscheint auch eine neue ›Truhe‹ mit meisterhaft ins Bild gesetzten Gegenständen des Handwerks, der Volkskunst, des Brauchtums und der Wohnkultur in der Lausitz. Touristische Regionalführer, Dorfchroniken und die Lusatia-Historie ergänzen das Verlagsprogramm. Töpferstr. 35, 02625 Bautzen, Tel. 0 35 91/53 24 01.

Der Domowina Verlag bietet vor allem den Sorben eine literarische Heimat, das Verlagsprogramm ist reich gefächert (u.a. Belletristik, Kinderbücher, Bildbände, Kulturgeschichte, Lausitz-Kalender). Tuchmacherstr. 27, 02625 Bautzen, Tel. 0 35 91/55 70, www.domowinaverlag.de.

Der Neißeverlag bietet Reiseliteratur sowie Regionalgeschichtliches über die südöstliche Oberlausitz. Untermarkt 23, 02826 Görlitz, Tel. 0 35 81/6 49 06 33, www.neisseverlag.de.

Der Heimat-Verlag Lübben publiziert Wanderführer, Wanderkarten, Spreewald- und Regionalliteratur über die Niederlausitz. Friedensstr. 10, 15907 Lübben, Tel. 0 35 46/24 83, www.heimat-verlag-luebben.de.

Einige Empfehlungen

Gerald Große, Horst Adam, Ja som serbski/Wendisch bin ich. Impressionen aus der Niederlausitz, Domowina Verlag Bautzen 1998, 9,90 Euro. Erinnerungen von Zeitzeugen und Gedanken über die wechselvolle Geschichte vieler Jahrhunderte.

Susanne Hose, Zeitmaschine Lausitz. Raum-Erfahrungen – Leben in der Lausitz, Verlag der Kunst, Dresden 2004. Aufgrund der so verschiedenen wie wechselhaften Herrschaftsverhältnisse haben Oberlausitz und Niederlausitz im Laufe von Jahrhunderten eine jeweils eigene geschichtliche Gestalt erhalten, was sich auch im Bewußtsein der Menschen widerspiegelt. Das Zusammenleben von Sorben und Deutschen dürfte die wohl bemerkenswerteste Eigenschaft dieser Region sein. Die geografische Bezeichnung ›Lausitz‹ bündelt eine Vielzahl räumlicher Vorstellungen: als Siedlungsraum, Wirtschaftsraum oder Kulturraum, als Grenzraum oder Sprachraum.

Johannes Karasek – der Räuberhauptmann aus der Oberlausitz, Lusatia Verlag Bautzen, 9,90 Euro. Viele Legenden ranken sich um den Räuberhauptmann, Anführer einer Bande, die Ende des 18. Jahrhunderts die Städte und Dörfer beiderseits der sächsisch-böhmischen Grenze verunsicherte. Ein vielgelesenes Volksbuch, wobei die Figur des Karasek die Hoffnung der einfachen Menschen auf Gerechtigkeit verkörpert.

Jurij Koch, Jubel und Schmerz der Mandelkrähe. Ein Report aus der sorbischen Lausitz, Domowina Verlag Bautzen, 6,90 Euro. Jurij Koch gelingt es hervorragend, witzige und auch traurige Geschichten und Geschichtchen über seine sorbische Heimat zu erzählen. Dem Leser wird mit dem Gleichnis der Mandelkrähe das Schicksal des kleinen slawischen Volkes in der Lausitz vor Augen geführt. Ein leicht zu verstehendes aber durchaus nicht leicht zu verdauendes Buch.

Erich Krawc, Sagen der Lausitz, Domowina Verlag Bautzen, 8,90 Euro. So manches geschichtliche Ereignis findet sich in den Sagen der Lausitz wieder. Die einfache Sprache und Denkweise des Volkes wurde von Generation zu Generation weitergegeben. Und noch immer erfreut es, wenn der reiche Geizhals die gerechte Strafe, der arme Tagelöhner Hilfe in der Not erhält.

Hans H. Krönert: Lausitzer Miniaturen 1–3, Regia Verlag Cottbus, je 4,50 Euro. Geschichten und Feuilletons, Literaten, Baumeister, falsche Propheten, historische Kuriositäten, streitsüchtige Männer, prägende Sprüche, Korrespondenzen.

Heinz Ohff, Der grüne Fürst, Piper Verlag 2002, 9,90 Euro. Das Leben eines vielbegabten Abenteurers, Romantikers und Draufgängers. Fürst Pückler war ein begnadeter Landschaftsgestalter, gefragter Reiseschriftsteller und er liebte mehr Frauen als Casanova.

Heinz Petzold, Frohe Feste. Betrachtungen zu festlichen Tagen in der Lausitz, Regia Verlag Cottbus.

Siegfried Schlegel, Gerhard Schlegel, Unsere Oberlausitz. Ein Lesebuch, Oberlausitzer Verlag, Spitzkunnersdorf 1998, 9,90 Euro. Ein Lesebuch über die Landschaft, die Städte und das Volk der Oberlausitz. Vorgestellt werden die alten Gewerbe sowie Sitten und Bräuche. Kostproben aus dem Oberlausitzer Sagenschatz, ebenso heitere und besinnliche Geschichten.

Erwin Strittmatter, Der Laden (3 Teile), Taschenbuchausgabe, Aufbau Verlag Berlin, 2003, 22 Euro. Strittmatter verfolgt in seiner Romantrilogie die Geschicke der Familie Matt und des Dorfes Bossdom vom Beginn der Weimarer Republik bis zur Zwangsvereinigung von SPD und KPD in der DDR und den Anfangsjahren des neuen Staates. Aus Sicht des Sohnes Esau Matt, dargestellt in einer mit mundartlichen Wendungen durchsetzten Sprache, erfährt der Leser alles über das Familienleben rund um den Bäckerei- und Kolonialwarenladen, über die Geschehnisse in Bossdom sowie über die Weltereignisse, deren Kunde und Auswirkungen bis in die Niederlausitz dringen. Die Fernsehverfilmung von Jo Baier 1998 machte den Roman auch im Westen Deutschlands populär.

Internethinweise

www.lausitz.de
Der einzige Internetauftritt, der die brandenburgische Niederlausitz und die sächsische Oberlausitz als Ganzes umfaßt. Der touristische Bereich ist unprofessionell aufbereitet, zum Teil bereits unaktuell. Weitere Internetadressen sind im Reiseteil und unter dem Stichwort Informationen zu finden.

www.reiseland-brandenburg.de
Internetseite mit benutzerfreundlichem Informationssystem auch für die Niederlausitz – u.a. Ausflüge, Übernachten, Veranstaltungen, Essen und Trinken – sowie der Möglichkeit, Prospekte zu bestellen.

www.landkarte-brandenburg.de
Digitaler Reiseführer mit Informationen auch über die Niederlausitz. Stichpunkte: Highlights, Übernachtungen, Reisethemen, Aktiv-Tourismus.

www.sachsen-tour.de
Regionen in Sachsen, darunter die Oberlausitz, werden kurz vorgestellt: Pauschalangebote, Direktbuchung, Top-Events.

Die Autoren

Die Cottbuser Reisejournalisten Kerstin und André Micklitza haben zahlreiche Reiseführer über ihre Heimat und die Nachbarländer Polen, Tschechien und die Slowakei verfaßt. Fotoausstellungen in Brandenburg und Sachsen über Polen, Tschechien und das Riesengebirge fanden großen Anklang.

Die Autoren sind freie Mitarbeiter bei Reise- und Kundenzeitschriften. Ihre Reportagen und Reiseberichte erscheinen in mehreren Tageszeitungen, darunter FAZ, Tagesspiegel, Leipziger Volkszeitung, Volksstimme und Hannoversche Allgemeine.

Im Trescher Verlag erschienen von ihnen bereits die Titel ›Tschechien entdecken‹ (1. Auflage 2004) und ›Die polnische Ostseeküste entdecken‹ (4. Auflage 2004).

Kartenregister

Übersichtskarten

Stadtpläne

Orts- und Sachregister

Personenregister

Bildnachweis

Kerstin und André Micklitza, außer: Develey Senf & Feinkost GmbH (S. 220), Städtische Museen Zittau (S. 316)
Titelfoto: Detail eines Umgebindehauses
S. 10/11: Am Altmarkt in Cottbus
S. 24/25: Am Markt in Luckau
S. 158/59: Das Comeniushaus in Herrnhut
S. 336/337: Blick zum Hochwald auf dem Wanderweg nach Krombach (Krompach)

Trescher Verlag

Der Osteuropaspezialist

Das Riesengebirge entdecken
Rübezahls Land an der tschechisch-polnischen Grenze, 13.95 €

Rumänien entdecken
Kunstschätze und Naturschönheiten, 19.95 €

Sibirien entdecken
Städte und Landschaften zwischen Ural und Pazifik, 18.95 €

Die Slowakei entdecken
Unterwegs zwischen Donau und Hoher Tatra, 13.95 €

Slowenien entdecken
Unterwegs zwischen Alpen und Adria, 13.95 €

St. Petersburg entdecken
Die europäische Metropole und ihre altrussischen Nachbarn, 15.95 €

Tschechien entdecken
Unterwegs in Böhmen und Mähren, 15.95 €

Transsib-Handbuch
Unterwegs mit der Transsibirischen Eisenbahn, 19.95 €

Die Ukraine entdecken
Zwischen den Karpaten und dem Schwarzen Meer, 19.95 €

Usbekistan entdecken
Auf der Seidenstraße nach Samarkand, Buchara und Chiwa, 17.95 €

Usedom und Wolin entdecken
Die Inselparadiese in der Odermündung, 9.95 €

Trescher Verlag im Internet unter www.trescherverlag.de
mit ausführlichen Infos über alle unsere Bücher und Onlineshop